수정판

학위논문 작성을 위한

교육연구 및 통계분석

백 순 근 지음

(서울대학교 교육학과 교수)

교육과학사

최근 전 세계적으로 중요하게 논의되고 있는 화두 중 하나는 제4차 산업혁명입니다. 인공지능, 사물인터넷, 빅데이터, 클라우드 컴퓨팅, 모바일 등 첨단 지식과 기술들이 서로 융합하여 지구촌 전체를 초연결, 초지능 사회를 만들고 있기 때문입니다. 이러한 새로운 시대가 요구하는 리더는 글로벌 창의융합인재라고 할 수 있습니다. 즉 바른 인성을 갖추고 상상력과 창의력을 바탕으로 새로운 가치를 창출하면서 세계를 무대로 미래를 선도할 수 있는 인재입니다.

우리나라가 다가올 미래 사회를 준비하면서 지속가능한 발전을 이룩하기 위해서는 배려와 나눔의 정신을 지닌 품격 있고 창의적인 글로벌 인재들을 육성하는 것이 중요하며, 이를 위해 우리 교육의 경쟁력을 세계수준으로 끌어올리는 것이 필요합니다. 그러한 노력의 일환으로 교육분야에 종사하고자 하는 학생들의 교육연구 및 통계분석의 전문성을 높이는 것도 매우 중요합니다.

학생들의 교육연구 및 통계분석의 전문성을 높이는 데 기여하고자 2004년 이 책의 초판이 출판된 이후 우리 사회는 고도의 지식정보화 시대로 발전하여 노트북 컴퓨터는 물론 스마트폰 등 모바일 기기들을 이용하여 언제 어디서나 필요한 각종 자료나 정보들을 손쉽게 검색하고 또 활용할 수 있게 되었습니다. 이 책에서 다루고 있는 교육연구 및 통계분석과 관련된 자료나 정보들도 구글(www.google.com)이나 네이버(www.naver.com) 등 인터넷 종합 검색 사이트를 통해 손쉽게 검색하고 활용할 수 있게 되었습니다. 아울러 CRAN(the Comprehensive R Archive Network, cran.r-project.org 또는 www.r-project.org)에서 제공하는 R 프로그램처럼 통계분석이나 다양한 그래프 작성 등을 위한 컴퓨터 프로그램들도 인터넷 상에서 무료로 다운받아 사용할 수 있는 경우가 많아졌고 또 해당 프로그램의 사용법이나 도움말 등도 자세하게 제공되고 있습니다.

이러한 상황에서 교육연구 및 통계분석의 기본적인 내용을 다루고 있는 이 책의 초판을 새롭게 재구조화하고 관련 내용의 분량을 대폭 늘리기보다는 초판의 일부 내용을 갱신(更新, update)하거나 문맥의 흐름을 매끄럽게 고침과 동시에 최근 우리 사회에서 강조되고 있는 연구윤리와 관련되는 내용 등 꼭 추가되어야 할 부분만을 일부 보완하는 수준에서 이 수정판을 내게 되었습니다.

이 책은 교육연구 및 통계분석을 위한 일종의 입문서이자 안내서라고 할 수 있습니다. 이 책이 학위논문 작성을 준비하는 학생들이나 교육분야에서 전문가가 되기를 희망하는 사람들에게 도움이 되고, 나아가 우리나라 교육의 경쟁력을 높이는 데 조금이나마 기여할 수 있기를 기대합니다. 감사합니다.

2018년 서울대 연구실에서

허정(虛靜) 백 순 근

교육에 대한 관심은 교육학자들만의 관심사가 아니라 교사, 학생, 학부모는 물론 행정가와 정치가를 포함하는 전 국민의 관심사라고 해도 과언이 아니다. 교육에 대해서 모든 국민들이 관심을 가지고 있다는 것은 교육 발전에 크게 기여하는 긍정적인 면도 있지만 반대로 교육 발전을 저해하는 부정적인 면도 있다. 예컨대, 국민 모두가 교육 문제에 관한 한 전문가인 것처럼 착각하고 또 자기중심적인 주장만을 고집한다면 그러한 관심은 오히려 교육 발전을 저해할 가능성이 높다.

교육에 대한 국민의 높은 관심이 국가 교육 발전에 긍정적으로 작용할 수 있도록 하는 방법 중 하나는, 교육 분야의 전문가들이 비전문가들의 상식적인 발언과 구별되는 전문적인 발언을 할 수 있도록 체계적이면서도 종합적인 연구 능력을 함양하는 것이다. 다시 말해서, 일반 국민들이 교육 현상을 제대로 이해하고 합리적으로 의사결정을 할 수 있도록, 교육 분야의 전문가들이 체계적이면서도 종합적인 연구들을 지속적으로 수행하고, 한국적 상황에 적합한 교육 이론들을 개발하는 것이 필요한 것이다.

교육 문제에 대해 체계적이면서도 종합적인 연구를 제대로 수행하기 위해서, 교육 분야의 전문가들이나 전문가가 되기를 희망하는 사람들은 기본적으로 교육연구 방법이나 절차, 그리고 통계분석 방법 등에 대해 제대로 이해하고 있어야 할 것이다. 이 책은 교육 문제에 대한 연구 방법 및 통계분석 방법 등에 대한 이해와 활용 능력을 증진하기 위한 목적으로 만들어진 것이다. 특히, 교육 분야에서 전문가가 되기 위해 대학이나 대학원 등에서 공부하고 있는 학생들이 학위논문을 작성하는데 필요한 교육연구의 일반적인 방법이나 절차, 그리고 통계분석 방법 및 SPSS (Statistical Package for the Social Sciences) 사용법에 대한 이해와 활용 능력을 증진시키는 데 목적을 두고 있다.

이 책에서는 교육연구의 기본적인 목적을 교육 현상에 대한 기술(記述, description), 설명(說明, explanation), 예측(豫測, prediction), 통제(統制,

control)라 규정하고 있다. 또한 교육연구를 제대로 수행하기 위해서는 교육연구에 대한 이론적인 기초뿐만 아니라, 교육연구를 위한 일반적인 절차 및 통계분석 방법에 대한 종합적이면서도 체계적인 이해가 필요하다는 것을 상정하고 있다. 예컨대, 연구 방법이나 통계분석 방법 등을 제대로 이해하지 못한 상태에서는 연구 문제를 제대로 발견하기 어려울 뿐만 아니라, 연구 자체를 제대로 수행할 수 없기 때문이다. 비록 연구를 수행했다고 하더라도 적절한 연구 방법을 활용하지 않았거나 통계분석을 제대로 하지 못한 연구일 경우에는 그 연구결과의 타당성이나 신뢰성을 보장할 수 없다.

이 책은 크게 3부 6장으로 구성되어 있다. 제1부에서는 교육연구(educational research)에 대한 내용으로 구성되어 있다. 제1장에서는 교육연구의 기초가 되는 기본 개념과 역사, 유형 등이 제시되어 있으며, 제2장에서는 교육연구를 실제로 수행하기 위한 일반적인 절차에 대한 구체적인 내용들이 자세히 제시되어 있다. 제2부는 통계분석(statistical analysis)에 대한 내용으로 구성되어 있다. 제3장에서는 통계분석 방법 중 기술통계(記述統計, descriptive statistics)의 기본 개념 및 분석 방법들이 제시되어 있으며, 제4장에서는 추리통계(推理統計, inferential statistics)의 기본 개념 및 분석 방법들이 제시되어 있다. 제3부는 통계분석을 위한 소프트웨어 중에 하나인 SPSS를 활용하여 실제로 통계분석을 시행하는 내용으로 구성되어 있다. 제5장에서는 SPSS를 활용하기 위해 필요한 기초 내용으로, SPSS 활용의 일반적인 절차와 자료를 입력하고 또 변형하는 방법에 대한 설명이 그림과 함께 자세히 제시되어 있다. 마지막으로 제6장에서는 제2부에서 다룬 기술통계와 추리통계에 대한 내용을 토대로, SPSS 프로그램을 활용하여 실제로 자료를 분석하고 또 그 결과를 해석하는 방법에 대한 설명이 그림과 함께 자세히 제시되어 있다.

이 책은 교육연구 및 통계분석을 위한 일종의 입문서라고 할 수 있으며, 학위논문을 작성하기 위해 교육연구를 실제로 수행하거나 또는 교육연구에 대한 보고서나 논문을 읽고 이해할 수 있도록 하기 위한 하나의 안내서라고 할 수 있다. 이 책이 교육 분야에서 학위 논문을 작성하기 위해 준비하는 학생들이나 교육분야에서 전문가가 되기를 희망하는 사람들에게 도움이 되고, 나아가 우리나라 교육연구의 질을 높이는데 조금이나마 기여할 수 있기를 기대한다.

끝으로 이 책이 나올 수 있도록 학문적으로 정신적으로 키워주신 서울대학교와 미국 버클리대학교(UC Berkeley)의 은사님들께 마음속 깊이 감사드리며, 이 책이 완성되기까지 성심성의껏 도와준 서울대학교 교육학과 교육측정·평가 전공 대학원생들에게 고마움을 전한다.

2004년

서울대 연구실에서

저자 백 순 근

♥ 사랑하는 만큼 알고, 아는 만큼 보이고, 보이는 만큼 사랑한다 ♥

제2부 통계분석(Statistical Analysis)

제3부 SPSS를 활용한 통계분석(Statistical Analysis with SPSS)

제 1 부

교육연구

(Educational Research)

Ⅰ. 교육연구의 기초

Ⅱ. 교육연구의 일반적인 절차

Ⅰ 교육연구의 기초

1 교육연구의 의미

가. 교육연구의 정의

교육연구(教育研究, educational research)에 대해 논의하기에 앞서 '연구'라는 말의 의미를 먼저 생각해보기로 하자. 흔히 '연구한다'는 말을 '공부한다'는 말과 유사한 의미로 사용하는 경우가 많다. 특히, 대학의 교수들은 보통 연구한다는 말과 공부한다는 말을 매우 비슷한 의미로 사용하고 있다. 이는 대부분의 교수들에게 있어서는 연구하는 것과 공부하는 것을 서로 구별할 필요가 없을 정도로 매우 유사한 일이라는 의미도 된다.

엄밀히 구분하자면 '연구한다'라는 말은 탐구활동의 공적(公的) 측면을 강조하는 경우가 많다. 이에 반해 '공부한다'라는 말은 탐구활동의 사적(私的) 측면을 강조하는 경우가 많다. 즉, 연구한다고 할 경우에는 다른 사람을 위해 새로운 것을 찾는다는 것을 강조하는 것임에 반해, 공부한다고 할 경우에는 자기 자신을 위해 인식의 폭을 넓힌다는 것을 전제로 하는 경우가 많다. 다시 말해서 연구(研究)라고 할 경우에는 기본적으로 그 결과를 다른 사람들이 활용할 수도 있다는 공적 측면을 강조하는 데 비해, 공부(工夫)라고 할 경우에는 그 결과를 주로 자기 자신이 활용할 것이라는 사적 측면을 강조하는 경향이 있다. 그러므로 연구란, 사적 측면을 강조하는 공부라는 말과 달리, 공적인 측면을 강조하는 것으로, 다른 사람들이 그 결과를 활용할 수 있도록 체계적으로 새로운 것을 탐구해 가는 전문적인 작업이라고 할 수 있다.

연구를 수행할 경우에 그 대상은 매우 다양할 수 있다. 예컨대, 경제 현상에 대해서 연구할 수 있고, 정치 현상이나 사회·문화적인 현상에 대해서 연구할 수도 있다. 물론 교육 현상에 대해서도 연구할 수 있다. 다양한 연구 중에서 교육 현상에 대하여 연구하는 것을 교육연구라고 한다. 즉, 교육연구란 교육 현상에 대해서 기술(記述, description)하거나, 설명(說明, explanation)하거나, 예측(豫測, prediction)하거나, 통제(統制, control)하기 위한 목적으로, 체계적이면서도 전문적인 과정과 절차에 따라 연구를 수행하는 것이다. 여기서 교육 현상이란 정치 현상이나 경제 현상 등과는 개념적으로 구별된다. 동일한 활동에 대해서도 연구자의 보는 관점(觀點)에 따라 정치 현상이나 경제 현상으로 보일 수도 있고, 또 교육 현상으로 보일 수도 있다. 아울러 연구자에게 교육적인 관점이 없으면 교육 현상을 감지하지 못할 수도 있다. 그리고 교육연구는 임의적이고 무계획적으로 이루어지는 것이 아니라 체계적이면서도 합리적인 과정과 절차에 따라 이루어지는 전문적 탐구활동이라 할 수 있다.

나. 교육연구의 목적

우리가 교육연구를 하는 목적이나 이유는 매우 다양하다. 혹자는 삶의 진정한 의미를 체험하기 위해서, 혹은 진리 탐구 그 자체가 즐겁고 재미있어서 교육연구를 한다고 할 수 있을 것이며, 석사나 박사학위를 취득하기 위한 수단으로 교육연구를 한다고 할 수 있을 것이다. 교육연구를 수행하는 개인이나 집단에 따라 매우 다양한 목적과 이유가 있겠지만, 크게 네 가지, 즉 ① 기술하고, ② 설명하고, ③ 예측하고, ④ 통제하고자 하는 목적으로 분류할 수 있다. 다시 말해서 교육연구의 목적은 그것이 인문·사회과학이든 혹은 자연과학이든 상관없이 모든 과학이 추구하고 있는 일반적인 목적과 같은 것이라고 할 수 있다. 다만 주요 연구 대상이 교육 현상이라는 점에서만 차이가 있을 따름이다. 그래서 교육연구의 목적이란 교육 현상에 대한 기술·설명·예측·통제하기 위한 것이다. 여기서 기술, 설명, 예측, 통제의 개념을 자세히 살펴보면 다음과 같다.

1) 교육 현상에 대한 기술

교육 현상에 대한 기술(記述, description)이란 교육 현상에 대해 있는 그대로를 자세히 진술하는 것이다. 즉, 어떤 교육 현상(혹은 교육적인 사건)이 언제, 어디서, 어떻게 발생했는지 등에 대해 가능한 한 객관적으로 진술하는 것이다. 진술하는 방식은 단순히 나열식으로 기록하는 것에서부터, 유목화하여 분류하거나, 서열을 매기거나, 혹은 상호간의 관계를 따지는 방식으로 발전시켜 나갈 수 있다. 참고로, 단순한 나열에서 유목화하여 분류하기 위해서는 현상들 간의 공통성을 파악해야 할 것이며, 또 서열을 매기기 위해서는 현상들 간의 공통성 뿐만 아니라 그 공통성의 정도나 크기를 파악해야 할 것이다.

2) 교육 현상에 대한 설명

교육 현상에 대한 설명(說明, explanation)이란 특정 교육 현상에 대한 원인이나 이유를 밝히는 것이다. 예컨대, 어떤 교육적 사건이 발생한 원인이 무엇인지 혹은 어떤 교육적인 행위에 대한 이유가 무엇인지를 밝히는 것이다. 이는 곧 변인(變因, variable)[1]들 간의 인과관계 분석을 통해 일반적인 법칙을 발견하는 것과 같은 것이며, 다른 상황에서도 적용할 수 있는 보편적인 법칙이나

---

1) 변인(變因, variable, 변수(變數)라고도 함)이란 '변화하는 인자(因子)'라는 뜻으로 세상 만물은 다양할 뿐만 아니라 항상 변화한다는 것을 전제로 연구에서 관심의 대상이 되는 요인을 의미한다. 참고로, 두 변인 간에 인과관계가 있을 경우 원인에 해당하는 변인을 독립변인(獨立變因, independent variable)이라 하고 결과에 해당하는 변인을 종속변인(從屬變因, dependent variable)이라 한다.

이론을 성립시키기 위한 노력의 일환이라 할 수 있다.

3) 교육 현상에 대한 예측

교육 현상에 대한 예측(豫測, prediction)이란 미래에 일어날 어떤 교육 현상에 대해 가능한 정확하게 예언하는 것이다. 앞서 언급한 설명과 예측은 논리적인 구조에 있어서 서로 유사하지만, 실제적인 측면에서는 차이가 있다. 설명이 결과적으로 이미 나타난 현상에 대해 그것이 발생한 원인이나 이유를 밝히기 위한 노력의 일환이라면, 예측이란 일반적인 법칙이나 이론에 근거하여 미래에 어떤 현상이 발생할 것이라고 정확하게 예언하기 위한 노력의 일환이라 할 수 있다. 따라서 정확한 예측은 예측의 근거가 되는 법칙이나 이론이 얼마나 타당하고 신뢰할 만한 것이냐에 좌우될 뿐만 아니라, 상황과 여건이 얼마나 이전과 유사하냐에 의해서도 좌우된다.

4) 교육 현상에 대한 통제

교육 현상에 대한 통제(統制, control)란 특정 교육 현상이 발생하기 전에 그 원인이나 혹은 발생하기 위해 필요한 조건 등을 조작하여 그 현상의 발생여부 등을 인위적으로 조정하는 것이다. 이때 특정 교육 현상을 발생하게 할 수도 있고 발생하지 않게 할 수도 있을 것이며, 발생하더라도 더 빨리 발생하게 할 수도 있고 또 더 늦게 발생하도록 조작할 수도 있다.

교육연구를 수행하는 연구자들 중에는 특정 교육 현상에 대해 기술하거나 설명하는 것에는 관심이 없고, 그저 예측하거나 통제하는 것만을 원하는 경우가 있다. 그러나 특정 교육 현상에 대해 제대로 기술하는 것이 그 현상을 제대로 설명하기 위한 기초가 된다는 것과, 제대로 기술하고 설명할 수 있을 때에야 비로소 정확하게 예측하거나 통제할 수 있다는 것을 인식할 필요가 있다.[2)]

다. 교육연구의 특징

교육연구는 교육 현상에 대해 연구한다는 것을 제외하면 다른 사회과학 연구들(예: 사회·문화연구, 경제연구, 정치연구 등)과 매우 유사하다고 할 수 있다. 따라서 교육연구도 기술·설명·예측·통제를 목적으로 하는 다른 연구들과 마찬가지로 연구의 사실성, 객관성, 타당성, 신뢰성 등이 중시되는 전문적인 탐구활동이라 할 수 있다.

다만, 교육학 분야에서 석사학위 혹은 박사학위 논문을 준비해야 하는 대학원생들에게 있어서 교육연구란 곧 논문을 작성하는 작업이라 할 수 있기 때문에,[3] 학위논문을 작성하는 것을 포함하여 교육연구를 제대로 수행하기 위해서 사전에 인식하고 있어야 할 사항은 다음과 같다.

첫째, 교육연구는 교육 현상에 대한 호기심이나 문제의식에서 시작된다. 교육연구란 교육과 관련되는 인간 활동이나, 그것을 둘러싸고 있는 환경에 대해 새로운 지식을 찾고 현실을 개선하기 위한 전문적인 노력이라고 할 수 있다. 따라서 교육 현상에 대한 호기심이나 문제의식에서 교육연구가 시작된다는 것을 제대로 인식하고, 평소에도 교육 현상에 대한 호기심이나 문제의식을 갖기 위해 노력해야 한다.

둘째, 앞서 언급하였듯이 교육연구는 교육 현상에 대한 기술·설명·예측·통제를 목적으로 수행하는 공적인 측면이 강한 탐구활동이다. 비록 교육연구를 개인적인 호기심이나 문제의식에서 출발하였다 하더라도 그 연구의 결과가 다른 사람들에게 나름대로 기여할 수 있는 공적인 탐구활동이 되도록 노력해

---

2) 교육연구는 목적에 따라 교육 현상에 대해 기술하고 설명하기 위한 '교육에 관한 연구'(research of education)와, 예측하고 통제하기 위한 '교육을 위한 연구'(research for education)로 분류되기도 한다.

3) 대학원생들이 학위논문을 작성하기 위해 연구를 시작할 때 기존의 지식이나 기법들을 제대로 이해하는 것이 필요하다. 참고로, 연구라는 의미를 지닌 영어 단어인 'research'는 다시(re)와 찾는다(search)라는 말의 합성어로 볼 수 있으며, 이는 연구라는 것이 기본적으로 새로운 것을 만들어 내는 과정이라기보다는 오히려 감추어진 보화를 다시 찾아내는 과정이라는 것을 암시하고 있다. 이는 기존의 지식이나 기법들을 제대로 이해하는 것이 학위 논문 작성에 매우 중요하다는 것을 시사하는 것이라 할 수 있다.

야 한다.

셋째, 교육연구는 나름대로 지켜야 할 규칙과 절차가 있는 전문적인 작업이다. 교육연구는 공적인 측면이 강한 전문적인 작업이기 때문에 연구자들 상호 간의 의사소통을 높이기 위해서나, 연구 결과의 타당성과 활용성을 높이기 위해서라도 연구 수행에 필요한 기본적인 규칙과 절차를 지켜야 한다. 따라서 연구자는 연구 방법이나 절차뿐만 아니라 통계분석 방법이나 절차 등에 대해 충분히 이해하고 있어야 하며, 연구를 위한 일반적인 규칙과 절차에 따라 작업을 수행해야 한다. 특히, 학위논문을 작성하기 위해 교육연구를 수행하는 경우, 교육연구를 위한 일반적인 규칙과 절차뿐만 아니라 연구윤리를 준수해야 하며 해당 대학에서 요구하고 있는 아주 사소해 보이는 규정들(예: 학위논문 표지에 사용되는 글자의 모양이나 크기 등에 대한 규정들)도 꼼꼼하게 따져서 모두 지켜야 한다.

넷째, 교육연구는 충분한 사전 준비와 세심한 관찰, 그리고 자세한 기록과 체계적인 보고가 요구되는 작업이다. 모든 연구와 마찬가지로 교육연구에도 연구자의 연구를 위한 사전 지식과 기능이 요구되며, 세심한 관찰 능력, 그리고 자세한 기록과 체계적인 보고가 요구된다. 특히 학위논문을 작성하기 위해서는 같은 대학의 선배들이 쓴 논문들을 두루 섭렵하여야 하며, 연구를 수행하기 전에 필요할 것이라 예상되는 지식이나 기능들을 미리미리 습득하기 위해 노력해야 한다. 앞서 간 사람들의 발자국을 확인할 수 있을 때에 비로소 새로운 길을 개척할 수 있다는 것을 명심해야 할 것이다.

다섯째, 교육연구는 주어진 여건과 상황을 고려하여 연구자의 능력에 따라 가능한 범위 내에서 수행해야 하는 구체적인 작업이다. 모든 연구는 연구자의 능력에 따라, 주어진 여건과 상황 속에서 실제로 수행 가능한 범위 내에서 수행되어야 한다. 시간적인 제약과 경제적인 제약, 연구 대상 확보의 어려움 등 외적인 제약뿐만 아니라 연구자의 전문성 부족이나 성실성 부족 등 내적인 제약 등을 종합적으로 고려하여 가능한 범위에서 연구를 수행해야 한다.

마지막으로, 교육연구를 제대로 수행하기 위해서는 창의성을 발휘해야 할 뿐만 아니라 용기가 필요하다. 교육 현상을 설명하기 위한 새로운 이론을 구성하거나, 교육 문제를 해결하기 위한 바람직한 방안을 제시하기 위해서는 창의성뿐만 아니라 용기가 필요하다. 물론, 기존의 이론이나 방안들보다 우수한 새로운 대안을 제시하기 위해서는 기존의 이론이나 방안들에 대한 충분한 이해가 전제되어야 한다. 다만, 기존의 이론이나 방안에 대해 단순히 이해하는 수준에만 머물 것이 아니라, 새로운 이론이나 방안을 제시하는 용기가 필요하다는 것이다.

2 교육연구에서의 기본 개념

교육연구에 대해 자세히 설명하기에 앞서, 교육연구에서 주로 사용되고 있는 기본적인 개념들을 ① 철학적 관점, ② 연구 자료, ③ 연구 변인으로 나누어 간단히 설명하고자 한다.

가. 철학적 관점

교육연구(주로 경험과학적인 교육연구)를 수행하는 연구자가 가질 수 있는, 기본적인 철학적 관점(혹은 입장)을 몇 가지 주요 철학적인 사조(思潮)와 관련지어 제시하면 다음과 같다. 연구자에 따라서는 특정 입장을 고수하기도 하고 또 여러 입장을 부분적으로 받아들이기도 한다. 그리고 연구 방법이나 절차가 특정 입장에 근거하여 제시되기도 한다. 예컨대 실험법(experimental methods)은 결정론이나 실증주의 등을 근거로 하여 제시된 방법이라 할 수 있다.

1) 실재론(Realism)

실재론(實在論)은 일종의 인식론적인 사고방식으로, 개인의 의식·주관과는 독립된 객관적 실체(objective existence)가 존재한다고 믿고 그것을 제대로 인식하는 것을 중요한 목적으로 삼는다. 다시 말해 객관적인 인식이 가능하다고 믿고, 개인의 주관적인 인식보다는 객관적인 인식이 더 중요하다고 생각한다. 이와 대비되는 것으로 모든 것은 생각하기 나름이며 실재하는 것은 없다고 주장하는 관념론(idealism)이나 신(神)과 같은 보편자는 명사(名辭) 혹은 이름에 지나지 않는다고 하며 그 실재(實在)를 부정하는 유명론(唯名論, nominalism) 등이 있다.

2) 결정론(Determinism)

인간의 행위를 포함하여 이 세상에서 일어나는 모든 일은 그것이 정해진 때와 장소에서 일어나도록 미리 정해졌다고 생각하는 입장이다. 그렇다고 이 입장이 심리 사회적인 현상들이나 우연, 혼란과 같은 복잡한 요인들의 존재성을 부인하지는 않는다. 단지 그러한 경우는 일부분이라고 생각하며, 100% 완전히 이해하지 못한다고 할지라도 이러한 현상이 일어난 원인이나 한계를 탐구하는 것이 교육연구의 중요한 목적이라고 생각한다.

3) 실증주의(Positivism)

철학의 방법이 과학의 방법과 다른 것이 아님을 주장하는 입장으로 과학으로 얻어지는 지식의 총체 이외에 참된 지식은 없다고 본다. 이 입장에서는 지식을 탐구하는 방법은 오직 관찰이나 실험으로써 검증할 수 있는 경험과학적인 방법을 이용해야만 얻을 수 있다고 본다.

이러한 실증주의는 비록 복잡해 보이는 현상이라도 가장 단순한 변인들 간의 관계를 파악함으로써 이해할 수 있다는 환원주의(還元主義, reductionism)적인 경향을 띠고 있으며, 경험과학적 연구의 중요한 근거가 된다.

4) 합리주의(Rationalism)

비합리적 · 우연적인 것을 배척하고, 이성적(理性的) · 논리적 · 필연적인 것을 중시하는 태도로서, 형이상학적으로는 이성이나 논리가 세계를 지배하고 있어 이 세상에는 존재이유(存在理由)를 가지고 있지 않은 것은 하나도 없다고 주장한다. 이 입장에서는 논리와 이성으로 어떠한 인간 행동이든 설명할 수 있다고 본다. 비논리적이고 감성적인 것은 본질과는 거리가 먼 부차적인 것으로 생각하는 경향이 있다.

5) 조작주의(Operationalism)

조작주의는 모든 개념이나 용어가 물리적 또는 정신적 조작(操作)에 의해 정의되어야 한다고 주장한다. 예를 들어 '길이'라고 하는 개념은 자를 이용하여 길이를 측정하는 조작을 할 때 비로소 정의된다. 이처럼 조작의 절차를 통해 정의할 수 있는 개념, 즉 조작적 정의만이 과학에서 사용될 수 있는 개념이라고 주장한다. 이는 실증주의와 유사한 측면이 많다.

6) 절약주의(Parsimonism)

절약주의 혹은 경제주의는 동일한 현상에 대해 가능한 한 간단한 설명 방식을 선호하는 입장이다. 흔히 법칙(law)이라 부르는 것들이 대개 절약주의에 근거하여 두 가지 이상의 개념 또는 사실들 간의 규칙적 관계를 간단하게 진술한 것이라 할 수 있다.

7) 실용주의(Pragmatism)

관념이나 사상을 행위(그리스어로 pragma)와의 관련에서 파악하는 입장으로, 관념의 의미를 밝히기 위해서는 관념의 대상에 실험을 가하여 알아볼 수 있다고 본다. 관념의 의미는 그 관념이 초래하는 결과에 달려있다고 보는 관점으로, 유용한 결과를 초래한다면 그 관념을 진리라고 보는 것이다. 예컨대 듀이(John Dewey, 1859~1952)는 관념이란 명확하지 않은 상황을 명확한 상황으로 만들기 위한 실험적인 가설(假說)이라고 생각하였기 때문에, 관념을 불명확한 상황을 바꾸기 위한 하나의 도구로 취급하였다.

8) 과학적 회의론(Scientific Skepticism)

과학적 회의론은 연구 결과가 과학적인 자료에 의해서 증명되기 전까지는 그 타당성을 의심해야 한다는 입장이다. 이 관점에 의하면 교육연구의 결과에 대해 믿을만한 정보를 갖추기 전까지는 확신할 수 없다는 입장이다.

9) 일화주의(Anecdotism)

일화주의는 일화(逸話: anecdote)가 경험적으로 어떤 중요한 진실을 밝힐 수 있다는 입장이다. 실제적으로 개인적인 경험이나 언급이 강력한 의사결정의 요인으로 작용할 수 있다고 본다. 다만 경험과학적 입장에서 이 관점의 제한점 중 하나는 여기서 나온 연구 결과를 일반화하는 데 많은 어려움이 따른다는 것이다.

10) 허무주의(Nihilism)

라틴어의 '무(無)'를 의미하는 니힐(nihil)이 그 어원으로, 절대적인 진리나 도덕·가치 같은 것이 존재하지 않는다고 보는 입장이다. 이 입장에서는 어떤 것도 제대로 알 수 없으며, 또 제대로 전달할 수 없다고 보기 때문에 교육연구를 수행하는 것 자체에 특별한 의미를 부여하지 않는다. 이는 교육연구를 포함하여 모든 연구를 할 필요가 없다는 입장이라 할 수 있다.

나. 연구 자료

교육연구를 수행함에 있어서 활용하는 자료의 유형은 '1차 자료'와 '2차 자료'로 나눌 수 있다.

1) 1차 자료

1차 자료(primary source, 원자료(原資料)라고도 함)란 어떤 사건을 직접 관찰하거나 목격한 사람이 그 사건에 대해 기술한 자료를 의미한다. 즉 연구를 직접 수행한 사람이 그 연구에 관해 기술한 자료거나(예: 관찰일지), 저자가 직접 쓴 논문이나 저서, 작품 등을 말한다. 역사연구에서는 유적이나 유물 등과 같이 특정시대에 만들어지거나 활용되었던 물건이나 건축물 등을 1차 자료에 포함시키고 있다.

2) 2차 자료

2차 자료(secondary source)란 연구에 직접 참여하거나 관찰하지 않은 사람에 의해 기술된 자료를 의미한다. 즉, 1차 자료를 활용하여 2차 자료를 만드는 것이라 할 수 있기 때문에 1차 자료를 제외한 모든 자료는 2차 자료에 속한다. 예컨대, 제3자가 1차 자료를 재조직하였거나 비평한 것 혹은 그것을 번역하였거나 발췌하여 인용한 것 등을 말한다. 역사연구에서는 복원된 유적이나 모조품 등을 2차 자료에 포함시키고 있다.

다. 연구 변인

변인(變因: variable, 변수(變數)라고도 함)이란 '변화하는 인자(因子)'라는 뜻으로 세상 만물은 다양할 뿐만 아니라 항상 변화한다는 것을 전제로 한 상태에서 연구의 대상이 되는 요인을 의미한다. 특성에 따라서 변인은 양적 변인과 질적 변인으로 나눌 수 있으며, 두 변인 간에 인과관계가 있을 경우에는 독립변인과 종속변인으로 나눌 수 있다.

1) 변인의 특성에 따른 분류: 양적 변인과 질적 변인

양적변인(量的變因: quantitative variables)이란 양적으로 나타낼 수 있는 변인으로 셀(counting) 수 있거나 측정할(measuring) 수 있는 변인을 말한다(예: 공휴일 숫자, 시험점수, 지능지수, 몸무게, 차량속도 등). 반면에 질적변인(質的變因: qualitative variables)이란 질적으로 나타낼 수 있는 변인으로 상호 배타적으로 특정 항목에 포함시킬 수 있는 변인을 말한다(예: 인종, 성별, 결혼 여부, 직업, 찬·반 태도 등).

질적변인은 다시 명명변인(命名變因: nominal variables)과 서열변인(序列變因: ordinal variables)으로, 양적변인은 다시 동간변인(同間變因: interval variables)과 비율변인(比率變因: ratio variables)으로 나누기도 한다.[4] 명명변인이란 이름을 붙여서 서로 구별하는 변인(예: 성별, 도시별, 지역별 등)이며, 서열변인이란 순서를 정할 수 있는 변인이다(예: 석차, 사회·경제적 지위, 찬성하는 정도 등). 한편 동간변인이란 정도, 양, 질 따위의 차이를 같은 크기나 길이나 정도로 나타낼 수 있는 변인(예: 온도, 연도 등)이고, 비율변인이란 한배, 두 배, 세 배 또는 세 배 반 등의 비율로 나타낼 수 있는 변인이다(예: 학급의 학생 수, 길이, 무게 등).

이들 변인들이 지니고 있는 속성(혹은 특성)을 중심으로 요약하면 〈표 I-1〉과 같다. 여기서 주의할 점은 이들이 상호 배타적인 것이 아니라 포함관계라는 점이다. 즉, 모든 비율변인은 동간변인에 포함되며, 모든 동간변인은 서열변인에 포함되고, 모든 서열변인은 명명변인에 포함된다([그림 I-1] 변인들의 포함관계 참조). 그러나 그 역은 성립되지 않는다.

4) 이때 변인이란 용어 대신 척도(尺度: scales)라는 용어를 사용하기도 하는데, 즉 명명척도, 서열척도, 동간척도, 비율척도 등으로 사용하기도 한다.

〈표 Ⅰ-1〉 각 변인들이 지니고 있는 속성(혹은 특성)

속성(혹은 특성) \ 변인명	명명변인	서열변인	동간변인	비율변인
구별성	○	○	○	○
크기의 순서	×	○	○	○
동간성	×	×	○	○
절대(혹은 자연) 영점	×	×	×	○

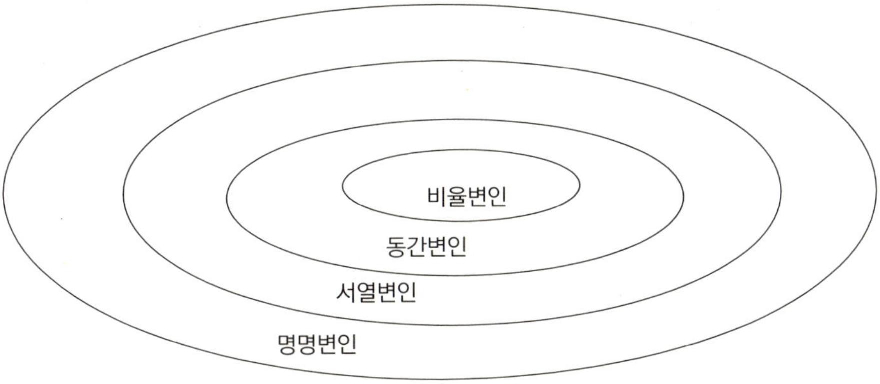

[그림 Ⅰ-1] 변인들의 포함 관계

2) 변인의 인과관계에 따른 분류: 독립변인과 종속변인

연구를 수행함에 있어 두 변인간에 인과관계가 있을 것이라고 가정할 경우, 원인에 해당하는 변인을 독립변인(獨立變因, independent variable)이라 하고 결과에 해당하는 변인을 종속변인(從屬變因, dependent variable)이라 한다. 참고로 실험연구일 경우에는 독립변인을 실험변인 혹은 처치변인이라고도 하며, 실험연구가 아닌 경우에는 예언변인이라고도 한다. 그리고 이때 종속변인을 반응변인이라고도 한다. 한편 독립변인의 작용을 종속변인에 전달하는 역할을 담당할 것으로 예상되는 변인을 중개변인(仲介變因, intervening variable) 혹은 매개변인(媒介變因, mediating)이라고도 한다.

3 교육연구의 역사

교육의 역사는 인류의 출현과 동시에 시작되었다고 할 수 있으므로, 교육연구의 역사 또한 인류의 역사와 더불어 시작되었다고 할 수도 있다. 그러나 본격적으로 교육연구가 이루어진 것은 19세기 자연과학의 발달과 함께 시작되었다고 해도 과언이 아니다. 특히 19세기 후반 분트(Wundt)나 갈톤(Galton) 등에 의해 경험과학적인 연구방법론이나 통계분석기법 등이 발달하면서 과학적인 방법을 활용한 교육연구가 활발하게 이루어지기 시작하였다.

교육연구와 직접·간접적으로 관련되는 주요 연구들의 역사를 외국의 경우와 우리나라의 경우로 나누어 간단히 살펴보면 다음과 같다.

가. 외국의 경우

교육연구와 직접·간접적으로 관련되는 외국의 주요 연구들을 연도별로 간단히 제시하면 다음과 같다.

우선, 1900년을 전후하여 자연과학 및 통계학의 발달과 함께 경험과학적인 교육연구들이 많이 이루어졌다(De Landsheere, 1997). 1900년 이전에 이루어진 중요한 연구들은 다음과 같다.

1859년에 출판된 다윈(Darwin)의 「종의 기원(Origin of the Species)」은 경험과학적인 사고의 확산과 연구의 기폭제 역할을 하였다. 다아윈의 사촌인 갈톤(Galton)은 1869년 출판된 「유전적인 천재(Hereditary Genius)」라는 저서에서 인간행동에 대한 연구에 통계학을 적용할 것을 제안하였다. 또한 그는 정상분포를 이용한 표준화점수, 백분위점수, 회귀, 상관, 조작적 정의 등과 같은 개념을 정립하기도 하였으며, 1870년경부터는 빛의 밝기를 변별하는 능력, 소리의 크기를 변별하는 능력, 물체의 무게를 변별하는 능력 등을 이용하여 인간의 지적능력을 측정하기도 하였다(Gardner, 1999). 1879년 분트(Wundt)

는 최초로 실험심리학연구소를 설립하여 경험과학적인 심리 연구를 주도하였다. 1885년 에빙하우스(Ebbinghaus)는 무의미철자를 이용하여 인간의 기억에 대한 연구를 발표하기도 하였고, 1890년 카텔(Cattell)은 「마음(Mind)」이라는 학술지에서 '심리검사(mental test)'라는 개념을 제안하기도 하였다. 1896년 피어슨(Pearson)은 적률상관계수 공식을 구안하였으며, 그 후 카이스퀘어(χ^2: chi-square)기법과 중다상관계수 공식을 구안하기도 하였다.

1900년 직후에 이루어진 중요한 연구들은 다음과 같다. 1904년 스피어만(Spearman)은 상관행렬분석을 통한 요인분석을 구안하였으며, 1905년 비네(Binet)와 사이몬(Simon)은 공동으로 근대적인 지능검사(intelligence scale)를 개발하였다. 1908년 고제트(Gossett)는 평균의 표준오차를 측정하는 방법과 t-검증(t-test)에 대한 원리를 구안하였으며, 1916년 맥콜(McCall)은 무선표집(random sampling)에 의한 실험설계를 교육연구에 활용하기 시작하였다. 1917년 미국 육군에서 최초의 집단용 지능검사인 군대용 알파(Alpha: 언어성 검사)와 베타(Beta: 비언어성 검사)를 개발하여 1차 세계대전(1914-1918) 중에 신병을 선발・분류하는 데 활용하였다. 1918년 보비트(Bobbitt)는 「교육과정(教育課程: Curriculum)」이라는 저서를 출판함으로써 교육과정분야를 새롭게 개척하는데 기여하였으며, 1925년 피셔(Fisher)는 여러 집단간의 차이를 통계적으로 검증할 수 있는 변량분석(ANOVA: analysis of variance) 기법을 구안하기도 하였다. 또한 메이요(Mayo)와 그의 동료들은 호손연구(Hawthorne Study, 1924-1932)를 수행하여 공식적인 조직 이외에도 비공식적인 조직이나 인간관계 등이 작업능률과 생산성 제고에 많은 영향을 미친다는 것을 밝히기도 했다.

1930년대 이후, 타일러(Tyler)와 그의 동료들에 의해 실시된, 고등학교 수준에서도 아동중심・생활중심・경험중심을 강조하는 소위 진보주의 교육이 가능한가를 검토한 8년 연구(Eight-year Study: 1933-1941)는 교육연구의 발전뿐만 아니라 교육과정 및 교육평가의 발전에도 커다란 영향을 주었다. 특히, 이 연구에 기초하여 타일러(Tyler)가 1949년에 집필한 「교육과정 및 수업의 기본원리(Basic Principles of Curriculum and Instruction)」는 미국 및 전 세계 학교 교육에 큰 영향을 주었으며, 1956년 블룸(Bloom)이 출판한 「교육목표분류(Taxonomy of Educational Objectives)」에도 큰 영향을 미쳤다. 1957년 소련이 미국보다 먼저 인공위성 스푸트닉(Sputnik)을 성공적으로 발사하게 되자, 이 사건을 계기로 미국도 교육연구 분야에 많은 투자를 하기 시작하였다.

1960년대와 70년대는 경험과학적인 교육연구의 개화기라고 할 수 있을 정도로 많은 교육연구들이 진행되었다. 특히, 대중교육이 전 세계로 확산되기 시작하였으며 대중교육의 질(質)을 관리하기 위한 연구들이 활발해졌고, 특정 지역을 대상으로 하는 지역연구뿐만 아니라 국제적인 비교연구도 매우 활발하게 진행되기 시작하였다. 예컨대, 1967년에 공식적인 법인으로 출범한 국제교육성취도평가협회(IEA: the International Association for the Evaluation of Educational Achievement)는 교육성취도에 대한 국제비교연구를 주관하고 있는 대표적인 기구 중의 하나로 최근까지도 많은 국제비교연구를 주관하고 있다(IEA 홈페이지, www.iea.nl, 2018).

1980년대 이후는 질적 방법론을 활용한 연구가 발전한 시기로, 예컨대 스핀들러(Spindler)의 「학교에 대한 민속학적 접근(Doing the Ethnography of Schooling)」이라는 저서가 1988년에 출판된 이후로 민속학(ethnography)적인 연구 기법들이 교육연구에 광범위하게 활용되었다.

최근에는 경험과학적인 기법을 많이 활용하는 양적연구(量的研究: quantitative research)와 민속학적인 연구기법을 많이 활용하는 질적연구(質的研究: qualitative research)[5]가 대결구도에서 벗어나 상호 보완적으로 활용되는 추세이다. 21세기를 맞이하여 전 세계적으로 획일화·대중화·표준화로 특징지어지는 산업사회는 지나가고, 다양화·전문화·특성화로 특징지어지는 지식·정보화 시대가 시작되었다. 이에 따라 객관성과 신뢰성을 강조하는 양적연

5) 다음 절인 '4. 교육연구의 유형'에서 양적연구와 질적연구에 대해 자세히 설명하고 있음.

구와 전문성과 타당성을 강조하는 질적연구가 상호 보완적으로 활발하게 수행되고 있으며, 다양한 유형의 연구기법들이 새롭게 개발되는 등 교육연구의 내용이나 방법도 더욱 다양화·전문화·특성화 되어가고 있다.

특히 1990년대부터 전 세계적으로 확대된 인터넷(Internet)과 2007년부터 보급되기 시작한 스마트폰(smart phone), 그리고 소위 제4차 산업혁명시대를 맞이하여 인공지능(AI: artificial intelligence)이나 빅데이터(big-data)분석 기법 등의 발달로 교육연구의 이론과 실제가 급격하게 발전하고 있다.

지금까지 살펴본 외국의 교육연구 관련 주요 역사를 간단히 요약하면 〈표 I-2〉와 같다.

〈표 Ⅰ-2〉 외국의 교육연구 관련 주요 역사

연도	내 용
1859	다윈(Darwin)의 「종의 기원(Origin of the Species)」출판
1869	갈톤(Galton)의 「유전적인 천재(Hereditary Genius)」출판
1896	피어슨(Pearson)이 적률상관계수 기법 개발
1904	스피어만(Spearman)이 요인분석(factor analysis) 기법 개발
1905	비네와 사이몬(Binet & Simon)이 근대적인 지능검사 개발
1908	고제트(Gossett)가 평균의 표준오차 계산 및 t 검증(t-test) 기법 개발
1924-1932	메이요(Mayo) 등의 호손연구(Hawthorne Study)
1925	피셔(Fisher)가 변량분석(ANOVA) 기법 개발
1933-1941	타일러(Tyler) 등의 8년 연구(Eight-year Study)
1949	타일러(Tyler)의 「교육과정 및 수업의 기본원리」출판
1956	블룸(Bloom)의 「교육목표분류(Taxonomy of Educational Objectives)」출판
1957	소련의 인공위성 스푸트닉(Sputnik) 발사 성공
1961	국제교육성취도평가협회(IEA) 창설
1988	스핀들러(Spindler)의 「학교에 대한 민속학적 접근(Doing the Ethnography of Schooling)」출판
1990년대	인터넷(Internet) 보급 확대
2007	스마트폰(smart phone) 보급 시작
2010년대	인공지능(AI)과 빅데이터(big-data) 분석기법 등의 발달

나. 한국의 경우

우리나라에서 경험과학적인 방법을 활용한 교육연구는 서구에 비해 다소 늦게 진행되었다. 구한말 1894년 갑오개혁 직후, 1895년 최초의 근대적 관립학교라 할 수 있는 한성사범학교(漢城師範學校)가 설립되어 초등학교 교사양성을 시작하면서부터 경험과학적인 연구방법이 부분적으로 도입되기 시작하였다 해도 과언이 아니다. 일제강점기에는 대부분의 사범학교나 전문학교에서 '교육학'을 가르치기 시작했으며, 한성사범학교의 후신이며 서울대학교 사범대학의 전신이라 할 수 있는 경성사범학교와 경성여자사범학교는 각각 1921년과 1935년에 설립되었다. 한편 일제강점기의 유일한 대학이었던 경성제국대학은 1924년에 예과(豫科)가, 1926년에 본과(本科)가 설립되었다(백순근, 2003).

해방 이후, 1946년에 국내 최초로 서울대학교와 이화여자대학교가 각각 '교육과'라는 이름으로 국내 최초로 교육학과를 신설한 이후, 각 대학은 교육학을 전공하는 교육학과를 속속 설치하여 본격적으로 교육연구를 시작하였다. 또한 대학 부설 교육연구소를 통해서도 체계적인 교육연구를 수행하여 양적인 성장을 이루었다.

1952년에는 미국교육사절단이 한국을 방문하여 중핵형 교육과정(中核型 敎育課程, core curriculum), 경험중심 교육과정 등 새로운 교육과정의 연구・개발 활동을 불러 일으켰다. 특히, 최초의 전문교육연구기관으로 중앙교육연구소가 1953년에 설립되어 초・중등 교육에 관한 연구센터로서 교육연구의 중추적 역할을 담당하기 시작하였다. 또한 교육연구의 전문가들의 모임이라 할 수 있는 한국교육학회도 창설되었는데, 1953년 4월 당시 피난지인 부산에 자리 잡고 있었던 서울대학교 사범대학 강당에서 창립총회를 개최한 것이 시작이었다(정재철, 1997). 창립 당시 회원수는 47명이었지만 2018년 현재 회원수는 4천 여명이며, 24개의 분과학회를 거느린 대규모 학회로 발전하였다(한국교육학회 홈페이지, www.ekera.org). 규모뿐만 아니라 내용면에서도 초기에 미국의 교육학을 그대로 받아들이던 경향에서 벗어나 점차 한국적인 것에 관한 관심이 높아지고 있다.

1968년에 설립된 한국행동과학연구소는 행동과학 전반에 걸친 이론적, 실제적 연구개발을 주요 기능으로 삼았으며 교육, 사회, 조직개발, 아동발달, 검사개발, 카운슬링 영역의 연구를 지속적으로 수행하고 있다.

1972년에는 한국교육개발원(KEDI)이 정부출연연구기관으로 설립되어, 한국 교육의 혁신을 위해 교육의 목적·내용·방법 등에 관한 종합적이면서도 과학적인 연구·개발 업무를 지금까지 수행하고 있으며, 국제적인 교육연구센터로서 자리 매김하고 있다(윤정일, 2001). 아울러, 1978년 개원한 한국정신문화연구원은 정신문화 영역의 학술연구, 국내외 관련 분야 연구기관과의 협력, 고전자료의 번역·편찬, 한국학 관계 연구자 양성, 연구 자료의 발간과 보급의 기능을 수행하고 있다.

1982년에는 한국대학교육협의회의 발족과 함께 대학평가의 기반이 구축되었고, 1990년대부터 대학평가가 체계적으로 이루어지고 있다. 1983년에는 한국교육평가학회(당시에는 한국교육평가연구회)가 창설되었으며, 1985년에는 문교부 직속기관인 국립교육평가원(당시에는 중앙교육평가원)이 설립되어, 대학신입생 선발을 위한 전형자료 중 가장 중요한 자료라 할 수 있는 대학입학학력고사(1993년부터는 대학수학능력시험)를 출제 및 관리하기 시작하였다. 1998년에는 국립교육평가원의 후신이라 할 수 있는 한국교육과정평가원(KICE)이 정부출연연구기관으로 설립되어 교육과정 및 교육평가관련 정책연구 수행 및 학교교육 현장지원사업을 수행하고 있으며, 입시와 기타 국가시험을 위한 각종 검사와 평가문항 등을 개발·연구하고 있다.

2000년에는 과거에 한국교육개발원에 소속되어 있었던 교육방송이 한국교육방송공사(EBS) 설립과 함께 민영화되어 교육관련 프로그램의 연구 및 개발에 크게 기여하고 있다. 2005년에는 정부출연연구기관으로 육아정책연구소(KICCE)가 설립되어 보육·유아교육·육아관련 연구 및 평가, 그리고 관련 정책 개발 활동 등을 수행하고 있다.

한편 2008년에는 국가수준에서 평생교육을 진행하기 위하여 국가평생교육진흥원(NILE)를 설립하여, 관련 연구 및 개발 업무를 수행하도록 하고 있다.

21세기를 맞이하여 한국에서도 선진 외국의 경우와 마찬가지로, 획일화 · 대중화 · 표준화로 특징지어지는 산업사회는 지나가고 다양화 · 전문화 · 특성화로 특징지어지는 지식 · 정보화 시대가 시작되고 있다. 이와 함께 교육연구의 내용이나 방법도 더욱 다양화 · 전문화 · 특성화 되어가고 있다.

한국의 교육연구 관련 주요 역사들을 간단히 요약하면 〈표 I-3〉과 같다.

〈표 I-3〉 **한국의 교육연구 관련 주요 역사**

연도	내 용
1895	한성사범학교 설립
1921	경성사범학교 설립
1924	경성제국대학 예과(豫科) 설립
1926	경성제국대학 본과(本科) 설립
1935	경성여자사범학교 설립
1946	서울대학교와 이화여자대학교에 국내 최초로 '교육과' 신설
1952	미국교육사절단 한국 방문
1953	중앙교육연구소 설립
1953	한국교육학회 발족
1968	한국행동과학연구소 설립
1972	한국교육개발원(KEDI) 설립
1978	한국정신문화연구원 설립
1982	한국대학교육협의회 발족
1983	한국교육평가학회 발족
1985	국립교육평가원 설립
1998	한국교육과정평가원(KICE) 설립
2000	한국교육방송공사(EBS) 설립(민영화)
2005	육아정책연구소(KICCE) 설립
2008	국가평생교육진흥원(NILE) 설립

4 교육연구의 유형

교육연구의 유형을 나누는 방법에는 여러 가지가 있다.[6] 예컨대, 연구 목적을 중심으로 순수연구, 응용연구, 평가연구로 나눌 수 있고, 연구 방법이나 절차 등의 특성을 중심으로 양적연구와 질적연구로 나눌 수도 있다. 그리고 연구 시점이나 관찰 기간을 중심으로 횡단적 연구와 종단적 연구로 나누기도 한다. 각각의 연구 유형에 대한 부연 설명은 다음과 같다.

가. 연구 목적에 따른 유형 분류

앞서 교육연구의 주요 목적은 교육 현상에 대해 기술하고, 설명하고, 예측하고, 통제하기 위한 것이라고 언급한 바 있다. 이를 근거로 교육연구의 유형을 기술연구, 설명연구, 예측연구, 통제연구로 구분할 수도 있겠으나, 흔히 분류하는 방법은 순수연구(pure research, 혹은 기초연구, basic research)와 응용연구(applied research, 혹은 처방연구, prescriptive research)로 나누는 것이다. 대체로 순수연구는 기술연구 및 설명연구와 관련이 깊으며, 응용연구는 예측연구 및 통제연구와 관련이 깊다고 할 수 있다.

순수연구의 일차적인 목적은 새로운 지식이나 이론을 찾기 위한 것이나, 반면 응용연구의 일차적인 목적은 기존의 지식이나 이론을 적용하여 현실을 개선하기 위한 것이다. 순수연구의 예로는 석·박사학위 논문을 작성하기 위한 실험연구(experimental research)나 유사실험연구(quasi-experimental research)를 들 수 있으며, 응용연구의 예로는 현장의 교사들이 교수-학습활동을 개선하기 위한 실행연구(action research)[7]를 들 수 있다. 아울러, 최근

6) 본문에서 제시하는 연구 유형의 구분은 어디까지나 개념적·이론적인 구분이며 정도의 문제일 뿐이므로, 구체적인 연구 상황에서는 다양한 유형의 연구가 서로 섞여 상호보완적으로 이루어진다는 점에 주의해야 한다.

7) 일부에서는 action research를 현장연구로 번역하는 경우도 있으나, 이 책에서는 실행연구

교육 분야에서 학생에 대한 평가뿐만 아니라 교육 프로그램이나 교육 기관에 대한 평가 등 평가에 대한 관심이 고조되면서, 응용연구의 한 유형이기는 하지만, 연구의 일차적인 목적이 평가에 있을 경우에는 이를 평가연구(evaluative research)로 별도로 분류하고 있다(김정환, 1999; Cohen et al., 2000). 평가연구의 예로는 교육부가 1996년부터 지속적으로 시행하고 있는 시·도교육청 평가연구 등을 들 수 있다.

한편, 연구의 구체적인 목적에 따라 연구의 유형을 더욱 세분하는 경우도 있는데, 교육 현상의 실태를 조사하기 위한 연구를 조사연구(survey research)라 하며, 주요 변인들 간의 상호 관련성을 파악하기 위한 연구를 상관연구(correlation research)라 하고, 변인간의 인과관계를 파악하기 위한 연구를 인과연구(causality research)라 하며, 두 현상간의 상호 비교를 목적으로 하는 연구를 비교연구(comparative research)라 하기도 한다. 또한 새로운 정책을 수립하거나 변경하기 위한 목적으로 시행하는 연구는 정책연구(policy research)라 한다.

나. 연구 방법에 따른 유형 분류

교육연구의 유형을 연구 방법이나 절차의 특성에 따라 구분하면 크게 2가지, 즉 양적연구(量的研究: quantitative research)와 질적연구(質的研究: qualitative research)로 나눌 수 있다.

양적연구란 교육 현상을 포함한 자연 현상이나 사회 현상을 객관적으로 설명할 수 있다는 절대주의적인 진리관에 근거하여, 일반적인 법칙이나 원리를 찾아내기 위해 수량화된 자료를 수집하는 과정에서 측정의 정확성과 반복가능성을 중시하는 연구라고 할 수 있다. 반면, 질적연구란 교육 현상을 포함한

로 번역하고자 한다. 왜냐하면 그 의미가 현장이라는 의미보다는 실행에 가깝기 때문이며, 동시에 질적연구에서 많이 사용하는 field study를 현장연구로 번역하는 것이 적절하다고 판단되기 때문이다.

자연 현상이나 사회 현상을 객관적으로 설명할 수 없다는 상대주의적인 진리관에 근거하여, 주어진 상황과 맥락 속에서 특정 사건이나 현상을 해석하고 이해하기 위해 연구자의 전문적인 판단을 중시하는 연구라고 할 수 있다. 양적연구의 예로는 실험연구나 유사실험연구를 들 수 있으며, 질적연구의 예로는 참여관찰법 등 민속학적 연구방법론(혹은 문화인류학적 연구방법론, 문화기술

〈표 Ⅰ-4〉 **양적연구와 질적연구의 일반적인 특징**

영역		양적연구	질적연구
철학적 입장	존재론	• 객관적 실재의 존재 인정 (실재론, realism) • 진리의 절대성(절대주의)	• 실재란 사회적으로 구성된 것 (유명론, nominalism) • 진리의 상대성(상대주의)
	인식론	• 실증주의적 방법 • 객관적 지식 중시 • 분석적 · 기계론적 사고	• 반실증주의적 방법 • 주관적 지식 중시 • 통합적 · 유기체적 사고
	방법론	• 현상과 거리 유지: 가치중립 • 인과관계, 규칙성 중시 • 기술, 예측, 통제	• 현상과 상호작용: 가치개입 • 현상들 간의 상호관련성 중시 • 해석, 이해, 의미 규명
연구목적		• 일반적인 원리나 법칙 발견	• 특정 현상에 대한 이해
연구대상		• 주로 집단 • 무선표집이나 확률표집 중시	• 주로 혼자 혹은 함께 행동하는 개인들 • 전문적인 판단에 의거한 선택
연구방법		• 실험, 유사실험, 설문조사 등 • 객관성과 일관성 중시 • 측정의 수량화 중시: 다양한 연구 도구나 기구를 사용	• 참여관찰, 심층면담, 문헌분석 등 • 연구자의 전문적인 판단 중시 • 전문성을 지닌 연구자가 가장 중요한 연구 도구가 됨
자료분석		• 양적자료(동간 및 비율변인) 분석 • 기술통계기법이나 추리통계기법을 활용	• 질적자료(명명 및 서열변인) 분석 • 통계적인 기법을 활용하지 않거나 혹은 기술통계기법을 활용
결과활용		• 인과관계, 상관관계 파악 • 결과의 일반화에 관심	• 특정 현상에 대한 이해 • 해석이나 의미의 차이를 이해

적 연구방법론: ethno-methodology)을 활용한 현장연구(field research)나 역사연구[8] 등을 들 수 있다.

사실 양적연구와 질적연구의 차이는 단순한 기법상의 차이라기보다는 현상을 바라보는 관점(觀點)의 차이라고 할 수 있다. 참고로, 양적연구와 질적연구에서 근거하고 있는 철학적인 입장의 차이를 포함하여 두 연구의 일반적인 특징에 대해 간단히 제시하면 위 〈표 I-4〉와 같다.

다. 연구 시점에 따른 유형 분류

교육연구의 유형을 연구 시점이나 관찰 기간에 따라 구분하면 크게 2가지, 즉 횡단적 연구(cross-sectional research)와 종단적 연구(longitudinal research)로 나눌 수 있다.

횡단적 연구란 특정 시점에서 여러 연구대상을 표집하여 집단의 특성을 파악하기 위한 연구를 의미하며, 종단적 연구란 동일한 연구대상을 오랜 기간동안 계속 추적하면서 관찰하여 시간의 흐름에 따른 성장・발달이나 추이(trend) 등을 파악하기 위한 연구를 의미한다. 거의 모든 석・박사 학위논문들이 횡단적 연구에 속한다고 할 수 있을 정도로 교육연구에서는 횡단적 연구가 많이 이루어지고 있다.

종단적인 연구의 대표적인 예로는 터만(Terman)과 그의 동료들이 유전과 환경의 상호관계 등을 연구하기 위해 1921년부터 당시 11세였던 영재아 1500명을 대상으로 50년이상 지속적으로 연구한 것을 들 수 있다(Hothersall, 1984). 국내의 경우에도 한국행동과학연구소에서 이성진 등이 아동의 신체적・인지적・정서적 성장・발달과정 등을 연구하기 위해 1976년부터 지금까지 당시 2세였던 영아 115명을 대상으로 지속적으로 자료를 수집하고 있는 것을 들

8) 역사연구 방법의 하나로 전기적 방법(biographical method)이 있다. 이 연구 방법의 핵심은 한 사람의 삶을 재구성하는 과정을 통해 삶을 해석하는 것이다. 이 방법은 최근 교육연구뿐 아니라 역사학, 사회학, 인류학, 문학, 심리학, 정치학, 의학 등 여러 학문분야에서 광범위하게 활용되고 있다.

수 있다(임진영, 1999).

아울러 한국교육개발원(KEDI)에서도 2005년부터 전국 150개 중학교 1학년 학생 6,908명을 연구 대상으로 선정하여, 동일 학생들의 교육활동과 학습경험, 그리고 인지적·비인지적 특성 등을 매년 추적하여 조사·분석하고 있다(남궁지영 외, 2017)

참고로, 순수한 횡단적 연구나 종단적 연구의 어느 하나에만 의존하는 경우 연구 대상이나 시기의 특성을 분명히 파악하기 어려운 경우가 발생할 수 있다. 이러한 문제를 해결하기 위해서 횡단적인 연구와 종단적인 연구를 병행하기도 한다. 예컨대, 서로 다른 연령집단을 대상으로(횡단적 연구 기법) 수년간에 걸쳐(종단적 기법) 연구를 수행하는 것이다. 이렇게 할 때 각 시기별로 연령에 따른 변화 추세를 제대로 파악하게 된다([그림 I-2] 참조).

년도 / 집단	1차년도	2차년도	3차년도
나이	7세	8세	9세
	8세	9세	10세
	9세	10세	11세

세로: 횡단적 연구

가로: 종단적 연구

[그림 Ⅰ-2] 횡단적 연구와 종단적 연구의 병행(예)

한편, 연구 대상이 되는 특정 교육현상이 어느 시점에서 일어나느냐에 따라, 역사적 연구(historical research), 기술적 연구(descriptive research), 실험적 연구(experimental research)로 나누기도 한다(Best, 1989). 역사적 연구란 '무엇이 존재했는가(What was)'를 기술하는 연구로 과거에 있었던 사건을 조사, 기록, 분석, 해석하는 연구이다. 기술적 연구는 '무엇이 존재하고 있는가(What is)'를 기술하는 연구로, 현존하는 조건을 기술, 기록, 분석, 해석하며 비교하거나 대조하는 연구이다.[9] 그리고 실험적 연구는 어떤 변인을 조심스럽게 통제했을 때 '무엇이 존재할 것인가(What will be)'를 예측하는 연구로, 인과관계에 초점을 두고 변인들이 미치는 영향을 파악하기 위해 변인을 조작하는 연구이다. 앞에서 언급한 교육연구의 유형을 요약하면 〈표 I-5〉와 같다.

〈표 I-5〉 교육연구의 유형

연구 목적에 따른 분류	순수연구	새로운 지식이나 이론을 찾음(기술 · 설명 연구) 예) 실험연구, 유사실험연구
	응용연구	기존의 지식이나 이론을 응용하여 현실을 개선하기 위함(예측 · 통제 연구) 예) 현장교사들의 교수 · 학습활동 개선을 위한 실행연구
	평가연구	교육연구의 일차적인 목적이 평가에 있음 예) 교육부의 시 · 도교육청 평가연구
	조사연구	현장의 실태 파악
	상관연구	변인간의 상호 관련성 파악
	인과연구	변인간의 인과관계를 파악
	비교연구	두 현상(혹은 사건) 간의 상호 비교
	정책연구	정책 수립 혹은 정책 변경을 위한 연구
연구 방법에 따른 유형 분류	양적연구	일반적 법칙이나 원리를 찾아내기 위해 수량화 된 자료를 수집하는 과정에서 측정의 정확성과 반복 가능성을 중시함 예) 실험연구, 유사실험연구
	질적연구	상황과 맥락 속에서 특정 사건이나 현상을 해석하고 이해하기 위해 연구자의 전문적인 판단을 중시함 예) 참여관찰법 등 문화 기술적 방법론을 활용한 현장연구, 역사연구
연구 시점에 따른 유형 분류	횡단적 연구	특정 시점에서 여러 연구대상을 표집하여 집단의 특성을 파악하기 위한 연구
	종단적 연구	동일한 연구 대상을 오랜 기간 계속 추적하면서 관찰하여 시간의 흐름에 따른 성장 · 발달이나 추이 등을 파악하기 위한 연구

9) 마땅히 따르고 지켜야할 본보기나 행위 등에 대해 당위론적으로 '~을 해야 한다'는 것을 규정하는 연구를 규범적(規範的) 연구(normative research)라고 하여 기술적 연구와 구분한다.

위와 같이 교육연구를 분류하는 방법은 매우 다양하며, 학자들에 따라 다소 다른 분류 방법을 활용하고 있다. 〈표 I-6〉은 주요 학자들의 분류 방법을 참고적으로 제시한 것이다. 예컨대, 커링거(Kerlinger, 1986)는 실험적으로 독립변인을 조작할 수 없는 경우에 시행하는 사후연구(事後研究: ex post facto research)를 강조하여 분류하고 있는 반면, 코헨(Cohen, 2000)은 자연주의적이면서도 민속학적인 연구를 강조하여 분류하고 있다.

〈표 Ⅰ-6〉 주요 학자들의 교육연구 유형에 대한 분류 방법

학 자	분류 유형
Kerlinger(1986)	사후연구, 실험실적 연구, 현장실험, 현장연구, 조사연구
Best(1989)	역사적 연구, 기술적 연구, 실험적 연구
Borg & Gall(1996)	양적연구(기술연구, 상관연구, 실험연구) 질적연구(사례연구, 역사적 연구)
Cohen, Manion, & Morrison(2000)	자연주의적·민속학적 연구, 역사적 연구, 사례연구, 상관연구, 사후연구, 실험연구, 실행연구, 횡단·종단연구
Wiersma(2000)	순수연구, 응용연구, 평가연구
정범모(1976)	사실조사, 법칙연구, 예언기획
김종서(1980)	기술적 연구, 실험연구, 현장연구(action research)

◉ 전문가가 되기 위한 교육과 훈련 ◉

다른 모든 분야와 마찬가지로 교육연구의 전문가가 되기 위해서는 오랫동안의 지속적인 교육과 훈련이 필요하다는 것을 인식하는 것이 중요하다. 어떤 연구에 의하면 서양장기인 체스(chess)의 대가(大家) 혹은 전문가가 되기 위해서는 약 3만 시간의 교육과 훈련이 요구된다고 한다(Simon & Chase, 1973). 이것을 하루에 8시간씩 교육과 훈련을 받는 것으로 환산하면 10년 이상을 하루도 쉬지 않고 노력해야 함을 알 수 있다. 하루에 한두 시간씩 노력해서는 일생동안 달성하기가 어려운 분량이다. 이러한 연구는 교육연구의 전문성을 신장하기 위해서도 얼마나 많은 시간과 노력이 필요한지를 간접적으로 시사하고 있다고 하겠다.

특정 분야에 대해서 개개인이 하는 생각의 수준을 통해 그 사람의 전문성 수준을 가름할 수 있다. 생각이란 살아가기 위한 일종의 도구가 아니라 삶 그 자체이며, 쉽게 구입하거나 만들 수 있는 것이 아니라 가꾸고 길러야 하는 일종의 생명체와 같은 것이다. 생각은 성장·발달하는 것이며, 그 단계를 크게 5수준으로 구분할 수 있다.

① 1번째 단계는 무관심(無關心) 혹은 무지(無知) 수준이다. 한국이나 미국의 대통령이 누가 되든, 이라크에 군대를 파견하든, 한·칠레 FTA 비준이든, 조류독감의 확산이든 그것이 무슨 일이든 무관심하거나 무지하게 살아가는 수준이라 할 수 있다.

② 2번째 단계는 흑백논리(黑白論理) 수준이다. 모든 것에 대해서 알거나 모르거나 둘 중에 하나라고 생각하거나, 선한 것이 아니면 모두 악한 것이고, 아군이 아니면 무조건 적군으로 생각하는 것과 유사한 수준이다. 너와 내가 서로 다른 것이 아니라 나는 옳고 너는 틀렸다고 생각하는 것이다. 이러한 상황에서는 화해와 협력이란 불가능 하며, 서로 죽고 죽이며 살아가는 수준이라 할 수 있다.

③ 3번째 단계는 수평적 상대주의(水平的 相對主義) 수준이다. 너도 옳고 나도 옳다고 주장하는 수준이다. 그래서 세상에는 나도 있고 너도 있고 그들도 있기 때문에 어느 것이 더 중요하거나 더 옳은 것이 없다고 생각하는 수준이다. 너도 사람이고 나도 사람이기 때문에 서로 동일하고 또 동등해야 한다고 생각하는 수준이다. 이 상황에서는 다양성만 있지 위아래가 없고 위계질서가 없이 혼란스럽게 살아가는 수준이라 할 수 있다.

④ 4번째 단계는 수직적 상대주의(垂直的 相對主義) 수준이다. 세상은 수평적으로 매우 다양할 뿐만 아니라 수준의 차이도 있다는 것을 인정하는 수준이다. 옳고 그름에도 정도의 차이가 있고, 사람의 생각에도 수준차가 있다는 것이다. 세상에는 매우 다양한 종류가 있고 같은 종류 안에서도 상이한 수준이 있다는 것을 인정하고, 특정 분야나 영역에서 자신의 수준을 높이기 위해 몸과 마음을 바쳐 있는 힘을 다해 노력하는 것을 포함한다.

⑤ 마지막 5번째 단계는 깨달음 혹은 대오각성(大悟覺醒)의 수준이다. 흔히 이야기하는 입신(入神)의 경지 혹은 도통(道通)함의 경지라고 할 수 있는 것으로, 무지와 흑백논리와 상대주의를 극복한 수준이라 할 수 있다.

연 ◦ 습 ◦ 문 ◦ 제

1. 교육연구를 정의하고 교육연구의 목적에 대해서 논하시오.

2. 교육연구의 특징을 설명하시오.

3. 실험법(experimental methods)의 바탕을 이루는 대표적인 철학적 관점 2가지를 설명해 보시오.

4. 1차 자료와 2차 자료를 비교하여 설명하시오.

5. 변인의 특성에 따른 분류를 예를 들어 설명하시오.

6. 순수 연구와 응용 연구의 연구 목적의 차이를 설명하고, 구체적인 예를 들어 설명하시오.

7. 철학적인 관점에서 양적 연구와 질적 연구를 비교 설명하시오.

8. 횡단적 연구와 종단적 연구의 개념을 설명하시오.

☞ 연습문제의 풀이는 이 책의 427~429쪽에 있음

Ⅱ 교육연구의 일반적인 절차

교육연구를 수행하기에 앞서 교육연구가 기본적으로 전문적인 작업이라는 것을 인식해야 한다. 전문적이라는 의미 속에는 준수해야 할 규칙이나 규정이 있다는 것을 포함한다. 특히 석·박사학위 논문을 작성하기 위한 연구일 경우에는 연구윤리와 같이 보편적으로 준수해야 할 규칙이나 규정이 있을 뿐만 아니라 해당 대학에서 학위를 받기 위해 준수해야 할 내부적인 규칙이나 규정도 있게 마련이다. 아울러 교육연구가 어렵고 힘든 과정을 거쳐 이루어지는 매우 어려운 작업이라는 것을 인식해야 한다. 다시 말해서 교육연구란 아무나 쉽게 할 수 있는 것이 아니라, 적정 수준의 자격을 갖춘 전문가 혹은 예비 전문가가 어렵고 힘든 과정을 거쳐 완성하는 매우 특이한 인간활동이라는 것을 인식할 필요가 있다.[1] 전문성을 요하면서도 매우 어렵고 특이한 인간활동이라 할 수 있는 교육연구를 수행하기 위해서는, 새로운 세계를 탐험하고자 하는 개척자 정신을 가지고 충분한 사전 준비와 함께 역경을 이겨내고 반드시 성취하고야 말겠다는 각별한 각오가 필요하다.

교육연구를 실제로 수행하기 위해서는 먼저, 연구 주제를 선정해야 한다. 특히 석·박사학위 논문을 준비하는 사람에게는 무엇보다도 좋은 연구 주제를

1) 흔히 대학을 상아탑이라고 하면서 일반적인 사회 활동과 구별하기도 한다. 이는 대학에서 주로 행하고 있는 연구·교수·봉사 활동이 일상적인 생활과는 구별되는 전문적이면서도 아주 특별한 활동이라는 것을 강조하기 위한 것이다.

선정하는 것이 가장 중요하다. 연구 주제의 선정을 포함한 교육연구의 일반적인 절차는 다음 [그림 II-1]과 같다.

① 연구 주제(혹은 제목) 선정

↓

② 연구의 필요성 및 목적 진술

↓

③ 연구 내용을 구체적으로 진술

↓

④ 관련 선행연구들을 비판적으로 검토

↓

⑤ 구체적인 연구 문제나 연구 가설 진술

↓

⑥ 연구 대상, 방법 및 절차 등 진술

↓

⑦ 실제 연구 수행

↓

⑧ 연구 결과 분석 및 정리

↓

⑨ 최종 연구보고서 작성

[그림 Ⅱ-1] **교육연구의 일반적인 절차**

◉ 석 · 박사 학위 논문을 작성하기 위한 기초 전략 ◉

1. 석 · 박사 학위 논문을 작성하기 위해서는 지식과 기능뿐만 아니라 노력하는 것이 필요하다.

- 자기 학교 선배의 석 · 박사 학위 논문을 가능한 많이 읽도록 한다.
- 이왕이면 자기 지도 교수가 지도한 선배의 논문을 읽는 것이 좋다.
- 하루에 적어도 논문 한 페이지는 반드시 읽는다는 각오로 노력해야 한다.
- 다른 사람의 논문을 화장실에서도 읽을 수 있고, 차안에서도 읽을 수 있고, 텔레비전을 보면서 광고(선전)시간에 읽을 수도 있다.
- 다른 사람의 석 · 박사 학위 논문을 항상 지니고 다니는 정성이 필요하다.
- 자신의 논문이 이미 졸업한 선배의 논문과 비슷한 수준이 되도록 그것과 익숙해지는 것이 필요하다.

2. 자기가 하고 싶은 내용을 논문의 주제로 선정하는 것이 필요하다.

- 자기가 익숙한 분야에서 전문가가 되기 위해 노력해야 한다.
- 자기가 무엇을 좋아하고 하기를 원하는지 곰곰이 따져 봐야 한다.
- 자기가 좋아하는 일이라면 아무리 어려워도 즐거운 일이 될 수가 있다.
- 논문을 작성하는 일은 좋아하는 사람과 연애하는 심정으로 하는 것이 필요하다.
- 수시로 생각하고 수시로 수정 · 보완하기 위해 노력해야 한다.
- 관련되는 일(세미나, 신문 내용, 논문, 서적 등)이라면 관심을 가지고 적극적으로 접근하는 것이 필요하다.
- 우연이란 이미 준비되어 있는 사람의 편을 들어준다(루이 파스퇴르).
- 진리는 보려고 노력하는 사람에게만 보일 따름이다(알랙산드 플래밍).

3. 누가 가르쳐 줄 수 있는 것이 아니므로 스스로 경험하는 것이 필요하다.

- 논문을 작성하는 것은 삶을 위한 준비가 아니라 삶 그 자체다(앎 = 삶).
- 삶이란 남들이 사는 것을 보고 배워서 자기 나름대로 살아가는 것이다.
- 나의 삶이 다른 사람의 삶과 다른 이유는 내가 다른 사람과 다른 유일한 존재이기 때문이다.

- 생각이나 믿음으로 경험을 대신 할 수 없다.
- 내 인생을 남이 대신 살아주는 것이 아니다.

4. 아무도 하지 않은 연구를 해야겠다는 무지와 교만을 버리는 것이 필요하다.

- 하늘 아래 새로운 것이 없다(성경).
- 이 세상은 네 가지로 구성되어 있다. 그 중에 석 · 박사학위 논문을 작성하기 위해 연구하는 것은 내가 모르는 것을 알기 위한 작업이라고 생각하는 것이 바람직하다.
  ① 나도 알고 남도 아는 것
  ② 나는 알고 남은 모르는 것
  ③ 나는 모르고 남은 아는 것 → 석 · 박사학위를 위한 주요 연구(re-search)의 대상
  ④ 나도 모르고 남도 모르는 것

5. 새로운 삶을 살기 위해서는 다른 것을 포기할 수 있어야 한다.

- 세상에는 공짜란 없다. 즉, 기회비용이 있다.
- 학문을 하는 사람들이란 세상에서 제대로 적응하지 못하는 사람들이다.
- 기존의 세상에 대한 미련을 버리고 새로운 세상에 입문하는 것이다.
- 새는 알을 깨고 나온다. 알은 하나의 세계다. 태어나기 위해서는 하나의 세계를 파괴해야만 한다(헤르만 헷세).
- 알에도 종류가 있다. 참새알, 뻐꾸기알, 독수리알, 타조알…
- 우리가 인지해야 할 것은 사물을 생각하는 마음의 법칙이 아니라, 사물을 실제로 지배하는 자연의 법칙이다(John Venn).

1 연구 주제의 선정

우선 연구 주제(혹은 제목)를 선정하는 것과 관련하여 ① 연구 주제 선정 방법, ② 연구 주제 선정 시 고려해야 할 사항, ③ 연구 제목 진술 방법으로 나누어 설명하고자 한다.

가. 연구 주제 선정 방법

연구의 주제를 선정한다는 것은 연구를 수행함에 있어서 가장 어려운 일 중의 하나이다. 대체로 연구 주제는 막연한 상태에서 출발하여 점차로 분명해지는 단계로 발전하게 된다. 연구 주제를 선정함에 있어서 가장 먼저 생각해야 할 일은 예상되는 연구 주제가 자기 자신의 삶에서 중요하면서도 심각한 내용인가를 따져보는 것이다. 왜냐하면 자기 자신의 삶의 철학이나 일상생활에 비추어 꼭 알아보고 싶은 내용이나 해결하고 싶은 문제를 중심으로 연구 주제를 선택하는 것이 바람직하기 때문이다.

모든 연구는 그 내용에 있어서 독창성과 창의성이 매우 중시되기 때문에 자기 자신의 개성과 소질을 충분히 발휘할 수 있는 영역에서 연구 주제를 찾는 것이 가장 바람직하다. 필자는 가끔 석·박사학위 논문 주제를 얻기 위해 자문을 구하는 학생에게, 학생 자신의 일기장 같은 개인적인 기록을 스스로 검토하면서 자신의 일상생활에서 가장 고민을 많이 했거나 하고 있는 내용, 혹은 평소에 심각하게 생각하고 있는 내용과 관련되는 것을 주제로 발전시켜보라고 충고한다. 자기 자신에게 의미 있는 연구 내용이 무엇인지를 명확히 한 다음에야 비로소, 그것을 근거로 하나의 체계적인 연구가 되도록 도와주는 이론과 방법이 필요한 것이다. 연구를 위한 이론과 방법은 남들이 도와 줄 수 있지만, 연구 주제 자체는 개인적인 관심과 고민에서 나올 때 가장 좋은 연구가 된다는 것을 명심해야 한다.

물론, 좋은 연구를 수행하기 위해서는 전공분야의 전문적인 지식이나 기술을 익히는 것이 필요하며, 최근의 연구 경향에 대해 관심을 가지는 것이 필요하다. 특히 관련분야 학회나 학술대회 등에 참여하여 새로운 학설이나 이론, 기법 등에 대해 익숙해지는 것이 중요하다. 참고로, 석·박사학위 논문을 작성하기 위해서 자기 스스로 독창적인 연구 주제를 선정하는 것이 가장 바람직하지만, 그렇게 하지 못했을 경우 연구 주제를 찾기 위해서 고려할만한 일반적인 방법은 다음과 같다(임인재, 1993).

첫째, 지도교수나 전공분야 교수의 도움을 받는 것이다. 지도교수나 자기의 전공분야와 관계되는 교수가 이미 진행하고 있는 연구의 일부를 맡아서 진행시키거나 또는 전공분야 교수와의 접촉을 통해서 그가 연구하고자 하는 연구의 관심이 무엇인가를 알아서 이를 구체화시켜보는 것이다. 물론 이러한 과정을 통해 선정하게 된 연구 주제라 하더라도 자기 자신의 관심 영역과 일치해야 함은 너무나 당연한 일이다.

둘째, 기존의 연구를 새로운 상황에 적용하는 것이다. 기존의 학위 논문이나 연구 보고서 등을 읽고 그 연구에서 적용된 방법이나 기술 등이 새로운 상황에서도 적용가능한가를 검증하는 연구를 수행할 수도 있다. 예컨대, 미국에서 지능이 학업성취도에 미치는 영향에 대해 연구한 것을 보고 한국의 경우에는 지능이 학업성취도에 미치는 영향이 어떠한지 연구해 볼 수 있을 것이다.

셋째, 기존의 연구 주제에 대해 새로운 방식으로 접근하는 것이다. 기존의 연구 중에서 비록 비슷한 주제를 선정하더라도 연구 방법이나 접근 방법을 달리하여 연구를 수행할 수 있다. 예컨대, 선택형 검사를 활용하여 학생의 지능을 측정한 연구를 보고, 수행평가를 활용하여 학생의 지능을 측정하였을 경우에도 같은 결과가 나오는가를 검증하는 것이다.

넷째, 기존의 연구에서 후속연구로 제안하고 있는 내용 등을 비판적으로 검토하는 것이다. 기존의 학위 논문이나 연구 보고서 등에 제시되어 있는 해당 연구의 제한점이나 후속 연구에 대한 제안 등에 대해 비판적으로 검토함으로써 새롭고 창의적인 연구 주제를 찾을 수도 있다.

나. 연구 주제 선정 시 고려해야 할 사항

아무리 좋은 연구 주제를 선정했다 하더라도, 그것이 주어진 여건과 상황 속에서 실제로 수행할 수 있는 것인지 따져보아야 한다. 주제 선정 시 자신의 관심 영역인지의 여부와 함께 고려해야 할 사항은 다음과 같다.

① 연구 주제가 새로우며 중복되지는 않는가?
② 연구할 가치가 있는가? (즉, 학문적인 가치와 실용적인 가치가 있는가?)
③ 연구자의 흥미나 지적 호기심을 충족시킬 수 있는가?
④ 연구자의 능력으로 수행할 수 있는 것인가?
⑤ 연구를 위해 필요한 자료·도구·시설 등은 이용할 수 있는가?
⑥ 연구를 위해 필요한 행정적 협력과 지원을 얻을 수 있는가?
⑦ 연구를 위해 필요한 자금은 충분한가?
⑧ 연구 기간 내에 완성할 수 있는가?

다. 연구 제목 진술 방법

적절한 연구 주제가 선정되고 나면, 석·박사 학위 논문이나 연구 보고서의 제목으로 진술하는 것이 필요하다. 연구의 제목은 그 연구의 얼굴과 같은 것이기 때문에 다른 사람들이 쉽게 인식할 수 있도록 진술하는 것이 필요하다. 제목을 진술하는 일반적인 방법은 다음과 같다.

① 간단명료하게 진술하되, 핵심 단어를 포함시켜야 한다.
  - 무엇을 하고자 하는지가 분명히 드러나야 한다.
  - 연구 주제만 봐도 연구의 내용과 방법을 짐작할 수 있어야 한다.
  - 흔히들 제목만 봐도 좋은 연구인지 아닌지 50%는 알 수 있다고 한다.

예 ▸ 유급을 경험한 의과대학생의 특성과 유급 경험이 이후 대학 생활에 미치는 영향 (X)

▸ 의과대학생의 유급 경험이 수업 태도에 미치는 영향 (O)

② 가능한 부제를 원제에 포함시키되, 특별한 경우에만 부제(副題)를 붙인다.

– 연구주제로서는 도저히 연구내용 전체를 대표할 수 없는 경우

– 연구주제의 범위가 너무 광범위하여 이를 한정시켜야 할 경우

예 ▸ 준거지향평가의 기준 설정 방법 비교: 수행평가의 논술형을 중심으로

③ 독립변인(獨立變因)[2]과 종속변인(從屬變因)의 관계에 대한 연구일 경우에는 독립변인을 먼저 진술하고 종속변인을 후에 진술한다.

예 ▸ 교우관계 개선을 위한 좌석배치 방법에 관한 연구 (X)

▸ 좌석배치방법이 교우관계에 미치는 영향 (O)

- 독립변인: 다른 변인에 영향을 주거나 원인이 된다고 판단되는 변인 (예: 좌석배치방법)
- 종속변인: 다른 변인에 영향을 받거나 결과가 된다고 판단되는 변인 (예: 교우관계)

④ 실험연구나 현장연구인 경우에는 가능하면 독립변인과 종속변인을 함께 진술한다.

예 ▸ 변화점수를 고려한 평가방식이 학교학습에 미치는 영향

2) 교육분야 연구에서 독립변인으로 조작 혹은 처치가 가능한 변인을 선택하는 것이 바람직하다. 왜냐하면 조작 혹은 처치가 불가능한 변인을 독립변인으로 했을 경우, 향후 연구의 결과에 근거하여 교육적인 처방을 하는 것이 어렵기 때문이다. 예컨대 남자/여자와 같은 성별이 독립변인이 될 경우, 어떤 연구결과가 나와도 남자를 여자로, 혹은 여자를 남자로 바꾸는 것이 불가능하지만, 교육방법(Ⓐ/Ⓑ)이 독립변인이 될 경우, 연구결과 Ⓐ방법이 좋은 교육방법으로 밝혀진다면, 향후 Ⓑ방법 대신 Ⓐ방법으로 처방 혹은 시행하면 되기 때문이다.

⑤ "연구"라는 용어는 꼭 필요할 경우에만 사용한다.

예 ▸A가 B에 미치는 영향 (O)

▸A가 B에 미치는 영향에 관한 연구 (X)

⑥ 가능하면 가치중립적인 진술을 하는 것이 좋다.

– 바람직한, 개선, 향상 등의 용어는 꼭 필요할 경우에만 사용

예 ▸시청각 교육이 학교학습에 미치는 영향 (O)

→ 이것은 시청각 교육이 학교학습에 좋은지 나쁜지를 확인하고자 하는 것이나, 학교학습을 향상시키는 것이 바람직하다는 가정을 하고 있는 것이다.

▸학교학습을 개선하기 위한 시청각 교육의 도입 (X)

→ 이것은 시청각 교육이 학교학습의 개선에 좋다는 것을 가정하고 있다. 따라서 새로운 연구라고 보기 어렵다.

⑦ 지나치게 길지 않도록 하는 것이 좋다.

– 연구의 핵심 내용이 잘 드러날 수 있도록 하되, 제목이 지나치게 길면 연구의 핵심 내용을 제대로 요약하지 못한 듯한 인상을 준다.

예 ▸새롭게 제작한 창의성 측정 도구의 신뢰도, 공인타당도, 구인타당도에 관한 연구 (X)

▸창의성 측정도구의 타당화 연구 (O)

연구 주제 혹은 제목을 선정한 다음, 먼저 연구의 마지막 산출물로 제시되는 최종 연구 보고서의 일반적인 목차를 작성해 보면 연구의 진행에 큰 도움이 된다. 〈표 II-1〉은 일반적인 학위 논문이나 최종 연구 보고서의 목차의 예이다.

〈표 Ⅱ-1〉 일반적인 학위 논문이나 최종 연구 보고서 목차의 예시

• 국문초록

Ⅰ. 서론
 1. 연구의 필요성 및 목적
 2. 연구 문제

Ⅱ. 이론적 배경
 1.
 2.
 3.

Ⅲ. 연구의 가설
 1. 주요 변인의 설정 및 정의
 2. 가설

Ⅳ. 연구 방법
 1. 연구 대상
 2. 검사(측정) 도구
 3. 자료 수집 및 분석 방법

Ⅴ. 연구 결과 및 논의
 1. 연구 결과
 2. 논의

Ⅵ. 요약 및 결론
 1. 요약
 2. 결론

• 참고문헌
• 영문초록
• 부록

◉ 선배들의 논문을 읽고 배워야 ◉

☞ 논문의 제목을 정할 때, 자신의 연구 제목을 졸업한 선배들의 논문 제목과 비교해 보는 것도 좋은 전략이라 할 수 있다. 관련 전공분야의 석사 · 박사학위 논문 약 40~50개를 참고문헌 작성 방법에 따라 정리하면서 그 가운데 자기가 생각하고 있는 자신의 논문 제목을 함께 기술한 다음, 자신의 논문 제목이 다른 논문 제목들과 잘 어울리면서도 독창적인지를 검토해보면 많은 도움이 될 것이다.

☞ 석사 · 박사 학위 논문을 작성하기 위해서는 이미 완성된 논문들을 많이 읽으면서 논문의 시작에서부터 끝나는 곳까지 전체적으로 어떻게 구성되는지를 확인하고, 처음에는 모방 단계에서 출발하여 나중에는 자기 것으로 소화해야 할 것이다. 그리고 다른 사람들의 논문을 읽을 때는 나름대로 주요 내용들을 요약 · 정리하여 나중에 인용하거나 참고할 수 있도록 하는 것이 좋다. 특별히 흥미로운 논문의 경우에는 참고문헌에 제시된 관련 글들도 추가적으로 읽어보는 것이 좋다. 요컨대 다른 사람의 논문들을 많이 보고 배우는 가운데 자연스럽게 논문 작성에 대한 전반적인 지식과 기술을 체득하는 것이 필요한 것이다.

☞ 교육의 필요성을 강조하기 위해 흔히 늑대소녀 이야기를 많이 인용한다. 이 이야기는 1920년 인도의 늑대굴에서 발견된 2살의 아말라(Amala)와 8살의 카말라(Kamala)라는 여자 아이들에 관한 이야기다. 이들은 인간에게 발견 된 후 싱(Singh)부부에 의해 양육되었으나 아말라는 1년도 되기 전에 죽었고, 카말라는 9년 후에 죽었다. 이들은 발견 당시에는 신체적으로만 인간이었지 행동과 말은 늑대와 동일하였으나 양육된지 6년 정도 지나서 카말라는 사람과 같은 행동과 말을 하게 되었다고 한다(윤정일 외, 2002).

이 이야기는 인간이 인간답게 살아가기 위한 교육의 필요성과 함께 사람들 사이에서 다른 사람들이 하는 것을 보고 배우는 것의 중요성을 강조하고 있다고 하겠다. 마찬가지로 좋은 논문을 작성하기 위해서는 우선 논문을 이미 작성한 사람들과 함께 어울리면서 그들이 자신의 논문을 어떻게 작성했는지를 보고 배우는 것이 중요하다고 할 수 있다.

◉ 나의 연구는 곧 나의 인생이다 ◉

연구 주제를 선정한다는 것은 곧 '어떻게 살 것인가?'의 방향을 결정하는 것과 유사하다. 왜냐하면 자신이 어떠한 주제를 선정하느냐에 따라 자기의 관심과 시간과 노력을 거기에다 쏟아 부어야 하기 때문이다. 그것은 그 사람의 삶의 방향과 삶의 질을 바꾸는 계기가 되기도 한다.

세상에는 수많은 길이 있다. 어떤 길을 선택할 것인가를 결정하기 전에 어떠한 길이 있는가를 확인하는 작업이 필요하다. 그러나 문제는 어떠한 길이 있는가를 확인하기 위해서는 먼저 어떠한 곳을 가봐야겠다고 하는 결심이 선행되어야 한다는 것이다. 무작정 어떤 길이 있는가를 확인하는 작업은 거의 무의미한 일이다.

등산을 하기 위해서 어떠한 산이 있는가를 모두 확인하기란 거의 불가능할 뿐만 아니라, 확인하려고 시도하는 사람은 등산의 초보자임에 분명하다. 그 분야에 약간의 전문성을 가지고 있다면, 주어진 상황과 맥락을 고려하여 어떤 산을 오를 것인가를 결정한 다음에 그 산에 오르기 위해 어떠한 길이 있는가를 확인하는 것이 일반적인 경향이다. 정상적인 사람이라면 휴일날 간단히 등산할 계획을 세우기 위해 에베레스트산의 등산로를 확인하지는 않을 것이다. 관악산을 등산할 계획을 세우고 관악산의 등산로를 확인한다면 모르겠지만.....

어떻게 살 것인가 하는 문제가 주변의 여건과 상황을 무시할 수 없듯이, 어떠한 연구를 수행할 것인가 하는 문제도 주변의 여건과 상황을 무시할 수 없다. 더구나 처음 시작하는 초보자라면 조그마한 것에서부터 차근차근 시작해야 할 것이다. 이는 등산에 초보자라면 동네 뒷동산부터 시작해야 하는 것과 유사하다.

그 연구 주제를 남들이 인정할 수 있느냐 없느냐 하는 문제는 나중 문제다. 자기가 처해있는 상황과 맥락, 그리고 자신의 수준을 무시하고 살아갈 수는 없는 것이다. 그렇다고 죽을 수도 없는 일이고..... 남들이 킬리만자로 산을 오른다고 해서 내가 동네 뒷동산을 오르는 것이 무의미하거나 무가치한 것은 아니다. 그 사람의 삶은 그 사람의 삶이고 나의 삶은 나의 삶이기 때문이다.

자신의 삶을 남이 대신 살아줄 수 없듯이, 나도 남의 삶을 살아줄 수는 없다. 다만, 다른 사람과 함께 서로 도와 가면서 살 수는 있는 것이다. 자신이 살아가는데 부모가, 친구가, 동료가, 자녀가 도와줄 수 있는 것 같이, 자신의 연구를 수행하는데 그들이 도와 줄 수 있는 것은 지극히 당연한 일이다. 혼자서 살아갈 수 없듯이 혼자서 연구를 수행할 수는 없는 것이다. 서로 상부상조하는 것은 당연한 일이다. 그러므로 연구를 수행하면서 다른 사람의 도움을 받는 것은 바람직한 일이지만, 다른 사람이 나의 삶을 대신 살아 줄 수 없는 것과 같이 연구 자체를 대신 해 줄 수 없다는 것을 명심해야 한다.

연구를 수행한다는 것은 자기 자신의 삶의 일부분이라기보다는 오히려 자기 자신의 삶 전체라고 생각해야 한다. 연구를 수행하기 위해 공부를 하고, 자료를 찾고, 사람을 만나고, 글을 쓰고 하는 가운데 자신의 생활이 달라지고 삶의 질이 변하기 때문이다. 살아가면서 변화의 계기가 있듯이 연구에도 변화의 계기가 있기 마련이다. 세월이 쏜살같아서 자신도 잘 모르는 사이에 성인이 되어 있듯이, 서두르지 않고 하나씩 하나씩 준비하고 노력하다보면 자신도 모르는 사이에 어느새 연구의 전문가(專門家)가 되어 있을 것이다.

2 연구의 필요성 및 목적

연구 주제 혹은 제목이 결정되면, '연구의 필요성 및 목적'에 대한 진술이 필요하다. 최종 보고서 진술상의 순서로는 연구 주제 혹은 제목 다음에 '연구의 필요성 및 목적'이 제시되지만, 연구를 실제로 수행할 때는 연구의 필요성 및 목적을 분명하게 하는 것이 선행되어야 하는 경우가 많다. 연구의 필요성 및 목적이 분명하게 제시되면 연구 주제 혹은 제목이 쉽게 결정될 수 있기 때문이다.

먼저 '연구의 필요성' 부분에서는, 이 연구가 왜 필요한 것인지, 무슨 가치가 있는 것인지, 왜 중요한 것인지를 설득력 있게 제시해야 한다. 해당 연구 주제에 대하여 전혀 모르거나 관심을 두지 않았던 사람, 관심을 두었어도 심각하게 생각을 안 해 본 사람들이 이 부분을 읽고 "야! 이런 연구가 필요하겠구나!" 또는 "야! 과연 이런 연구는 중요하겠구나!"하고 설득될 수 있도록 진술해야 한다. 독자들을 설득시키기 위해서는 연구자가 연구의 중요성과 가치 그리고 필요성에 대하여 객관적이고 타당한 근거와 논리를 제시하는 것이 가장 바람직하다. 연구자가 아무리 중요하다고 강조해도 객관적이고 타당한 근거와 논리가 없이는 그 의미가 전달되지 않는다. 거창한 용어들(예컨대 국가적 요청, 시대적 요청, 민족사적 요청, 교육자적 양심 등)을 나열한다고 해서 중요성이나 가치가 부각되는 것은 더욱 아니다. 자기 자신에게 중요하다고 생각되는 것을 다른 사람들에게 제대로 설득시키기 위해서는 감정적인 호소가 필요한 것이 아니라 합리적인 근거와 논리가 요청된다고 하겠다.

'연구의 목적' 부분에서는 앞서 제시한 연구의 필요성에 근거하여 진술하되, 가능한 한 분명하게 진술해야 한다. 연구의 목적을 보다 명확하게 설정하기 위해서 때때로 하나의 일반적인 목적과 여러 개의 하위 목적으로 나누어 진술하기도 한다. 연구의 필요성 및 목적을 진술하는 방식에 대한 간단한 예시는 〈표 II-2〉와 같다.

〈표 Ⅱ-2〉 **연구의 필요성 및 목적 제시의 예**

◆ 연구 제목: 변화점수를 고려한 평가방식이 학교학습에 미치는 영향

• 연구의 필요성
- 현재 학교 교육현장에서 사용되고 있는 '도달점수를 고려한 평가 방식'은 학교 교육의 선발적 기능을 수행하기에는 적절한 방법일지 몰라도 교육적 기능(혹은 행동변화 기능)을 수행하기에는 부적합하다.
- 학교 교육이 교육적 기능을 제대로 수행하기 위해서는 그러한 목적과 의도에 부합하는 새로운 평가방식이 요구된다.

• 연구의 목적
- 이 연구의 목적은 학교교육의 교육적 기능을 제대로 수행할 수 있는 평가방식으로 '변화점수를 고려한 평가방식'을 상정하고, 그 타당성을 '학교학습'의 성취에 비추어 경험적으로 검증하는 것이다.

◉ 연구의 필요성 및 목적이란 자신이 살아야 할 필요성 및 목적과 유사한 것이다 ◉

연구의 필요성 및 목적을 진술할 때는 나름대로 형식이 필요하다. 그러나 형식에 앞서 내용이 문제가 된다. 많은 경우에 연구의 필요성 및 목적을 진술하라고 하면 거창한 것을 드러내기 위해 노력하는 경우를 많이 보게 된다. 연구의 필요성 및 목적을 진술함에 있어서 가장 중요한 것은 구체성과 명확성이라고 할 수 있다. 즉, 왜 필요하며 무슨 목적인가에 대한 대답이 구체적이면서도 분명하게 제시되어야 한다.

어떻게 하면 구체적이면서도 분명하게 목적을 제시할 수 있을까? 그 전략 중에 하나는 자기가 연구하고 싶은 이유나 연구의 목적을 수필을 쓰듯 혹은 일기를 쓰듯 솔직하게 진술하는 것이다. 이러한 작업을 통해 자기 자신이 왜 이 연구를 하고자 하는지, 과연 그것이 필요한 것인지를 여러 가지 측면에서 곰곰이 검토해 봐야 한다.

- 하고자 하는 연구가 구체적이면서도 명확한가?
- 이러한 연구를 하는 것이 나의 삶에 무슨 도움이 되는가?
- 이러한 연구를 한다면 다른 사람들은 어떻게 생각할까?
- 이러한 연구를 이미 다른 사람들이 수행한 것은 아닌가?
- 현실에 대한 인식의 부족으로 나만 중요하다고 착각하고 있는 것은 아닌가?
- 그것이 너무 이상적이어서 수행하기 불가능한 것은 아닌가?
- 주어진 여건과 상황 속에서 충분히 수행할 수 있는 것인가?
- 이와 유사한 연구 문제에 대해 다른 사람들은 어떻게 수행하였는가?
- 이러한 연구를 수행한 다음 나중에 후회하지는 않을까?

위와 같은 질문들에 대해 스스로 고민한 다음, 충분히 수행할 가치와 여건이 된다고 생각할 때 다른 사람들을 설득하기 위한 방안, 즉 논문의 형식에 적절한 형태로 연구의 필요성 및 목적을 진술하도록 해야 한다. 즉, 내가 하고자 하는 것이 무슨 내용인지 다른 사람들이 제대로 이해할 수 있도록 형식을 갖추어 진술해야 한다는 것이다.

요컨대 연구의 필요성과 목적을 제대로 진술하는 작업은, 내가 왜 살아야 하며 그것이 왜 필요한가를 스스로 구체적이면서도 명확하게 인식한 다음, 자신의 삶의 목적과 필요성을 다른 사람들에게 이해시키기 위해 노력해야 하는 것과 비슷한 작업이라고 할 수 있다.

☞ 다른 사람들이 제대로 이해할 수 있도록 형식을 갖추어 진술하는 가장 손쉬운 방법은, 먼저 이미 졸업한 선배의 진술 방식을 모방하는 것이며, 모방에 익숙해진 후에 창의성을 발휘하여 자신의 스타일로 새롭게 진술하는 것이다.

3 연구 문제 및 이론적 배경

'연구의 필요성 및 목적'을 진술한 후에는, 구체적인 연구 문제의 진술과 함께 이론적인 배경(혹은 선행연구)에 대한 분석과 그에 대한 논의가 필요하다.

'연구 문제' 부분에서는 앞서 제시한 연구의 필요성과 연구의 목적에 근거하여 연구자가 실제로 취급할 연구 문제를 진술해야 한다. 이 때 진술하게 되는 연구 문제는 결국 수행할 연구의 내용과 연구의 범위를 제한하는 중요한 부분이 된다. 다시 말해서 연구 문제는 연구 주제(혹은 제목)를 세분하는 것으로, 연구를 통하여 밝히고자 하는 해답이 무엇인지를 찾아가는 모든 과정과 내용에 대한 간결한 진술이라고 할 수 있다. 연구 문제 진술에 대한 예시는 〈표 II-3〉과 같다.

〈표 Ⅱ-3〉 **연구 문제 진술의 예**

이 연구에서 다루고자 하는 연구 문제들은 다음과 같다. 변화점수를 고려한 평가방식이 학교학습에 어떠한 영향을 미치는가? 첫째, 변화점수를 고려한 평가방식이 학생의 지적 성취에 어떠한 영향을 미치는가? 둘째, 변화점수를 고려한 평가방식이 학생의 정의적 성취에 어떠한 영향을 미치는가? 셋째, 변화점수를 고려한 평가방식이 자기개발(self-development)에 어떠한 영향을 미치는가?

논리적인 흐름으로 볼 때, 우선 연구의 주제(혹은 제목)를 선정한 다음, 연구의 필요성과 목적, 그리고 연구 문제를 진술하게 된다. 그리고 그 연구 문제를 경험과학적인 방법으로 검증할 수 있는 형태인 연구 가설로 발전시키기 위한

방편으로 연구 문제와 관련이 있는 이론적 배경을 검토하는 것이다. 따라서 '이론적 배경' 부분에서는 본 연구와 관련되는 문헌들을 찾아서 분석하고 정리한 내용을 진술하게 되며, 궁극적으로는 연구 가설을 형성하게 되는 이론적인 근거를 마련해야 한다. 관련 문헌들에 대한 조사를 소홀히 할 경우에는 이미 이루어진 연구를 되풀이하는 헛수고를 하거나, 관련되는 용어나 개념들을 잘못 사용하여서 연구의 방향이 틀려지는 경우가 많게 된다. 이론적 배경은 일반적으로 관련연구 또는 선행연구의 개관을 통해 구성한다.

관련연구 또는 선행연구의 개관은 연구의 성격과 특성을 분명히 하는 데 도움을 준다. 독자들은 관련연구를 이해함으로써 다른 연구들과 본 연구와의 차이점과 공통점 및 본 연구에서 발견하고자 하는 것이 무엇인지를 명백히 파악할 수 있을 것이다. 모든 연구는 무(無)에서 시작할 수 없다. 항상 이전에 이루어진 연구를 근거로 하여 하나씩 하나씩 새로운 사실들을 발견해 나가는 과정이라고 할 수 있다. 따라서 주제의 선정이나 '문제의 제기' 이전에 먼저 관련연구나 선행연구들을 검토해 보는 것이 바람직하다. 그리고 연구의 내용과 관련되는 용어나 개념들에 대한 여러 학자들의 입장이나 다른 연구들에서 사용된 의미들을 폭넓게 검토해 보는 것도 필요하다.

관련연구 또는 선행연구를 제대로 개관하기 위해서는 관련문헌들에 대한 많은 연구가 요청된다. 특히 국·내외 관련분야 전문 학회지 등을 두루 찾고, 비판적으로 읽고 정리하는 것이 중요하다. 참고로, 교육관련 전문 학회지나 논문들을 많이 보유하고 있는 대표적 학술 정보 사이트인 서울대도서관, 국회도서관, 국립중앙도서관, 한국교육학술정보원 학술연구정보서비스, 미국 교육부 교육자료정보센터(ERIC) 등의 홈페이지 주소 등을 제시하면 다음과 같다.

◉ 유용한 학술정보 검색 사이트 ◉

① **서울대도서관** http://library.snu.ac.kr

단행본, 학위논문, 학술지의 색인을 검색할 수 있고, 서울대에서 출판된 학위 논문 원문을 피디에프(pdf) 파일 형태로 웹(Web)상에서 볼 수 있다. 또한 모든 학문 영역에 걸쳐서 E-Journal, Proceeding, Web database 등을 통해 바로 갈 수 있다.

② **국회도서관** http://www.nanet.go.kr

상단에 있는 메뉴 바에서 전자도서관에 들어가 웹 검색을 할 수 있다. 간단한 사용자 등록을 거쳐 아이디(ID)와 비밀번호를 정하여 본 화면에 들어갈 수 있다. 국내 대학교 석·박사 학위논문, 단행본, 국내/국제 학술잡지 기사, 정부간행물 등을 검색할 수 있다.

③ **국립중앙도서관** http://www.nl.go.kr

'전자도서관'에 들어가서 웹 검색을 시행하며, 사용자 등록을 하여 들어가거나 guest로도 들어갈 수 있다. 여기는 고서, 한국관련자료, 관보, 학위논문 등의 원문들도 구축되어 있다.

④ **한국교육학술정보원 학술연구정보서비스** http://www.riss.kr

학위논문, 학술지목록, 단행본 등을 검색할 수 있으며, 해외박사논문과 해외 database도 구축되어 있고, 상호대차를 통한 원문복사 서비스도 제공한다. 참고로 서울대 홈페이지 등을 통해 접속할 경우 원문복사서비스 등을 받기 어려울 수 있으므로 반드시 개인 회원가입을 하고 로그인한 후 사용하는 것이 좋다. 한편, 학술지 수록 논문에 대한 원문제공서비스를 이용할 수도 있는데, 검색하고자 하는 논문이 원문제공 해당자료라면 직접 다운로드 받을 수도 있다.

⑤ 미국 교육부 교육자료정보센터 http://eric.ed.gov

미국 교육부 교육자료정보센터(Educational Resources Information Center: ERIC)에 들어가면 서명, 저자, 주제어, 출판일, 등록번호 등을 이용하여 교육관련 각종 자료들을 검색할 수 있으며 자료의 초록을 보거나 원문 서비스 등을 받을 수 있다.

⑥ 국내 종합 검색 사이트 네이버 (NAVER) http://www.naver.com

국내에서 많이 활용되고 있는 네이버(NAVER) 등 종합 검색 사이트에 접속한 후 주요 용어나 주제나 논문명이나 도서명 등을 활용하여 다양한 자료들을 확인할 수 있다. 특히 국내의 관련 자료들이나 정보들을 검색하는데 매우 유용하게 활용할 수 있다.

⑦ 세계적인 검색 사이트 구글(google) http://www.google.com 혹은 www.google.co.kr

세계적인 검색 사이트인 구글(google)에 접속한 후 주요 용어나 주제나 논문명이나 도서명 등을 활용하여 다양한 자료들을 확인할 수 있다. 특히 미국을 포함한 외국의 관련 자료들이나 정보들을 검색하는데 매우 유용하게 활용할 수 있다.

◉ 연구자는 연구윤리를 준수해야 한다 ◉

공적인 측면이 강조되는 교육연구를 수행하는 연구자들은 학교나 사회에서 요구하는 연구윤리를 준수해야할 책임이 있다. 특히 대학원에서 석사나 박사 학위 논문을 작성하기 위한 연구를 수행하는 대학생들도 마땅히 연구윤리를 준수해야 한다.

최근에 국내의 많은 대학들에서는 연구윤리 지침을 작성하여 해당 대학의 연구자들이 반드시 준수할 것을 요구하고 있으며, 한국연구재단이나 일반 학회 등에서도 연구윤리를 준수할 것을 요구하고 있다.

참고로 서울대학교에서 2018년 8월 현재 연구자들에게 요구하는 연구윤리 지침은 ① 전문, ② 연구자의 책임과 의무, ③ 연구발표에 있어서의 진실성, ④ 연구자료의 관리, ⑤ 이해상충, ⑥ 인간 대상 연구의 윤리, ⑦ 동물 대상 연구의 윤리, ⑧ 연구의 안전관리, ⑨ 연구윤리 교육, ⑩ 부칙으로 구성되어 있으며, 구체적인 내용 중 일부를 소개하면 다음과 같다(서울대학교 홈페이지: www.snu.ac.kr, 2018).

[서울대학교 연구윤리 지침(제정, 2008.6.24.; 개정 2010.7.16.)]

전문

서울대학교는 우수한 인재를 양성하는 고등교육기관임과 동시에 교직원, 연구원, 대학원생 등의 연구자들로 구성된 한국의 선도적 연구기관이다. 선도적 연구기관을 구성하는 서울대학교의 연구진은 학문의 발전을 통하여 한국 사회의 발전뿐 아니라 인류공영에 이바지하는 모범을 보여야 하는 중대한 책무를 지닌다. (중략). 연구행위는 사회적 행위이므로 그 사회에 통용되는 규범으로부터 자유로울 수 없다. (중략). 본 연구윤리 지침은 서울대학교의 구성원들이 변화하는 환경 속에서 새로이 대두되는 사회적 요청에 미래지향적으로 부응하기 위한 초석으로 마련되었다.

제 1 장 연구자의 책임과 의무

제 1 조 (학문의 자유와 사회적 책임) 서울대학교의 연구자는 연구를 수행함에 있어서 학문의 자유에 기초하여 창의적 연구를 할 수 있는 권리를 가짐과 동시에 연구가 장기적으로 인류 문화사회에 영향을 미침을 깊이 인식한다.

제 2 조 (지도자로서의 책임) (생략)

제 3 조 (연구비 지원을 받을 때의 책임) (생략)

제 4 조 (연구경력의 표현 시 지켜야 할 책임)

① 자신의 교육경력이나 연구경력을 과장, 왜곡, 허위기재를 하지 않아야 한다.

② 연구비 지원 등 개인의 이익을 취하기 위해, 자신에게 불리한 연구 경력을 고의로 축소하거나 누락해서는 아니 된다.

제 2 장 연구발표에 있어서의 진실성

제 5 조 (원칙) 연구자는 연구결과를 발표함에 있어 다음 각 호의 사항들을 준수함으로써 학문적 진실성을 최대한 유지하여야 한다.

1. 자신의 연구결과를 보고 · 발표할 때 정확하고 진실하게 서술하여야 한다.
2. 연구결과가 발표된 이후에 본 연구윤리지침 위반 사항을 발견한 경우에는 지체 없이 연구결과의 전부 또는 일부를 철회하여야 한다.
3. 연구결과를 대중매체에 과장하여 공개하여서는 아니 된다.

제 6 조 (연구자료의 기록 및 연구결과의 도출) 연구자는 정확하고 검증된 연구자료에 의거하여 연구를 수행하고 진실에 부합하는 연구결과를 도출하여 발표하여야 하며, 다음 각 호의 행위를 하여서는 아니 된다.

1. 제 3장 제 14조의 규정에 의한 연구데이터 또는 연구자료를 허위로 만들거나 기록 또는 보고하는 행위
2. 연구데이터를 임의로 변경 · 추가 · 누락함으로써 연구자료를 조작하는 행위
3. 연구자료를 과장 · 축소 또는 왜곡하여 해석함으로써 진실하지 아니한 연구결과를 도출하는 행위

제 7 조 (타인의 연구 성과 사용)

① 연구자는 연구문헌 · 연구계획서를 작성함에 있어 원칙적으로 자신의 연구 아이디어 또는 자신의 연구데이터에 기초하여 자신의 문장으로 표현하여야 한다.

② 연구자는 연구문헌 · 연구계획서를 작성함에 있어 이미 발표(연구계획서, 학술지게재 심사용 논문 등과 같이 출간되지 아니한 경우도 포함한다) 되거나 출간된 타인의 연구 성과를 그대로 또는 다른 형태로 변형하여 자신의 연구 성과인 것처럼 사용하여서는 아니 된다.

③ 연구자는 연구문헌 · 연구계획서를 작성함에 있어 자신의 연구의 독자성을 해하지 않는 범위 내에서 타인의 연구 아이디어, 연구데이터 및 문장을 부분적

으로 사용할 수 있다. 다만, 이 경우에는 정확한 출처표시 또는 인용표시를 하여야 하고, 다음 각 호의 행위를 하여서는 아니 된다.

1. 타인의 연구 아이디어 및 연구데이터의 전부 또는 일부를 서술 방식을 달리하여 마치 자신의 연구 성과인 것처럼 표현하는 행위
2. 타인의 저술 문장을 마치 자신의 문장인 것처럼 사용하는 행위(타인의 연속된 2개 이상의 문장을 인용표시 없이 그대로 사용한 경우에는 이에 해당하는 것으로 추정하고 전공 분야의 특성과 해당 학계의 의견을 고려하여 최종적으로 판정한다.)
3. 단어의 첨삭, 동의어 대체 등의 변형을 통하여 타인의 저술을 발췌하고 조합하여 마치 자신의 연구 성과인 것처럼 사용하는 행위 (다만, 발췌·조합에 있어 소재의 선택 또는 배열에 창작성이 인정되고 정확한 출처표시 또는 인용표시가 되어 있는 경우는 제외한다.)

④ 정확한 출처표시 또는 인용표시를 한 경우에도 연구의 독자성을 해할 정도로 타인의 연구 성과 또는 그 재구성에 의존하여서는 아니 된다. 다만, 리뷰논문(review article)과 같이 학계의 연구동향을 소개, 정리 또는 평가 하는 경우는 제외한다.

⑤ 제2항 및 제3항의 규정에도 불구하고, 연구자는 이미 발표된 타인의 연구 성과가 이미 교과서, 그에 준하는 서적, 또는 공개적으로 출간된 데이터 파일에 게재되어 일반적 지식으로 통용되는 경우에는 그 연구 성과의 전부 또는 일부를 출처표시 및 인용표시 없이 사용할 수 있다.

제 8 조 (자신의 연구 성과 사용)

① 연구자는 연구문헌을 작성함에 있어 원칙적으로 자신의 연구 아이디어, 연구데이터 및 문장을 사용하여야 하고, 이전에 발표한 적이 없는 연구 결과물을 담아야 한다.

② 연구자는 연구문헌을 작성함에 있어 당해 연구의 독자성을 해하지 않는 범위 내에서 이미 게재·출간된 자신의 연구 결과물을 부분적으로 사용할 수 있다. 다만, 연구데이터는 정확한 출처 표시와 함께 사용하여야 하며, 당해 연구에서 처음 발표하는 것처럼 제시해서는 아니 된다. 과거에 작성한 논문에서 최소한 한 단락 이상, 또는 5개 이상의 문장을 연속적으로 재사용하는 경우에는 정확한 출처와 인용 표시를 하여야 한다.

③ 연구자는 이미 발표된 자신의 연구 성과가 이미 교과서 또는 공개적으로 출

간된 데이터 파일에 게재되어 일반적 지식으로 통용되는 경우에는 그 연구 성과의 전부 또는 일부를 출처표시 및 인용표시 없이 사용할 수 있다.

제 9 조 (중복게재 · 출간의 제한)

① 연구자는 이미 게재 · 출간된 자신의 논문이나 저서의 전부 또는 일부를 정확한 출처표시 및 인용표시 없이 동일 언어 또는 다른 언어로 중복하여 게재 · 출간하여서는 아니 된다. 연구데이터나 문장이 일부 다르더라도 전체적으로 동일성이 인정되는 경우에도 또한 같다.

② 제1항의 규정에도 불구하고, 연구자는 다음 각 호의 어느 하나의 경우에 해당하는 게재 · 출간을 할 수 있다. 다만, 제1호부터 제6호까지의 경우에는 정확한 출처표시 또는 인용표시를 하는 것을 원칙으로 한다. 다만, 전공 분야의 특성과 해당 학계의 의견을 고려하여 예외를 인정할 수 있다.

1. 학위논문의 전부 또는 일부를 별개의 논문 또는 저서로 게재 · 출간하는 경우
2. 연구용역 보고서의 전부 또는 일부를 논문 또는 저서로 게재 · 출간하는 경우
3. 이미 게재된 논문들을 모아 저서로 출간하는 경우
4. 동일한 논문이나 저서의 전부 또는 일부를 동일 또는 다른 언어로 게재 · 출간하면서 해당 저작권자의 동의를 얻은 경우
5. 학술지에 짧은 서간논문(letter, brief communication 등)을 게재한 후 이를 긴 논문으로 바꾸어 게재 · 출간하거나, 연구데이터, 해석 또는 자세한 연구수행과정의 정보 등을 추가하여 게재, 출간하는 경우
6. 이미 게재 · 출간된 논문 및 저서의 전부 또는 일부가 저자의 승인 하에 다른 편저자에 의해 선택, 편집되어 선집(anthology)의 형태로 출간되거나, 학술지의 특집호에 게재되는 경우
7. 이미 게재 · 출간된 논문 또는 저서의 내용 전부 또는 일부를 교양서, 대중잡지 등 비학술용(非學術用) 출판물에 쉽게 풀어 써서 게재 · 출간하는 경우
8. 그 밖에 위 각 호에 준하는 게재 · 출간으로서 학문적 진실성에 위반되지 아니하는 경우

③ 이미 발표된 연구결과를 지식재산권으로 등록하는 것은 제1항 및 제2항의 규정과 관계없이 허용된다.

제 10 조 (저자 표시)

① 연구자는 공동연구를 수행할 때 연구자들의 역할과 상호관계를 분명히 하고 그에 따른 책임을 다해야 한다.

② 연구자는 연구의 계획, 개념정립, 수행, 결과분석 및 연구결과의 작성에 현저하게 기여한 연구자들을 반드시 저자 또는 발표자로 표시하여야 한다.

③ 연구결과를 발표할 때 저자 또는 발표자의 표시 순서는 참여한 연구자 둘의 합의에 따라 결정하되, 연구의 기여도 및 해당 전공 분야의 특성과 합리적 관행에 따라 공정하게 정해져야 한다.

④ 연구결과 발표자의 소속은 실험 및 집필 등 연구를 수행할 당시의 소속으로 표시하여야 한다. 다만, 해당 전공 분야에 이와 다른 관행이 통용되는 경우에는 그에 따를 수 있다,

⑤ 연구의 계획, 수행, 개념정립, 결과분석 및 연구결과의 작성에 기여한 바가 없는 사람을 감사의 표시 또는 예우 등의 이유로 저자 또는 발표자 로 포함시켜서는 아니 된다.

⑥ 연구책임자 또는 교수는 소속 연구원 또는 지도학생에 대하여 기여도에 부합하지 아니하는 저자 자격 또는 순서를 요구하여서는 아니 된다.

제 11 조 (연구부정행위) 고의 또는 연구상 중대한 과실(연구자로서의 통상의 주의의무를 현저히 위반한 경우를 의미한다)로 연구의 제안, 수행, 보고, 발표 등 전 과정에서 다음 각 호의 어느 하나에 해당하는 행위를 한 연구자는 연구부정행위의 책임을 진다.

1. 제6조 제1항을 위반하여 연구데이터 또는 연구자료를 허위로 만들거나 기록 또는 보고하는 행위
2. 제6조 제2항을 위반하여 연구데이터를 임의로 변경 · 추가 · 누락함으로써 연구자료를 조작하는 행위
3. 제7조 제2항 또는 제3항을 위반하여 타인의 연구성과, 연구아이디어, 연구데이터 및 문장을 마치 자신의 것처럼 사용하는 행위

제 12 조 (연구부적절행위)

① 연구상 중대하지 아니 한 과실로 인하여 연구의 제안 · 수행 · 보고 · 발표 등 전 과정에서 제11조 각 호의 어느 하나의 행위를 한 연구자는 연구 부적절행위의 책임을 진다.

② 고의 또는 중대한 연구상 과실로 다음 각 호의 어느 하나의 행위를 한 연구

자는 연구부적절행위의 책임을 진다.

1. 제6조 제3호를 위반하여 연구데이터를 과장, 축소 또는 왜곡하여 해석함으로써 진실하지 아니한 연구결과를 도출하는 행위
2. 제7조 제3항을 위반하여 타인의 연구 아이디어, 연구데이터 및 문장을 정확한 출처표시 또는 인용표시 없이 사용하는 행위로서 제11조 제3호에 해당하지 않는 경우
3. 제7조 제4항을 위반하여 연구의 독자성을 해할 정도로 타인의 아이디어, 연구데이터 및 문장에 의존하는 행위(출처표시 또는 인용표시 여부를 불문한다)
4. 제8조 제1항을 위반하여 이미 게재·출간된 자신의 연구 아이디어, 연구데이터 및 문장을 마치 당해 연구에서 처음 발표하는 것처럼 사용하는 행위
5. 제8조 제2항을 위반하여 연구의 독자성을 해할 정도로 이미 게재·출간된 자신의 연구 아이디어, 연구데이터 및 문장에 의존하는 행위 (출처표시 또는 인용표시 여부를 불문한다)
6. 제9조를 위반하여 이미 게재·출간된 자신의 논문·저서·보고서의 전부 또는 일부를 정확한 출처표시 및 인용표시 없이 동일 언어 또는 다른 언어로 중복하여 게재·출간하는 행위
7. 제10조 제2항 또는 제5항에 위반하여 연구에 직접적으로 기여한 바가 없는 자를 공저자에 포함시키거나 직접적으로 기여한 자를 공저자에서 고의적으로 배제하는 행위
8. 제11조에서 규정하는 연구부정행위를 묵인, 방조 또는 은폐하는 행위

제 13 조 (연구부정행위 및 연구부적절행위의 판정) 제11조 및 제12조의 규정에 의한 연구부정행위와 연구부적절행위의 해당 여부 및 위반의 정도는 전공 분야의 특성과 해당 학계의 의견을 고려하여 판정한다.

제 3 장 연구자료의 관리

제 14 조 (원칙) 연구데이터(실험의 재료·과정·결과·관찰·현장조사·설문조사의 결과 등 원자료를 의미한다) 및 연구자료(연구데이터 및 이를 처리한 이차자료를 의미한다)는 다른 연구자가 동일한 조건 하에서 동일한 결과를 재현할 수 있도록 이하에서 정하는 바에 따라 명확히 기록하여야 한다. 다만, 전공 분야의 특성

에 따라 예외가 인정될 수 있다.

제 15 조 (연구데이터의 기록) (생략)

제 16 조 (연구자료 및 연구노트의 보관) (생략)

제 4 장 이해상충

제 17 조 (원칙) 연구의 계획, 자료수집, 분석, 해석, 출판, 결과이용 등과 관련하여 연구자에게 제18조에 규정된 이해상충이 발생하거나 발생할 가능성이 있는 경우에는 연구의 공정성과 연구대상자의 안전 및 학문연구에 대한 사회적 신뢰가 손상될 수 있으므로, 연구자는 제19조에 규정하는 바에 따라 이해상충을 관리하여야 한다.

제 18 조 (이해상충의 내용) 이해상충은 다음 각 호의 어느 하나의 사유로 인하여 공정한 전문가적 판단 또는 연구 수행에 부정적인 영향을 미칠 수 있는 경우를 의미한다.

1. 금전적 이해상충 : 연구와 관련된 연구자의 금전적 이익으로 인하여 유발되는 경우
2. 인간관계적 이해상충 : 개인적인 친분이나 소속 기관의 영향, 또는 개인적인 갈등이나 연구 경쟁 등 사적인 인간관계로 인하여 유발되는 경우
3. 지적인 이해상충 : 특정한 연구 종류나 분야에 관한 종교적 신념이나 세계관적 내지 도덕적 소신 또는 이론적 확신으로 인하여 유발되는 경우
4. 역할충돌에 의한 이해상충 : 교육, 봉사, 외부활동 등 소속 기관의 구성원으로서의 역할이 연구 활동과 충돌함으로써 유발되는 경우
5. 기타의 이해상충 : 그밖에 제1호에서 제4호까지에 준하는 사유로 인하여 유발되는 경우

제 19 조 (이해상충의 관리) (생략)

제 5 장 인간 대상 연구의 윤리

제 20 조 (원칙)

① 인간을 대상으로 하는 연구(임상시험, 의생명과학, 행동과학 등을 포함한다)의 연구자는 연구대상자의 인권과 건강 몇 복지를 최대한 존중하여야 한다.

② 연구대상자에게 연구의 목적 및 절차, 예상되는 위험 등에 대하여 충분히 설명한 후 연구대상자의 자발적인 동의를 얻어야 한다. 다만, 서울대학교 생명

윤리심의위원회 등 공인된 기구의 사전 허가를 받은 경우에는 예외로 할 수 있다.

③ 연구대상자에게 미치는 위험을 최소화하여야하고, 연구대상자의 건강과 복지를 중대하게 침해하는 연구를 수행해서는 아니 된다,

④ 취약한 계층에 속하는 연구대상자는 동의과정이나 위험 등과 관련하여 특별히 배려하여야 한다.

⑤ 연구대상자의 사생활의 비밀을 보장하고 개인정보를 보호하여야 한다,

제 21 조 (생명윤리심의위원회의 심의)

① 인간 대상 연구는 서울대학교 생명윤리심의위원회에 연구계획서를 제출 하여 승인을 받은 후 시작하여야 한다.

② 서울대학교 소속 교원, 직원 및 학생을 대상으로 하는 연구의 경우에도 제1항의 규정과 같다.

③ 서울대학교 생명윤리심의위원회는 적절한 절차에 따라 독립적으로 심의하고 연구과정을 감독하여야 한다.

제 22 조 (관계법령의 준수) 그 밖의 사항에 관하여는「생명윤리 및 안전에 관한 법률」등 관계 법령을 준수하여야 한다.

제 6 장 동물 대상 연구의 윤리

제 23 조 (원칙) 동물을 대상으로 하는 연구자는 실험동물의 건강과 복지를 존중하여야 하고, 다음 각 호의 원칙들을 준수하여 과학적이고 윤리적으로 수행해야 한다. (이하 생략).

제 24 조 (동물실험윤리위원회의 승인) (생략)

제 25 조 (동물대상 연구의 종료) (생략)

제 26 조 (관계법령의 준수) (생략)

제 7 장 연구의 안전관리 (생략)

제 8 장 연구윤리 교육

제 30 조 (서울대학교의 책무)

① 서울대학교는 소속 연구자들의 연구윤리의식 함양을 위하여 다양한 방법으로 연구윤리를 교육하여야 한다,

② 서울대학교는 연구윤리 교육을 위하여 연구윤리 강사진의 확보, 연구윤리 교육 자료의 개발 등 지원 방안을 마련하여야 한다.

제 31 조 (연구자의 책무)

① 모든 연구자는 연구윤리 지침의 내용을 숙지하고 이를 준수하여야 한다.

② 모든 연구자는 서울대학교에서 제공하는 연구윤리교육에 적극적으로 참여하여야 하고, 연구책임자는 소속 연구원 및 학생으로 하여금 이에 참여하도록 지도하여야 한다.

제 32 조 (연구윤리교육의 내용) 연구윤리교육은 본 연구윤리지침을 기본으로 하되, 전공 분야별 특수성을 고려하고, 구체적 사례와 방법을 포함하여야 한다.

부 칙 (생략)

◉ 사람을 대상으로 하는 연구에 대한 생명윤리심의위원회(IRB)의 구성 및 기능 ◉

연구윤리를 준수하는 과정에서, 교육연구는 대부분 사람을 대상으로 연구를 하는 경우가 많으므로, 생명윤리관련 규정에 근거하여 필요한 경우 해당 연구자는 사전에 연구계획서를 제출하여 해당 대학이나 공인된 기구의 생명윤리심의위원회(IRB: Institutional Review Board)의 심의를 거쳐 허락을 받은 이후에 연구를 수행해야 한다.

참고로 서울대학교의 생명윤리위원회(SNUIRB)의 규정은 목적, 적용범위, 기능, 구성, 심의 등으로 구성되어 있으며 구체적인 내용 중 일부를 소개하면 다음과 같다(서울대학교 홈페이지: www.snu.ac.kr, 2018).

[서울대학교 생명윤리위원회 규정, (서울대 규정 제2012호, 2015.10.5. 전부개정)]

제 1 조 (목적): 이 규정은 「생명윤리 및 안전에 관한 법률」 제10조제1항[3]에 따라 설치된 서울대학교 생명윤리위원 회(이하 "위원회"라 한다. 위원회의 영문 명칭은 "Seoul National University Institutional Review Board: SNUIRB"로 한다)의 구성 및 운영 등에 관한 세부 사항을 규정함을 목적으로 한다.

제 2 조 (적용범위): 이 규정은 서울대학교(이하 "본교"라 한다)에서 수행되거나 또는 본교 소속 연구자에 의해 수행 되는 인간대상 연구,[4] 인체유래물 연구 및 배아줄기세포주 연구(이하 "인간대상 연구 등"이라 한다)에 대하여 적용한다.

---

3) 「생명윤리 및 안전에 관한 법률」 (약칭: 생명윤리법) ([시행 2017.12.12.] [법률 제15188호, 2017.12.12., 일부개정], 국가법령정보센터, www.law.go.kr) 제10조(기관생명윤리위원회의 설치 및 기능) ① 생명윤리 및 안전을 확보하기 위하여 다음 각 호의 기관은 기관생명윤리위원회(이하 "기관위원회"라 한다)를 설치하여야 한다.

1. 인간대상 연구를 수행하는 자(이하 "인간대상 연구자"라 한다)가 소속된 교육・연구 기관 또는 병원 등
2. 인체유래물 연구를 수행하는 자(이하 "인체유래물 연구자"라 한다)가 소속된 교육・연구 기관 또는 병원 등
3. 제22조제1항에 따라 지정된 배아생성의료기관
4. 제29조제2항에 따라 등록한 배아연구기관
5. 제31조제3항에 따라 등록한 체세포복제배아등의 연구기관
6. 제41조제1항에 따라 보건복지부장관의 허가를 받은 인체유래물은행
7. 그 밖에 생명윤리 및 안전에 관하여 사회적으로 심각한 영향을 미칠 수 있는 기관으로서 보건복지부령으로 정하는 기관

제 3 조 (기능): ① 위원회는 인간대상 연구 등에 대하여 다음 각 호의 사항을 심의하여 승인한다.

1. 연구계획서의 윤리적 · 과학적 타당성
2. 연구참여자와 인체유래물 기증자(이하 "연구참여자 등"이라 한다)로부터 적법한 절차에 따라 동의를 받았는지 여부
3. 연구참여자 등의 안전에 관한 사항
4. 연구참여자 등의 개인정보 보호 대책
5. 그 밖에 생명윤리 및 안전에 관한 사항

② 위원회는 위원회에서 승인한 연구가 본 규정 및 위원회 표준운영지침에 맞게 진행되고 연구 결과물을 처리하였는지에 대하여 조사 · 감독하며, 승인한 대로 연구가 수행되지 않은 경우 해당 연구의 승인을 취소할 수 있다.

③ 위원회는 본교 연구자가 본 규정 및 위원회 표준운영지침 등을 위반하였다는 사실을 발견하는 등 필요하다고 인지하였을 경우 해당 연구자의 연구실과 관련 자료를 조사할 수 있다.

④ 위원회는 그 밖에 다음 각 호의 활동을 수행한다.

1. 본교 구성원을 대상으로 하는 연구윤리 교육
2. 연구자를 위한 윤리지침의 마련
3. 취약한 연구참여자 등의 보호 대책 수립
4. 위원회가 필요하다고 인정하는 생명윤리 및 안전 관련 용역과 연구의 수행

---

4) 「생명윤리 및 안전에 관한 법률 시행규칙」 (약칭: 생명윤리법 시행규칙)([시행 2016.7.19.] [보건복지부령 제419호, 2016.7.19., 일부개정], 국가법령정보센터, www.law.go.kr) 제2조 (인간대상연구의 범위) ① 「생명윤리 및 안전에 관한 법률」(이하 "법"이라 한다) 제2조제1호에서 "보건복지부령으로 정하는 연구"란 다음 각 호의 연구를 말한다.
1. 사람을 대상으로 물리적으로 개입하는 연구: 연구대상자를 직접 조작하거나 연구대상자의 환경을 조작하여 자료를 얻는 연구
2. 의사소통, 대인 접촉 등의 상호작용을 통하여 수행하는 연구: 연구대상자의 행동관찰, 대면(對面) 설문조사 등으로 자료를 얻는 연구
3. 개인을 식별할 수 있는 정보를 이용하는 연구: 연구대상자를 직접 · 간접적으로 식별할 수 있는 정보를 이용하는 연구

② 제1항에도 불구하고 다음 각 호의 연구는 제1항 각 호의 연구에 포함되지 아니한다.
1. 국가나 지방자치단체가 공공복리나 서비스 프로그램을 검토 · 평가하기 위해 직접 또는 위탁하여 수행하는 연구
2. 「초 · 중등교육법」 제2조 및 「고등교육법」 제2조에 따른 학교와 보건복지부장관이 정하여 고시하는 교육기관에서 통상적인 교육실무와 관련하여 하는 연구

제 4 조 (구성 등)
① 위원회는 위원장 1명을 포함하여 80명 이내의 위원으로 구성한다.
② 위원은 다음 각 호의 어느 하나에 해당하는 사람 중에서 총장이 임명 또는 위촉하고, 임기는 2년으로 하되 연임할 수 있다. (이하 생략)

제 5 조 (위원장 등) (생략)
제 6 조 (회의) (생략)
제 7 조 (소위원회 등) (생략)

제 8 조 (인간대상 연구 등의 심의)
① 본교에서 인간대상 연구 등을 수행하고자 하는 연구자는 연구계획서를 작성하여 위원회의 승인을 받아야 한다.
② 제1항에도 불구하고 위원회가 정한 기준을 충족하는 연구는 위원회의 심의를 면제할 수 있다.

제 9 조 (위원의 제척) (생략)
제 10 조 (간사) (생략)
제 11 조 (전문위원) (생략)
제 12 조 (자문위원) (생략)
제 13 조 (기관별 위원회) (생략)
제 14 조 (보고) (생략)
제 15 조 (표준운영지침) (생략)
부 칙(제02012호, 2015.10.5.) (생략)

◉ 서울대학교의 생명윤리위원회(SNUIRB) 심의 절차 ◉

연구책임자가 작성하여 제출한 연구계획서에 대하여 해당 대학이나 공인된 기구의 생명윤리심의위원회(IRB: Institutional Review Board)의 심의 절차는 서로 비슷하다. 참고로 서울대학교의 생명윤리위원회(SNUIRB)의 심의 절차를 소개하면 다음 그림과 같다 (서울대학교 홈페이지: www.snu.ac.kr, 2018).

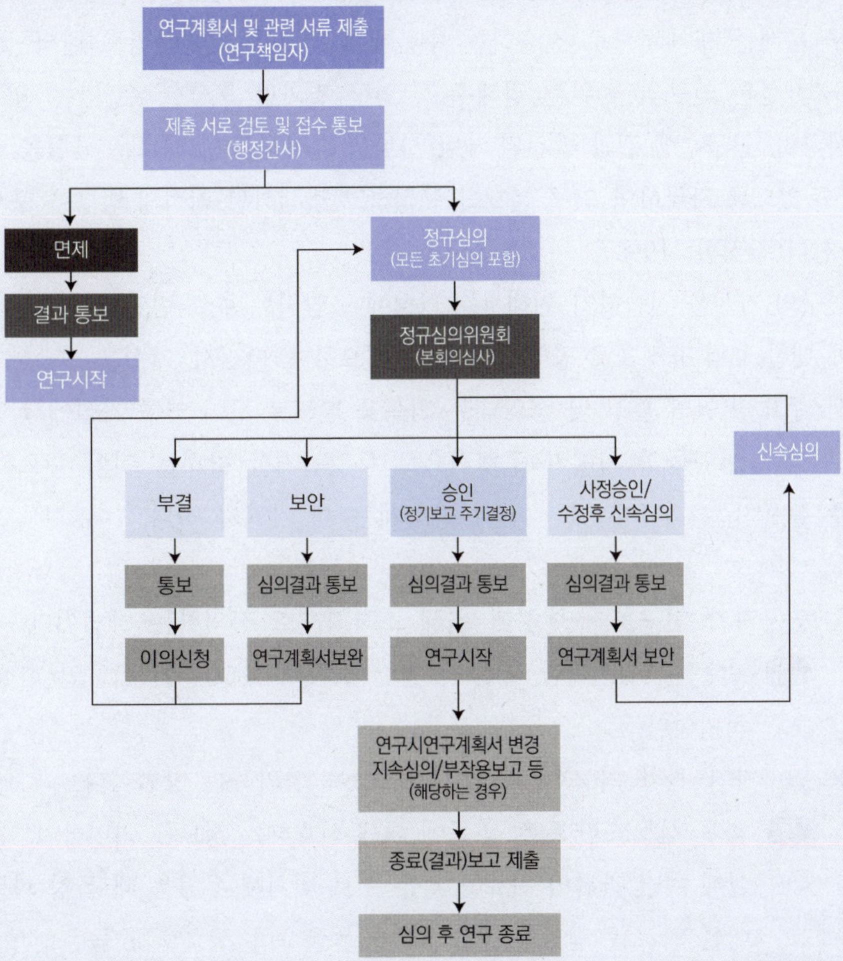

〈서울대학교의 생명윤리위원회(SNUIRB)의 심의 절차, 서울대학교 홈페이지〉

4 연구 가설

연구 가설이란, 연구 문제를 경험과학적인 방법을 활용하여 검증 가능한 형태로 발전시킨 것으로, 주요 변인간의 관계에 대한 추론이며, 연구 문제에 대한 잠정적인 결론이라 할 수 있다. 일반적으로 실험연구나 유사실험연구가 아닌 정책연구나 현장연구에서는 가설을 설정할 수 없는 경우가 많기 때문에 연구 문제를 구체적으로 진술하는 수준에서 연구를 진행하기도 한다. 보통 연구 가설은 연구의 범위를 정해주고, 연구 결과를 보고할 수 있는 방향을 시사하며, 연구수행 결과 발견된 제반 사항을 설명해주며, 새로운 사실을 발견할 수 있도록 자극하여 연구 문제를 규정하고 탐색하는 최적의 방법을 구사하게 한다(김정환, 1999).

연구의 가설을 진술하기 위해서는 가설에 포함되는 주요 변인들을 설정하고 그에 대한 개념 규정을 분명히 하는 것이 필요하다. 따라서, 가설을 진술하기에 앞서 '주요 변인의 설정 및 정의'라는 항목을 별도로 두어 연구 가설에서 언급되고 있는 변인들의 의미가 구체적으로 무엇인지를 밝히는 것이 중요하다. 자주 활용하는 개념에 대한 정의 방식에는 세 가지가 있다.

① 연구자가 연구를 수행하기 위해 조작적으로 정의하는 방법이다.

예 '빈곤한 학생'이란 '부모의 연간 소득이 1000만원 이하인 학생'을 의미한다.

② 연구자가 관찰 가능한 특성에 기초하여 정의하는 방법이다.

예 '과목 선호도'란 특정 과목에 대해 선호하는 정도를 의미하며, '자료실에 여러 과목의 자료를 같은 수로 비치해 두었을 때 특정 과목에 대한 자료를 활용한 빈도 수'가 높을수록 선호도가 높은 것이다.

③ 피험자의 자기보고식(혹은 자기평가식) 측정방법에 의해 파악할 수 있는 내적인 특성에 기초하여 정의하는 방법이다.

예 '학교 만족도'란 학교에 대해 만족하는 정도를 나타내는 것으로 '학교 만족도 조사 설문지의 점수'가 높을수록 만족도가 높은 것이다.

한편, 연구 가설을 진술함에 있어서 고려해야 할 사항은 다음과 같다.

① 설정된 가설은 구체적이고 분명하게 진술되어 있는가?
② 설정된 가설은 연구 문제를 해결하는 데 필요한가?
③ 설정된 가설은 모두 검증이 가능한 것인가?
④ 설정된 가설은 관련연구 또는 선행연구들의 결과에 비추어 적절한가?
⑤ 설정된 가설은 새로운 사실이나 관계를 설명하고 예언하는 데 도움이 되는 것인가?

참고로, 이론적 배경 앞 부분에서 진술하는 '연구 문제'와 관련연구 또는 선행연구를 개관한 후 경험과학적인 방법으로 검증 가능한 형태로 진술하는 연구 가설과의 진술 방식의 차이는 다음과 같다.

○ 연구 문제: 인종에 따라 지능의 차이가 있는가?
〈인종과 지능과의 관계에 대한 선행연구들을 개관한 후〉
가 설: • 지능에 있어서 흑인과 백인간에 차이가 있다.
• 백인의 지능은 흑인의 지능보다 높다.

○ 연구 문제: 지역에 따라 학생들의 성적에는 차이가 있는가?
〈지역에 따른 학생들의 성취도에 대한 선행연구들을 개관한 후〉
가 설: • 도시와 농촌간에 학생들의 영어성적은 차이가 있다.
• 도시학생들의 영어성적은 농촌학생의 영어성적보다 높다.

○ 연구 문제: 수업방식에 따라 학생들의 성적에는 차이가 있는가?
〈수업 방식에 따른 학생들의 성취도에 대한 선행연구들을 개관한 후〉

가 설: • 구조화된 수업을 받은 학생과 구조화되지 않은 수업을 받은 학생간에 수학성적은 차이가 있다.
• 구조화된 수업을 받은 학생의 수학성적은 구조화되지 않은 수업을 받은 학생의 수학성적보다 높다.

이와 같이, 연구 문제를 진술할 경우에는 이론적인 배경을 제대로 알지 못한 상태임을 전제로 하여 의문문으로 진술한다. 하지만, 연구 가설의 경우에는 이미 이론적 배경의 검토를 통해 잠정적인 결론을 내린 상태임을 전제로 하기 때문에 미래형이 아니라 현재형이면서 동시에 평서문으로 진술하며, 통계적인 검증이 가능한 형태로 진술하는 것이 특징이다.[5] 연구 가설 진술의 예시는 〈표 II-4〉와 같다.

〈표 Ⅱ-4〉 **연구 가설 진술의 예**

위치모형보다 변화모형의 평가방식이 학교학습에 더 긍정적인 영향을 준다. 가설 1: 위치모형보다 변화모형의 평가방식이 '지적 성취'에 더 긍정적인 영향을 준다. 가설 2: 위치모형보다 변화모형의 평가방식이 '정의적 성취'에 더 긍정적인 영향을 준다. 가설 3: 위치모형보다 변화모형의 평가방식이 '자기개발'에 더 긍정적인 영향을 준다.

5) 가설 검증에 대해서는 이 책의 '제Ⅳ장, 추리통계'에서 자세히 다루고 있다.

5 연구 방법

'연구 방법'은 가설을 검증하거나 구체적인 연구 문제를 해결하기 위해 연구의 진행방법이나 후속 조치에 대한 계획을 언급하는 부분이다. 특히 가설이 설정된 연구의 경우는 이 가설이 과연 타당한지를 검증하기 위한 모든 활동과 과정의 계획을 의미한다. 이 부분에서는 보통 ① 연구 대상, ② 검사(측정) 도구, ③ 자료 수집 및 분석 방법 등이 포함된다.

가. 연구 대상

연구 가설을 제대로 검증하기 위해서는 적절한 연구 대상을 선정해야 한다. 사람을 연구 대상으로 할 경우에, 어떤 사람을(성별, 연령별, 학년별, 지역별, ...), 얼마나 많은 사람을(30명, 50명, 100명, 1000명.....), 어떠한 방법으로 선정하느냐 하는 것을 결정해야 한다.

어떤 사람을 얼마나 많이 선정해야 하느냐는 전적으로 가설의 성격이나 특성에 달린 문제이기 때문에 일반적인 논의를 하기에는 거의 불가능하다. 다만, 전집(全集, 혹은 모집단, 母集團, population)의 수가 얼마냐에 따라 표집(標集, 혹은 표본, 標本, sample)의 수가 달라질 수 있으나, 중앙집중한계정리(이 책의 219~220쪽 참조)에 근거하여 통계적인 분석을 하기 위해서는 분석 대상이 되는 집단별로 적어도 30명 이상이 되는 것이 바람직하다. 예컨대 초등학교 각 학년별 몸무게의 차이를 통계적으로 검증하기 위해서는 적어도 180명(각 학년별 30명씩 6개 학년 총 180명)의 학생들을 표집하는 것이 바람직하다.

표집하는 방법은 여러 가지가 있는데 그와 관련하여 자세히 설명하면 다음과 같다.

1) 전집과 표집

교육연구를 수행함에 있어서 연구자가 연구의 대상으로 관심을 가지는 집단 전체를 보통 전집(혹은 모집단: population)이라 한다. 예컨대 2017년도부터 전국 초·중·고교에 도입되고 있는 '2015 개정 교육과정'의 문제점과 그 개선 방향에 대해 전국의 초·중·고교에 재직하고 있는 교원들의 의견을 알아보고자 한다면, 이 경우 전집은 2018년 현재 약 437,200명의 교원이 된다(한국교육개발원 교육통계서비스, kess.kedi.re.kr, 2018). 연구를 수행함에 있어서 가능한 한 전체 집단을 연구대상으로 하는 것이 바람직하겠지만, 연구수행상의 인적·물적 자원의 제약 등에 의해 전집의 일부분만을 대상으로 하여 실제 연구를 수행하게 되는 경우가 많다. 이때 전집의 일부분이 되는, 실제 연구를 수행하게 되는 대상들을 표집(혹은 표본: sample)이라 한다. 즉, 표집이란 전집의 어떤 특성을 추정하기 위하여 전집으로부터 선발된 소수의 집단을 말한다. 이렇게 표집을 통해 연구에 필요한 노력과 경비를 절약할 수 있으므로 신속한 연구 수행이 가능하며, 조사의 정밀도를 높일 수 있게 된다.

전집을 구성하는 요소들 중에서 표집을 선발하기 위한 기본단위를 표집단위(sampling unit)라고 한다. 이 표집단위는 다른 것과 구별되는 나름대로의 독특한 특성을 지니고 있어야 하며, 다른 것과 상호 중복되어서는 안 된다. 아울러 표집단위들을 모두 합하면 곧 전집이 되어야 한다. 예컨대 교육연구에서는 주로 학생이나 교원 등 개인이 하나의 표집단위가 되는 것이 일반적이다. 표집을 선정함에 있어서는 전집의 특성을 가장 잘 대표할 수 있도록 하는 것이 바람직하다. 주어진 상황이나 조건하에서 전집의 특성을 가장 잘 대표할 수 있는 표집을 하기 위해서는 여러 방법들이 있다(백순근, 1998; 이종승, 1984; Wiersma, 2000).

2) 표집 방법

표집 방법(sampling method, 혹은 표본 추출법)은 크게 확률적 방법(probability sampling)과 비확률적 방법(nonprobability sampling)으로 나눌 수 있다. 확률적 방법이란 표집치(혹은 통계치: statistics)를 통하여 전집치(혹은 모수치: parameters)를 추정하거나 전집의 특성에 대해 통계적인 가설검증을 하기 위해 시행하는 방법으로, 전집의 특성을 가장 잘 나타낼 것이라 추정되는 요소들을 확률·통계적으로 적절하게 표집하는 것이다. 이러한 확률적 방법이 가능하기 위해서는 전집을 구성하고 있는 각 표집단위들이 표집에 선택될 확률이 밝혀져야 하며, 각 표집단위들을 서로 구별할 수 있는 일련번호를 부여할 수 있어야 한다. 예컨대 전집이 100명의 학생으로 구성되어 있고, 그 중 10명을 표집한다고 하면, 각 학생들에게 1부터 100까지의 일련번호를 부여할 수 있을 것이며, 특정 학생(표집단위)이 표집에 선택될 확률은 0.1이 된다.

이에 반해 비확률적 방법이란 연구자의 주관적인 판단에 따라 임의로 표집하는 것으로 전집치를 추정하거나 가설검증을 하기에는 부적절한 방법이다. 경우에 따라서는 전집에 대한 규정이 애매·모호하여 전집을 구성하고 있는 각 표집단위들에 대한 일련번호를 제대로 부여할 수 없어서 특정 표집단위가 표집에 선택될 확률마저 애매·모호한 경우가 있다. 예컨대, 전집을 '서울에 살면서 아침식사를 하지 않는 사람'으로 규정하거나 혹은 '설악산에 살고 있는 다람쥐'로 규정한다면 전집의 총수를 확인할 수 없기 때문에 특정 표집단위가 표집될 확률을 계산할 수 없게 된다. 흔히 교육연구의 주된 목적 중의 하나가 표집을 이용하여 전집치를 추정하거나 또는 전집의 특성에 대한 통계적 가설검증을 하기 위한 것이 많기 때문에 대부분의 경우 확률적 표집 방법을 사용하게 된다. 따라서 전집에 대한 특성을 추정하기 위해 표집을 이용하여 연구를 수행하고자 한다면 가능한 한 확률적 표집 방법을 사용하는 것이 바람직하다.

◉ 표집의 크기를 결정할 때 고려해야할 요인들 ◉

구간을 추정할 때, 신뢰구간이 너무 넓으면 추정의 결과가 무의미해 질 수 있다. 따라서 신뢰구간의 폭에 영향을 미치는 요인을 사전에 고려할 필요가 있다. 신뢰구간의 폭을 결정하는 요인은 두 가지로, 신뢰수준과 표집의 크기이다.

다음은 표집 평균 분포의 정상성을 가정할 수 있고, 표집의 크기가 N, 신뢰수준이 각각 95%, 99%인 경우 전집 평균 추정의 신뢰구간은 다음과 같다.

$$95\%\ \text{신뢰구간}:\ \overline{X}-1.96\frac{SD}{\sqrt{N}} \leqq \mu \leqq \overline{X}+1.96\frac{SD}{\sqrt{N}}$$

$$99\%\ \text{신뢰구간}:\ \overline{X}-2.58\frac{SD}{\sqrt{N}} \leqq \mu \leqq \overline{X}+2.58\frac{SD}{\sqrt{N}}$$

일반적으로 표집 평균 분포의 정상성을 가정할 수 있고, 표집의 크기가 N, 신뢰수준이 $(1-\alpha)$ 인 경우 전집 평균 추정의 신뢰구간은 다음과 같다.

$$\overline{X}-Z_{\frac{\alpha}{2}}\frac{SD}{\sqrt{N}} \leqq \mu \leqq \overline{X}+Z_{\frac{\alpha}{2}}\frac{SD}{\sqrt{N}}$$

($P(|X| \geq Z_{\frac{\alpha}{2}})=\alpha$, $\overline{X}$: 표집의 평균, SD : 표집의 표준편차, μ : 전집의 평균)

이 신뢰구간의 한쪽 폭을 오차 e 라고 하면, 다음의 식이 성립한다.

$$Z_{\frac{\alpha}{2}} \cdot \frac{SD}{\sqrt{N}} = e$$

위 식을 표집의 크기 N에 관하여 정리하면 다음의 식을 얻는다.

$$N = \frac{Z_{\frac{\alpha}{2}}{}^{2} \cdot SD^2}{e^2}$$

이 식을 통해 표집의 크기를 결정할 때 고려해야 할 요인들을 다음과 같이 정리할 수 있다.

① 신뢰수준$(1-\alpha)$: 오차의 크기와 표집의 표준편차가 정해졌을 때, 신뢰수준을 크게 할수록 표집의 크기를 크게 해야 한다.

② 표준편차: 오차의 크기와 신뢰수준이 정해졌을 때, 표집의 표준편차가 클수록 표집의 크기를 크게 해야 한다.

③ 오차의 크기: 신뢰수준과 표준편차가 정해졌을 때, 오차의 크기를 작게 하고자 한다면 표집의 크기를 크게 해야 한다.

가) 확률적 표집 방법

각종 교육연구에서 자주 활용되고 있는 ① 단순무선표집(simple random sampling), ② 체계적표집(systematic sampling), ③ 군집표집(cluster sampling), ④ 유층표집(stratified sampling), ⑤ 행렬표집(matrix sampling) 등은 모두 확률적 표집 방법에 해당한다.

① 단순무선표집(simple random sampling)

전집으로부터 표집을 확률적으로 선발하는 방법은 매우 다양하지만 그 중 가장 대표적인 것이라면 단순무선표집 혹은 단순무작위표집을 들 수 있다. 이 방법은 흔히 복권 당첨번호를 고르는 방법과 유사한 방식으로, 흔히 바람직한 표집의 조건이라 불리는 독립성의 조건과 동일기회의 조건을 모두 충족시키는 방법이다. 독립성의 조건이란 전집을 이루는 어떤 한 표집단위가 표집될 때 다른 표집단위와 관계없이 완전히 독립적으로 이루어져야 한다는 것이며, 동일기회의 조건이란 전집을 이루는 각각의 표집단위가 표집에 선발될 확률이 동일해야 한다는 것이다. 이러한 단순무선표집은 표집치를 통하여 전집치를 추정하거나 전집의 특성에 대한 가설검증을 하고자 할 때 통계학적으로 가장 바람직하다고 생각되는 방법이다.

예컨대, 전국에 있는 교원 437,200명 중 2,000명을 단순무선표집 방법으로 선정하여 '2015 개정 교육과정'의 문제점과 그 개선 방향에 대한 의견을 알아보고자 하면, 다음과 같은 절차가 필요하다. 우선 전체 교원들을 서로 구별할 수 있도록 주민등록번호 등을 이용하여 1번부터 437,200번까지 일련번호를 부여한다. 그 다음 무선표집을 가능하게 하는 컴퓨터 프로그램이나 난수표(亂數表: random number table) 등을 이용하여 무작위로 2,000개의 번호를 선택하는 것이다. 이러한 방법으로 선택된 2,000명의 교원을 대상으로 하여 면담 혹은 설문조사를 실시하여 연구를 수행하게 된다.

◉ 난수표(부분) ◉

10	09	73	25	33	76	52	01	35	86	34	67	35	48	76
37	54	20	48	05	64	89	47	42	96	24	80	52	40	37
08	42	26	89	53	19	64	50	93	03	23	20	90	25	60
99	01	90	25	29	09	37	67	07	15	38	31	13	11	65
12	80	79	99	70	80	15	73	61	47	64	03	23	66	53
80	95	90	91	17	39	29	27	49	45	66	06	57	47	17
20	63	61	04	02	00	82	29	16	65	31	06	01	08	05
15	95	33	47	64	35	08	03	36	06	85	26	97	76	02
88	67	67	43	97	04	43	62	76	59	63	57	33	21	35
98	95	11	68	77	12	17	17	68	33	73	70	64	57	53
34	07	27	68	50	36	69	73	61	70	65	81	33	98	85
45	57	18	24	06	35	30	34	26	14	86	79	90	74	39
02	05	16	56	92	68	66	57	48	18	73	05	38	52	47
05	32	54	70	48	90	55	35	75	48	28	46	82	87	09
03	52	96	47	78	35	80	83	42	82	60	93	52	03	44
11	19	92	91	70	98	52	01	77	67	14	90	56	86	07
23	40	30	97	32	11	80	50	54	31	39	80	82	77	32
18	62	38	85	79	83	45	29	96	34	06	28	89	80	83
83	49	12	56	24	88	68	54	02	00	86	50	75	84	01
35	27	38	84	35	99	59	46	73	48	87	51	76	49	69
22	10	94	05	58	60	97	09	34	33	50	50	07	39	98
50	72	56	82	48	29	40	52	42	01	52	77	56	78	51
13	74	67	00	78	18	47	54	06	10	68	71	17	78	17
36	76	66	79	51	90	36	47	64	93	29	60	91	10	62
91	82	60	89	28	93	78	56	13	68	23	47	83	41	13
65	48	11	76	74	17	46	85	09	50	58	04	77	69	74
80	12	43	56	35	17	72	70	80	15	45	31	82	23	74
74	35	09	98	17	77	40	27	72	14	43	23	60	02	10
69	91	62	68	03	66	25	22	91	48	36	93	68	72	03
09	89	32	05	05	14	22	56	85	14	46	42	75	67	88

이러한 방법은 표집의 크기를 적절히 조정함으로써 표집을 대상으로 한 연구 결과를 전집으로 일반화하는 과정에서 발생할 수 있는 표집오차(sampling error)[6]를 적절하게 조절할 수 있고, 통계학적인 기법들을 적절히 활용할 수 있기 때문에, 상황이나 여건이 허락하는 한 단순무선표집을 시행하려고 노력해야 할 것이다. 그러나 위의 예에서도 볼 수 있듯이, 현실적으로 전국에 있는 교원들의 이름이나 주민등록번호를 파악하기도 어렵거니와, 무작위로 2,000명을 뽑는 절차도 복잡하고, 무작위로 선정된 2,000명의 주소나 소재지를 일일이 파악하는 것은 더욱 어려운 일이다. 이러한 여러 가지 어려운 측면들을 고려하여 현실적으로 실천가능하고 비용을 절감할 수 있을 뿐만 아니라 나름대로 표집오차도 줄일 수 있는 표집 방안들이 개발되고 있다.

② **체계적표집(systematic sampling)**

체계적표집이란 단순무선표집과 거의 유사하나, 전집을 구성하고 있는 표집단위들을 무작위로 선택하는 것 대신 다소 체계적인 방법을 동원하여 선발하는 것이 서로 다르다. 위의 예에서 전체 교원들을 서로 구별할 수 있도록 일련번호를 부여하는 것은 단순무선표집과 동일하나 2,000명을 선발할 때 무작위로 선택하는 것이 아니라 437,200명 중 1번에서 219번까지 219개 중에서 무작위로 한 번호를 선택한 후 219의 간격으로 체계적으로 선택하는 것에서 차이가 있다. 처음에 20번이 무작위로 선택되었다면, 다음은 239번, 458번, 677번 등의 순으로 2,000명을 선택하는 것이다. 결국 처음에 어떤 번호가 선택되느냐에 따라 '체계적으로' 표집이 구성된다는 점에서 체계적표집이라 한다. 여기서 219를 선발 간격으로 정한 이유는 보통 선발 간격의 폭은 전집을 구성하는 표집단위의 총수를 표집의 크기로 나누어 결정하기 때문이다(437,200 ÷ 2,000 = 218.6 ≒ 219이므로 219 간격 활용). 따라서 전집의 크기나 표집의 크기에 따라 처음 번호를 고르는 범위 및 선발 간격의 폭은 달라지게 된다.

---

6) 표집에 따른 전집치와 표집치의 차이를 의미한다.

이 방법은 표집을 함에 있어서 단순무선표집보다 표집을 구성하기가 쉽고, 전집의 특정 부분이 다른 부분에 비해서 높은 비율로 선발될 가능성을 배제시켜주는 장점이 있다. 예컨대 전집의 표집단위들을 구별하기 위한 일련번호가 무작위로 부여되지 않을 경우(이를테면 주민등록번호를 이용하여 일련번호를 부여할 경우에 나이에 따라 일련번호가 부여될 가능성이 있다) 단순무선표집보다 전집치를 추정하기에 더 적절한 표집 방법이 되기도 한다. 즉, 연구대상이 되는 전집의 특성이 나이와 상호 밀접한 관련성이 있을 경우에는, 나이에 따라 일련번호를 부여하고 체계적표집 방법을 사용하는 것이 단순무선표집을 하는 것보다 오히려 정확하게 전집치를 추정할 가능성이 높다. 이러한 특성을 더욱 부각시킨 것이 다음에서 설명할 유층표집이다.

체계적표집 방법의 단점은, 표집오차를 계산하거나 전집치를 추정하기 위한 적절한 통계적인 기법이 없기 때문에 단순무선표집인 것처럼 가정하여 전집치를 추정하는 경우가 많아서 전집치를 편파적(biased)으로 추정할 수 있다는 것이다. 아울러 전집의 일련번호가 특이하게 구성되어 있다면 표집오차를 지나치게 높일 수 있다. 예컨대, 남녀 각각 1,000명을 대상으로 40명을 표집한다고 하자. 이 때, 일련번호를 부여하면서 남자에게는 홀수를 여자에게는 짝수를 부여할 경우, 처음 선택된 번호가 짝수라면(예: 12) 계속해서 짝수 간격(예: 50)으로 체계적 표집을 하게된다. 결국 표집된 일련번호가 모두 짝수들(예: 12, 62, 112, 162, ...)이므로 모두 여자들만 표집하게 되어, 홀수가 부여된 남자들은 아무도 표집에 선발되지 못하는 경우가 생길 수 있다.

③ 군집표집(cluster sampling)

군집표집(혹은 집단표집)은 전집의 하위집단(sub-population or strata)간에 동질성이 높고, 하위집단 내의 구성요소들 간에는 이질성이 높은 경우, 개별 표집단위를 하나씩 하나씩 표집하는 것이 아니라 하위집단들 중에 몇 개의 집단을 선택한 후, 그 선택된 하위집단에 속한 모든 표집단위를 한꺼번에(군집으로 혹은 집단으로) 표집하는 것이다. 예컨대, '2015 개정 교육과정'의 문제점과 그 개선 방향에 대해 전국의 초·중·고교에 재직하고 있는 교원들의 의견을 알아보고자 할 경우, 사전 연구들을 검토해본 결과 학교 간에는 교원들의 의견이 매우 비슷한 경향을 보이나(하위집단 간의 동질성) 학교 내에서 교원들 간의 의견차이가 크다는 것(하위집단 내에서의 이질성)을 미리 확인할 수 있었다면, 개별 교원들을 일일이 표집하기 보다는 먼저 어떤 학교를 선택하고 그 학교에 근무하는 교원들을 모두 한꺼번에 표집할 수 있다. 즉, 2018년 현재 약 12,000개의 개별 학교를 하위집단으로 하고, 그 중 약 56개의 학교를 선택하고, 선택된 학교에 근무하는 모든 교원들을 연구의 대상으로 하는 것이다. 이때 약 56개의 학교를 선택할 때는 무선표집법을 쓰는 경우가 많으며, 약 56개의 학교를 무선표집하면 확률적으로 선택된 학교에 근무하는 교원의 총수는 약 2,000명 정도가 될 것이다(학교당 평균 교원수 약 36명 × 56학교 ≒ 2,000명).

이러한 군집표집은 하위집단간의 동질성을 얼마나 잘 확보할 수 있느냐에 따라 전집치를 추정하는 데 좋은 표집 방법이 되기도 하고 안되기도 한다. 사전에 충분한 연구·검토를 통하여 하위집단간의 동질성을 확보할 수만 있다면 다른 표집 방법보다 비용절감효과를 높일 수 있는 장점이 있다. 하지만 군집표집에서 소수의 군집을 추출할 경우 표집오차가 클 수 있기 때문에, 모집단을 대표하는 표집을 얻으려면 많은 수의 군집을 표집하여야 한다. 이를 위해 군집의 크기를 작게 하거나 유층군집표집을 하는 것이 바람직하다.

④ 유층표집(stratified sampling)

유층표집(혹은 다단계 표집)은 전집을 구성하는 표집단위들을 다소 이질적이라 생각되는 하위집단(sub-population or strata)들로 나눈 다음 각 하위집단 안에서 다시 무선표집(즉, 유층무선표집 : stratified random sampling), 체계적표집(즉, 유층체계적표집 : stratified systematic sampling)을 하거나, 혹은 군집표집(즉, 유층군집표집 : stratified cluster sampling)을 하는 방법이다. 예컨대, 전국에 있는 교원 437,200명 중 2,000명을 표집할 때, 우선 근무하는 지역을 크게 대도시, 중 · 소도시, 읍 · 면 지역으로 나눈 다음, 각 지역에 따른 전국민의 인구비례인 50% : 25% : 25%의 비율로 대도시에 있는 학교에 근무하는 교원 1,000명, 중 · 소도시에 있는 학교에 근무하는 교원 500명, 읍 · 면 지역에 있는 학교에 근무하는 교원 500명을 표집하는 방법이다. 이때 각 지역 내에서 할당된 인원수를 선택하는 방식에 따라 유층무선표집, 유층체계적표집, 혹은 유층군집표집이 된다. 아울러 위의 예에서와 같이 각 유층 내에서 표집의 크기를 전집의 구성비율과 같도록 무선표집할 경우 이를 비율적 유층무선표집(proportional stratified random sampling)이라 한다.

전집을 하위집단으로 분류할 때는 하나의 변인(예, 지역)을 사용할 수도 있지만, 여러 변인들을 사용하여 여러 단계로 분류할 수도 있다. 교육연구에서 위계적이면서도 여러 단계로 하위집단을 나누기 위한 변인으로는 나이, 성(남, 여), 지역(대도시, 중 · 소도시, 읍 · 면), 학교급(초, 중, 고), 설립자(국 · 공립, 사립), 설립목적(인문계, 실업계, 특수목적계) 등이 주로 사용된다. 아울러 여러 단계로 나누어 표집을 할 경우, 가령 3단계 표집 방법을 사용하여 지역을 먼저 표집하고, 다음에 학교를 그리고 마지막으로 교원을 표집한다고 할 때, 제1차 표집대상인 지역을 제1차 표집단위(primary sampling unit = PSU)라고 하고 2차 표집대상인 학교를 제2차 표집단위(secondary sampling unit = SSU), 마지막 표집 대상인 교원을 제3차 표집단위(third sampling unit = TSU)라고 부른다.

유층표집을 사용하는 것이 다른 방법보다 바람직한 경우는, 연구자의 관심이 전집치에 대한 것과 아울러 하위집단의 통계치에도 관심을 가질 때이다. 예컨대 2015 개정 교육과정의 문제점과 개선방향에 대한 교원들의 의견이 전국적으로 어떻게 나타나느냐에도 관심이 있지만, 각 지역에 따라 그 경향이 같은 지 혹은 다른 지 여부에도 관심이 있다면 지역별 유층표집을 하는 것이 바람직하다. 또한 앞서 언급한 군집표집과는 달리, 유층표집의 경우에는 관심 있는 변인이 각 하위집단 간에는 이질적이고 하위집단 내에서는 비교적 동질적일 때 사용하는 것이 바람직하다.

⑤ 행렬표집(matrix sampling)

행렬표집은 전집의 크기가 크고 전집의 여러 가지 특성에 관심을 가질 경우에 각 특성별로 서로 다르게 표집단위들을 표집하는 것을 의미한다. 예컨대 전국의 고등학교 학생들을 대상으로 국어교과의 학업성취도를 파악하고자 하는 연구를 수행할 때, 모든 대상자들이 국어성취도 검사를 모두 시행하는 것이 아니라, 시험문항들을 3등분하고 일부 학생들을 표집하여(표집 A) 앞부분 ⅓ 문항들에 응답하게 하고, 다른 일부의 학생들을 표집하여(표집 B) 중간의 ⅓ 문항들에 응답하게 하고, 또 다른 일부의 학생들을 표집하여(표집 C) 마지막 ⅓ 문항들에 응답하게 하는 것과 같다(〈표 II-5〉 참조).

이러한 표집은 한 학생에게 비교적 짧은 시간 안에 적은 수의 문항들에 응답하게 함으로써, 표집된 학생들에게 많은 부담을 주지 않고도 전체 학생들의 국어교과 학업성취도를 추정할 수 있다는 장점이 있다. 이 표집 방법을 사용하는 경우에는 개별 학생(표집단위)의 점수는 별 의미가 없고 표집된 학생 전체의 전반적인 반응결과만이 의미 있는 분석 대상이 된다.

〈표 Ⅱ-5〉 행렬표집의 예

검사구분 / 학생표집	전반 $\frac{1}{3}$	중간 $\frac{1}{3}$	후반 $\frac{1}{3}$
표집 A	시험 시행		
표집 B		시험 시행	
표집 C			시험 시행

나) 비확률적 표집 방법

연구자의 주관적인 견지에서 전집의 특성을 잘 나타낼 것이라 판단되는 표집들을 얻고자 하는 비확률적 표집 방법에는 여러 가지가 있다. 우선 판단적 표집(judgement sampling) 혹은 유목적적 표집(purposive sampling)방법이다. 이는 어떤 현상에 대해 과학적인 연구보다는 가치판단이나 의사결정이 요구되는 평가연구 혹은 정책연구를 수행하기 위해 자주 사용되는 것으로, 관련분야 전문가가 이해 당사자들의 의견을 수집하기 위해 전문가적인 판단에 근거하여, 전집에 대한 명확한 규명이나 어떤 표집단위가 선택될 확률 등을 고려함이 없이 표집하는 것이다.

이러한 판단적 표집 방법에는 전집의 특성을 특정 변인에 따라 몇 개의 하위집단으로 나누고, 그 집단 안에서 표집수를 임의로 할당하는 할당표집(quota sampling), 전집을 구성하는 표집단위들 중 가장 전형적인 것을 골라 표집하는 전형적 사례 표집(typical case sampling), 그 반대로 극단적이거나 예외적인 것을 골라 표집하는 극단적 사례 표집(extreme case sampling), 그리고 전집에서 가장 중요하다고 판단되는 사례들만 골라 표집하는 중요한 사례 표집(important case sampling) 등이 있다. 본래 할당(quota)이라는 말은 인구조사나 의견조사 또는 시장조사 등에서 전집의 성별, 연령 및 지역분포 등의 구성비율에 맞도록 표집하기 위하여, 어느 지역 어떤 연령층의 어떤 성(남, 여)을 가진 사람을 얼마 표집하라는 표집의 크기는 '할당'하되, 그 테두리 안에서 구체적으로 어떤 사람을 선정할 것인가는 면접자의 자의에 맡긴다는 데에서 연유하였다.

이 밖에 비확률적 표집 방법으로는 연구자가 선발할 수 있는 대상들을 자신에게 편리하도록 임의로 표집하는 임의적 표집(accidental sampling) 방법이 있고, 뚜렷한 표집계획이 없이 임의로 어떤 대상을 선정하고, 그 대상자로부터 다음 대상자를 추천 받아 표집에 포함시키는 포도덩굴식 표집(grapevine sampling) 방법 등이 있다.

이러한 비확률적 표집 방법들은 전문가의 판단을 충분히 살릴 수 있으며 가치판단이나 의사결정을 필요로 하는 평가연구나 정책연구 등에서 적절하게 활용할 수 있다. 그러나 어디까지나 이러한 표집 방법에는 주관적인 판단과 편견이 개입되므로 표집에서 얻은 결과를 통해 전집치를 추정하는 데 어느 정도의 오차가 있는지 알 수 없고, 확률·통계이론과 같은 객관적인 기준에 의하여 전집치를 추정할 수 없다는 단점이 있다.

◉ 표집의 크기와 표집오차와의 관계 ◉

표집의 크기를 늘려나감으로써 표집오차를 줄일 수 있음은 '장님 코끼리 만지기 우화'를 통해 쉽게 설명할 수 있다. 이 우화는 다음과 같다.

장님 여러 명이 그들 앞에 있는 코끼리가 어떻게 생긴 것인지 알고자 하였다. 코끼리는 장님 한 사람이 전체를 더듬기에는 너무 커서 각각은 코끼리의 일부분만 더듬게 된다. 그리하여 장님들은 각각 자기가 더듬은 부분만으로 그것을 묘사하게 되는 데 다리부분을 더듬은 어떤 장님은 코끼리는 큰 기둥과 같다고 묘사하고, 코부분을 더듬은 어떤 장님은 큰 뱀과 같다고 묘사하고, 배부분을 더듬은 어떤 장님은 벽과 같다고 묘사하게 된다. 그리고 각 장님들은 서로가 옳다고 주장하게 된다.

이 우화는 인간 인식의 한계를 나타내는 것이기는 하지만, 통계학적인 시각에서 보면 표집의 방법과 표집의 크기가 전집을 추정하는 데 매우 중요함을 시사해 주고 있다. 예컨대 표집의 크기를 작게 하고 일부분에서만 편파적으로 표집할 경우

위와 같이 코끼리(전집치)를 보고 '기둥, 뱀, 벽'(표집치)이라고 추정하는 오류를 범하게 되는 것이다. 그러나 이때 어떤 장님이 어느 일부분만 더듬지 않고 충분한 시간을 가지고 코끼리 전체를 충분히 더듬게 하면 할수록 그 장님은 코끼리를 보다 잘 묘사하게 될 것은 분명하다. 즉, 표집의 크기를 전집의 크기와 비슷하게 하면 할수록 표집치는 전집치와 유사하게 되는 것이다.

이때, 어떤 장님이 어느 특정부분만을 집중적으로 더듬지 않고 전체를 골고루 더듬기만 한다면 모든 부분을 세심하게 더듬기 전에 이미 코끼리의 대체적인 모습을 상당히 정확하게 묘사할 수 있을 것이다. 즉, 표집을 할 때 전집을 잘 대표할 수 있도록 전집의 각 구성요소들을 골고루 잘 표집하기만 한다면 표집의 크기를 지나칠 정도로 크게 하지 않아도 전집치를 제대로 추정할 수 있게 된다는 것이다. 따라서 표집의 오차를 줄이기 위해서는 표집의 크기를 점차적으로 늘리는 것도 중요하지만 전집의 특성을 잘 대표할 수 있도록 골고루 표집할 수 있는 방법을 선택하는 것도 매우 중요하다.

참고로 전집의 한 부분에 집중하여 편파적으로 표집을 할 경우에는 그 부분에 대해서는 잘 파악할 수 있으나 전체를 제대로 파악할 수 없는, 즉 나무는 보는 데 숲을 보지 못하는 오류를 범할 가능성이 많고, 반대로 전집의 각 부분을 골고루 표집할 경우에는 전체는 제대로 파악할 수 있으나 부분적으로는 자세히 파악하지 못하는, 즉 숲은 보는 데 나무를 보지 못하는 오류를 범할 수 있다. 따라서 나무도 제대로 보고 숲도 제대로 보기 위해서는 표집의 크기도 적당히 커야할 뿐만 아니라 골고루 표집하는 대표성도 높아야만 한다.

나. 검사(측정) 도구

교육연구를 수행함에 있어 자료를 수집하기 위해서는 검사(혹은 측정) 도구를 많이 활용하게 된다. 검사 도구를 연구자가 직접 제작할 경우에는 제작의 전 과정을 자세히 기술해야 한다. 만약에 시중에 판매되고 있거나 이미 제작되어 있는 도구를 활용할 경우에는, 검사의 이름, 검사의 특성, 문항의 수, 제작자, 제작연도, 타당도, 신뢰도 등을 자세히 기술해야 한다. 다양한 검사(혹은 측정) 도구를 제작하거나 선정할 때 고려해야 할 사항들은 다음과 같다(백순근, 2000; Downing & Haladyna, 1997; Hogan, Benjamin & Brezinski, 2000; Linacre, 2000; Spalding, 2000).

첫째, 연구의 본질적인 목적이나 취지에 적합한 도구이어야 한다. 즉, 적합도(properness)가 높아야 한다. 둘째, 연구하고자 하는 구체적인 목표나 내용을 제대로 측정할 수 있는 도구이어야 한다. 즉, 타당도(validity)가 높아야 한다. 셋째, 측정 결과의 정확성과 일관성을 보장할 수 있는 도구이어야 한다. 즉, 신뢰도(reliability)가 높아야 한다. 넷째, 주어진 여건과 상황에서 실행할 수 있는 적절한 도구이어야 한다. 즉, 실용도(usability)가 높아야 한다. 다음에서 각각에 대해 부연설명을 하겠지만, 이에 앞서 이해를 돕기 위해 예화를 통해 설명하면 다음과 같다.

> 어떤 사람이 길을 가고 있다고 하자. 그 사람에게 누군가 '어디를 무슨 목적으로 가느냐'고 질문을 할 수 있다. 이 질문은 '적합도'와 관련이 있는 질문이다. 즉, 적합도란 어떤 일을 함에 있어서 그 목적과 이유를 따져서 그 일이 적합한가를 확인하는 작업이라 할 수 있다. 만약 그 사람이 정육점에 간다면 그가 가는 방향이 정육점이 있는 방향과 일치하는지 여부 등을 따지는 것이다. 물론 그 사람의 목적지가 정육점이라고 해도 가는 이유가 고기를 사러갈 수도 있고, 주인에게 무엇을 전달하러 갈 수도 있고, 주인이 친구라 놀러 갈 수도 있기 때문에 목적이나 취지, 이유 등을 꼼꼼히 따져보는 것이 필요하다.
>
> 그 사람이 특정 정육점에 고기를 사러 갔다고 하면, 사려고 한 고기의 종류가 무엇이었으며, 과연 원하는 종류의 고기를 제대로 샀는지 여부를 따지는 작업이 필요하며, 이는 '타당도'와 관련이 있다. 예컨대, 삼겹살을 사려고 했을 경우, 산 고기가 삼겹살이 맞는지 그리고 그 삼겹살이 질이 좋은 것인지 등을 따지는, 즉 고기의 '질(혹은 종류나 내용)'을 따지는 것과 관련이 있다.
>
> 그리고 좋은 질의 삼겹살을 샀다고 해도, 그 무게가 정확한지를 따져봐야 한다. 예컨대, 1근을 달라고 했는데 저울이 정확하지 않아서 반근만 받아왔다면 문제가 된다. 이처럼 저울이 정확하고 일관성이 있는지 여부를 따지는 것이 '신뢰도'와 관련이 있다. 즉, 고기의 '양(혹은 무게)'을 따지는 것과 관련이 있다.
>
> 마지막으로, 그 사람이 고기를 사는 방법이나 절차 등이 경제적인지, 그리고 여건이나 주변 상황에 비추어 볼 때 현실적인지 여부를 따져보는 작업이

필요하며, 이는 '실용도'와 관련이 있다. 예컨대, 삼겹살 1근을 사자고 비행기를 타고 간다면 실용도가 낮다고 할 수 있을 것이다.

1) 적합도

검사(혹은 측정) 도구의 적합도(properness)란 검사 도구가 연구의 본질적인 목적이나 취지에 적합한 정도를 의미한다. 특정 검사 도구가 연구의 목적이나 취지에 적합한 지의 여부는 어디까지나 정도의 문제이기 때문에 적합도가 높다거나 낮다고 할 수는 있지만, 있다거나 없다고 하기는 어렵다. 다만, 적합도를 제대로 파악하기 위해서는 연구의 본질적인 목적이나 취지를 제대로 파악하는 것이 매우 중요하다. 특히 교육연구에서는 연구 목적이나 취지가 교육적이어야 한다는 것을 깊이 인식하고, 검사 도구의 내용이나 실시 과정이 비교육적이거나 비윤리적인 것은 가급적 사용하지 않도록 해야 한다.

적합도가 높은 경우의 예를 들면, 실제 상황에서 학생들의 말하기 능력에 대한 연구를 수행할 때 선택형 검사를 활용하여 간접적으로 측정하는 것보다는 실제로 말할 기회를 제공하는 수행평가 도구를 활용하여 직접적으로 측정하는 것이 적합도가 더 높다고 할 수 있다.

2) 타당도

검사(혹은 측정) 도구의 타당도(validity)란 검사 도구가 측정하고자 의도했던 구체적인 목표나 내용을 제대로 측정하고 있는가를 나타내는 정도를 의미한다. 예컨대, 어떤 도구를 활용하여 학생의 쓰기 능력을 알아보고자 했을 경우, 그 도구를 이용하여 쓰기 능력을 제대로 측정할 수 있었다면 타당도가 높은 도구라고 할 수 있겠지만, 반대로 그 도구를 이용하여 쓰기 능력을 제대로 측정할 수 없었다면 타당도가 낮은 도구라고 할 수 있다. 앞서 언급한 적합도가 연구의 본질적인 목적이나 취지를 제대로 살릴 수 있느냐의 문제라면, 타당도는 연구에서 의도했던 구체적인 목표나 내용을 제대로 측정할 수 있느냐의 문제라고 할 수 있다. 타당도도 적합도와 유사하게 어디까지나 정도의 문제이기 때문에 타당도가 높다거나 낮다고 할 수는 있지만, 있다거나 없다고 하기는 어려우며 대부분의 경우 숫자로 표시하기 어려운 경우가 많이 있다.

검사(혹은 측정) 도구의 타당도를 알아보기 위한 방식에는 여러 가지가 있는데, 어떠한 측면을 강조하느냐에 따라 안면타당도, 내용타당도, 구인타당도, 공인타당도, 예언타당도, 체제적 타당도(혹은 결과타당도), 생태학적 타당도 등으로 분류할 수 있다(백순근, 2000; 성태제, 1999; Feldt & Qualls, 1999). 그러나 이러한 분류는 어디까지나 타당도를 다양한 방법으로 파악하기 위한 기능상의 구분이라 할 수 있으며, 타당도를 제대로 파악하기 위해서는 가능한 한 다양한 방법으로 통합적이면서도 전체적인 정보를 수집하는 것이 바람직하다. 주어진 상황이 동일하다면 도구의 타당성을 확보할 수 있는 증거는 많으면 많을수록 좋으며, 증거의 양도 중요하지만 증거의 질이 더욱 중요하다는 것도 인식할 필요가 있다. 각각의 타당도 유형에 대해 부연 설명하면 다음과 같다.

가) 안면타당도(face validity)

안면(顔面)타당도란 관련분야 전문가가 특정 도구에 대해 전문가 입장에서 나름대로 검토하여 타당성 여부를 판단하는 것을 의미한다. 이를 어떤 수치로 표현하기는 어렵지만, 도구 개발 과정에서 그 타당성을 확보하기 위해 활용할 수 있는 매우 중요한 방법 중의 하나이다. 경우에 따라서는 연구 대상과 유사한 사람, 예컨대 연구 대상이 될 학생들과 비슷한 수준에 있는 다른 학생들에게 도구를 보여주고 그 내용이나 방법 등이 타당한지 여부를 확인하는 것도 일종의 안면타당도를 검토하는 작업에 해당한다.

나) 내용타당도(content validity)

측정하고자 하는 내용이 검사 도구에 제대로 반영되었는지를 연역적・논리적으로 검토하는 것으로, 도구가 측정하고자 의도한 목표나 내용을 모두 포괄

할 수 있는 대표성(representativeness)을 가지고 있는지, 측정 요소들이 적절하게 구성되어 있는지 등을 검토하는 것이다. 다시 말해서 내용타당도는 어떤 도구를 이용하여 평가하고자 의도한 측정 내용의 전영역(全領域)을 제대로 파악할 수 있는가, 즉 측정하기 위해 선정된 내용(표집 : sample)이 측정 대상이 되는 전체 내용(전집 : population)을 잘 대표할 수 있는가 하는 것을 연역적이면서도 논리적으로 따지는 작업이다. 내용타당도를 확인하기 위한 이러한 분석기법을 흔히 내용분석법이라고도 한다. 따라서 내용타당도를 논리적 타당도(logical validity)라고 부르기도 한다. 그리고 내용타당도는 학교 교육 현장에서 시행되는 시험의 타당도를 파악하는 방법으로 가장 많이 사용될 뿐만 아니라 주로 교육성취도 검사에서 많이 사용되기 때문에 교과타당도(혹은 교육과정타당도, curricular validity)라고 부르기도 한다.

다) 구인타당도(construct validity)

구인(構因 : construct)이란 어떤 개념이나 특성을 구성한다고 생각할 수 있는 가상적인 하위개념 혹은 하위특성이라 할 수 있다. 따라서 구인타당도를 검토하는 과정이란 특정 도구가 어떤 심리적 특성을 재고 있다고 주장하는 경우에 그것이 정말로 그러한 특성을 재어 주고 있는지를 어떤 이론적인 가설을 세워서 경험적·통계적으로 검증하는 과정을 의미한다. 흔히 구인타당도를 확인하기 위해 사용하는 방법 중의 하나는 다음과 같다. 우선 조작적으로 정의하기 어려운 개념이나 인간의 심리적인 특성을 몇 개의 하위영역으로 나눈 다음, 그 하위영역 각각에 대해 조작적으로 정의하고 그에 대한 측정 도구를 개발하여 종합한다. 이렇게 개발·종합한 도구를 이용하여 실시한 결과에 대해 요인분석(factor analysis)을 시행하거나 상관계수를 계산하여 그 타당성을 검토하는 것이다.

라) 공인타당도(concurrent validity)

공인(共因)타당도란 이미 널리 사용하고 있는 검사(혹은 측정) 도구와 그것과 비슷한 내용을 측정한다고 상정되는, 새롭게 제작한 도구와의 상호관련성을 검토함으로써, 새롭게 제작한 도구의 타당성을 검토하는 것이다. 예컨대 고등학교 1학년 말에 특정 교사가 새롭게 제작한 쓰기 능력 측정 도구를 이용한 결과와 이미 시・도 교육청에서 제작・배포하여 학교 교육 현장에서 널리 사용하고 있는 쓰기 능력 측정 도구를 이용한 결과 간의 상관계수를 계산하였다면, 이 상관계수가 특정 교사가 새롭게 제작한 도구의 공인타당도가 된다. 만약에 공인타당도가 대단히 높은 경우라면 기존의 시・도 교육청에서 제작한 도구를 사용하는 대신 특정 교사가 새롭게 제작한 도구를 학교 교육 현장에서 사용해도 무방할 것이다.

마) 예언타당도(predictive validity)

예언타당도란 특정 도구를 사용한 결과가 피험자의 미래에 발생할 행동이나 특성을 얼마나 잘 예언하느냐에 관한 것이다. 만약에 고등학교 2학년말에 실시한 수학과목 시험이 1년 후에 대학수학능력시험의 '수리영역' 성적을 얼마나 잘 예언해 주고 있는가를 파악하고자 할 때는, 이 수학과목 시험의 예언타당도를 알아보아야 한다. 참고로, 고등학교 2학년말에 실시한 수학과목 시험 점수와 1년 후에 동일한 학생이 대학수학능력시험의 '수리영역'에서 얻은 점수간에 상관관계를 구함으로써 예언타당도 계수를 얻을 수 있다. 아울러 대학수학능력시험에서 높은 점수를 얻은 학생이 대학에 입학한 후 그 학생의 대학 성적도 우수하였다면 대학수학능력시험의 예언타당도가 높다고 할 수 있다. 이러한 예언타당도가 앞서 언급한 공인타당도와 다른 점은 타당성을 검토하기 위해 사용하는 준거가 현재에 있는 것이냐 아니면 미래에 있는 것이냐 하는 것이고, 같은 점은 타당성을 검토하기 위해 외부의 다른 준거를 사용한다는 것이다. 따라서 예언타당도와 공인타당도를 합하여 준거타당도(criterion-related validity)라고 부르기도 한다. 또한 내용타당도와 같이 연역적·논리적으로 그 타당성을 따지는 것이 아니라 실제 자료를 경험적으로 수집하여 통계적인 처리를 하므로 일부 학자들은 경험적 타당도(empirical validity) 또는 통계적 타당도(statistical validity)라고 부르기도 한다.

바) 체제적 타당도(systemic validity)

체제적(systemic) 타당도란 비교적 최근에 거론된 용어로 어떤 검사를 실시함으로써 그 체제(system) 전체에 교육적으로 이점이 있었는가의 여부를 검토하는 것이다(Frederiksen & Collins, 1989). 참고로 Messick(1989)은 검사의 시행이나 그 결과에 의해 발생할 수 있는 교육적·사회적 파급효과를 중시해야 한다는 것을 강조하는 입장에서 체제적 타당도라는 용어 대신에 '결과타당도(consequential validity)'라는 용어를 사용하기도 하였다. 예를 들어, 선택형 학력검사가 학습방법에 있어서 지나치게 단순한 지식이나 정보에 대한 암기만을 강조함으로써 학생들의 고차원적인 사고력의 신장을 저해하고 있다면 학교 교육의 정상화 측면에 비추어 볼 때 이 시험의 체제적 타당도는 매우 낮다고 할 수 있다. 이처럼 체제적 타당도는 도구의 타당도를 도구 그 자체에 대한 것에서부터 관심 영역을 더욱 확대시켜 검사시행이나 그 파급효과에 대한 전반적인 검토의 필요성까지도 강조하고 있다.

사) 생태학적 타당도(ecological validity)

생태학적(ecological) 타당도란 체제적 타당도와 비슷하게 비교적 최근에 거론되는 용어로, 검사의 내용이나 절차가 검사를 실시하고자 하는 피험자들의 사회 문화적인 배경이나 주변 상황에 타당한가를 검토하는 것이다(Wiggins, 1989). 예컨대 한국 학생들에게 미국에 관련된 지명이나 생활습관에 대한 내용을 질문한다거나 농촌 학생들에게 도시생활에 대한 내용을 질문한다거나 하는 것은 생태학적인 타당도에 문제가 있을 가능성이 높다. 아울러 문화적 편견이나 성별, 인종별에 따라 불리하게 작용할 소지가 있는지 여부를 검토하는 것도 이에 포함된다.

3) 신뢰도

검사(혹은 측정) 도구의 신뢰도(reliability)란 그 도구를 이용하여 수집한 점수가 얼마나 정확하고 일관성이 있는가 하는 정도, 즉 측정의 오차(measurement error)가 얼마나 적은가 하는 정도를 의미한다. 예컨대, 어떤 도구를 이용하여 아침에 측정한 결과와 저녁에 측정한 결과가 동일하다면 신뢰도가 높은 도구라 할 수 있겠지만, 반대로 두 결과 간에 차이가 크다면 신뢰도가 낮은 도구라고 할 수 있다. 신뢰도는 타당도와는 달리 대부분의 경우 숫자(혹은 계수)로 표시하는 경우가 많다.[7)]

검사(혹은 측정)도구의 신뢰도를 알아보기 위한 방식에는 여러 가지가 있는데, 어떠한 방법과 절차를 이용하여 파악하느냐에 따라 채점자간 일치도, 재검사 신뢰도, 동형검사 신뢰도, 반분신뢰도, 크론박(Cronbach)의 알파계수(일반화 계수) 등으로 구분할 수 있다(백순근, 2000; Enders & Bandalos, 1999; Hogan, Benjamin & Brezinski, 2000; Messick, 1989; Spalding, 2000; Wiggins, 1989). 그러나 이러한 분류는 어디까지나 특정 도구의 신뢰도를 가능한 한 다양한 방법으로 파악하기 위한 기능상의 구분으로 생각해야 한다. 신뢰도를 제대로 파악하기 위해서는 가능한 한 다양한 방법으로 통합적이면서도 전체적인 정보를 수집하는 것이 바람직하다. 주어진 상황이 동일하다면 도구의 신뢰성을 확보할 수 있는 증거는 많으면 많을수록 좋으며, 증거의 양도

---

7) 타당도와 신뢰도의 관계를 비유적으로 사격의 표적과 탄흔으로 설명하기도 한다.
   1. 타당도와 신뢰도가 동시에 높은 경우: 탄흔이 모두 표적의 중심부에 집중되어 있을 때
   2. 타당도는 높으나 신뢰도가 낮은 경우: 탄흔이 모두 표적 안에는 있으나 여러 곳에 흩어져 있을 때
   3. 타당도는 낮으나 신뢰도가 높은 경우: 탄흔이 표적의 중심부를 벗어나 외곽의 한 곳에 집중되어 있을 때
   4. 타당도와 신뢰도가 동시에 낮은 경우: 탄흔이 표적의 중심부를 벗어나 모두 외곽의 여러 곳에 흩어져 있을 때

중요하지만 증거의 질이 더욱 중요하다는 것도 인식할 필요가 있다(신뢰도와 상관계수의 해석 차이는 이책 265쪽 참조). 각각의 신뢰도 유형에 대해 부연 설명하면 다음과 같다.

가) 채점자간 일치도(agreement between/among raters)

채점자간 일치도(혹은 평정자간 신뢰도, inter-rater reliability)란 2명 이상의 채점자가 채점을 하였을 때 그 결과가 어느 정도 일치하는가를 확인하는 것이다. 채점자간 일치도를 계산하는 방법으로는 채점자가 2명일 경우에는 단순 상관계수를 계산하고, 3명 이상일 경우에는 2명씩 쌍을 이루어 단순 상관계수를 계산하거나 변량분석(analysis of variance) 등을 통한 유목내상관계수 혹은 급내상관계수(intra-class correlation coefficient)를 계산하면 된다.[8] 그리고 점수의 범위가 좁거나 등급을 매기는 수준이라면, 점수나 등급의 일치 비율을 계산하기도 한다. 예컨대, 2명의 교사가 50명의 학생들을 대상으로 '현장조사 보고서'에 대한 발표력을 상/중/하로 평정한 결과가 〈표 II-6〉과 같다면, 이 2명 교사들의 채점자간 일치도(비율)는 88%가 된다. 채점자간 일치도를 해석할 때는 신중을 기할 필요가 있는데, 채점자간 일치도가 도구의 특성 때문에 높거나 낮게 나올 수 있지만, 채점자의 자질 때문에 높거나 낮게 나올 수도 있기 때문이다.

---

8) 이는 독립변수에 의해 설명될 수 있는 종속변수의 변량의 비율을 나타내는 지수로, 전체 변량 중 설명 변량의 비율을 의미하는 것이다. 간단한 계산 공식은 변량분석에서 집단간 변량을 전체 변량으로 나누어 주는 것이다(유목내상관계수 = 집단간 변량 ÷ 전체 변량 = 독립변인의 설명량 ⇒ 평정자간 신뢰도).

〈표 Ⅱ-6〉 **2명의 교사에 의한 50명 학생에 대한 발표력 평정 결과표**

채점자		교사 A			
	평정	상	중	하	소계
교사 B	상	20	2	0	22
	중	2	14	0	16
	하	0	2	10	12
	소계	22	18	10	50
채점자간 일치도(비율) 계산 = (20+14+10)/50 = .88, 즉 88%					

한편, 채점자간 일치도를 계산할 때, 평정 등급의 수가 적을수록 확률적으로 우연에 의하여 일치된 평정(〈표 II-6〉의 대각선 부분)을 할 가능성이 있다. Cohen(1960)은 확률적으로 우연에 의하여 일치할 비율을 제거해야 함을 주장하고, 그 비율을 제거한 카파(K: Kappa) 계수를 제안하였는데, 이는 일치도 계수보다 작은 값이 되며, 그 계산 공식은 다음과 같다.

$$K = \frac{P_A - P_C}{1 - P_C}$$

P_A = 일치도 계수
P_C = 확률적으로 우연에 의하여 일치할 비율

이때, 확률적으로 우연에 의하여 일치할 비율(P_C)은 다음과 같이 계산한다. 예컨대 J×J 빈도표(혹은 분할표)에서 대각선 셀(cell)에 확률적으로 우연에 의하여 배치될 기대빈도(N_{jc})는 해당 셀과 관계되는 주변 사례 수들을 서로 곱한 값을 총 사례수로 나눈 값이다. 그러므로 확률적으로 우연에 의하여 일치할 비율(P_C)은, 대각선 셀의 기대빈도를 모두 합한 다음(N_C) 전체 사례 수로 나누면 된다. 이를 수식으로 나타내고 〈표 II-6〉을 사용하여 카파를 계산하면 다음과 같다.

$$N_{jc} = \frac{N_{.j} \times N_{j.}}{N}$$

$$N_c = \sum_{j=1}^{J} \frac{N_{.j} \times N_{j.}}{N}$$

$$P_c = \frac{N_c}{N}$$

〈표 II-6〉을 사용한 계산 예:

N_{jc} = j행과 j열 셀의 기대빈도

$N_{.j}$ = j행의 사례수의 합

$N_{j.}$ = j열의 사례수의 합

N_c = (22×22)/50 + (16×18)/50 + (12×10)/50 = 17.84

P_c = N_c ÷ 50 = 17.84 ÷ 50 ≒ 0.36

그러므로, K = (0.88 - 0.36) ÷ (1 - 0.36) ≒ 0.81

나) 재검사 신뢰도(retest reliability)

재검사 신뢰도란 같은 사람들에게 동일한 도구를 사용하여 시간적인 간격(예: 2~4주 간격)을 두고 두 번 실시한 다음 각각의 측정 결과에 일관성이 있느냐를 확인하는 방법으로, 흔히 두 결과간의 상관계수를 이용한다. 물론 가능하다면 시간적인 간격을 두고 여러 번 실시해서 그 결과들 간의 상관계수들을 통해 재검사 신뢰도를 확인할 수도 있다. 그리고 재검사 신뢰도를 검토할 때는 단지 두 검사 결과의 상관계수 크기뿐만 아니라, 두 검사 결과의 평균이나 표준편차 등도 검토해야 한다. 예컨대 두 검사의 평균이 크게 달라서 검사 자체의 정확성에 큰 문제가 있음에도 불구하고 우연히 두 검사에서 받은 점수의 상대적 서열이 비슷해서 두 검사 간 상관계수가 매우 높게 나올 수도 있기 때문이다. 마찬가지 이유로, 재검사 신뢰도를 확인할 때뿐만 아니라 상관계수를 이용하여 다른 유형의 신뢰도나 타당도 등을 확인할 때는 상관계수의 크기와 함께 검사 결과의 평균이나 표준편차 등을 반드시 검토해야 한다.

다) 동형검사 신뢰도(equivalent-form reliability)

동형검사 신뢰도란 미리 두 개의 동형검사를 제작하고, 그것을 같은 피험자에게 거의 같은 시간에 실시해서 두 동형검사에서 얻은 점수 사이의 상관계수를 산출하는 것이다. 이 방법은 재검사 신뢰도를 산출하기 위해 동일한 검사를 다시 실시하는데 따르는 측정학적인 문제들(기억, 연습, 변화, 성숙 등의 영향)을 대부분 통제할 수 있기 때문에 일반적으로 우수한 신뢰도 추정방법으로 인정되고 있다. 두 검사가 서로 동형검사라 함은 검사의 내용이나 문항의 형태, 검사의 실행 방법 및 절차 등에서 동일함을 의미하며, 두 검사가 평행선과 같이 동등하다는 의미를 살리기 위해 평행검사(parallel-form test)라고도 한다. 동형검사를 제작하기 위한 방법이나 절차는 매우 까다롭다. 따라서 동형검사를 제작하기 위해서는 측정 및 평가 전문가뿐만 아니라 내용 전문가의 참여가 거의 필수적이나 일단 동형검사를 제작하기만 하면 여러 가지 이점이 있다. 예컨대, 신뢰도를 계산하기 위해서 재검사 신뢰도의 경우처럼 일정 기간 동안 기다릴 필요가 없이 거의 동시에 실시할 수 있고, 학생들의 부정행위를 방지하기 위해 사용할 수도 있으며, 같은 내용의 시험을 수시로 시행할 수도 있다. 그러나 대부분의 경우 동형검사가 제작되어 있지 않으므로 하나의 검사를 둘로 나누어 각각의 부분이 동형검사인 것처럼 생각하고 신뢰도 계수를 계산하는 것이 다음에서 설명하고 있는 반분신뢰도이다.

라) 반분신뢰도(split-half reliability)

반분신뢰도란 한 개의 검사(혹은 측정) 도구를 같은 피험자 집단에게 실시한 다음, 그 검사에 포함된 문항들을 가능한 한 동형검사에 가깝도록 두 부분으로 나눈 다음, 각 부분을 독립된 하나의 동형검사인 것처럼 생각하여 반분된 검사의 점수들간 상관계수를 산출하는 방법이다. 하나의 평가 도구 혹은 검사를 두 부분으로 나누는 방법에는 여러 가지가 있다. 즉, 전반부와 후반부로 나누는 방법(예컨대 50문항 중 1번에서 25번까지와 26번부터 50번까지 둘로 나눔),

홀수번호 문항과 짝수번호 문항으로 나누는 방법(예컨대 1, 3, 5, 7, ..., 49번까지와 2, 4, 6, 8, ..., 50번까지로 둘로 나눔), 난수표(random numbers table)를 사용하여 문항들을 두 부분으로 나누는 방법, 의도적으로 문항의 난이도나 내용에 따라 비슷한 것끼리 짝지어 두 부분으로 나누는 방법들이 있다. 어떤 방법을 이용하든지 두 부분으로 나눌 때 주의해야 할 점은 두 부분으로 나눈 각각의 부분이 가능한 한 동형검사가 되도록 해야 한다는 것이다. 일반적으로 검사가 짧을수록(즉 검사 문항이 적을수록) 신뢰도는 낮아지고, 검사가 길수록(즉 검사 문항이 많을수록) 신뢰도는 높아지기 때문에, 하나의 검사를 반분하여 추정된 반분신뢰도는 반분하지 않은 상태의 전체 검사의 신뢰도보다 낮게 추정되는 경향이 있다. 따라서 반분신뢰도를 이용하여 전체 검사의 신뢰도를 추정하는 방법, 즉 반분된 부분을 모두 포함하는 전체 검사의 신뢰도를 계산하기 위한 계산공식을 스피어만 - 브라운(Spearman-Brown) 교정공식이라 하며, 그 공식은 다음과 같다.[9)]

$$\text{전체 검사의 신뢰도 (r)} = \frac{2r_{hh}}{1+r_{hh}}$$

r_{hh} : 두 부분으로 나누어진 각각의 검사 점수간의 상관계수

예컨대 반분 신뢰도가 $r_{hh}=0.75$일 때 두 부분을 모두 포함하는 전체 검사의 신뢰도 계수, $r=\frac{2\times 0.75}{1+0.75}=0.857$이 된다.

9) 스피어만-브라운의 공식은 $r=\frac{kr_{hh}}{1+(k-1)r_{hh}}$, 단 k=전체 검사를 분할한 총 수이나, 본문에서 제시한 공식은 반분신뢰도이기 때문에 k=2인 경우에 해당한다.

마) 크론박 알파계수(Cronbach's Coefficient Alpha)

크론박 알파계수란 흔히 일반화 계수(generalizability coefficient) 혹은 문항 내적일치도(inter-item consistency)라고 하는 것으로, 이는 한 검사에 포함되어 있는 문항들이 얼마나 서로 동일한 특성을 측정하고 있는가를 나타내는 계수이다(Anastasi & Urbina, 1997). 따라서 한 검사를 구성하고 있는 문항들이 서로 동질적이면 동질적일수록 크론박 알파계수는 커지게 된다. 예컨대 어떤 수학시험은 모두 더하기 문제로만 구성되어 있고, 다른 수학시험은 더하기, 빼기, 곱하기, 나누기 문제가 모두 포함되어 있다면 전자의 시험이 후자의 시험보다 크론박 알파계수가 높을 가능성이 많다. 앞에서 설명한 반분신뢰도와 관련하여 설명한다면, 이 크론박 알파계수는 어떤 검사를 가능한 모든 방법으로 반분하여 반분신뢰도를 계산한 값들의 평균값과 같게 되며, 그 계산 공식은 다음과 같다.[10)]

---

10) 이 공식에 대해 부연 설명하면 다음과 같다.

- 신뢰도 = 각 문항간의 공변량(common variance) ÷ 검사 전체의 변량
- 검사점수(T) = 첫 번째 문항 점수(i_1) + 두 번째 문항 점수(i_2) + ... + n번째 문항 점수(i_n)

  ⇒ T = $i_1 + i_2 + \dots + i_n$
- 검사 전체의 변량(total variance)(혹은 관찰점수의 변량)

  = 각 문항의 고유변량(unique variance)의 합 + 문항간의 공변량의 합(혹은 진점수 변량)

  ⇒ $s_t^2 = \Sigma s_i^2$ + 문항간의 공변량의 합

  ⇒ 문항간의 공변량의 합 = $s_t^2 - \Sigma s_i^2$

  ∴ 신뢰도(α) = 문항간의 공변량의 합 ÷ $s_t^2 = (1 - \frac{\Sigma S_i^2}{S_t^2})$

※ 위의 식 앞에 붙은 '$\frac{n}{n-1}$'은 적은 수의 표집을 가지고 전집의 변량을 추정할 때 표집오차를 고려하기 위해 흔히 사용하는 교정계수(矯正係數)이다.

$$\text{크론박 알파계수: } \alpha = \frac{n}{n-1}\left(1-\frac{\Sigma S_i^2}{S_t^2}\right)$$

n = 검사를 구성하는 문항수

S_i^2 = 문항 i의 변량 (오차점수의 변량)

S_t^2 = 검사 전체의 변량 (관찰점수의 변량)

이 공식에서 문항 i의 변량(오차점수의 변량)이 적으면 적을수록, 즉 검사 전체의 변량(관찰점수의 변량)에서 진점수(眞點數) 변량(관찰점수의 변량에서 오차점수의 변량을 제외한 값)이 차지하는 비율이 커지면 커질수록 크론박 알파계수는 커지게 된다. 이 공식은 거의 모든 경우, 예컨대 이분화된 정보를 제공하는 문항, 즉 정답이면 1점, 오답이면 0점을 부여하는 방식으로 채점하는 문항들로 구성된 검사뿐만 아니라, 다원적인 정보를 제공하는 문항, 즉 리커트(Likert)형 문항처럼 아주 만족하면 5점, 만족하면 4점, 보통이면 3점, 불만족하면 2점, 아주 불만족하면 1점을 부여하는 방식으로 채점하는 문항들로 구성된 검사의 경우에도 쉽게 적용할 수 있다는 장점이 있다.

4) 실용도

검사(혹은 측정) 도구의 실용도(usability)란 도구의 제작 과정에서뿐만 아니라 시행 방법이나 절차, 그리고 결과를 채점하거나 분석하기 위해 소요되는 인적·물적 자원의 양과 질이 주변 여건에 비추어 실용적인가를 나타내는 정도를 의미한다. 비록 어떤 도구의 적합도, 타당도, 그리고 신뢰도가 높다고 하더라도 그러한 도구를 제작하고 시행하기 위해 소요되는 인적·물적 자원의 양과 질이 주변 여건에 비추어 지나치게 많거나 높다면 현실적으로 사용하기란 거의 불가능할 것이다. 예컨대, 과학교과의 특정 내용에 대한 학습정도를 실험을 통하여 측정하는 도구를 활용하는 것이 바람직하다고 할지라도 해당 학교에 과학실이나 실험 장비가 없다면 그 도구는 실용도가 낮다고 할 수 있다.

흔히 도구의 실용도와 관련하여 고려해야 할 사항으로는, 그것이 연구의 목적이나 취지에 부합하면서도 주어진 여건이나 상황하에서 ① 실시 방법이 쉬울 것, ② 실시하는 데 소요되는 시간이 적절할 것, ③ 채점하기가 쉬울 것, ④ 결과를 해석하거나 활용하기가 쉬울 것, 그리고 ⑤ 검사의 실시 비용이 적절할 것 등이 있다(Gronlund & Linn, 1990).

다. 자료의 수집과 분석 방법

연구 대상이 선정되고 검사(측정) 도구가 구비되면 실제로 자료를 수집하고 분석하는 단계가 시작된다. 최종 연구보고서에는 자료를 수집하고 분석하는 방법이나 절차를 자세히 기술하는 것이 필요한데, 자료를 수집하는 것은 연구 및 실험 설계와 관련이 깊으며, 자료를 분석하는 것은 통계처리 방법과 관련이 깊다. 여기서는 주로 자료를 수집하는 것에 대해 언급할 것이며, 자료를 분석하는 것에 대해서는 이 책의 제 2부 통계분석의 'Ⅲ장'과 'Ⅳ장'에서 자세히 언급할 것이다.

1) 연구의 내적 타당도와 외적 타당도

먼저 연구 방법이나 절차를 구상하거나 그 결과를 해석하는 것과 관련하여 연구의 내적 타당도와 외적 타당도에 대해 기술하고자 한다. 앞서 언급한 검사(혹은 측정)도구의 타당도가 연구에서 의도했던 구체적인 목표나 내용을 제대로 측정할 수 있느냐의 문제라고 한다면, 여기에서 언급하고 있는 연구의 내적 타당도는 연구 결과가 옳다고 믿을 수 있느냐의 문제, 즉 연구 결과를 정확하고 신뢰롭게 해석할 수 있느냐의 문제이며, 연구의 외적 타당도는 연구 결과를 다른 상황에서도 적용할 수 있느냐의 문제, 즉 다른 상황과 전집(혹은 모집단)으로 일반화시킬 수 있느냐의 문제이다(Wiersma, 2000).

가) 연구의 내적 타당도

연구의 내적 타당도는 연구의 결과가 옳다고 믿을 수 있느냐의 문제, 즉 연구를 통해서 확인한 독립변인과 종속변인간의 관계가 과연 믿을만한가를 검토하는 것으로, 연구의 진행과정이 얼마나 타당하게 이루어졌느냐 하는 것으로 주위 변인들이 제대로 통제되었느냐의 문제이다. 이는 곧 연구에서 취급하고 있는 독립변인 이외에 종속변인에 영향을 줄 수 있는 다양한 변인들을 얼마나 잘 통제하였는가를 검토하는 것이다. 따라서 연구의 내적 타당도를 보장받기 위해서는 연구 실시 전에 집단간 출발단계가 동일하였는지와 주위 변인들이 제대로 통제되었는지를 확인해야 하며, 특히 실험설계의 경우 내적 타당도를 확보하기 위해 보다 세심한 주의를 기울여야 한다.

연구의 내적 타당도를 낮게 하는(혹은 위협하는) 요인들과 그에 대한 간단한 설명은 다음과 같다(홍순정 · 백순근, 2003).

① 최근의 사건 또는 역사(시간효과): 연구의 중간에 특별한 사건이 일어나는 경우 (예: 천재지변, 행사)
② 성숙(피험자 내부의 변화): 시간의 경과 그 자체가 이유가 되는 경우 (예: 몸무게, 키, 사춘기)
③ 검사의 경험(검사 받는데 익숙해지는 경우): 사전검사의 경험이 사후검사에 영향을 미치는 경우
④ 검사(측정)도구의 변화: 서로 다른 검사를 사용하는 경우
⑤ 통계적인 회귀: 사전검사에서의 극단적인 점수가 사후검사에서 평균점수 쪽으로 이동하는 경우
⑥ 연구 대상 선정: 대상의 선정이 잘못된 경우 (예: 전화면담)
⑦ 실험적 도태: 중간에 탈락자가 발생하거나 응답하지 않는 사람들이 발생하는 경우
⑧ 연구자의 의도: 연구자의 의도가 연구에 반영되는 경우 (예: 목소리, 표정,

제스츄어 등)

⑨ ①~⑧ 요소들 간의 상호작용 (예: ①역사와 ②성숙 간에 상호작용이 일어나는 경우)

위와 같이 내적 타당도를 낮게 하는 요인들을 최소화하거나 통제하는 방법은 다음과 같다(이종성, 1996).

① 연구가 행해지는 조건을 표준화한다. 즉, 처치를 시행하는 방법이나, 자료를 수집하는 방법 등을 표준화한다. 연구 장소, 도구 사용, 대상의 태도, 시행자 효과를 통제할 때도 이 방법을 적용할 수 있다.

② 연구 대상에 대하여 더 많은 정보를 수집한다. 즉, 대상의 특성을 조사한다. 이 방법은 대상의 특성 효과와 손실 효과를 통제하는데 유용하다.

③ 연구의 세부 사항에 대하여 더 많은 정보를 수집한다. 즉, 언제 어디서 실시하는지, 어떤 외부 사건이 일어났으며, 또 어떤 사건이 언제 일어날지와 같은 것 등을 말한다. 이 방법은 연구 장소, 도구 사용, 역사성, 대상의 태도, 시행자 효과를 통제하는데 유용하다.

④ 적절한 설계를 선택한다. 적합한 설계는 시행자와 도구 사용 요인을 제외한 모든 요인을 통제하는데 적용된다.

나) 연구의 외적 타당도

연구의 외적 타당도는 연구의 결과를 다른 상황에서도 적용할 수 있느냐의 문제, 즉 연구 결과의 일반화 가능성에 대해 검토하는 것으로, 전집에 대한 표집의 대표성과 관련이 되며 연구 대상으로 이용된 집단이 전집으로부터 얼마나 잘 표집되었느냐에 따라 결정된다.

연구의 외적 타당도를 낮게 하는(혹은 위협하는) 요인들과 그에 대한 간단한 설명은 다음과 같다.

① 표집상의 오류: 전집을 제대로 대표할 수 없는 집단을 연구 대상으로 표집했을 경우

② 변인에 대한 애매한 정의: 독립변인이나 종속변인에 대한 정의가 애매모호하여 다른 상황에서 동일한 연구를 수행하기 어려운 경우

③ 호손효과(동조 혹은 반발효과): 호손연구(Hawthorne Study)를 통해 밝혀진 것으로 연구자의 의도에 동조하거나 반발하는 경우. 피험자가 연구자에게 "이렇게 하면 만족하시겠죠?"라고 말하는 등 연구자의 의도를 미리 간파하고 동조하거나 반발하는 경우 또는 사회적으로 바람직하다고 생각하는 방향으로 답변하는 경우 등이 이에 해당한다.

◉ 호손연구(Hawthorne Study) ◉

G. E. Mayo(1880-1949) 등이 미국 시카고에 있는 Western Electric Company의 Hawthorne 공장에서 1924~1932년까지 조명(照明)실험과 계전기(繼電器) 조립작업에 종사하는 여공(女工)에 대한 연구를 수행한 것으로, 약 2만 1000여명의 종업원을 대상으로 작업환경의 개선이 생산성과 직원의 사기 증진에 미치는 영향에 대해 연구하였다. 그 결과, 공식적인 조직 이외에도 비공식적인 조직이나 인간관계 등이 작업능률과 생산성 제고에 많은 영향을 미치고 있다는 것과, 직원들은 실험 처치와 무관하게 그들이 실험대상이 되고 있다는 사실을 인식하는 것만으로도 연구자들이 원하고 있는 결과를 산출하기 위해 노력한다는 것을 확인하였다. 이처럼 연구자의 의도대로 피험자들이 반응하는 현상을 호손효과(Hawthorne Effect) 혹은 반동성(reactivity)이라고 한다.

④ 저질의 검사(측정) 도구: 검사(측정) 도구의 질이 낮아서 측정 결과 자체를 믿기 어려운 경우

⑤ 연구의 낮은 내적 타당도: 연구의 내적 타당도가 낮아서 연구 결과 자체를 믿기 어려운 경우

위와 같이 연구의 외적 타당도를 낮게 하는 요인들을 최소화하거나 통제하기 위해 연구자는 세심한 노력을 기울여야 한다. 예컨대, 특정 대학생들을 대상으로 연구한 결과를 모든 대학생들에게 일반화 할 수 있도록 하기 위해서는, 연구 대상의 표집, 변인의 설정 및 정의, 측정 도구의 선정 및 활용, 연구의 방법 및 절차 등 연구와 관련되는 모든 측면들이 과학적이면서도 체계적으로 수행되어야 하는 것이다.

2) 자료 수집 방법의 유형

교육연구에서 자료를 수집하는 방법에는 여러 가지 유형이 있으나, 석·박사 학위 논문을 위한 연구에서 가장 흔히 사용하는 몇 가지 방법들을 소개하면 다음과 같다.

가) 문헌 분석법

연구의 세부 사항들을 계획하기 이전에, 연구자들은 그들이 관심을 가지고 연구하려고 하는 주제에 관한 연구 문헌을 찾기 위하여 문헌 분석을 한다. 연구와 관계된 문헌을 찾아서 읽고 요약하는 것을 '문헌 분석'이라고 한다. 문헌 분석은 연구 문제에 관심이 있는 다른 사람들의 생각들을 연구자가 일람하는데 도움을 줄 뿐만 아니라, 그 연구 질문에 대한 다른 사람들의 연구 결과들이 무엇이었는지 알도록 해 준다. 자세한 문헌 분석은 사실상 석사나 박사 과정의 학생들이 논문을 쓸 때 필수적으로 요구되는 연구 절차이다.

참고로, 문헌 분석은 ① 가능한 한 연구 주제(혹은 제목)를 먼저 설정하고, ② 같은 학교나 학과 등 자신의 주변에 관련 있는 논문이 있는지를 확인한 후, ③ 가장 관련이 깊은 논문 하나를 정독하고, ④ 그 논문 뒤에 제시되어 있는 '참고문헌' 부분을 활용하여 폭넓게 다양한 자료들을 수집하고 분석하는 것이 좋다.

나) 설문지법

조사연구에서 자료수집 방법으로 가장 빈번하게 사용되는 설문지(혹은 질문지: questionnaire)란 어떤 문제나 사물에 관한 필요한 사항을 알아보기 위하여 만든 일련의 문항들을 체계적으로 조직한 측정도구를 말한다.

설문(혹은 질문)은 간단·명료해야 하며, 문항은 필요한 범위 내에서 최소로 한다. 또한 응답자를 난처하게 만들거나 감정을 상하게 하는 질문은 피하도록 하고, 일차적으로 작성한 설문지를 가지고 예비실시의 과정을 거쳐 응답자가 어느 정도 협력해 줄 것인지를 사전에 면밀하게 검토해야 한다. 자료를 처리할 때는 자료 분석기준의 확정을 위하여 사전 자료처리를 해 볼 필요가 있으며, 모든 질문내용에 대하여 자료를 처리할 것인지와 지시대로 응답하지 않았거나 무응답이 있는 경우 이것을 어떻게 처리할 것인지를 생각해야 한다.

설문지는 응답형식에 따라 구조적 설문지(structured questionnaire) 또는 폐쇄형과 비구조적 설문지(unstructured questionnaire) 또는 개방형으로 분류한다. 구조적 설문지는 미리 반응이 나올 만한 여러 개의 선택지를 제시하고 그 중에서 선택하거나 서열을 매기도록 하는 것이고, 비구조적 설문지는 응답자가 주어진 질문에 대하여 비교적 자유롭게 반응할 수 있도록 만든 문항을 말한다. 어떤 형식의 설문지를 사용할 것인가는 질문 내용의 성격, 응답자 수준, 반응에 대한 구조화 정도 등을 고려하여 결정해야 한다.

설문지의 종류에는 자유반응형, 선택형, 체크리스트형, 순위형, 평정척도형, 분류형 등이 있다(김종서, 1980; 이종승, 1984).

① 자유반응형(open or free response questionnaire)

자유반응형에는 응답을 제한하는 제한 자유응답형과 생각나는 대로 쓰는 무제한 자유응답형이 있다.

예 공교육을 내실화하기 위한 방안에 관하여 자신의 견해를 서술하시오.

② 선택형(choice method)

선택형은 두 개 이상의 답지를 주고 그 가운데에서 적당한 것을 선택하는 것으로 자유반응형에 비해 결과처리가 용이하고 응답자에게 별 부담을 주지 않기 때문에 협조를 얻기가 쉽다. 이때는 주어진 질문에 어떤 반응이 나올 수 있는지 사전에 충분히 조사하여 될 수 있는 한 여러 가지 가능한 반응의 내용을 답지에 모두 포함시켜야 한다.

예 당신의 최종 학력은?

㉠ 대학원 졸업 이상 ㉡ 대학 졸업
㉢ 고등학교 졸업 ㉣ 중학교 졸업 이하

③ 체크리스트형(checking method)

체크리스트란 어떤 행동이나 특성을 목록화 하는 것으로, 관찰하려는 행동특성이 나타났을 때 관찰자가 이를 표시할 수 있도록 행동단위를 자세히 분류하여 열거해 놓은 것을 말한다. 보통 한 질문에 10개 이상의 항목을 제시하고, 응답자에게 모두 표시하도록 하여 표시된 항목의 합계를 수량화하여 결과 처리한다.

예 당신의 대학생활에서 어려움을 겪고 있는 사항을 모두 표시하시오.

㉠ 학업성취 ㉡ 건강문제
㉢ 경제문제 ㉣ 종교문제
㉤ 사제관계 ㉥ 교우관계
㉦ 이성교제 ㉧ 군대문제
㉨ 가정문제 ㉩ 취직문제
㉪ 전공선택 ㉫ 성격문제

④ 순위형(ranking method)

제시된 항목들을 일정한 기준에 따라 최상위에서 최하위까지 순위를 매기도록 하는 방법으로, 보통 10개 이내의 항목이 적당하다.

예 다음 중 자신이 배우자 선택에서 가장 중요하다고 생각하는 것부터 1, 2, 3, 4, 5의 번호를 쓰시오.

_______학력 _______외모 _______직업

_______종교 _______성격

⑤ 평정척도형(rating scale method)

응답자에게 미리 정해 놓은 척도에 반응하도록 하는 것으로, 체크리스트와는 달리 어떤 특성의 존재 유무에 대한 정보뿐만 아니라, 그러한 특성의 정도나 질적 수준을 평가하고자 할 때 사용하는 방법이다(다음의 '평정척도형(예: Likert형) 만드는 법' 참조).

⑥ 분류형(classification method)

이는 일정한 기준이나 표준에 따라서 질문 목록을 유목으로 분류하는 방법이다.

예 다음 중 교육부가 정책적으로 실시하는 것에 대해 찬성하면 '+', 반대하면 '−', 특별한 의견이 없으면 '○'를 표시하시오.

_____㉠ 수업평가 _____㉡ 교육과정평가

_____㉢ 교사평가 _____㉣ 교장평가

_____㉤ 학교평가 _____㉥ 시·도교육청평가

◉ 평정척도형(예: Likert형) 만드는 법 ◉

태도나 흥미 등 정의적인 영역에 대한 개인의 특성을 측정하기 위해서 흔히 설문조사를 시행한다. 이때 필요한 것이 설문지이다. 설문지에는 여러 가지 종류가 있으나, 가장 흔하게 사용하는 방법 중의 하나가 평정척도형이며, 그 대표적인 유형이 리커트(Likert)형 척도이다.

리커트형 척도의 일반적인 유형을 예시하면 다음과 같다.

• 우리 학교는 아름답다.
  ① 전혀 그렇지 않다. ② 그렇지 않다. ③ 보통이다.
  ④ 그렇다. ⑤ 매우 그렇다.

• 원자력 발전소를 더 이상 설립하지 말아야 한다.
  ① 매우 반대한다. ② 반대한다. ③ 그저 그렇다.
  ④ 찬성한다. ⑤ 매우 찬성한다.

이러한 리커트형 설문지를 만드는 일반적인 절차는 다음과 같다.

1. 측정하고자 하는 심리적인 특성을 분명히 한다.

예: 교사의 가르치는 능력

2. 심리적인 특성을 몇 개의 하위 영역(약 3~7개 정도)으로 나눈다.

예: ① 수업의 전체적인 구성, ② 의사 소통 능력,
③ 수업내용 전달 방식, ④ 질문하는 기술,
⑤ 학습분위기 조성 능력

3. 각 하위 영역을 몇 개의 하위 요소(약 3~7개)로 나눈다.

예: '의사소통 능력'의 하위 요소: ① 발음, ② 속도, ③ 목소리의 톤(tone: 음질이나 음색), ④ 시선, ⑤ 표정, ⑥ 제스처(gesture)

4. 각 하위 요소를 측정할 수 있는 적절한 문항을 개발하거나 수집한다.

예: '의사 소통 능력'의 '속도' 요소를 측정하기 위한 문항

▸말의 속도는 너무 느리지도 너무 빠르지도 않습니까?

① 전혀 그렇지 않다. ② 그렇지 않다. ③ 보통이다.
④ 그렇다. ⑤ 매우 그렇다.

5. 예비검사를 시행하여 문항의 타당성 등을 확인한다.

예비 검사는 최종 설문지의 약 1.5~2배 정도의 문항으로 구성된 예비 설문지로 시행하는데, 문항의 타당성 등을 고려하여 일부 문항은 제외하고 나머지를 수정 · 보완한다. 참고로 문항의 타당성을 검토하는 방법 중 하나는 같은 하위 영역에 속한 문항들 간에는 상관이 다소 높아야 하며, 다른 하위 영역에 속한 문항들 간에는 상관이 다소 낮아야 한다(이는 '구인타당도' 검토 방법과 유사함).

6. 최종 문항을 선정하여 보기 좋게 편집한다.

특별한 경우를 제외하고는 보통 최종적으로 완성된 설문지의 문항 수를 약 30개 내외로 하는 것이 적절하다.

◉ 리커트형 설문지의 예시: 교사의 가르치는 능력을 평가하기 위한 설문지 예시(김우정, 1999) ◉

(척도: ① 전혀 그렇지 않다, ② 그렇지 않다, ③ 보통이다, ④ 그렇다, ⑤ 매우 그렇다)

〈수업의 전체적인 구성〉

1. 수업의 내용을 이전 시간의 내용과 관련시켜 설명합니까?
2. 수업시간 초두에 수업내용의 간단한 개요나 줄거리에 대해 제시합니까?
3. 하나의 주제에서 그 다음 주제로 부드럽게 넘어갑니까?
4. 중요한 내용을 특별히 강조하거나 반복하여 제시합니까?
5. 수업이 끝날 때 즈음해서 수업내용을 요약·정리해 줍니까?
6. 수업의 내용을 다음의 수업내용과 관련시켜 마무리합니까?

〈의사소통능력〉

7. 발음과 음성은 쉽게 들을 수 있도록 분명하고 적당합니까?
8. 말의 속도는 너무 빠르지도, 너무 느리지도 않고 적절합니까?
9. 수업내용에 적절한 목소리의 톤을 사용합니까?
10. 학생들에게 두루두루 시선을 주며 말합니까?
11. 교사의 표정은 풍부합니까?
12. 수업내용에 적절한 제스츄어를 사용합니까?

〈수업내용 전달 방식〉

13. 주어진 시간 동안 너무 많지도 않게 너무 적지도 않게 학습 내용을 다룹니까?
14. 너무 많지도 않게 너무 적지도 않게 교수-학습 자료를 활용합니까?
15. 학생들의 수준에서 이해하기 쉽도록 설명합니까?
16. 새로운 내용을 익숙하고 친숙한 내용과 연계하여 명확히 설명해 줍니까?
17. 학생들의 반응을 이해하면서 피드백을 합니까?
18. 교수매체 내용이 짜임새 있고 적당합니까?

〈질문하는 기술〉

19. 학생들의 학습동기를 유발시킬 수 있는 질문입니까?
20. 학생들의 수준에 맞는 적절한 내용의 질문입니까?
21. 구체적이면서도 명료하게 질문을 합니까?
22. 교사가 질문을 하고 난 후 학생들이 생각하여 답변할 수 있도록 기다리는 시간(최소 3~5초)을 줍니까?
23. 질문의 답변이 모두 예, 아니오를 요하지 않는 질문입니까?
24. 어려운 질문의 경우 답변을 할 수 있도록 단서를 주거나 다시 고쳐 질문함으로써 학생들에게 자신감을 갖도록 해줍니까?

〈학습분위기 조성 능력〉

25. 학생들이 자유롭게 질문하거나 발표할 수 있도록 합니까?
26. 수업내용으로부터 벗어나는 것을 삼가 합니까?
27. 모든 학생들에게 공평하게 피드백, 격려, 칭찬해 줍니까?
28. 학생의 특이한 의견이나 견해도 수용하는 허용적인 분위기입니까?
29. 주의집중을 시키기 위해 다양한 방법(예: 재미있는 이야기)을 사용합니까?
30. 수업 방해 행동을 예방하거나, 수업 방해 행동에 적절한 조치를 취합니까?

다) 면접법

면접법은 언어적 상호작용을 기초로 하여 피면접자로부터 연구 목적에 부합되는 여러 정보를 수집하는 방법을 말한다. 면접법은 절차에 따라 구조화된 면접, 비구조화된 면접, 반구조화된 면접으로 나눌 수 있다.

구조화된 면접이란, 사전에 치밀한 계획을 세워 면접을 진행시키는 것으로 면접자에게 융통성을 주지 않고 계획에 따라 면접을 진행시키는 것을 말한다. 구조화되지 않은 면접은 면접계획은 세우되 목적만 명백히 하고 방법은 면접자에게 일임하는 것으로, 필요한 정보를 알아내기 위한 질문의 구성이나 순서,

방법 같은 것이 면접자에게 있으므로 융통성 있는 면접이 가능하다. 반구조화된 면접은 사전에 면접에 관한 치밀한 계획을 세우되 면접 장면에서 면접자가 융통성 있는 면접을 진행시키는, 즉 계획면에서는 구조화된 면접이나 수행에 있어서는 구조화되지 않는 면접을 말한다.

면접법은 면접기술이 능한 경우에 설문지법에서는 수집할 수 없는 심도 깊은 자료를 수집할 수 있고, 문장해득력이 없는 사람에게서도 자료 수집이 가능하다. 또한 응답자를 확인할 수 있으며, 반응의 진실성 여부를 알 수 있어서 융통성이 있으며, 주목적 이외의 부차적인 자료를 수집할 수 있는 장점이 있다. 반면 면접에는 고도의 기술이 필요하여 면접기술이 미숙하면 편견이나 그릇된 판단이 작용하기 쉽다. 또한 시간과 경비가 많이 들고, 익명이 불가능하며, 표준적인 절차가 결핍되기 쉬운 단점이 있다.

라) 관찰법

관찰의 방법은 과학적 연구에서 가장 오랜 역사를 가진 방법인 동시에 연구의 기본수단이라고 할 수 있다. 관찰을 통하여 필요한 정보를 수집하려면 타당하고, 신뢰롭고, 객관적인 관찰이 이루어져야 한다. 관찰법은 분류하는 기준에 따라 여러 가지로 구분할 수 있는데, 관찰상황의 통제 여하에 따라 자연적 관찰과 통제적 관찰로, 관찰자와 피관찰자 간의 참여 여하에 따라 참여관찰과 준참여관찰, 비참여관찰로 구분하기도 한다.

자연적 관찰은 관찰상황을 조작하거나 인위적으로 어떤 특별한 자극을 주는 일 없이, 자연적 상태에서 있는 그대로 관찰하는 방법이다. 이 방법은 관찰하는 데 많은 기술을 요하므로 관찰자의 훈련이 문제가 되고, 피관찰자에게 자연스럽게 접근하기가 어려우며 신뢰도가 낮아지는 문제점이 있다.

통제적 관찰은 관찰대상, 시간, 장면, 행동 등을 인위적으로 꾸미고 이런 조건 하에서 행동을 관찰하는 방법으로, 장면이나 조건을 인위적으로 조작하고 독립변인을 투입하여 나타나는 종속변인을 관찰하는 실험적 관찰법

(experimental observation), 장면만을 통제하여 관찰하고자 하는 행동이 자주 나타나는 장면을 선택하고 그 장면에서의 행동을 관찰하는 현장선택법(situational sampling technique), 관찰 시간을 통제하는 시간표집법(time sampling technique) 등이 있다.

참여관찰은 관찰자가 피관찰자와 같은 생활 속에 들어가 행동을 관찰하는 것으로, 최상의 관찰은 피관찰자가 의식하지 못한 상태에서 관찰해야 하는 것이지만, 이것이 불가능한 경우에는 관찰자임을 알리고 피관찰자와 같이 생활한다.

비참여관찰에서는 관찰자가 피관찰자 밖에 있으며 피관찰자들이 관찰자를 알고 있어도 무방하다. 이는 관찰을 조직적·계획적으로 할 수 있고, 결과처리도 표준화할 수 있다는 장점이 있는 반면에 심층적인 관찰을 할 수 없고 피상적으로 될 우려가 있다.

준참여관찰은 관찰자가 피관찰자 생활의 일부에만 참여하여 관찰하는 방법으로, 피관찰자가 관찰자를 받아들이고 또한 피관찰자들의 일상 행동이 관찰자로 인하여 달라지지 않는 것이 전제가 되기 때문에 대상 및 내용이 한정되는 경향이 있다. 관찰의 방법과 기록에는 일화기록(anecdotal record), 표본기록(specimen description), 시간표집(time sampling), 사건표집(event sampling) 등이 있다. 관찰시에는 관찰계획을 치밀하게 세워 객관적인 태도로 분석적인 관찰을 하도록 하며, 관찰 당시의 상황을 상세히 기록해 두도록 한다(이종승, 1984).

관찰법의 장·단점을 요약하면 〈표 II-7〉과 같다(김종서, 1980; 이종승, 1984).

〈표 Ⅱ-7〉 **관찰법의 장·단점**

장 점	단 점
• 어떤 대상에게나 적용시킬 수 있다. • 직접 조사의 방법이다. • 부수적 자료를 얻을 수 있다.	• 관찰할 수 없는 대상이나 내용이 있다. • 관찰자를 피관찰자가 인식하면 행동이 달라지는 수가 있다. • 관찰목적에 알맞은 현상을 포착하기 어려운 때가 있다. • 관찰에 있어서 선입견, 편견에 사로잡히는 수가 있다. • 관찰결과의 해석에 주관성이 개입될 가능성이 많다. • 전체장면의 관찰이 어렵다.

마) 표준화 검사법

표준화 검사(standardized test)법이란 표준화된 각종 교육 및 심리검사를 교육연구에 활용하는 것이다. 흔히 표준(혹은 기준: standard)이란 이상적이거나 모범적인 잣대를 의미하는 것으로, 이 세상 만물이 서로 다름에도 불구하고 서로의 편의를 위해 모두가 따라야할 기준이나 규칙을 포함하는 개념이라 할 수 있다. 예컨대, 우리가 전구를 살 때 아무렇게나 만든 것을 사는 것이 아니라 ㉿ (Korean Industrial Standards) 마크가 있는 것을 사야하는 것처럼, 생활의 편의를 위해서는 규범이나 관습, 법 등을 지켜야 하는 것이다.

교육연구를 수행할 때 연구 대상에 대한 여러 가지 특성을 제대로 측정하는 일이 중요하다. 연구 대상에 대한 각종 특성을 제대로 측정하는 것을 돕기 위해 제작된 것이 바로 표준화 검사(standardized test)라 할 수 있다. 표준화 검사는 그 이름에서도 알 수 있듯이, 검사의 제작 절차나 내용, 실시 조건, 채점 및 해석 과정이 표준화 혹은 규격화된 것으로, 표준화 검사를 제대로 활용한다면 연구 대상에 대한 각종 특성을 제대로 측정할 수 있다.

표준화 검사에는 일반적으로 표준화 학력검사, 표준화 지능검사, 표준화 적성검사, 표준화 성격검사, 표준화 흥미검사, 표준화 창의성검사 등으로 분류할 수 있다(홍순정 · 백순근, 2003).

우선 표준화 학력검사란, 일정 연령 또는 학년에 도달한 학생이 그 연령 혹은 학년에서 배웠거나 혹은 배워야할 교육목표를 어느 정도 달성하고 있는가의 정도를 표준점수[11]로 산출하는 검사이다(서울대학교 교육연구소 편,[12] 1997). 표준화 학력검사는 각 교과별로 학생의 학력을 측정하여 피험자의 학습수준이 정상아에 비해 어느 정도 떨어지는가를 알아보고, 학습자 배치에서 어느 수준의 집단에 들어가야 하는가를 결정하거나, 구체적인 개별화 교수안을 짜는 데 활용된다.

표준화 지능검사는 인간의 인지적(혹은 학문적) 잠재 능력을 측정하기 위해 표준화된 검사로, 분류의 기준이나 목적에 따라 여러 가지 방법으로 나눌 수 있다(서울대, 1997). 먼저 일반 지능을 측정하는가, 특수한 정신능력을 측정하려는가에 따라 일반지능검사와 특수지능검사로 분류할 수 있으며, 주어진 언어자극을 통해 언어를 사용하여 문항에 대답하게 되는가, 도형, 그림, 기호, 실제의 작업을 통해 측정하게 되는가에 따라 언어검사와 비언어검사로 나눌 수도 있다. 또한 구체적인 재료에 대한 어떤 작업이나 동작을 요구하는 수행(혹은 동작)검사와 종이 위에 제시된 문항들에 대답하도록 요구하는 지필검사로 구분할 수도 있고, 한 번에 한 사람을 대상으로 실시하도록 되어있는 개인용 지능검사와 한 번에 여러 사람에게 동시에 실시할 수 있도록 구성되어 있는 집단용 지능검사로 구분할 수도 있다. 대체로 표준화 지능검사는 평균이 100이고 표준편차가 15이거나 16인 변환 표준점수를 활용한다. 예컨대 웩슬러(Wechsler) 지능검사나 코프만(Kaufman) 지능검사에서는 표준편차가 15이고, 스텐포드-비네(Stanford-Binet) 지능검사에서는 표준편차가 16이다. 따라

11) 피험자의 점수가 전체 집단의 평균으로부터 떨어진 정도를 표준편차(standard deviation)의 단위로 재어 나타낸 점수. 가장 기본적인 점수는 Z 표준척도이며, 이것을 기초로 한 다른 표준점수로 T 점수, 9분위점수(혹은 9등분점수, stanine score) 등이 있다. '표준화 점수'라고도 함.

12) 이하 서울대로 표기함.

서 지능검사의 점수, 즉 지능지수 혹은 IQ(intelligence quotient)를 해석할 때는 해당 지능검사의 표준편차를 확인하는 것이 필요하다. 아울러, 표준화가 제대로 된 지능검사일 경우 동일한 연령집단의 평균이 100이 되기 때문에 그 집단의 50%가 100미만의 지능지수, 즉 2자리수 지능지수를 가지게 된다는 것을 주지할 필요가 있다.

표준화 적성검사는 인간 개인이 소유하고 있는 다양한 종류의 적성(예: 언어적 적성, 논리·수학적 적성, 공간적 적성, 음악적 적성, 운동적 적성, 인간관계적 적성, 자기이해적 적성, 자연주의자적 적성 등)을 체계적으로 측정하는 검사라고 할 수 있다. 적성이란 지능이나 학력의 개념과 비교해 볼 때, '구체적인 과업이나 어떤 특정한 작업에서의 장래 성공가능성'을 예언하는데 주안점을 두는 능력이라고 할 수 있으며, 표준화 적성검사의 주된 용도는 검사에서 피험자의 수행 정도를 측정하여 특정한 상황이나 과제에 대한 수행 가능성을 예언하는 것이다(서울대, 1997). 적성검사는 그 내용에 따라, 각 적성요인을 총괄적으로 측정하여 어떤 직무에 적합한가를 알아보는 종합적성검사와 각 적성요인을 분리해서 개인이 어떤 특정 직무를 수행하는 데 필요한 능력을 갖추고 있는지의 여부를 측정하는 특수적성검사로 나눌 수 있다. 그리고 검사의 목적에 따라 진학적성검사와 직업적성검사로도 나눌 수도 있다. 참고로, 세계적으로 가장 많이 활용되고 있는 표준화 적성검사 중 하나는, 1947년에 개발되어 지속적으로 수정·보완된 DAT(Differential Aptitude Tests)인데, 총 8개의 하위검사 즉 언어추리, 수리추리, 추상추리(abstract reasoning), 지각속도 및 정확성, 기계추리, 공간관계, 철자, 언어사용으로 구성되어 있다(Anastasi & Urbina, 1997).

표준화된 성격검사는, 성격을 다양한 생활장면에서 개인의 적응을 특징짓게 하는 사고와 정서를 포함한 행동의 고유한 유형으로 정의하고, 이러한 인간의 성격 유형을 측정하고 진단하는 검사이다. 표준화 성격검사는 그 유형에 따라 문장 속에 남겨진 빈칸에 자신의 생각을 기입하는 문장완성식 성격검사, 아동의 고유한 욕구를 확인하기 위한 욕구진단식 성격검사, 자아실현의 특징을 여러 가지 하위요소들로 나누어 측정하는 자아실현검사, 성격과 관련되는 상황을 제시하고 해당 항목에 표시하게 하는 체크리스트 검사, 잉크 반점 등을 제시하여 피험자의 의견을 측정하는 투사식 성격검사 등의 다양한 종류로 나눌 수 있다. 참고로 세계적으로 가장 많이 활용되고 있는 표준화 성격검사 중 하나는 1942년에 개발되어 지속적으로 수정·보완된 MMPI (Minnesota Multiphasic Personality Inventory)로, 이 검사는 567개의 양자택일형 문항(두 진술문 중 하나를 선택하도록 한 문항)으로 구성되어 있다. 이 검사를 통해 심기증, 우울증, 히스테리아, 정신병증, 남·여향성, 편집증, 정신쇠약증, 정신분열증, 경조증(輕操症, mania), 사회적 내·외향성 등을 확인할 수 있다(Anastasi & Urbina, 1997).

표준화 흥미검사는 기본적으로 학업에 대한 흥미를 측정하는 것과 직업에 대한 흥미를 측정하는 두 가지로 나누어 볼 수 있다(서울대, 1997). 흥미란 어떤 현상이나 사물에 대한 관심 또는 어떤 활동에 적극적으로 참여하려는 성향이라고 할 수 있으며, 이는 사람에 따라 다르고, 흥미의 유무는 학습활동에 있어서나 직업활동에 있어서 성공과 실패를 예견해 주는 중요한 단서가 되기도 한다. 참고로 세계적으로 가장 많이 활용되고 있는 표준화 흥미검사 중 하나는 1927년에 개발되어 지속적으로 수정·보완된 SII(Strong Interest Inventory)로, 이 검사는 총 317개의 문항으로 구성되어 있다. 이 검사를 통해 일반 직업문제(general occupational theme)에 대한 흥미(탐구적, 현실적, 전통적, 예술적, 사회적, 기업적 측면에 대한 흥미), 기본흥미(basic interest: 운동, 수학, 의학, 공학, 응용과학에 대한 흥미), 그리고 보다 구체적인 직업흥미(occupational interest: 공학자, 방사능기술자, 치과의사, 배관공, 공증인, 안과의사, 회계사, 화학자, 자동차기술자, 전기기사 등) 등에 대한 정보를 확인할 수 있다(Anastasi & Urbina, 1997).

끝으로, 표준화 창의성검사는 개인의 창의성 수준을 측정하는 것이다. 여기서 창의성이란 주어진 과제에 대하여 여러 가지 새로운 방법들을 스스로 모색하고 그 방법이 자신에게나 다른 사람들에게 적절한지를 판단하여, 이전과는 다른 새로운 방법으로 문제를 해결하는 능력이다. 이는 문제에 대하여 인식하는 과정, 다양한 해결 방안을 생각하고 유추하는 과정, 각각의 해결 방안을 구체화하면서 평가하는 과정 등에서 발현된다고 할 수 있다. 창의성의 구성요소는 크게 창의적 사고, 창의적 태도 등으로 구별해볼 수 있다. 창의적 사고에는 독창성, 이해력, 적합성, 융통성, 유창성, 정교성, 통합력, 판단력 등이 포함되며, 창의적 태도에는 호기심, 자발성, 모험심, 독립성, 집착성, 인내심, 긍정적 사고, 판단의 보류 등이 포함된다.

바) 델파이법

고대 그리스 신화에 나오는 태양의 신이자 미래를 예측하는 신인 아폴로(Apollo) 신전이 있던 고대 도시 델파이(Delphi)의 지명 이름을 사용한 것으로 미래를 예측하거나 의사결정을 하기 위한 방법이다.

델파이법(Delphi method)은 설문지 조사 연구와 전문가 협의회 방법을 결합시킨 것으로, ① 절차의 반복과 통제된 피드백, ② 응답자의 익명성, ③ 통계적 집단 반응의 특성을 가지고 있다. 이는 설문지 기법을 주로 활용하지만, 자신의 응답을 수정·보완할 수 있는 기회가 주어지는 조사 방법이다. 즉, 동일한 대상자에게 3~4회 정도 반복적으로 의견 조사가 실시되는 동안 조사에 참여하고 있는 사람들은 이전에 실시한 조사의 결과에 대한 통계적 집단 반응과 소수 의견 보고서를 제공받게 되고, 그것을 참고하여 자신의 판단을 다음 회에서 수정·보완할 수 있는 기회를 갖는다. 또한 델파이 절차에서 토론 참가자는 공개되지 않을 뿐만 아니라 상호간에 접촉을 직접하지 않으므로 면대면 토의 과정에서 나타날 수 있는 바람직하지 못한 심리적 효과(예: 다수결의 원칙 적용, 권위 있는 어느 한 사람의 발언에 따른 동조, 사전 의견 조율에 의한 편파적 결정, 한번 취한 입장에 대한 고수 등)를 피할 수 있다(이종성, 1996).

교육연구 분야에서는 교육 발전의 미래 예측, 교육의 목적과 목표 설정,

교육 과정 개발, 교육 문제 해결, 교수 방법 개발 등 다양한 연구목적으로 전문가들이나 교육 구성원의 의견을 수집하고 종합하여 집단적 판단으로 정리하고 기술하기 위해 델파이 방법을 이용하고 있다. 이 방법을 적용할 때는 ① 연구 문제를 명확하게 규정해야 하며, ② 조사에 참여할 전문가 집단을 잘 선정해야 하고, ③ 절차를 반복하는 과정에서 참여자들이 이탈하지 않도록 세심한 주의를 기울일 필요가 있다.

사) 사회성 측정법

사회성 측정법(sociometry)은 모레노(J. L. Moreno)에 의해서 개발된 것으로, 인간의 심리적 상호작용이나 집단구조를 분석·측정하는 방법이다. 주로 설문지를 활용하여 집단 내에서 개인의 사회적 위치 및 비형식적인 집단성원의 구조를 알아내는 방법으로, 인간과 인간사이의 좋음(attraction)과 싫음(repulsion)의 강도나 형태에 초점을 두고, 개인의 지위나 집단구조를 측정하며, 여러 가지 분석기술을 사용하여 이를 표시하고 평가하는 방법이다(김종서, 1980).

이러한 사회성 측정법은 개인의 사회적 적응 방법을 개선시키고, 집단의 사회구조를 개선시킬 수 있으며, 집단을 조직하는데 도움을 주며, 특수한 교육 문제 해결에 적용시킬 수 있는 특성이 있다. 사회성 측정법 검사를 실시할 경우 필요한 조건은 다음과 같다. ① 선택하는 집단의 범위가 명확할 것, ② 무제한의 선택 또는 거부를 허용할 것, ③ 조사 대상에게 의미 있는 선택기준을 마련할 것, ④ 조사의 결과는 그 비밀이 엄수되어야 할 것, ⑤ 사용할 질문의 어법(wording)은 집단성원의 수준에 맞출 것 등이다.

사회성 측정검사를 할 때는 다음과 같은 점을 유의해야 한다(이종승, 1984).

첫째, 집단전체를 조사대상으로 하여 모든 구성원에게 실시하는 것이 좋다. 그리고 집단의 한계를 분명히 규정하여, 어떤 범위 내에서 선택할 것인지를 명시한다.

둘째, 피검사자들이 검사에 응답할 때 다른 사람들의 간섭 없이 독자적으로 반응할 수 있도록 검사환경을 마련해 준다.

셋째, 유치원생이나 초등학교 저학년 아동들은 설문지를 제대로 읽고 판단할 능력이 부족하므로 개별면접을 통해 반응을 얻도록 하는 것이 좋다.

설문지 등을 활용하여 수집한 사회성 측정 자료는 개인의 선택과 배척관계를 중심으로 사회도(sociogram)를 작성하거나 사회성 지수 등을 계산하는 데 활용된다(김정환, 2003).

아) 의미분석법

의미분석법(semantic differential)이란 개념의 심리적 의미를 분석하여 의미공간상의 위치로 표현하는 측정방법이다. 사람에 따라 다른 의미로 쓰이는 개념의 의미를 양극적으로 대비되는 일단의 형용사를 이용하여 측정하고, 그 결과를 2차원 평면이나 3차원의 의미공간에 표시한다. 참고로 오스굿(Osgood, 1957)은 평가요인(evaluative factor), 능력요인(potency factor), 활동요인(activity factor)이 각각 독립된 X, Y, Z 축을 이루는 3차원의 의미공간이 있다고 하였다.

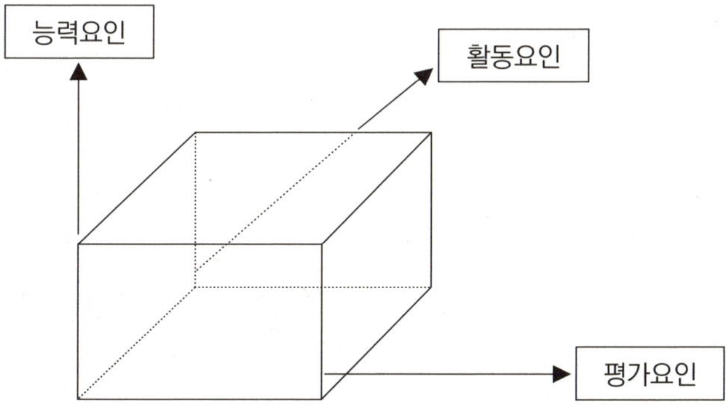

개념의 의미분석을 위해 척도를 개발하여 활용하기도 하는데, 의미분석척도는 먼저 서로 대립되는 형용사를 이용하여 양극을 이루는 평정척도를 제작하여 분석하고자 하는 개념을 결정한 후, 의미공간의 축을 구성하는 요인을 선정하여 척도의 단계를 결정하고, 상반되는 형용사를 짝지어 척도를 구성하게 된다(이종승, 1984). 예컨대 '교사'라는 개념의 의미를 분석하기 위해 대립되는 형용사의 짝을 활용하여 5단계 혹은 7단계 평정을 하도록 하는 것이다. 7단계로 평정하도록 한 구체적인 예는 다음과 같다.

♣ '교사'에 대한 의미가 서로 상반되는 형용사로 짝지어진 각 척도 상에서 어디에 위치하는가를 표시하시오

〈교사〉

	1	2	3	4	5	6	7	
나쁜								좋은
더러운								깨끗한

참고로 의미공간을 구성하는 평가요인에 해당하는 상호 대립되는 형용사의 짝으로는 좋은/나쁜, 깨끗한/더러운, 귀한/천한, 중요한/하찮은, 진실된/거짓된, 친절한/불친절한, 새로운/낡은 등이 있다. 능력요인에 해당하는 것으로는 큰/작은, 강한/허약한, 높은/낮은, 유능한/무능한, 무거운/가벼운, 깊은/얕은, 굵은/가는, 똑똑한/어리석은 등이 있다. 그리고 활동요인에 해당하는 것으로는 빠른/느린, 능동적/수동적, 적극적/소극적, 예민한/둔감한, 뜨거운/차가운, 복잡한/단순한, 남성적/여성적, 진취적/보수적 등이 있다.

자) 역사적 방법

역사적 방법이란 시간의 경과에 따른 개인이나 집단이나 사회의 변화 과정이나 역사를 분석하는 방법이다. 역사적 방법이라 할 수 있는 개인에 대한 전기적 방법(biographical method)은 특정한 인물의 사례를 전기적으로 연구함으로써 한 개인의 발달 과정과 그 안에 숨은 심리적 기제를 밝히려는 목적으로 정신분석학자들인 프로이드(Freud)와 에릭슨(Erikson)으로부터 유래된 것이라 할 수 있다. 전기적 방법은 '개인의 삶에 대한 기록문헌'을 특정 분야에 대한 연구에 적용시킨 방법으로 정의될 수 있으며, 구술사, 개인 사례연구, 개인 생애사 연구 등을 포함한다(전인권, 2001).

3) 실험설계의 유형

실험설계(experimental design)란, 연구가설에 진술되어 있는 변인들 간의 관계를 경험적으로 밝혀내기 위해 연구 혹은 실험 속에 포함시킬 변인과 통제시켜야 할 변인을 결정하는 일, 실험처치 조건에 피험자들을 배치하는 일, 그리고 실험처치 효과를 분석해 낼 수 있는 적절한 통계적 분석방법의 선택 등 일련의 활동을 말한다(Kirk, 1982; 변창진 외, 1996).

실험설계의 유형분류는 학자들마다 약간의 차이가 있으나, 대부분 Campbell과 Stanley(1963)의 분류법에 근거하고 있다. 여기서는 이해를 돕기 위해 유형의 명칭과 순서를 부분적으로 수정하되, 교육연구에 흔히 사용되는 9가지 유형에 대해서 자세히 설명하고자 한다(〈표 II-8〉 참조). 〈표 II-9〉는 실험설계의 기호를 해석하는 방법을 제시한 것이다.

〈표 Ⅱ-8〉 **실험설계의 유형 분류**

Campbell & Stanley (1963)	김종서(1980)	David 외(2001)	백순근(2002)
Pre-Experimental Research Design	빈약한 실험설계	Pre-Experimental Research Design	유사실험설계
One-Shot Case Study	단일집단 사례 연구법	One-Group Posttest Only	단일집단 사후검사 설계
One-Group Pretest-Posttest Design	단일집단 사전사후 검사법	One-Group Pretest-Posttest Design	단일집단 사전사후검사 설계
Static-Group Comparison	정적 집단 비교법	Posttest-Only Design with Nonequivalent Groups	이질집단 사후검사 설계
True Experimental Design	좋은 실험설계	Experimental Design	실험설계
Pretest-Posttest Control Group Design	사전사후검사설정	'Classic' Exp Design	동질집단 사전사후검사 설계
Posttest-Only Control Group Design	사후검사 통제집단 설정	Posttest-Only Control Group Design	동질집단 사후검사 설계
Solomon 4-Group Design	솔로몬 4집단 설계	Solomon 4-Group Design	솔로몬 4집단 설계
Quasi-Experimental Design	유사실험설계	Quasi-Experimental Design	유사실험설계
Time-Series Experiment	시간계열 실험법	Time Series Design	단일집단 시간계열 설계
Equivalent Time-Samples Design	동형 시간표본 설계	·	·

Campbell & Stanley (1963)	김종서(1980)	David 외(2001)	백순근(2002)
Nonequivalent Control Group Design	이질 통제집단 설계	Nonequivalent Control Group Design	이질집단 사전사후검사 설계
Counterbalanced Designs	평형설계	·	·
Multiple Time-Series D.	중다시간계열설계	Multiple Time Series D.	이질집단 시간계열 설계

〈표 Ⅱ-9〉 실험설계의 기호 해석 방법

- X : 실험처치를 표시함.
- O : 관찰이나 측정의 과정을 표시함.
- 왼쪽과 오른쪽의 기호 : 시간이 경과하였음을 나타냄.
- R : 집단의 동질화를 위한 무선표집(random sampling)을 나타냄.
- 실험처치를 하는 집단을 실험집단이라 하고, 실험처치를 하지 않는 집단을 통제집단(혹은 비교집단)이라고 함.

예) R O_1 X O_2의 경우 무선표집 → 사전검사 → 실험처치 → 사후검사를 나타냄.

가) 유사실험설계

(1) 실험설계 ① : 단일집단 사후검사 설계

X　　　O

- 어떤 실험처치를 한 개의 집단에 실시하고(X), 사후검사를 실시함(○).
- 실험처치 결과의 비교 근거가 없기 때문에 가장 빈약함.
- 피험자의 사전상황을 관찰하지 않을 뿐 아니라 타집단과의 비교도 하지

않음.

• 다만 실험처치 후의 피험자의 행동이 타집단에 비해 다르다는 것이 우연히 관찰되면 그것은 실험처치의 결과라고 추리할 뿐임.

(2) 실험설계 ② : 단일집단 사전사후검사 설계

O_1 X O_2

• 연구 이전의 사전검사(O_1) → 실험처치(X) → 사후검사(O_2).
• 교육연구 중 실행연구(action research)에서 많이 사용됨.
• 연구의 내적 타당도를 저해하는 요인 중에서 역사, 성숙 및 검사의 경험이 작용함.
• 즉, 연구 이전과 연구 이후의 차이가 실험처치 때문인지, 또는 그간에 어떤 사건의 영향을 받은 것인지, 유기체의 성장발달로 인한 것인지, 혹은 사전검사의 영향이 사후검사에 미쳤기 때문인지 알 수 없음.

(3) 실험설계 ③ : 이질집단 사후검사 설계

X	O_1
	O_2

• 한 집단에게 실험처치를 하고 다른 집단과 비교하는 방법
• 비교 집단간에 동질화 작업, 즉 무선표집이 이루어지지 않음 → 이질집단 비교임.
• O_1과 O_2의 차이가 실험처치 때문인지 또는 집단의 질이 처음부터 달랐기 때문에 나타난 차이인지를 가려낼 수 없음.

(4) 실험설계 ④ : 이질집단 사전사후검사 설계

O_1	X	O_2
O_3		O_4

- 실험집단과 통제집단을 두어, 사전검사 및 사후검사를 실시함.
- 비교 집단간에 동질화 작업, 즉 무선표집이 이루어지지 않음 → 이질집단 비교임.
- 교육연구에서 가장 많이 사용되는 유형임.
- 실험설계 ③과는 달리, 통계적 분석을 통해 실험처치의 효과를 확인할 수 있음

  예 공변량분석(analysis of covariance)을 하여 교정평균치를 산출하고, 그 평균의 차이 검증을 하면 설혹 이질집단이라 하여도 실험처치의 효과를 알 수 있음.

(5) 실험설계 ⑤ : 단일집단 시간계열 설계

$$O_1 \quad O_2 \quad O_3 \quad O_4 \quad X \quad O_5 \quad O_6 \quad O_7 \quad O_8$$

- 어떤 집단이나 개인을 실험처치 이전에 주기적으로 측정하고, 실험처치를 한 후에도 주기적으로 그 변화를 측정하는 설계.
- 커링거(Kerlinger, 1986)는 이를 종단적 시간설계(a longitudinal time design)라고 하였음.
- 긴 기간에 걸치는 피험자의 발달과 학습에 관련되는 역사와 성숙이 가장 문제가 됨.

(6) 실험설계 ⑥ : 이질집단 시간계열 설계

O_1	O_2	O_3	O_4	X	O_5	O_6	O_7	O_8
O_9	O_{10}	O_{11}	O_{12}		O_{13}	O_{14}	O_{15}	O_{16}

- 집단이나 개인을 실험처치 전후에 걸쳐 주기적으로 관찰하되, 통제집단을 둠.
- 실험처치의 효과는 실험집단의 실험 전과 후의 비교 및 실험집단과 통제집단의 차이에서 구할 수 있음.
- 앞서 언급한 '실험설계 ④'와 '실험설계 ⑤'를 통합한 좋은 유사실험설계임.

나) 실험설계

(1) 실험설계 ⑦ : 동질집단 사후검사 설계

R	X	O_1
R		O_2

- '실험설계 ③'과 비슷하나, 실험집단과 통제집단간의 동질화를 위해 무선표집을 함.
- 사전검사를 시행할 수 없을 경우에 많이 활용하는 실험설계임.

(2) 실험설계 ⑧ : 동질집단 사전사후검사 설계

R	O_1	X	O_2
R	O_3		O_4

- 실험연구에서 가장 많이 쓰이는 좋은 설계임.
- '실험설계 ④'와 비슷하나, 실험집단과 통제집단간의 동질화를 위해 무선

표집을 함.

- 통제집단을 설정 $O_1=O_3$, $O_2>O_1$, $O_2>O_4$ 가 나타날 것을 기대함.
- 역사는 두 집단에 똑같이 작용함.
- 성숙이나 검사 도구의 사용도 똑같이 나타남을 가정.

(3) 실험설계 ⑨ : 솔로몬 4집단 설계

R	O_1	X	O_2
R	O_3		O_4
R		X	O_5
R			O_6

- 1949년 솔로몬(S. L. Solomon)에 의해 발표되었음.
- 일반적으로 실험설계 중에서 가장 좋은 것으로 간주됨.
- '실험설계 ⑦'과 '실험설계 ⑧'을 통합한 것으로, 실험집단이 2개, 통제집단이 2개 있음.
- 기본가정: $O_1=O_3$, $O_4=O_6$, $O_2=O_5$, $O_2>O_1$, $O_2>O_4$, $O_2>O_6$, $O_5>O_1$, $O_5>O_4$, $O_5>O_6$

6 연구 결과 및 논의

'연구의 결과' 부분에서는 연구한 결과를 체계적으로 분석하고 또 해석한 것을 제시해야 한다. 이때 연구 가설의 검증이 포함되는 경우에는 가설의 순서대로 통계분석 결과를 간단 · 명료하게 제시하고 그 결과를 해석하되, 〈표〉나 [그림]으로 제시한 것이 포함될 경우에는 독자들이 쉽게 이해할 수 있도록 〈표〉나 [그림]에 대한 자세한 설명을 분명하게 덧붙이는 것이 바람직하다. (통계분석 방법에 대한 자세한 사항은 이 책의 제2부에 제시되어 있다.)

그리고 '논의' 부분에서는 연구를 수행하는 과정에서 연구 문제나 가설과 관련이 있는 사항 중 추가로 논의하고 싶은 것을 진술하는 것이다. 필요한 경우에는 연구 문제나 가설과 직접적인 관련이 없지만 연구 중에 새롭게 발견한 내용이나 추후에 검토해야 할 사항 등에 대해 구체적으로 논의하는 것이 바람직하다.

'연구 결과 및 논의'가 끝나면 최종 보고서를 작성하게 된다. 최종 보고서(혹은 논문)의 체제는 학교나 전공에 따라 다소 차이가 있으나, 보고서 작성을 위한 일반적인 유의 사항은 다음과 같다.

① **정확성** : 가능한 한 전달하고자 하는 내용을 정확하게 기술해야 한다. 보고서는 소설이나 수필이 아니다. 독자의 상상이나 판단에 맡겨서는 안 된다.
② **일관성** : 처음부터 끝까지 언급하는 내용이나 사용하는 용어가 일관성 있고 체계적이며 논리적이어야 한다.
③ **간결성** : 필요 없는 부언이나 중첩, 또는 유사어의 반복을 피하고 전달하고자 하는 내용의 요점만 간결하게 표현해야 한다.
④ **평이성** : 내용을 이해하기 쉽도록, 난잡하고 까다로운 어휘보다는 내용을 정확하고 간결하게 전달할 수 있는 어휘를 사용하는 것이 좋다.

최종 보고서(혹은 논문)를 평가할 때는 주로, ① 논문의 독창성, ② 연구 내용의 충실성, ③ 연구 방법 및 결과 해석의 타당성, ④ 논문 구성과 표현의 명료성, ⑤ 지적 정직성, ⑥ 학문 발전의 기여도 등을 평가 준거로 활용한다.

참고로, 국가정책연구소에서 연구보고서를 평가하기 위한 평가 기준표와 일선 학교 교사들의 현장교육 연구보고서를 평가하기 위한 평가 기준표를 예시로 제시하면 다음과 같다(〈표 II-10〉과 〈표 II-11〉 참조).

〈표 Ⅱ-10〉 **국책연구소에서 연구보고서를 평가하기 위한 평가 기준표 (예시)**

등 급 / 기 준	매우 우수	우수	보통	다소 미흡	극히 미흡	가중치	배점 (%)
	10	8	6	4	2		
1. 연구 목적과 연구 문제의 타당성						×1	10
2. 연구 내용(문헌 연구, 조사내용)의 적절성						×2	20
3. 연구 방법(표집, 자료 수집 방법 및 절차, 통계분석 등)의 적절성						×2	20
4. 연구의 결론, 목표 달성도, 제언의 객관성 및 공정성						×2	20
5. 연구 결과의 학문적, 정책적 기여도 및 현장 활용도						×2	20
6. 문장진술의 논리성 및 객관성						×1	10
합 계							100

〈표 Ⅱ-11〉 **현장 교육 연구보고서 평가 기준표 (예시)**

평가항목	주 안 점	배점(%)
1. 현장 공헌도	① 연구주제가 현장 교육의 필요에 부합하는가? ② 선정된 주제가 현장 교육에서 얼마나 중요한 것인가? ③ 연구결과를 교육 현장의 일반 상황에서 얼마나 쉽게 활용할 수 있는가?	30
2. 연구 내용	① 선정된 내용이 현장 교육 발전에 얼마나 도움이 되는 것인가? ② 연구 문제의 배경에 관한 이론적 실제적 연구가 충분히 포괄적인가? ③ 연구의 가설(가정 또는 실행목표)이 현장의 실태나 이론과 관련지어 얼마나 논리적으로 도출되는가?	30
3. 연구 방법	① 선택된 연구방법이 연구의 문제, 설정된 가설의 성질을 고려해 볼 때 얼마나 적절한가? ② 연구의 도구, 자료, 분석방법이 얼마나 신뢰할 만한 것인가?	20
4. 창의성	① 연구 문제의 선정과 문제해결을 위한 접근방식이 얼마나 참신한가? ② 연구의 결과가 교육현장에서 얼마나 새로운 것인가?	20
계		100

끝으로 세부적인 보고서(혹은 논문) 작성 방법은 해당 대학이나 학회 등에 따라 다소 차이가 있으므로 사전에 확인하여 작성 지침에 따라 작성해야 한다. 참고로, 한국교육학회나 한국교육평가학회 등에서 활용하고 있는 보고서(혹은 논문) 작성 방법의 일부를 소개하면 다음과 같다.

〈보고서 목차 번호〉

우선, 보고서의 목차의 번호는 다음과 같은 방식으로 붙인다.

1단계: Ⅰ, Ⅱ, Ⅲ, Ⅳ, ...
2단계: 1, 2, 3, 4, ...
3단계: 가, 나, 다, 라, ...
4단계: (1), (2), (3), (4), ...
5단계: (가), (나), (다), (라), ...
단순한 나열: ①, ②, ③, ④, ...

〈표와 그림〉

〈표〉와 [그림]에는 일련번호를 붙이되, 표는 〈 〉, 그림에는 [ ]와 같은 괄호를 사용하여 표의 제목은 상단에, 그림의 제목은 하단에 제시한다.

〈인용〉

다른 사람이 쓴 글을 인용할 경우, 인용하는 내용이 짧을 경우에는 본문 속에 기술하고, 긴 경우(3행 이상)에는 본문에서 따로 떼어 기술한다. 따로 기술하는 경우에는 인용 부분의 아래와 위를 본문에서 한 줄씩 비우고 좌우로 각각 3글자씩 들여 쓴다.

〈본문 중 참고문헌 제시〉

그리고 본문 중에 참고문헌을 표시할 경우는 다음과 같다.

① 인용하는 저서나 저자명이 본문에 나타나는 경우에는 괄호 속에 발행연도를 표시한다.

예) 이 문제에 관하여 홍길동(2002)은 ....

② 인용하는 저서나 저자명이 본문에 나타나지 않는 경우에, 해당 부분 말미에 괄호를 하고 그 속에 저자명과 발행연도를 표시한다. 여러 문헌을 참고했을 경우에는 문헌들 사이에 쌍반점(;)으로 가른다.

예) ...라고 주장하였다(홍길동, 2002). .... 연구들이 있다(홍길동, 2002; Wilson, 2002).

③ 저자가 다수일 경우에는 3인까지는 모두 표시하되, 4인 이상은 첫 번째 저자만 나타내어 국문은 'OOO 외', 영문은 'et al.' 형식으로 표기한다.

예) .... 연구들이 있다(홍길동 외, 2002; Wilson et al., 2002).

④ 직접 인용하는 경우에는 쪽수까지 표시한다.

예) 홍길동(2002: 14)은 다음과 같이 주장하였다.

〈참고문헌 작성법〉

보고서 작성의 마지막 단계라 할 수 있는 참고 문헌 작성법은 다음과 같다. 우선, 여러 나라 문헌을 참고했을 경우에는 한국, 중국, 일본, 서양 순으로 열거한다.

① **단행본의 경우**

예) 백순근(2002). **수행평가: 이론적 측면.** 서울: 교육과학사.

② **정기간행물 속의 논문일 경우**

예) 백순근(2001). 한국교육의 위기: 국가의 기대수준과 학생들의 성취수준간의 괴리. **교육학연구**, 39(4), 333-348.

※ 정기간행물의 이름과 권수까지는 진하게 표시하고, 호수와 페이지는 진하게 표시하지 않는다.

③ **학위논문의 경우**

예) 백순근(1986). 변화점수를 고려한 평가방식이 학교학습에 미치는 영향. 서울대학교 석사학위논문.

④ **단행본 속의 논문일 경우**

예) 백순근(1998). 컴퓨터를 이용한 개별적응검사(CAT)의 이론과 실제. 황정규 편, **교육 측정 · 평가의 새 지평**(pp. 493- 540). 서울: 교육과학사.

⑤ **번역서인 경우**

예1) 채선희, 지은림, 백순근, 설현수 역(2003). **문항반응이론의 이론과 실제: 외국어 수행평가를 중심으로.** 서울: 서현사. McNamara, T. (1996). ***Measuring second lànguàge performance.*** NY: Longmàn.

예2) Huff. D. (1954). ***How to lie with statistics.*** NY: W. W. Norton & Company. Inc. 김정흠 역(1995). **재미있는 통계 이야기.** 서울: 청아출판사.

⑥ **영문 참고 문헌의 경우,** 책명은 이탤릭체로 하되 진하게 표시함. 단행본이나 논문의 경우에는 첫 단어만 대문자로 표기하되 정기간행물의 책명일 경우에는 각 단어를 대문자로 표시함. 이외의 서양 참고문헌 작성법은 APA(American Psychological Association) 양식(APA, 2009)을 따름.

예1) American Psychological Association(2009). ***Publication manual*** (6th ed.). Washington, DC: Author.

예2) Anastasi, A., & Urbina, S.(1997). ***Psychological testing***(7th ed.). NJ: Prentice Hall.

예3) Baek, S. G.(1993). Computerized adaptive attitude testing using the partial credit model. Unpublished doctoral dissertation, University of California at Berkeley.

예4) Baek, S. G.(1994). Implications of cognitive psychology for educational testing. ***Educational Psychology Review, 6***(4), 373-389.

※ 저자의 이름이 동일할 경우에는 먼저 오래된 연구물순서대로 정리한다.

예5) Runco, M. A.(1999). Experimental studies of creativity. In R. J. Sternberg (Ed.), ***Handbook of creativity***(pp. 62-92). Cambridge University Press.

※ 편저(編著) ⇒ Ed. (Eds.) ⇒ Editor (Editors); 판(版) ⇒ ed. ⇒ edition

다음은 백순근(1986)의 석사학위 논문의 내용을 부분적으로 발췌하여 학위 논문 작성의 구체적인 예시로 제시하였다.

◉ 학위 논문 작성 예시 ◉

변화점수를 고려한 평가방식이 학교학습에 미치는 영향

Ⅰ. 서론

1. 연구의 필요성 및 목적

인간의 목적행위는 의식적일 뿐만 아니라, 인간 스스로가 생각하고, 선택하고, 구상한 것이다. 인간이 목적의식을 가졌다는 사실은 '평가'라는 작용을 필연적으로 갖게 한다. 학교교육은 일련의 목적과 의도를 실현하기 위해 사회 속에서 이루어지는 하나의 통제행위이다. 학교의 교육행위가 목적과 의도를 가진 하나의 통제행위인 까닭은 교사와 학교가 평가의 권한을 가지고 있기 때문이며, 학생들의 학교학습은 이러한 평가기능에 크게 의존하고 있다......아무리 좋은 목적과 의도를 가진 인간활동도 그것을 성취할 가능성이 거의 없다면 그러한 의도와 목적은 단순히 하나의 구호에 지나지 않으며, 그러한 인간활동은 낭비적인 것이 되고 만다. 오늘날 학교교육에 대한 비판은 주로 인간교육의 측면에서 인간교육에 실패하고 있는 학교교육의 무용성과 유해성에 집중되고 있다. 개인의 자아실현이라는 학교교육이 지향해야 할 목적에 비추어 학교가 아무런 역할을 하지 못할 뿐만 아니라 때로는 전혀 상반된 결과를 낳는다는 것이다. ....학교교육이 '행동변화'의 기능을 효율적으로 수행하기 위해서는 그러한 목적과 의도에 부합하는 평가방식이 요구된다. 학교교육에서 행동의 변화를 기대하고 그 변화를 효율적으로 달성하기 위해서는 교육평가의 초점이 '변화' 그 자체에 주어져야 한다. 즉, 일정기간 동안에 일어난 행동변화의 정도를 추정한 변화점수를 고려하여 평가해야 한다. 변화점수를 고려한 성적은 학생의 노력 여하에 따라 체계적으로 달라질 수 있으므로 성적평점이나 점수가 고정되고 불변하는 경향을 둔화시켜 주어 학교생활에서의 성공과 실패가 고정되고 불변하는 경향을 완화시킬 것이다.

본 연구는 학교교육의 변화점수 기능을 효율적으로 수행할 수 있는 평가방식으로 '변화점수를 고려한 평가방식'을 상정하고, 이것의 타당성을 '학교학습'의 성취에 비추어 경험적으로 검증하고자 한다.

2. 연구 문제

본 연구에서 다루고자 하는 문제들을 구체적으로 진술하면 다음과 같다.

변화점수를 고려한 평가방식이 학교학습에 어떠한 영향을 미치는가?

첫째, 변화점수를 고려한 평가방식이 학생의 지적 성취에 어떠한 영향을 미치는가?

둘째, 변화점수를 고려한 평가방식이 학생의 정의적 성취에 어떠한 영향을 미치는가?

셋째, 변화점수를 고려한 평가방식이 자기개발(self-development)에 어떠한 영향을 미치는가?

Ⅱ. 이론적 배경

1. 학교교육의 기능변화와 교육평가의 변천

교육관은 교육목적의 설정이나 교육의 기능변화에 직접적인 영향을 미치며, 교육목적이나 교육기능의 변화에 따라 교육평가의 방식도 달라진다. 근대 시민사회에서 현대 대중사회로 넘어오면서 교육관은 선발적 교육관에서 발달적 교육관으로 변천해 왔다. 이러한 교육관의 변화에 따라, 학교교육의 기능은 '사회적 선발'에서 '행동변화'를 중시하는 경향으로 변해왔으며, 교육평가도 규준지향평가(상대평가)에서 목표지향평가(절대평가)를 중시하는 경향으로 변해왔다(황정규, 1984; 임인재, 1976; 장석우, 허형, 1976; 김호권, 1976; Bloom, 1976).

가. 사회적 선발과 규준지향평가(norm-referenced evaluation)

전통사회에서 근대시민사회로 넘어오면서 전통적 사회구조를 지탱해 주던 신분제도가 붕괴되고 신분제도의 근거가 되었던 귀속주의가 그 기반을 잃게 되자 기능주의(실적주의)가 대두되었다. 학교는 능력주의의 전형으로 인식되었고, 학교교육은 사회적 선발을 위한 제도적 장치로서 사회계층이동의 중요한 변수가 되었다(김신일, 1985).

… 중략 …

Ⅲ. 연구의 가설

1. 주요 변인의 설정 및 정의

본 연구의 가설을 진술하기 이전에 연구 변인들을 설정하고 이를 정의함으로써, 다의성을 피하고 변인 사용에 대한 연구자의 입장을 분명히 하고자 한다.

가. 변화점수(change score)와 도달점수(attain score)
나. 평가방식: 위치모형과 변화모형
다. 학교학습(school learning)

2. 가설

본 연구의 가설은 다음과 같다.

위치모형보다 변화모형의 평가방식이 학교학습에 더 긍정적인 영향을 준다.

가설 1: 위치모형보다 변화모형의 평가방식이 '지적 성취'에 더 긍정적인 영향을 준다.
가설 2: 위치모형보다 변화모형의 평가방식이 '정의적 성취'에 더 긍정적인 영향을 준다.
가설 3: 위치모형보다 변화모형의 평가방식이 '자기개발'에 더 긍정적인 영향을 준다.

Ⅳ. 연구의 방법

1. 표집

2. 검사 도구

3. 연구설계 및 자료처리

Ⅴ. 결과 및 논의

1. 연구 결과

2. 논의

Ⅵ. 요약 및 결론

1. 요약

2. 결론

〈참고문헌〉
〈Abstract〉
〈부 록〉

◉ Stress 해소법 ◉

1. 시간적 여유를 가지고(약속시간 등), 기다리는 시간을 위해 준비할 것(책이나 잡지 등)
2. 조용히 혼자서 자기반성의 시간을 가질 것(기도, 명상, 일기 쓰기 등)
3. 어차피 해야 할 일이면 기분 좋게 할 것
4. 시간 계획을 가지고 일들을 처리할 것
5. 문제나 걱정거리가 많다고 느끼면 글로 써 볼 것
6. 지킬 수 없는 약속은 하지 말 것
7. 여러 사람들과 사귀며, 용모에 신경 쓸 것
8. 운동을 할 것
9. 즐거운 일을 생각 할 것(웃음은 내면의 조깅이다)
10. 건전한 신앙생활을 할 것

꽃

김 춘 수

내가 그의 이름을 불러주기 전에는
그는 다만
하나의 몸짓에 지나지 않았다

내가 그의 이름을 불러 주었을 때
그는 나에게로 와서
꽃이 되었다

내가 그의 이름을 불러 준 것처럼
나의 이 빛깔과 향기에 알맞은
누가 나의 이름을 불러다오
그에게로 가서 나도
그의 꽃이 되고 싶다

우리들은 모두
무엇이 되고 싶다
너는 나에게 나는 너에게
잊혀지지 않는 하나의 눈짓이 되고 싶다

연 ◦ 습 ◦ 문 ◦ 제

1. 교육연구의 일반적인 절차를 논하시오.

2. 연구 주제 선정 시 고려해야 할 사항에 대해 설명하시오.

3. 연구 제목 진술 방법에 대한 유의점을 설명하시오.

4. 국회도서관에서 '교육연구'에 관한 논문을 찾아 보시오.

5. 연구 가설을 정의하고, 연구 가설 진술 시 고려해야 할 사항을 설명하시오.

6. 전집(population)과 표집(sample)에 대해 간단히 설명하시오.

7. 확률적 표집 방법과 비확률적 표집방법의 차이점을 설명하고 각각의 표집 방법의 종류를 설명하시오.

8. 검사 도구 제작 시 고려해야 할 사항들에 대해 논하시오.

9. 타당도를 정의하고 각각의 타당도 유형을 설명하시오.

10. 신뢰도를 정의하고 각각의 신뢰도 유형을 설명하시오.

11. 연구의 내적 타당도와 외적 타당도를 비교 설명하시오.

12. 설문지법의 종류를 논하시오.

13. 리커트형 설문지를 만드는 일반적인 절차를 설명하시오.

14. 의미분석법을 정의하고 그 특성을 간단히 설명하시오.

15. 단일집단 사후검사 설계에 대해 논하시오.

16. 최종 보고서 작성을 위한 일반적인 유의사항을 설명하시오.

☞ 연습문제의 풀이는 이 책의 429~433쪽에 있음

제 **2** 부

통계분석

(Statistical Analysis)

Ⅲ 기술통계

일반적으로 교육연구를 수행하는 과정에서 관련되는 자료나 정보를 수집·분류·분석·해석하는 작업이 필요하다. 이를 교육연구를 위한 통계분석(statistical analysis)이라고 한다. 통계분석에 대한 학문적인 체계, 즉 자료나 정보를 수집·분류·분석·해석하는 학문적인 체계를 흔히 '통계' 혹은 '통계학'이라 하며, 교육분야의 연구나 평가를 위해 자료나 정보를 수집·분류·분석·해석하는 학문적인 체계를 '교육통계' 혹은 '교육통계학'이라고 한다. 이 책에서는 통계(학)의 이론적인 측면보다는 실제적인 자료의 통계적인 분석에 초점을 두고 있다. 이 장에서는 교육통계(학)의 기본 개념을 간단히 제시하고, 통계분석의 기초라고 할 수 있는 기술통계(記述統計: descriptive statistics)에 대해 자세히 설명하고자 한다.

1 기본 개념

기술통계의 기법들에 대한 설명에 앞서, 통계학 혹은 교육통계학에서 주로 사용되고 있는 기본적인 개념들에 대해 간단히 설명하면 다음과 같다.

가. 통계학

통계학(統計學, statistics)이란 불확실한 상황에서 현명한 의사결정을 하기 위한 이론과 방법의 체계이며, 자료나 정보를 수집・분류・분석・해석하는 과정을 포함한다. 통계학은 근대과학의 발달과 함께 새롭게 성장한 학문이다. 19세기 중엽 벨기에의 천문학자인 케틀레(L. A. J. Quetelet, 1796-1874)가, 독일의 국상학(國狀學), 영국의 정치산술(政治算術), 프랑스의 라플라스(P. S. M. Laplace, 1749-1827)류(流)의 확률론(確率論) 등을 결합하여 확립한 학문이다. 그러나 실제로 통계학은 철학이나 수학처럼 아주 오래된 역사를 지닌 학문 영역으로 볼 수 있다.

통계학(statistics)의 어원적인 뿌리는, '국가(state) 통치자(......ist)의 학문(......ics)'으로 보기도 한다. 이와 관련하여 1797년판 'Encyclopedia Britannica'에는 통계학이란 어떤 왕국이나 국가 혹은 교구에 대한 관찰이나 조사를 표현하기 위한 용어(statistics - 'state-istics' 'word lately introduced to express a view or survey of any kingdom, country or parish')라고 정의되어 있다. 예컨대 통치자가 국가를 제대로 통치하기 위해서는 먼저 정치, 경제, 사회, 문화, 종교, 교육 등 국가를 구성하는 제반 영역들의 실태를 올바르게 파악하는 일이 선행되어야 하는데, 통계학은 바로 이들 제반 영역을 어떻게 하면 보다 올바르게 파악할 수 있는지, 그리고 그 결과를 보다 효율적으로 활용할 수 있는지에 대해 고민하는 학문인 것이다. 다시 말하면, 통계학이란 국가의 통치자나 정책 결정자가 가져야 할 기본소양이라 할 수 있는 것으로,

현실에 대한 올바른 파악과 그 파악 결과의 적절한 활용에 관한 학문이라 할 수 있다.

나. 기술통계와 추리통계

교육연구나 교육평가에서 통계적 방법을 활용할 때, 그 목적이 주로 기술(記述)하거나 설명(說明)하는 것과 관련되는 것을 기술통계(記述統計: descriptive statistics)라고 하며, 예측(豫測)하거나 통제(統制)하는 것과 관련되는 것을 추리통계(推理統計: inferential statistics)라고 한다. 즉, 기술통계가 교육 현상을 기술하거나 설명하는 데 필요한 정보를 보다 효율적인 방법으로 요약하는 것과 관련이 있다면, 추리통계는 교육 현상에 대해 예측하거나 통제하기 위하여 확률적인 법칙을 찾는 것과 관련이 있다. 다시 말해서, 기술통계(記述統計)는 주로 특정 집단에 대한 자료나 정보를 수집・정리・요약・해석하는 통계(예: 빈도분포, 평균, 표준편차 등)를 말하고, 추리통계(推理統計)는 표집의 특성, 즉 표집치 혹은 통계치를 이용하여 전집의 특성, 즉 전집치 혹은 모수치를 추정(推定)하는 통계(예: t 검증, F 검증 등)를 의미한다.

한편, 추리통계는 다시 모수통계와 비모수통계로 나눌 수 있다. 모수통계(母數統計: parametric statistics)란 전집의 분포에 대한 특별한 가정(예: 전집의 분포가 정상분포를 이룬다는 가정)을 전제로 한 상태에서 표집치를 이용하여 전집치를 추정하는 통계이고, 비모수통계(非母數統計: non-parametric statistics)란 전집의 분포에 대한 특별한 가정을 전제하지 않은 상태에서 표집치를 이용하여 전집치를 추정하는 통계를 의미한다.

이들 통계 개념들 간의 상호 관계를 정리하면 다음 〈표 III-1〉과 같다.

〈표 Ⅲ-1〉 **통계 개념들 간의 상호관계와 예**

<table>
<tr><th colspan="3">개념들 간의 상호 관계</th><th>예</th></tr>
<tr><td rowspan="3">통계</td><td colspan="2">기술통계</td><td>국어성적의 평균과 표준편차</td></tr>
<tr><td rowspan="2">추리
통계</td><td>모수
통계</td><td>성별에 따른 몸무게의 차이가 있는가를 검증하기 위한 t 검증</td></tr>
<tr><td>비모수
통계</td><td>성별에 따른 합격/불합격의 비율 차이가 있는가를 검증하기 위한 χ^2 검증</td></tr>
</table>

다. 전집치와 표집치

전집치(全集値)(혹은 모수치, 母數値, parameter)란 전집(全集, population, 연구자가 관심을 가지고 있는 연구 대상의 전체 집합)의 특성을 수치로 나타낸 것이며, 표집치(標集値)(혹은 통계치, 統計値, statistic)란 표집(標集, sample, 전집에서 조사 대상으로 선택된 일부, 즉 전집의 부분집합)의 특성을 수치로 나타낸 것을 의미한다. 통계학에서는 흔히 전집치를 그리스 알파벳으로 표시하고, 표집치는 영어 알파벳으로 표시하여 구별하기도 한다. 〈표 III-2〉는 그리스 알파벳의 종류와 영어식 발음에 대한 설명이다.

〈표 Ⅲ-2〉 **그리스 알파벳(The Greek Alphabet)의 종류와 영어식 발음**

대문자	소문자	영어식 발음	대문자	소문자	영어식 발음
A	α	alpha	N	ν	nu
B	β	beta	Ξ	ξ	xi
Γ	γ	gamma	O	o	omicron
Δ	δ	delta	Π	π	pi
E	ϵ	epsilon	P	ρ	rho
Z	ζ	zeta	Σ	σ	sigma
H	η	eta	T	τ	tau
Θ	θ	theta	Υ	υ	upsilon
I	ι	iota	Φ	ϕ	phi
K	κ	kappa	X	χ	chi
Λ	λ	lambda	Ψ	ψ	psi
M	μ	mu	Ω	ω	omega

참고로, 다음에서는 통계(학)를 알아야 하는 이유와 함께 통계(학)를 배우는 사람이 갖추어야 할 조건 중의 하나인 '통계학적 마인드(statistical mind)'의 필요성에 대해 논의하였다. 아울러, 기술통계에서 가장 흔히 사용되는 평균(치)의 활용에 대한 하나의 예시를 제시함으로써, 기술통계에 대한 이해가 부족할 경우에 생길 수 있는 오해나 혹은 피해의 가능성을 시사하였다.

◉ 통계학적 마인드(statistical mind)의 필요성 ◉

통계(학)는 '우리가 몸담고 있는 이 세상이 참으로 다양하고 또한 끊임없이 변화한다'는 전제로부터 출발한다. 이 세상이 획일적으로 돌아가며 고정되어 불변한다면 굳이 통계학적인 시각을 가져야 할 필요가 없게 된다. 그런 세상에서는 현재는 과거의 복사판일 뿐이고 이는 곧 우리의 미래의 모습일 것이며 우리의 모습이 곧 타인의 모습일 것이기 때문에 우리는 주위 현상에 대해 확신을 가지고 이야기할 수 있을지도 모른다.

그러나 실제 우리의 삶은 획일적이거나 고정되어 불변하는 모습과는 거리가 멀다. 나의 모습이 다른 사람과 다르고 나의 삶은 타인의 삶과 같지 않고 개인의 미래가 꼭 과거와 같은 경로를 밟게 되는 것은 아니며 심지어는 인간 모두가 제각기 자신의 세상 하나씩을 가지고 사는 지도 모를 만큼 다양한 세상이 존재한다. 이렇게 다양한 모습을 지닌 수많은 세상들은 고정되지 않은 채 한 개인 내에서도 끊임없이 변화를 거듭한다. 또한 수많은 세상들은 거미줄처럼 얽혀 서로에게 크고 작은 영향을 주고받으며 끊임없이 변하고 있다. 인간 세상뿐만 아니라 물질 세계도, 그것이 장기간에 걸쳐 일어나기 때문에 깨닫지 못할 수는 있으나, 불변하는 것이 아니라 끊임없이 변하고 있기는 마찬가지이다.

이렇듯 모든 것이 변한다는 사실은 우리 삶에 있어서 필연적으로 불확실성을 낳게 되고, 삶에 대한 불안감과 불확실성에 대한 인식은 비로소 통계학적인 사고의 필요성을 깨닫게 한다. 우리는 이와 같이 다양하게 변화하는 것에 접하게 될 때 그것을 분류해보고 요약해보고 설명해보려는 노력을 기울이게 된다. 고정되고 획일화된 사고로부터 통계학적인 시각을 기대하기란 어렵다. 이 세상은 참으로 다양한 모습을 지니고 있고 또한 모든 것은 변화한다는 것을 인식하게 될 때, 비로소 이러한 다양함과 불확실성에 대처하기 위해 개혁적이고 혁명적인 사고를 하게 되며 진리에 대한 다양한 해석, 재해석, 재개념화 등의 노력들이 나타나게 되는 것이다. 통계란 바로 이러한 노력들을 공통된 언어로 표현해 보려는 일련의 과정 혹은 그 과정의 산출물들이다.

통계(학)를 배우는 사람이 갖추어야 할 조건에는 '통계학적 마인드(statistical mind)'가 있다. 즉 통계학을 공부하는 사람은 무엇보다도 먼저 통계학적 개념의 틀(conceptual framework)을 이용하여 제반 현상을 바라보는 자세를 지녀야 한다. 이는 세상을 바라보는 여러 시각 중에서 제반 현상을 가능하면 통계학적인 시각으로 바라보되 수량화(quantification)하여 분류 · 요약 · 정리함으로써 어떤 보편성을 찾으려 노력하는 것을 포함한다. 그리고 이러한 통계학적인 시각을 자신의 일상 속에서 생활화하는 것이다. 즉, 일상생활에서 보다 정확한 언어나 용어 혹은 개념을 사용하려 노력한다든지, 또는 보다 합리적인 사고를 통하여 일반적인 법칙을 추론하는 등 통계학적인 시각의 습관화가 필요하다.

21세기 지식 · 정보화 시대에는 통계학적인 마인드를 가지고, 매일 엄청난 양으로 쏟아져 나오는 각종 정보들을 제대로 분석 · 정리하는 일이 더욱 중요해졌다. 특히 복잡한 사회현상을 파악하기 위해 기술통계(descriptive statistics)의 여러 기법이나, 다양한 상황에 보편적으로 적용되는 법칙을 발견하고 미래의 불확실한 상황에 대해 정확하게 예측하기 위해 추리통계(inferential statistics)의 여러 기법 등을 제대로 활용할 줄 아는 사람들이 미래 사회의 주역이 될 가능성이 더욱 높아질 것이다.

◉ 평균치의 능숙한 사용법 ◉

실제로는 엉터리 내용인데도 겉보기에는 매우 근사해 보이도록 이중조작법으로 꾸며진 사업보고서가 어떤 방법으로 꾸며지는가를 간단한 예를 들어 설명해보기로 하자.

당신을 다른 두 사람과 함께 셋이서 차린 조그마한 공장의 공동경영자 중 한사람이라 하자. 금년은 아주 경기가 좋았고 이제 연말이 되었다 하자. 이 공장에서는 90명의 종업원이 일을 하였는데 연간 총 급여는 198,000달러였다. 이 밖에도 공동경영자 세 사람의 연봉은 각각 11,000달러였다. 그뿐만 아니라 공동경영자들이 나누어 가지는 이윤이 45,000달러나 더 있었다.

이 상황을 어떤 방법으로 숫자화해서 발표하면 좋을까? 가장 알기 쉬운 것으로서는 산술평균을 택하면 된다. 그래서 결과는 다음과 같다.

종업원의 평균임금 ·· 2,200달러
경영자의 평균급료와 이윤 ··· 26,000달러

이 숫자로는 경영자가 너무도 폭리를 취하는 것 같아 보인다. 그래서 방법을 바

꾸어 보기로 한다. 우선 앞서 언급한 이윤 45,000달러 중 30,000달러를 상여금으로 세 사람의 경영자에게 나누어 주어 임금에 포함시키고, 나머지 15,000달러의 이윤을 다시 세 사람의 경영자에게 나누어 준다. 그리고 이번에는 종업원의 임금을 평균할 때 당신들 공동경영자의 임금마저 포함시켜서 계산한다. 그리고 이 때는 반드시 산술평균을 써야 한다. 그 결과 다음과 같은 결과를 얻는다. 이 정도라면 앞의 것보다는 훨씬 좋아 보인다.

평균임금 ··· 2,806.45달러
경영자의 평균이윤 ·· 5,000.00달러

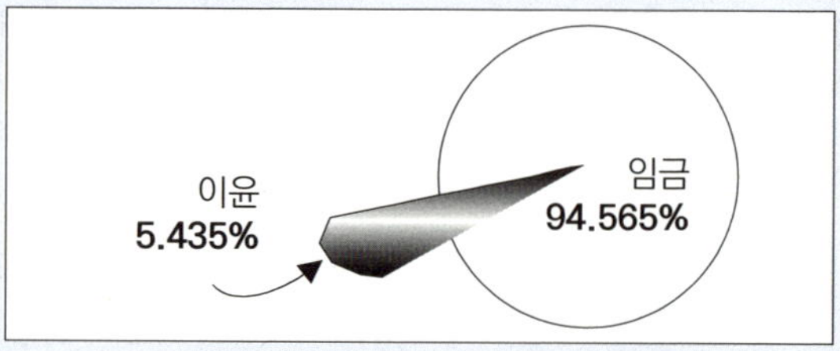

경영자의 연평균 수입이 종업원보다 11.8배나 되는 폭리를 취하는 사업내용도 계산법을 살짝 바꾸면 이윤이 불과 5.435%인 정직한 경영으로 둔갑한다.

더 근사하게 보이게 할 수도 있겠지만 이만하면 충분할 것이다. 이 결과 경영자의 이윤은 임금 및 이윤으로서 사용될 수 있는 금액의 5.4%에 불과하다. 물론 이 %는 필요하다면 얼마든지 더 적게 만들 수도 있다. 어쨌든 이 방법에 의해 발표하거나 또는 노사간의 단체교섭용으로 사용할 수 있는 숫자가 얻어진 셈이다.

이 예는 너무 단순화시킨 경우이기는 하지만, 일반적으로 회계라는 이름 밑에 행해지는 것과 하나도 다를 바는 없다. 신규 채용된 타이피스트에서 수십만 달러의 상여금을 받는 사장에 이르기까지의 일련의 서열 및 계층을 가지는 큰 회사에서도 원리적으로 이와 꼭 같은 방법에 의해 여러 가지 수치가 조작되며 계산되고 있는 것이다.

(김정흠 역(1994), 재미있는 통계 이야기, pp. 64-66)

2 기술통계

기술통계에서 주로 사용되고 있는 기본적인 개념이나 통계치들은 다음과 같다.

가. 빈도와 빈도분포

빈도(頻度, frequency)란 어떤 사건이 일어나거나 증상이 나타나는 정도를 의미하며, 빈도분포(頻度分布, frequency distribution)란 그러한 빈도를 〈표〉나 〈그래프〉로 종합적이면서도 일목요연하게 표시하는 것이다. 빈도분포는 보통 빈도 수와 백분율(percentage 혹은 %)로 나타내는 경우가 많으며, 상대적 빈도분포와 누가적 빈도분포로 나누어 표시하기도 한다.

상대적 빈도분포(相對的 頻度分布, relative frequency distribution)란 각 변인의 빈도 수를 비율(ratio)이나 백분율(percentage)로 나타내는 것이며, 누가적 빈도분포(累加的 頻度分布, cumulative frequency distribution)란 각 변인의 빈도 수를 비율이나 백분율로 나타내되 최저점에서부터 최고점까지 누가적으로 계산하여 나타내는 것이다. 예컨대, 흔히 활용하는 백분위(百分位, percentile)는 어떤 누가적 빈도분포에 있어서 최저점에서부터 계산하여 특정 점수가 몇 번째 위치에 있는가를 백분율로 계산하여 나타내는 것이다. 따라서 백분위점수가 높을수록 원점수가 높다. 다만, 우리나라에서 흔히 사용하는 석차백분위점수는 석차를 백분위점수로 나타낸 것으로 석차백분위점수가 낮을수록 원점수가 높다.

참고로, 대학수학능력시험에서 사용하는 구분위점수(九分位點數, stanine score)는 다음 〈표 III-3〉과 같은 비율로 9개로 나눈 점수이다. 또한 사분위점수(quartile score)는 25%씩 4개로 구분한 점수로 Q1, Q2, Q3, Q4라고 표시하기도 한다.

〈표 Ⅲ-3〉 구분위점수(stanine score)의 구성비 및 백분위(percentile)와의 관계

구분위점수	1	2	3	4	5	6	7	8	9
Z점수	1.75 이상	1.75 ~ 1.25	1.25 ~ 0.75	0.75 ~ 0.25	0.25 ~ -0.25	-0.25 ~ -0.75	-0.75 ~ -1.25	-1.25 ~ -1.75	-1.75 이하
백분위점수	100-97	96-90	89-78	77-61	60-41	40-24	23-12	11-5	4-1
상대비율(%)	4	7	12	17	20	17	12	7	4
누가비율(%)	4	11	23	40	60	77	89	96	100
석차백분위점수	1-4	5-11	12-23	24-40	41-60	61-77	78-89	90-96	97-100

◉ 올림픽에서 국가별 순위 계산 방법 ◉

올림픽에서 국가별 순위를 계산하는 방법이 나라에 따라 다른 경우가 있다. 예컨대, 한국과 같이 메달의 색깔에 가중치를 서로 다르게 주어 금메달이 1개라도 있는 국가가 금메달이 없고 은메달만 많은 국가보다 상위수준에 배치하는 나라가 있다. 반면에 미국과 같이 메달의 색깔과 무관하게 금메달, 은메달, 동메달의 숫자를 모두 합하여 메달의 숫자가 많은 국가를 상위수준에 배치하는 나라가 있다.

올림픽에서 우리나라와 같은 순위 계산법이 '금메달'을 중시하고 '은메달'이나 '동메달'을 상대적으로 경시하도록 하여, '1등' 경쟁을 부추기고 있다. 이러한 현상은 우리 사회에 만연해 있는 '한 줄 세우기'와 '1등'만을 강조하는 풍토를 조장하는 데 기여하고 있다.

한편, 그래프는 일차원, 이차원, 삼차원 그래프로 분류될 수 있다. 일차원 그래프는 주로 점이나 선을 이용하여 위치나 거리, 방향을 나타내는데 적당하며, 이차원 그래프는 면적이나 각도를 통해 자료를 나타낼 경우에, 그리고 삼차원 그래프는 부피를 통해 자료를 나타내고자 할 때 적당하다. 현재 많이 이용되고 있는 그래프로는 막대 그래프(bar graph), 선 그래프(line graph), 기둥 그래프(histogram), 점 그래프(scatter plot), 면적 그래프(area graph), 각도 그래프(pie graph), 부피 그래프(volume graph), 박스 그래프(box plot or box-and-whisker plot), 줄기・잎 그래프(stem-and-leaf plot), 방사형 혹은 레이더 그래프(radar graph) 등을 들 수 있다. 특히 선 그래프는 변화추이를 드러내기 위해 자주 활용되며, 점 그래프는 두 변인간의 관계를 드러내기 위해 자주 활용되고, 줄기・잎 그래프는 원자료에 대한 정보와 함께 분포의 형태를 드러낼 수 있어서 자료분석 전문가들에 의해 자주 활용되고 있다.

참고로, 각 그래프의 대체적인 모습을 그림으로 나타내면 [그림 III-1]과 같다. 아울러 최근 컴퓨터 소프트웨어를 활용한 시각화(視覺化, visualization) 기술이 급속하게 발전함에 따라 다양한 유형의 그래프들이 새롭게 개발・활용되고 있다.

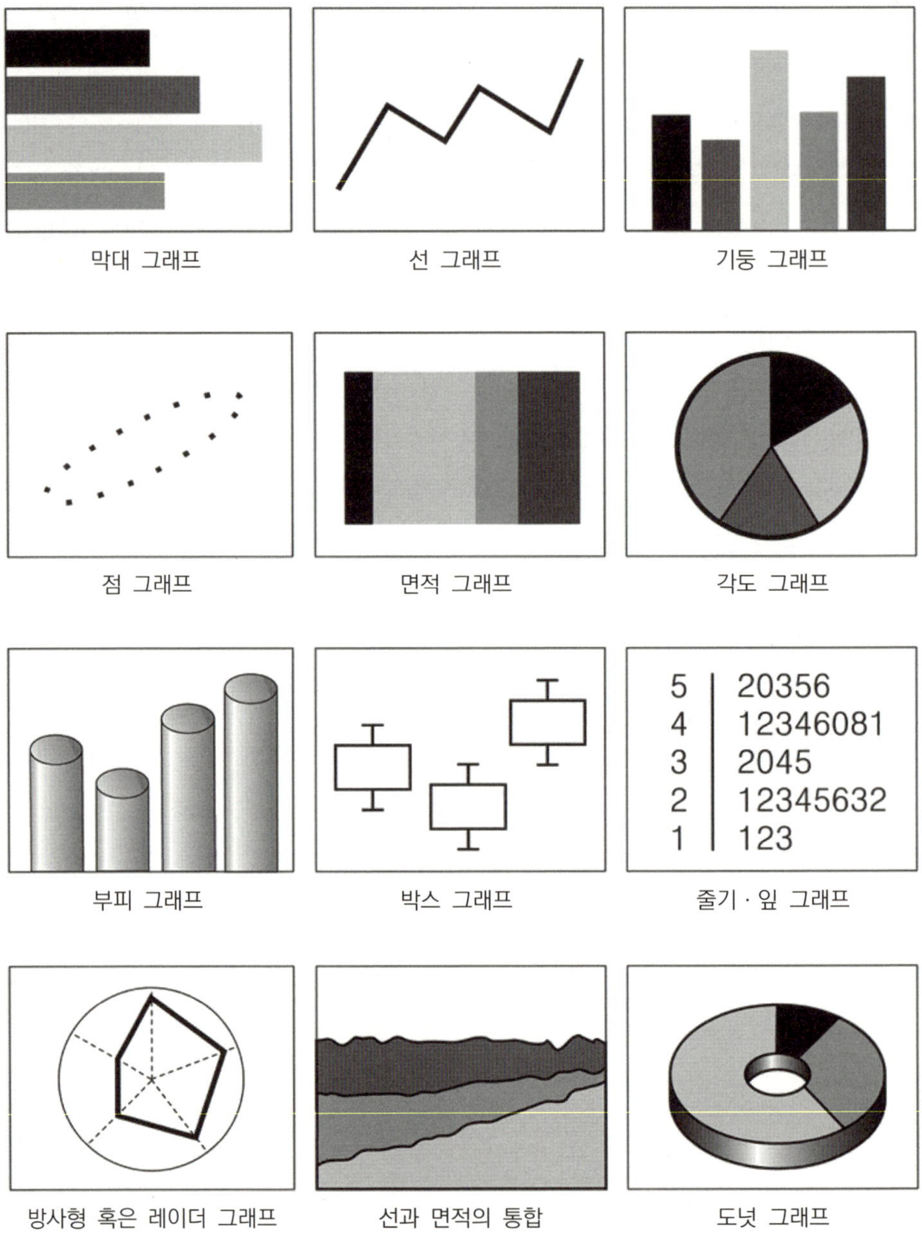

[그림 Ⅲ-1] **많이 이용되고 있는 그래프 (예시)**

나. 정상분포

정상분포(正常分布, 혹은 정규분포, normal distribution) 혹은 정상분포곡선(normal curve)이란 자연적인 상태에서 여러 사례의 단일차원의 특성을 측정하거나 혹은 측정의 오차를 포함하는 반복측정의 결과로 나타나는 종모양(bell curve)의 분포를 말한다(〈표 III-4〉 참조). 예컨대, 전국의 고등학교 3학년 남학생의 키의 분포 혹은 몸무게의 분포는 종모양의 정상분포를 이루게 된다. 이러한 정상분포는 1730년 드 무아브르(Abraham de Moivre, 1667-1754)에 의해 처음 발견되었으나, 가우스(Karl Friedrich Gauss, 1777-1855)에 의해 수식으로 나타내진 탓으로 가우스 곡선이라고 부르기도 한다.[1)]

1) 독일에서는 2002년 유로화를 사용하기 전까지 가우스가 정상분포곡선의 수식을 발견한 것을 기념하기 위해 10마르크 지폐에 가우스의 초상화와 정상분포곡선 수식을 인쇄해서 사용하였다.

〈표 Ⅲ-4〉 정상분포의 수식

$$F(X) = \frac{N}{SD\sqrt{2\pi}} e^{\frac{-(X-\overline{X})^2}{2SD^2}}$$

$F(X)$ = 어떤 특정한 X값에 대한 분포곡선 상에서의 높이
π = 상수로서 약 3.1416
e = 자연대수의 기초(base)로서 약 2.7183
N = 전체 사례수로서 정상분포곡선하의 전체면적을 나타냄
$\overline{X}$ = 주어진 분포의 평균
SD = 주어진 분포의 표준편차

이러한 정상분포는 평균 및 표준편차의 크기에 따라 다양한 형태를 갖추게 되는데, 그 모양은 항상 평균을 중심으로 좌우대칭을 이루고 가운데가 뾰족한 종모양을 형성한다([그림 III-2], [그림 III-3] 참조).

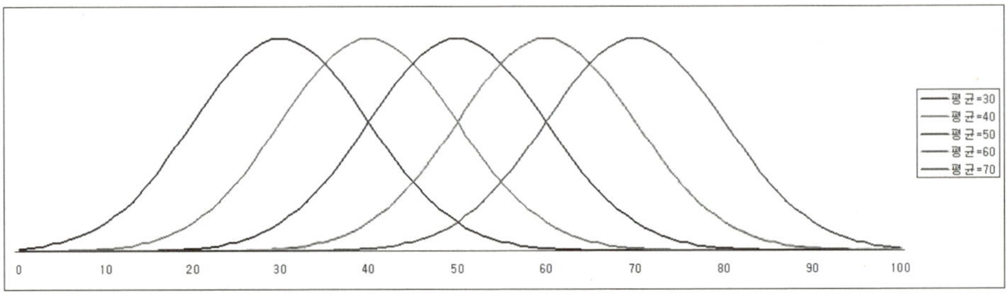

[그림 Ⅲ-2] 정상분포의 여러 가지 모양들(평균이 서로 다른 경우)

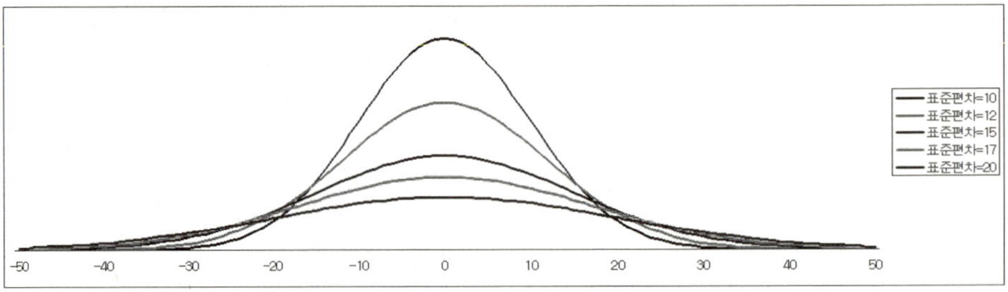

[그림 Ⅲ-3] 정상분포의 여러 가지 모양들(표준편차가 서로 다른 경우)

이렇게 다양한 형태와 크기를 지닌 정상분포들을 상호비교하기 위해서는 먼저 이들 정상분포를 표준화시킴으로써 비교를 위한 공동의 기준을 가지도록 하는 작업이 필요하다. 정상분포를 표준화시킨다는 것은 다양한 정상분포를 같은 값의 평균과 표준편차를 가지도록 변형시킨다는 의미이다. 이렇게 표준화된 정상분포의 한 예로 평균이 0이고 표준편차가 1인 표준정상분포(standard normal distribution)를 들 수 있다. 이때 표준정상분포상의 각 점수를 표준점수(standard score) 또는 Z-점수(Z-score)라 부른다. 표준점수, 즉 Z-점수는 분포상의 개별 점수(X_i)로부터 평균값($\overline{X}$)을 뺀 뒤 이를 다시 표준편차(SD)로 나누어서 얻어진 값이다.

$$\text{Z-점수} = \frac{X_i - \overline{X}}{SD}$$

참고로 평균이 $\overline{X}$이고 표준편차가 SD인 정상분포 즉 N($\overline{X}$, SD^2)일 때, Z-점수의 분포는 평균이 '0'이고 표준편차가 '1'인 정상분포 즉 N(0, 1)을 따르게 된다. 표준정상분포의 Z-점수에 따른 비율은 '〈부록 1〉 정상분포의 비율표'에 자세히 제시되어 있다.

이러한 Z-점수는 다시 다양한 형태의 다른 표준화 점수로 변형되어 통계적으로 이용되기도 한다. 예컨대, T-점수는 평균을 50으로 하고 표준편차를 10으로 한 정상분포를 말하는데, Z-점수로부터 T-점수를 계산하는 공식은 다음과 같다.

$$\text{T-점수} = 50 + [10 \times (\text{Z-점수})]$$

참고로, T-점수는 표준화된 교육 및 심리검사의 결과를 보고할 때 자주 사용한다. 한편, 표준화된 지능검사에서는 일반적으로 평균을 100으로 하고, 표준편차를 15나 16으로 한 표준화된 변환점수를 활용하고 있다.

다. 편포도와 첨도

편포도(遍布度, 혹은 왜도, 歪度, skewness)란 어떤 분포가 대칭성에서 벗어난 정도, 즉 비대칭성의 정도를 나타낸다. 흔히 값이 크면 클수록 좌측으로 기울었다는 것을 나타내며, 정상분포(正常分布)와 같이 좌우대칭일 경우 그 값이 '0'이 된다. 한편, 편포도가 (－)인 분포를 부적편포(負的偏布)라고 하는데, 이는 우측으로 기울어 오른쪽이 볼록한 분포이다. 또한 편포도가 (+)인 분포를 정적편포(正的偏布)라고 하며, 이는 좌측으로 기울어 왼쪽이 볼록한 분포이다([그림 III-4] 참조).

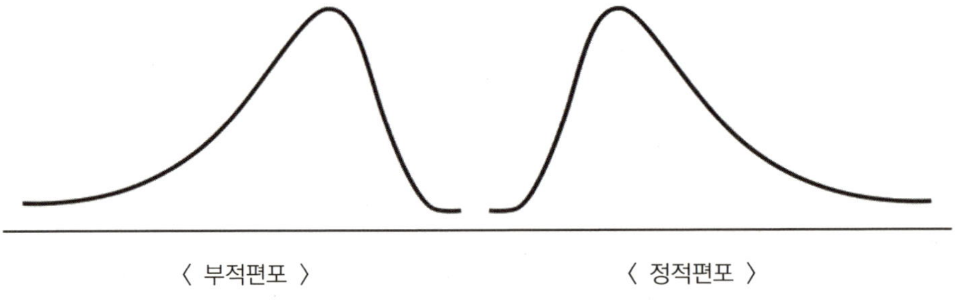

[그림 Ⅲ-4] 부적편포와 정적편포

첨도(尖度, kurtosis)란 자료의 분포 모양의 첨예(尖銳)한 정도, 빈도분포 곡선이 위로 뾰족한가 아니면 완만한가를 나타내는 수치이다([그림 III-5] 참조). 일반적으로 첨도가 크면 클수록 뾰족한 것을 나타내며, 자료가 정상분포일 경우에는 '0'이 된다.

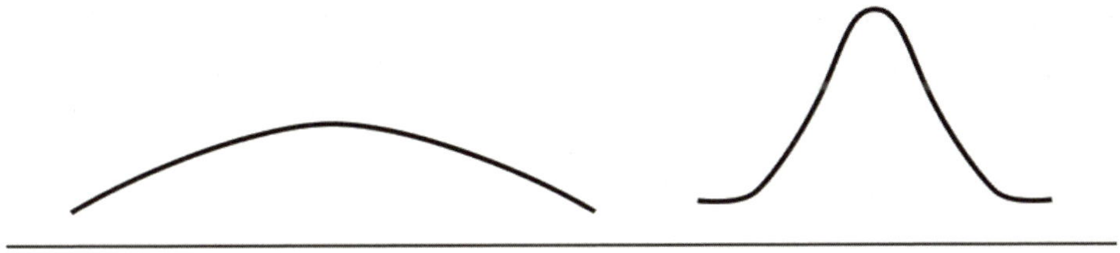

[그림 Ⅲ-5] 첨도가 낮은 경우와 높은 경우

라. 대표치

대표치(代表値, 혹은 집중경향치, 集中傾向値, measure of central tendency)란 어떤 집단의 특성을 대표할 수 있는 하나의 수치를 의미하며, 흔히 최빈치(mode), 중앙치(median), 그리고 평균치(mean)를 활용한다. 이때 평균치를 간단하게 평균이라고 하기도 한다. 대표치 중 어떤 것을 사용할 것인가 하는 문제는 그 사용의 목적, 점수분포의 특징, 변인의 특성 등에 따라 다르다.

1) 최빈치

최빈치(最頻値, 혹은 최빈값, mode, 기호: Mo)란 빈도가 가장 많은 점수를 말하는데, 주로 명명변인을 대상으로 사용하는 대표치이다. 예를 들어 6, 6, 8, 8, 8, 9, 9, 9, 9, 10, 10, 11이라는 점수들이 있을 때 9가 최빈치가 된다.[2)]

여러 수치를 묶은 급간을 사용한 묶음 빈도분포에서는 빈도가 가장 많은 급간의 중간점이 최빈치가 된다. 모든 점수들의 빈도가 같으면 최빈치는 없게 된다. 예컨대, 8, 10, 13, 17, 21이나 7, 7, 9, 9, 12, 12, 16, 16은 최빈치가 없다.[3)] 인접한 두 점수가 최빈치가 되는 경우 두 점수의 평균이 최빈치가 된다.

2) 공장에서 옷이나 신발 등 기성품을 만들 경우에는 최빈치를 많이 활용한다.
3) 참고로 SPSS와 같은 통계프로그램에서는 최빈치가 없을 경우에 최소값을 최빈치로 보고

예컨대, 2, 2, 4, 4, 5, 5, 5, 7, 7, 7, 9, 9, 10인 경우 (5+7)/2=6이 최빈치가 된다. 경우에 따라서는 두 점수 5와 7 모두를 최빈치로 하기도 한다.

2) 중앙치

중앙치(中央値, 혹은 중앙값, median, 기호: Mdn)란 전체 사례 수의 중앙에 해당하는 값(백분위로 계산하면 50위(位)에 해당하는 값)이며, 주로 서열변인을 대상으로 사용하는 대표치이다.[4)]

중앙치를 알아내기 위해서 먼저 점수들을 가장 낮은 것부터 높은 것으로 차례대로 정리해야 한다. 만일 총 사례수가 홀수라면 중앙치는 그 수치의 위와 아래에 같은 수의 사례들을 가지고 있는 점수가 된다. 예를 들어 0, 7, 8, 11, 15, 16, 20과 같이 7개의 사례가 순서로 나열되어 있는 경우 중앙치는 11이다. 점수가 모두 다르면서 사례가 짝수라면 중앙에 있는 두 점수의 평균이 중앙치가 된다. 예를 들어 12, 14, 15, 18, 19, 20과 같이 점수가 나열되어 있을 경우 중앙치는 $\frac{15+18}{2}=16.5$이다.

3) 평균

평균(平均, mean, 혹은 산술평균, arithmetic mean)이란 모든 사례의 수치를 합한 후 총 사례 수로 나눈 값으로, 동간변인이나 비율변인을 대상으로 사용하는 대표치이다.

특정 집단의 전체 사례 N개의 값이 X_1, X_2, X_3, · · · · · X_N이라고 할 때, 각 사례 값의 전체 합을 N(사례 수)으로 나눈 값이 평균이다.

하는 경우가 있기 때문에 해석상의 주의가 요망된다.

4) 가구의 소득 수준과 같이 급여나 상여금 등 경제적인 수치에서 중앙치를 많이 활용한다.

◉ 잘못된 경고 표지: 평균수심 1m ◉

더운 여름날 개울가에 놀러간 애들이, '위험' 경고판에 적혀있는 '평균수심 1m'라는 내용을 보고, 자신만만하게 수영을 하다 익사한 사건이 발생했다. 자신들의 키가 1m30cm 이상이었으므로 안심하고 개울가에서 수영을 했지만, 깊은 곳은 2m가 넘는다는 것을 미처 파악하지 못했던 것이다. 이러한 사태를 미연에 방지하기 위해서는 위험 경고판에는 평균수심을 적어야 하는 것이 아니라 최대수심을 적어야 하는 것이다.

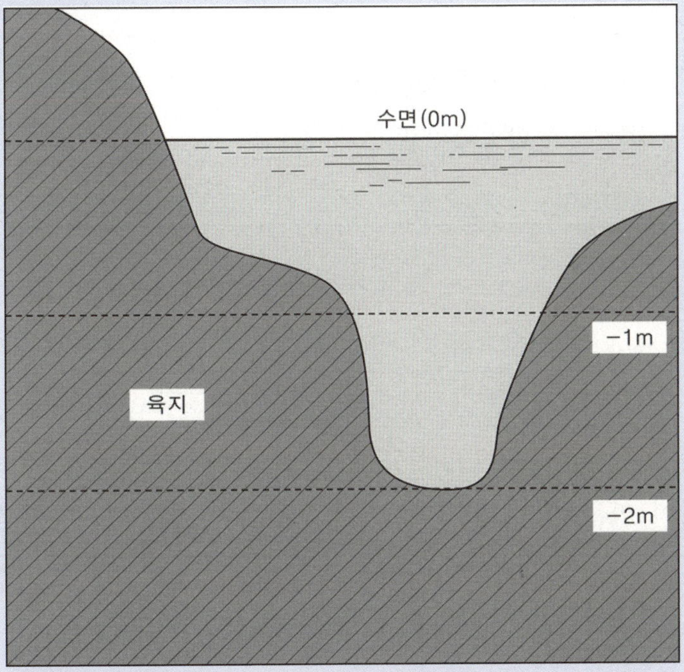

$$\text{집단의 평균: } \overline{X} = \frac{X_1 + X_2 + \cdots + X_N}{N} = \frac{1}{N}\sum_{i=1}^{N} X_i$$

예를 들어 1, 2, 3, 4, 5, 6, 7, 8, 9, 10과 같이 10개의 값의 평균은 $\frac{1+2+3+4+5+6+7+8+9+10}{10} = \frac{55}{10} = 5.5$이다.

가) 평균의 통합

사례수가 N_1이고 평균이 $\overline{X_1}$인 집단과, 사례수 N_2이고 평균이 $\overline{X_2}$인 집단이 있을 때 두 집단의 통합평균은 다음과 같다.

$$\overline{X} = \frac{N_1\overline{X}_1 + N_2\overline{X}_2}{N_1 + N_2}$$

예를 들어 사례수가 10이고 평균이 5인 A집단과 사례수가 20이고 평균이 7일 B집단이 있을 때, A집단과 B집단을 통합한 통합평균은 다음과 같다.

$$\overline{X} = \frac{(10 \times 5) + (20 \times 7)}{(10 + 20)} = \frac{(50 + 140)}{30} = \frac{190}{30} = 6.333$$

일반적으로 각 집단의 사례수가 N_i이고 평균이 $\overline{X_i}$일 때 K개 집단의 통합평균은 다음과 같다.

$$\overline{X} = \frac{\sum_{i=1}^{K} N_i \overline{X}_i}{\sum_{i=1}^{K} N_i}$$

나) 평균의 특징

① 모든 점수에서 평균을 뺀 차의 합(편차점수의 합)은 0이 된다.

즉 $\sum_{i=1}^{N}(X_i - \overline{X}) = 0$

(이하에서는 $\sum_{i=1}^{N}(X_i - \overline{X})$를 $\sum(X - \overline{X})$로 표시하였음)

$$\because \sum(X - \overline{X}) = \sum X - \sum \overline{X} = \sum X - N\overline{X} = \sum X - N\sum(\frac{X}{N})$$

$$= \sum X - \sum X = 0$$

② 평균을 기준으로 얻어진 편차점수의 제곱의 합(sum of squares), 즉 $\sum(X - \overline{X})^2$은 다른 어떤 값(예: $\overline{X}$ + C)을 기준으로 얻은 편차점수의 제곱의 합, 즉 $\sum(X - (\overline{X} + C))^2$보다 항상 작거나 같다. 이를 최소제곱법(혹은 최소자승법, method of least squares)이라고 한다.

$$\begin{aligned} \because \sum(X - (\overline{X} + C))^2 &= \sum((X - \overline{X}) - C)^2 \\ &= \sum(X - \overline{X})^2 - 2C\sum(X - \overline{X}) + \sum C^2 \\ &= \sum(X - \overline{X})^2 + NC^2 \end{aligned}$$

이때 $2C\sum(X - \overline{X}) = 0$, 그리고 항상 $NC^2 \geq 0$이므로 $\sum(X - \overline{X})^2$은 $\sum(X - (\overline{X} + C))^2$보다 항상 작거나 같다.

③ 평균은 점수분포의 균형을 이루는 점이 된다. 즉 일종의 무게 중심에 해당한다고 생각할 수 있다.

④ 집단의 모든 사례의 점수에 일정한 수 C를 더하거나 뺐을 때의 평균은 원래의 평균에 C를 가감한 것과 같다. 즉 $\frac{\sum(X+C)}{N}=\overline{X}+C$

⑤ 모든 수에 일정한 수 C를 곱하거나 나누었을 때의 평균은 원래의 평균에 C를 곱하거나 나눈 것과 같다. 즉 $\frac{\sum CX}{N}=C\overline{X}$

4) 최빈치, 중앙치 및 평균의 특징 비교

앞서 언급한 최빈치, 중앙치, 평균의 특징을 표집오차의 크기, 변인의 특성에 따른 활용성, 자료의 특성에 따른 영향, 분포의 특성에 따른 차이라는 준거에 비추어서 비교하면 다음과 같다.

가) 표집오차[5)]의 크기

한 전집의 추정치로서 표집을 통하여 그 값을 계산하는 경우에 표집에 따른 변화가 가장 큰 것은 최빈치, 중앙치, 그리고 평균의 순이다. 즉 평균이 표집에 따른 변화가 가장 작은, 안정성 있는 대표치이다.

나) 변인의 특성에 따른 활용성

명명변인의 경우에는 최빈치를, 서열변인의 경우에는 중앙치를, 그리고 동간변인과 비율변인의 경우에는 평균을 활용하는 것이 적합한 대표치가 된다. 참고로 여기서 언급하고 있는 각 변인에 대한 설명은 이 책의 제Ⅰ장 '2-다.

5) 표집오차란 표집에 따른 전집치와 표집치의 차이를 의미한다.

연구 변인' 부분에 자세히 제시되어 있다.

다) 자료의 특성에 따른 영향

평균은 그 계산에 있어 모든 점수를 고려하기 때문에 극단 점수가 있는 경우 그것의 영향을 받기 때문에 대표치로서 부적당한 경우가 있다. 그리고 빈도분포에 있어서 양극단의 급간이 개방 급간일 때, 즉 급간의 상한계(上限界: upper limit)와 하한계(下限界: lower limit)가 정해져 있지 않을 때, 평균을 원칙적으로 계산할 수 없다.

라) 분포의 특성에 따른 차이

점수의 분포가 정상분포(正常分布)를 이루는 경우 평균, 중앙치 및 최빈치의 값이 일치한다. 그러나, 분포의 꼬리가 좌측으로 늘어져 있는 부적편포(負的偏布)의 경우 분포의 좌측에서부터 평균, 중앙치, 최빈치의 순서로 관찰치들이 분포되어 있다. 그리고 분포의 꼬리가 우측으로 늘어져 있는 정적편포(正的偏布)의 경우 분포의 좌측에서부터 최빈치, 중앙치, 평균의 순서로 관찰치들이 분포된다([그림 III-6] 참조).

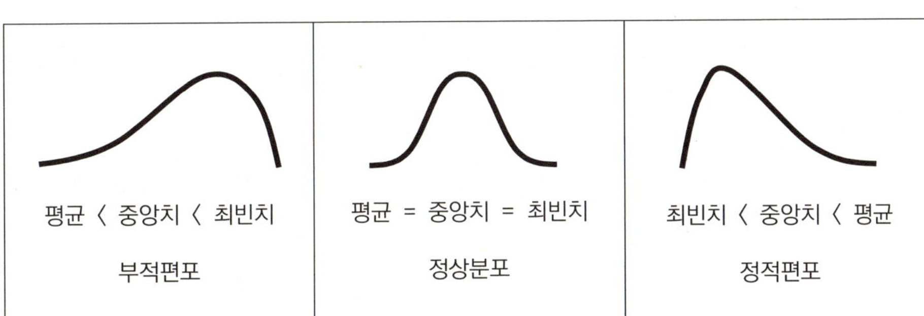

[그림 Ⅲ-6] 여러 형태의 분포에서 최빈치, 중앙치, 평균의 관계

마. 변산도

변산도(變散度, measure of variability or dispersion) 혹은 분산도(分散度)란 관찰된 자료의 흩어진 정도를 말하며, 범위, 표준편차, 변량 등이 있다. 어떤 집단의 분포를 좀더 정확하게 기술하거나 설명하기 위해서는 앞서 설명한 대표치뿐만 아니라 변산도를 함께 제시하는 것이 필요하다.

1) 범위

범위(範圍, range)란 최고점수에서 최저점수까지의 거리를 나타내며 다음과 같이 계산한다. 예를 들어, 1, 2, 3, 4, 5, 6, 7, 8, 9, 10의 범위는 10 - 1 + 1 = 10이 된다. (※ SPSS에서는 최고점수와 최저점수의 차이로만 계산함)

범위 = 최고점수 - 최저점수 + 1

2) 표준편차

표준편차(標準偏差, SD: standard deviation)란 특정 집단 사례들의 수치들이 평균으로부터 떨어져 있는 거리를 나타내는 한 지표로, 다음과 같이 계산한다.[6]

---

6) 추리통계에서는 표집(sample)을 활용하여 전집의 표준편차(σ)를 추정할 때 분모의 N대신 (N-1)을 사용한다. 즉 계산공식은 다음과 같다. (※ SPSS에서는 주로 이 공식을 사용하여 계산함)

$$\text{추정된 전집의 표준편차}(\hat{\sigma}) = \sqrt{\frac{\sum(X-\overline{X})^2}{N-1}}$$

$$표준편차(SD) = \sqrt{\frac{\sum(X-\overline{X})^2}{N}}$$

예를 들어, 1, 2, 3, 4, 5, 6, 7, 8, 9, 10의 표준편차는 2.872이며, 계산방법은 〈표 Ⅲ-5〉와 같다.

〈표 Ⅲ-5〉 **표준편차 계산의 예**

원점수	평균($\overline{X}$)	$X-\overline{X}$	$(X-\overline{X})^2$	표준편차(SD)
1	55÷10=5.5	-4.5	20.25	$\sqrt{\frac{82.5}{10}}=2.872$
2		-3.5	12.25	
3		-2.5	6.25	
4		-1.5	2.25	
5		-0.5	0.25	
6		+0.5	0.25	
7		+1.5	2.25	
8		+2.5	6.25	
9		+3.5	12.25	
10		+4.5	20.25	
총합 = 55			총합=82.5	

표준편차는 평균에서부터 각 사례들의 점수가 얼마나 떨어져 있는가를 나타내는 '평균 거리'의 의미로 해석할 수 있으며, 표준편차의 일반적인 특징은 다음과 같다.

① 표준편차의 크기는 분포상에 있는 모든 점수의 영향을 받는다. 따라서 극단적인 점수의 영향을 크게 받는다.

② 평균과 함께 그 집단을 가장 효율적이고 경제적으로 나타낼 수 있는 수치이다. 앞에서 언급하였듯이 평균을 기준으로 얻어진 편차점수의 제곱의 합, 즉 $\sum(X-\overline{X})^2$은 다른 어떤 값(예: $\overline{X}+C$)을 기준으로 얻은 편차점수의 제곱의 합, 즉 $\sum(X-(\overline{X}+C))^2$보다 항상 작거나 같다. 이를 최소제곱법(method of least squares)이라고 한다.

$$
\begin{aligned}
\because \sum(X-(\overline{X}+C))^2 &= \sum((X-\overline{X})-C)^2 \\
&= \sum(X-\overline{X})^2 - 2C\sum(X-\overline{X}) + \sum C^2 \\
&= \sum(X-\overline{X})^2 + NC^2
\end{aligned}
$$

이때 $2C\sum(X-\overline{X})=0$, 그리고 항상 $NC^2 \geqq 0$이므로 $\sum(X-\overline{X})^2$은 $\sum(X-(\overline{X}+C))^2$보다 항상 작거나 같다.

③ 한 집단의 모든 점수에 일정한 수를 더하거나 빼더라도 표준편차는 변하지 않고 동일하다.

즉, $\sqrt{\dfrac{\sum((X+C)-(\overline{X}+C))^2}{N}} = \sqrt{\dfrac{\sum(X-\overline{X})^2}{N}}$

※ 표준편차는 평균과의 흩어진 정도를 나타내는 것이므로, 각각의 수치에 동일한 값을 더하거나 빼도 그 흩어진 정도에는 차이가 없으므로 표준편차는 변하지 않는다.

④ 한 집단의 모든 점수에 상수(예: C)를 곱하면 표준편차도 그 수의 절대값의 배수만큼 증가한다.

즉, $\sqrt{\dfrac{\sum(CX-C\overline{X})^2}{N}} = \sqrt{\dfrac{\sum C^2(X-\overline{X})^2}{N}}$

$$= |C|\sqrt{\frac{\sum(X-\overline{X})^2}{N}}$$

※ 각각의 수치에 동일한 값을 곱하면 그 흩어진 정도도 그 비율만큼 벌어지므로 표준편차는 곱해진 수의 절대값의 배수만큼 변하게 된다.

⑤ 표준편차와 정상분포는 다음과 같이 일정한 체계를 가지고 있다.

$\overline{X}-0.675SD$	$\leq$	X	$\leq$	$\overline{X}+0.675SD$	: 전체 사례의 약 50%가 있음
$\overline{X}-1SD$	$\leq$	X	$\leq$	$\overline{X}+1SD$	: 전체 사례의 약 68.26%가 있음
$\overline{X}-1.645SD$	$\leq$	X	$\leq$	$\overline{X}+1.645SD$	: 전체 사례의 약 90%가 있음
$\overline{X}-1.96SD$	$\leq$	X	$\leq$	$\overline{X}+1.96SD$	: 전체 사례의 약 95%가 있음
$\overline{X}-2.58SD$	$\leq$	X	$\leq$	$\overline{X}+2.58SD$	: 전체 사례의 약 99%가 있음

※ 흔히 정상분포곡선을 그릴 때, -3SD에서 +3SD 범위로 그리는 이유는 그 범위 안에 전체 사례의 약 99.74%가 있기 때문이다.

⑥ 표준편차는 표집에 따른 변화, 즉 표집오차가 가장 작은 변산도 지수이다. 즉 전집으로부터 반복적인 무선표집을 할 때, 표준편차의 변동은 동일한 표집으로부터 계산되는 다른 추정치들의 변동보다 작다.

3) 변량

변량(變量, 혹은 분산, 分散, variance)이란 표준편차를 제곱한 값이다.[7)]

---

7) 추리통계에서는 표집(sample)을 활용하여 전집의 변량(σ^2)을 추정할 때 분모의 N대신 (N-1)을 사용한다. 즉 계산공식은 다음과 같다.

표집의 변량($\hat{\sigma}^2$)= $\frac{\sum(X-\overline{X})^2}{N-1}$

$$변량(SD^2) = \frac{\sum(X-\overline{X})^2}{N}$$

◉ 왜 σ^2의 점추정량 $\hat{\sigma}^2 = \frac{1}{n-1}\sum_{i=1}^{n}(X_i-\overline{X})^2$인가? ◉

$$\sum_{i=1}^{n}(X_i-\overline{X})^2$$

$$=\sum_{i=1}^{n}(X_i-\mu+\mu-\overline{X})^2=\sum_{i=1}^{n}\left[(X_i-\mu)^2+2(X_i-\mu)(\mu-\overline{X})+(\mu-\overline{X})^2\right]$$

$$=\sum_{i=1}^{n}(X_i-\mu)^2+2(\mu-\overline{X})\sum_{i=1}^{n}(X_i-\mu)+n(\mu-\overline{X})^2$$

$$=\sum_{i=1}^{n}(X_i-\mu)^2+2(\mu-\overline{X})\cdot n(\overline{X}-\mu)+n(\mu-\overline{X})^2$$

$$=\sum_{i=1}^{n}(X_i-\mu)^2-n(\mu-\overline{X})^2 \quad \text{..................} \text{ ㉮}$$

한편, 오른쪽 항의 기대값을 구해보면

$$E\left(\sum_{i=1}^{n}(X_i-\mu)^2\right)=n\sigma^2 \quad \text{..................} \text{ ①}$$

$$\begin{aligned}(\because\ E(X_i-\mu)^2 &= E\left(X_i^2\right)-2\mu E(X_i)+\mu^2\\ &= E\left(X_i^2-2X_i\mu+\mu^2\right)\\ &= E\left(X_i^2\right)-\mu^2=\sigma^2)\end{aligned}$$

$$E(\mu-\overline{X})^2 = E(\overline{X}-\mu)^2 = E\left[\frac{\sum_{i=1}^{n} X_i}{n} - \mu\right]^2$$

$$= E(\overline{X}^2 - 2\mu\overline{X} + \mu^2) = E(\overline{X}^2) - 2\mu E(\overline{X}) + \mu^2$$

$$= \frac{\sigma^2}{n} + \mu^2 - 2\mu \cdot \mu + \mu^2 = \frac{\sigma^2}{n} \quad \cdots\cdots\cdots\cdots ②$$

$$\left(\because\ E(\overline{X}^2) - E(\overline{X})^2 = \sigma_{\overline{X}}{}^2 = \frac{\sigma^2}{n},\quad E(\overline{X}^2) = \frac{\sigma^2}{n} + \mu^2\right)$$

①, ②에서 ㉮등식의 우항의 기대값은 $(n-1)\sigma^2$이 된다.

$$\text{즉, } E\left[\frac{\sum_{i=1}^{n}(X_i - \overline{X})^2}{n-1}\right] = \frac{1}{n-1} E\left[\sum_{i=1}^{n}(X_i - \overline{X})^2\right]$$

$$= \frac{1}{n-1} \cdot (n-1)\sigma^2 = \sigma^2$$

$\therefore$ σ^2의 점추정량은 $\hat{\sigma}^2 = \frac{1}{n-1}\sum_{i=1}^{n}(X_i - \overline{X})^2$이다.

예컨대, 1, 2, 3, 4, 5, 6, 7, 8, 9, 10의 평균은 5.5이고, 표준편차는 2.872이며, 변량은 8.25이다. 한편, 흔히 전집일 경우에는 σ^2, 표집일 경우에는 S^2로 표시한다. 변량은 표준편차 즉 '평균 거리'를 제곱한 것이므로 일종의 '평균 면적'의 의미로 해석할 수 있다. 참고로 2차원적인 개념인 '면적'으로 해석할 수 있는 변량에 대해서는 '전체의 몇 %를 설명한다'는 등의 해석이 가능하지만, 일차원적인 개념인 '거리'로 해석할 수 있는 표준편차에 대해서는 '전체의 몇 %를 설명한다'는 등의 해석이 불가능하다.

한편, 사례수가 같은 여러 집단이 있을 경우, 특정 집단의 변량이 적을수록 그 집단은 동질적으로 구성되어 있다는 것을 의미하며, 변량이 클수록 그 집단은 이질적으로 구성되어 있다는 것을 의미한다. 예컨대, A고등학교 3학년의 국어성적의 변량은 30이고 수학성적의 변량은 50이었다고 한다면, 학생들의 국어성적이 수학성적보다 상대적으로 비슷하였다는 것을 의미한다.

◉ 일기예보에서 사용되는 용어들 ◉

일기예보에서 사용되는 용어들 중 통계적인 분석을 통해서 도출된 것이 많다. 예컨대 '예년 혹은 평년 기온보다 높다'는 것 등의 의미는 다음과 같다.

'예년 혹은 평년 기온'이란 지나간 **30년간의 평균 기온**을 의미함.
'높다'는 의미는 평균보다 **1.6℃ 이상 높다**는 의미임.(약 10%의 확률)
'다소 높다'는 의미는 평균보다 **0.6~1.5℃ 정도 높다**는 의미임.(약 20%의 확률)
'비슷하다'는 의미는 평균으로부터 **±0.5℃ 이내의 범위에 있다**는 의미임.(약 40%의 확률)
'다소 낮다'는 의미는 평균보다 **0.6~1.5℃ 정도 낮다**는 의미임.(약 20%의 확률)
'낮다'는 의미는 평균보다 **1.6℃ 이상 낮다**는 의미임.(약 10%의 확률)

〈기상청 홈페이지 www.kma.go.kr 참조〉

연 ◦ 습 ◦ 문 ◦ 제

1. 다음 빈칸을 채우시오.

(1) 불확실한 상황에서 현명한 의사결정을 하기 위한 이론과 방법의 체계로서 자료나 정보를 수집 · 분류 · 분석 · 해석하는 과정을 포함하는 체계를 (　　)라 한다.

(2) 주로 특정 집단에 대한 자료나 정보를 수집 · 정리 · 요약 · 해석하는 통계를 (　　　)라 한다.

(3) 표집의 특성값을 이용하여 전집의 특성값을 추정하는 통계를 (　　　)라 한다.

(4) 전집의 분포에 대한 특별한 가정을 전제로 한 상태에서 표집치를 이용하여 전집치를 추정하는 통계를 (　　　)라 한다.

(5) 전집의 분포에 대한 특별한 가정을 전제하지 않은 상태에서 표집치를 이용하여 전집치를 추정하는 통계를 (　　　)라 한다.

(6) 연구자가 관심을 가지고 있는 연구 대상의 전체 집합을 (　　　)라 하고, 그 특성을 수치로 나타낸 값을 (　　　)혹은 (　　　)라 한다.

(7) 전집에서 조사 대상으로 선택된 일부를 (　　　)라 하고, 그 특성을 수치로 나타낸 값을 (　　　)혹은 (　　　)라 한다.

(8) 통계학에서는 일반적으로 전집치를 (　　　)으로 표시하고, 표집치를 (　　　)로 표시하여 구별한다.

(9) 어떤 사건이 일어나거나 증상이 나타나는 정도를 (　　　)라 한다.

(10) 빈도를 표나 그래프로 종합적이면서도 일목요연하게 나타낸 것을 (　　)라 한다.

(11) 각 변인의 빈도수를 비율이나 백분율로 나타내는 것을 (　　　)라 하고, 각 변인의 빈도수를 빈도수를 비율이나 백분율로 나타내되 최저점에서부터 최고점까지 누가적으로 계산하여 나타낸 것을 (　　　)라 한다.

(12) 누가적 빈도분포에서 최저점에서부터 계산하여 특정 점수가 몇 번째 위치에 있는가를 백분율로 계산하여 나타낸 값을 (　　　)라 한다.

(13) 정상분포를 같은 비율을 갖는 9개의 구간으로 나누어 부여한 전체를 9등급

화 한 점수를 (   )라 한다.

(14) 자연적인 상태에서 여러 사례의 단일차원의 특성을 측정하거나 혹은 측정의 오차를 포함하는 반복측정의 결과로 나타나는 종모양의 분포를 (   )라 한다.

(15) '변인 X의 분포가 평균이 μ이고 표준편차가 σ인 정상분포를 이룬다'는 말을 통계적 기호로 표시하면 (   )이다.

(16) 다양한 형태와 크기를 지닌 정상분포들을 상호비교하기 위해서는 먼저 이들 정상분포들을 (   )함으로써 비교를 위한 공동의 기준을 가지도록 하는 작업이 필요하다.

(17) 평균이 0이고 표준편차가 1인 정상분포를 (   )라 한다. 이 분포는 서로 다른 형태와 크기를 지닌 정상분포들을 비교하기 위한 기준으로 가장 일반적으로 사용되는 정상분포이다.

(18) 표준정상분포상의 각 점수를 (   ) 또는 (   )라 부른다.

(19) $(Z-\text{점수}) = \dfrac{(\qquad\qquad)}{(\qquad\qquad)}$

(20) $T-$점수는 평균을 (   )으로 하고, 표준편차를 (   )로 하는 정상분포곡상의 점수이다.

(21) $(T-\text{점수}) = (\qquad\qquad) + [(\qquad\qquad) \times (Z-\text{점수})]$

(22) 어떤 분포가 대칭성에서 벗어난 정도를 (   )라 하고, 이 값이 크면 클수록 분포가 (   )으로 기울었다는 것을 나타내며, 정상분포와 같이 좌우대칭일 경우 그 값이 0이 된다.

(23) 편포도가 (−)인 분포를 (   )라 하고 (+)인 분포를 (   )라 한다.

(24) 편포도가 (−)일 경우 분포의 모양은 (   )으로 기울게 되고, (+)일 경우에는 분포의 모양이 (   )으로 기울게 된다.

(25) 자료의 분포 모양의 첨예한 정도, 즉 빈도분포 곡선이 위로 뾰족한가 아니면 완만한가를 나타내는 수치를 (   )라 한다.

(26) 어떤 집단의 특성을 대표할 수 있는 하나의 수치를 (   )라 한다.

(27) 빈도가 가장 많은 점수를 (   )라 하며, 일반적으로 변인의 측정수준이 (   )을 가질 때 사용된다.

(28) 전체 사례수의 중앙에 해당하는 값을 (   )라 하며, 주로 변인의 측정수준이 (   )을 가질 때 사용되는 대표치이다.

(29) 모든 사례의 수치를 합한 후 총 사례수로 나눈 값을 (   ) 혹은 간단히 (   )라 하고, 주로 변인의 측정수준이 (   )나 (   )을 가질 때 사용된다.

(30) 각 점수에서 평균의 뺀 값을 (   )라 한다.

(31) 모든 편차점수의 합은 (   )이다.

(32) 관찰된 자료의 흩어진 정도를 (   )혹은 (   )라 한다. 어떤 집단의 분포를 좀 더 정확하게 기술하기 위해서는 대표치뿐만 아니라 이 값을 함께 제시하는 것이 필요하다.

2. 표준편차의 특징을 5가지로 나누어 설명하시오.

3. 전집치(parameter), 표집치(statistic), 편포도(skewness), 첨도(kurtosis)에 대해 간단히 설명하시오.

4. 표준편차(standard deviation)의 의미를 쓰고, 정상분포(normal distribution)와의 관계를 간단히 설명하시오.

5. 5지 선다형 문항에서 1000명의 피험자 중 500명이 오답을 했을 경우, 문항 추측도는 얼마인가?

6. 한 학급의 수학시험 결과 점수평균이 30이었다면, 다음과 같이 변화가 생긴 경우 이 평균은 어떻게 될까?

(1) 모든 점수에 15점씩 더해 준 경우

(2) 모든 점수로부터 5점씩 뺀 경우

(3) 모든 점수에 2를 곱한 경우

(4) 모든 점수를 5로 나누어준 경우

(5) 모든 점수에 20을 더하고 이를 다시 5로 나누어 준 경우

7. 세 집단에서 신체검사를 실시한 결과 몸무게 평균이 각각 $\overline{X}_1 = 60$, $\overline{X}_2 = 52$, $\overline{X}_3 = 65$이고 각 집단의 사례수는 $N_1 = 25$, $N_2 = 20$, $N_3 = 10$일 때 55명 전체 학생의 평균체중은 얼마인가?

8. 다음 자료에서 산술평균, 중앙치, 최빈치를 구하시오.
   (1) 24, 30, 16, 14, 15, 16, 21, 8
   (2) 5, 5, 2, 3, 22, 8, 9, 3, 5, 8
   (3) 17, 27, 21, 10, 15, 24

9. 다음 자료에서 최빈치를 구하시오.
   (1) 6, 7, 8, 7, 6, 8, 6
   (2) 17, 33, 20, 16, 17
   (3) 21, 19, 31, 30, 21, 19
   (4) 45, 51, 19, 81, 12, 46

10. 어느 회사의 입사시험 지원자 5명 중 세 명은 여자이고 두 명은 남자이다. 지원자 5명 전체에 대한 평균이 76이고 이 중 세 명의 여자에 대한 평균이 83.2이라면 나머지 남자 두 사람에 대한 평균은 얼마일까?

11. 다음은 어느 대학생의 영어능력을 평가하기 위해 실시한 TOEFL 성적이다. 10회에 걸친 TOEFL의 평균 성적은 얼마인가?

    490 500 470 530 510 530 550 480 520 540

12. 우리 나라 역대 교육부 장관의 재직기간이 다음과 같다고 하면, 이들의 평균 재직기간은 얼마인가?

    재직기간(개월): 12, 26, 3, 8, 8, 13, 6, 4

13. 어떤 점수들의 표준편차가 25일 때 다음과 같은 경우 표준편차는 어떻게 되겠는가?

(1) 모든 점수에 20점을 더한 경우
(2) 모든 점수를 10로 나눈 경우
(3) 모든 점수에서 10점을 빼고, 그 결과를 다시 5로 나눈 준 경우
(4) 각 점수에 2를 곱하고, 그 결과에 20을 더한 경우

14. 다음 자료에서 범위, 평균, 표준편차, 변량을 구하시오.

(1) 92, 71, 98, 84, 75
(2) 12, 7, 8, 3, 16, 10, 19, 5
(3) 14, 30, 15, 18, 23, 20, 10, 19, 13
(4) 7, 3, 8, 8, 9, 8, 9, 12

15. 두 학급 A, B의 언어능력 검사의 점수결과가 각각 다음과 같은 경우에 두 학급을 통합한 평균과 표준편차를 구하시오.

	A	B
인원	4	6
평균	80	70
표준편차	3	2

16. 다음은 6명의 학생들에게 실시한 검사의 정답수를 세어본 결과이다. 이 자료에서 변량과 표준편차를 구하시오.

5, 8, 9, 13, 14, 17

17. 한 학급의 음악 실기 시험의 평균이 65이고 표준편차가 10일 때,

(1) 85점과 60점을 Z점수로 바꾸면 얼마인가?
(2) 위의 점수를 T점수로 바꾸면?
(3) 이 점수들을 각각 평균이 60이고 표준편차가 30인 집단에 대응하는 점수로 바꾸면?

18. 다음은 어느 대학교 영어 강의를 듣는 경영학과 학생 10명과 행정학과 학생 10명의 퀴즈 성적이다. 각 과 학생 점수의 표준편차를 구하시오.

경영학과: 6, 5, 6, 4, 7, 4, 6, 3, 4, 5

행정학과: 2, 10, 0, 3, 7, 4, 1, 9, 8, 6

19. 진아가 이번 학기에 수강하는 심리학과 국문학 두 수업의 평균과 표준편차가 각각 다음과 같을 때 진아는 심리학에서 88점, 국문학에서 82점을 받았다. 상대적으로 볼 때 어느 수업에서 더 좋은 성적을 올렸다고 볼 수 있는가?

심리학: $\overline{X}_1 = 74$ $SD_1 = 12$

국문학: $\overline{X}_2 = 76$ $SD_2 = 4$

20. 다음 5개의 점수에 대한 Z점수 및 T점수를 구하시오.

45, 41, 52, 28, 34

21. 다음의 자료는 어느 외국어 학원에 다니고 있는 학생들의 나이이다. 다음 물음에 답하시오.

36	40	53	27	35
27	33	45	21	27
31	30	25	36	22
34	49	29	23	37

(1) 평균을 구하시오.
(2) 표준편차를 구하시오.
(3) 범위를 구하시오.
(4) 27세 학생의 Z점수를 구하시오.
(5) 27세 학생의 T점수를 구하시오.
(6) Z점수가 1에 해당하는 나이는?
(7) Z점수가 1에 해당하는 나이 미만의 학생은 전체 학생의 몇 %인가?

22. 어느 고등학교 1학년 학생 1000명에 대한 키의 분포는 평균이 164cm이고 표준편차가 5cm인 정상분포를 이루고 있다.

z	P(0≤Z≤z)
0.8	0.2881
1.0	0.3413
1.2	0.3849

(1) 키 160cm 이상 170cm 이하인 학생은 전체의 몇 %인가?
(2) 키 169cm 이상인 학생은 약 몇 명인가?

23. 1000점 만점인 어느 회사의 입사시험에서 지원자 2000명의 득점분포는 평균 450점, 표준편차 75점의 정상분포를 따르고 합격자가 320명이라고 할 때, 합격 점수는 최저 몇 점인가? (단, $P(0 \le Z \le 1) \fallingdotseq 0.34$)

24. 어떤 대학 입시에서 지원자 3000명의 득점 분포는 평균 600점, 표준편차 20점의 정상분포를 이루고 있다. 이 대학의 입학 정원이 300명일 때, 합격 최저점은 몇 점인가?

z	P(0≤Z≤z)
0.84	0.30
1.04	0.35
1.28	0.40
1.65	0.45

25. 어느 학급의 시험점수 평균이 65이고 표준편차가 10일 때, 성적의 분포가 정상분포를 이룬다면,

z	P(0≤Z≤z)
0.50	0.19
0.84	0.30
1.04	0.35
1.28	0.40

(1) 60점 이하를 받은 학생은 전체의 몇 %인가?

(2) 하위점수 20%에 해당되는 사람은 보충수업을 받아야 한다고 할 때. 몇 점 이하가 보충수업을 받는가?

(3) 상위 10%에 해당하는 사람에게 A학점을 주려고 한다. A를 받기 위한 최소 점수는 얼마인가?

☞ 연습문제의 풀이는 이 책의 433~442쪽에 있음

Ⅳ 추리통계

이 장에서는 추리통계(推理統計: inferential statistics)에 대해 자세히 설명하고자 한다. 추리통계는 표집의 특성, 즉 표집치(標集値)를 이용하여 전집의 특성, 즉 전집치(全集値)를 추정하는 통계기법을 의미한다. 교육연구에서 가설을 설정하고 그것을 검증하기 위해서는 추리통계 기법을 많이 활용하게 된다. 따라서 거의 대부분의 유사실험연구나 실험연구를 수행할 때 자료분석을 위해 추리통계 기법을 활용하게 된다. 추리통계에는 매우 다양한 기법들이 있으나, 이 장에서는 추리통계의 기본개념과 함께 교육연구에서 자주 사용되는 기법들인 ① χ^2 검증, ② t 검증, ③ 변량분석, ④ 상관분석, ⑤ 회귀분석, 그리고 ⑥ 요인분석을 중심으로 설명하고자 한다.

1 기본 개념

추리통계의 기법들에 대해 설명하기에 앞서, 추리통계에서 자주 사용되고 있는 기본적인 개념들에 대해 간단히 설명하면 다음과 같다.

가. 추정

1) 추정의 종류

추정(推定, estimation)이란 추리통계에서 표집치를 이용하여 전집치를 확률적으로 예상하는 것을 말한다. 추정에는 ① 점추정(點推定, point estimation), ② 구간추정(區間推定, interval estimation), ③ 가설검증(假說檢證, hypothesis test) 등이 있다.

① **점추정**: 표집의 특성을 이용하여 전집의 특성을 하나의 수치로 추정하는 것

② **구간추정**: 표집의 특성을 이용하여 전집의 특성을 적절한 구간으로 추정하는 것

③ **가설검증**: 표집에서 얻은 자료를 근거로 전집에 대한 가설이 맞는지 틀리는지를 통계적으로 검증하는 것

2) 추정자와 추정치

추정을 함에 있어서 추정치를 구하는 방법(보통 통계적 기법을 활용함)을 추정자(estimator, 혹은 추정기법)라고 하고, 추정된 값을 추정치(estimate, 혹은 추정값)라고 한다. 예컨대, 평균, 중앙치, 최빈치는 일종의 추정자이고, 그것을 계산하여 나온 특정 값을 추정치라 할 수 있다. 즉 전집의 평균을 추정하기 위해 표집의 평균($\overline{X}$)을 계산하니 그 값이 30이었다면, 추정자는 표집의 평균이고 추정치는 30이 된다. 추정자의 바람직한 특성 혹은 추정자가 갖추어야 할 바람직한 조건은 다음과 같다.

① **불편파성**(不偏頗性, unbiasedness)이 있어야 한다. 즉, 특정 추정기법을 활용하여 추정한 추정치의 기대값이 실제 전집치와 일치해야 한다.

② **효율성**(efficiency)이 있어야 한다. 즉, 추정기법들 중에서 그것을 활용해 추정한 추정치들의 변량이 작으면 작을수록 좋다.

③ **일관성**(consistency)이 있어야 한다. 즉, 표집의 크기가 클수록 특정 추정기법을 활용한 추정치가 실제 전집치에 더욱 가까워져야 한다.

④ **충분성**(sufficiency)이 있어야 한다. 즉, 추정기법들 중에서 그것을 활용해 추정한 추정치가 전집치에 대한 정보를 많이 주면 줄수록 좋다.

참고로, 특정 집단의 몸무게 분포에 대한 점추정을 하고자 할 때, 위의 선택 기준을 활용하면 평균, 중앙치, 최빈치 중에서 평균이 가장 좋은 추정자가 된다.

3) 신뢰구간

구간추정과 관련하여, 특정 추정자를 통해 전집치가 포함될 확률을 구간으로 표시한 것을 신뢰구간(confidence interval)이라 한다. 예컨대 전집의 평균이 포함될 가능성이 95%인 95% 신뢰구간과, 그 확률이 99%인 99% 신뢰구간은 다음과 같이 표시할 수 있다.

① **95% 신뢰구간**: $\overline{X} - 1.96\frac{SD}{\sqrt{N}} \leq \mu \leq \overline{X} + 1.96\frac{SD}{\sqrt{N}}$

② **99% 신뢰구간**: $\overline{X} - 2.58\frac{SD}{\sqrt{N}} \leq \mu \leq \overline{X} + 2.58\frac{SD}{\sqrt{N}}$

(단, $\overline{X}$ = 표집의 평균, SD = 표집의 표준편차, N = 사례수, μ = 전집의 평균)

◉ 신뢰구간을 어떻게 해석할 것인가? ◉

표집평균 $\overline{X}$의 분포가 정상분포를 이루고 평균이 $\mu_{\overline{X}}$, 표준편차가 $\sigma_{\overline{X}}$라 하면, 표준편차와 정상분포와의 관계로부터 표집평균 $\overline{X}$ 중 95%는 $[\mu_{\overline{X}} - 1.96\sigma_{\overline{X}},\ \mu_{\overline{X}} + 1.96\sigma_{\overline{X}}]$의 범위내에 있게 된다.

표집평균 분포의 성질로부터 표집평균 분포의 평균인 $\mu_{\overline{X}}$는 전집평균 μ와 동일한 값을 가지게 된다. 즉, $\mu_{\overline{X}} = \mu$ 이다. 이를 통해 표집 평균분포에서 전체 표집평균들 중 95%에 해당하는 값들이 $[\mu - 1.96\sigma_{\overline{X}},\ \mu + 1.96\sigma_{\overline{X}}]$의 범위에 있다고 할 수 있다. 다시 말하면 $\overline{X}$의 값이 $[\mu - 1.96\sigma_{\overline{X}},\ \mu + 1.96\sigma_{\overline{X}}]$ 범위 내에 있을 확률이 95%라고 할 수 있는 것이다.

$$P(\mu - 1.96\sigma_{\overline{X}} < \overline{X} < \mu + 1.96\sigma_{\overline{X}}) = 0.95 \ \ldots\ldots\ldots\ldots ①$$

①을 μ에 대하여 정리하면

$$P(\overline{X} - 1.96\sigma_{\overline{X}} < \mu < \overline{X} + 1.96\sigma_{\overline{X}}) = 0.95$$

가 된다.

즉, 표집의 평균으로부터 설정된 $[\overline{X} - 1.96\sigma_{\overline{X}},\ \overline{X} + 1.96\sigma_{\overline{X}}]$ 구간 내에 전집의 평균 μ가 있을 확률이 0.95라고 할 수 있다.

다음 그림을 통해 위의 내용을 보다 쉽게 알 수 있다.

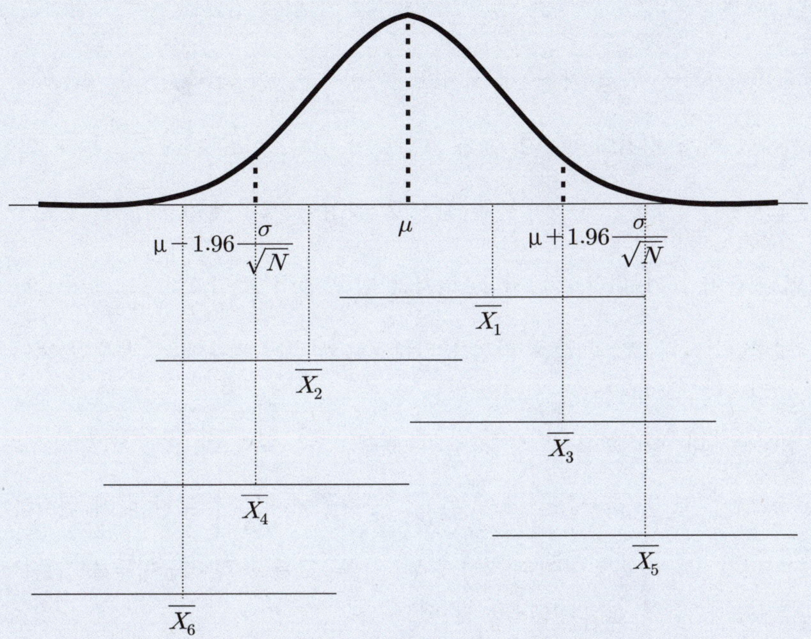

평균이 μ 이고 표준편차가 σ 인 전집으로부터 크기가 N인 표집을 무한번 실시하여 각 표집의 평균치들을 $\overline{X}_1, \overline{X}_2, \overline{X}_3, \ldots\ldots\ldots, \overline{X}_n, \ldots\ldots\ldots \overline{X}_\infty$라 하면 표집의 크기 N이 충분이 크다면 이 표집 평균치들의 분포는 앞의 그림과 같이 평균이 μ 이고 표준편차가 $\dfrac{\sigma}{\sqrt{N}}$인 정상분포를 이루게 된다. 즉, 표집 평균을 $\overline{X}$라 하면

$$\overline{X} \sim N\left(\mu, \frac{\sigma^2}{N}\right)$$

이다.

이 때, 표집 평균으로부터 $\left[\overline{X} - 1.96\dfrac{\sigma}{\sqrt{N}}, \overline{X} + 1.96\dfrac{\sigma}{\sqrt{N}}\right]$의 구간을 설정

하게 되면, 앞의 그림에서 보는 바와 같이 $\overline{X}_1$을 기준으로 설정된 구간 $\left[\overline{X}_1 - 1.96\frac{\sigma}{\sqrt{N}},\ \overline{X}_1 + 1.96\frac{\sigma}{\sqrt{N}}\right]$ 사이에는 전집의 평균인 μ가 포함됨을 알 수 있다. 마찬가지로 $\overline{X}_2$를 기준으로 설정된 구간인 $\left[\overline{X}_2 - 1.96\frac{\sigma}{\sqrt{N}},\ \overline{X}_2 + 1.96\frac{\sigma}{\sqrt{N}}\right]$ 사이에도 역시 전집의 평균인 μ가 포함되어 있다. 이 구간이 $\overline{X}_3$나 $\overline{X}_4$와 같이 $\mu - 1.96\frac{\sigma}{\sqrt{N}}$, $\mu + 1.96\frac{\sigma}{\sqrt{N}}$를 기준으로 설정될 경우에는 그 구간의 끝점에 전집의 평균이 μ가 위치하게 된다. 하지만 이 구간이 $\mu - 1.96\frac{\sigma}{\sqrt{N}}$, $\mu + 1.96\frac{\sigma}{\sqrt{N}}$를 벗어난 $\overline{X}_5$나 $\overline{X}_6$와 같은 지점을 기준으로 설정될 경우에는 그 구간 내에 전집의 평균 μ는 포함되지 않는다.

정상분포의 성질로부터 각 표집의 평균 $\overline{X}_i$, 즉 $\overline{X}_1, \overline{X}_2, \overline{X}_3, \ldots\ldots, \overline{X}_n, \ldots\ldots \overline{X}_\infty$ 중 95%는 $\left[\mu - 1.96\frac{\sigma}{\sqrt{N}},\ \mu + 1.96\frac{\sigma}{\sqrt{N}}\right]$ 구간 내에 위치하게 되고, 나머지 5%가 구간 밖에 위치하게 된다. 곧, 모든 표집 평균치들을 기준으로 다음과 같은 구간이 설정되었다고 할 때,

$$\left[\overline{X}_1 - 1.96\frac{\sigma}{\sqrt{N}},\ \overline{X}_1 + 1.96\frac{\sigma}{\sqrt{N}}\right]$$
$$\left[\overline{X}_2 - 1.96\frac{\sigma}{\sqrt{N}},\ \overline{X}_2 + 1.96\frac{\sigma}{\sqrt{N}}\right]$$
$$\left[\overline{X}_3 - 1.96\frac{\sigma}{\sqrt{N}},\ \overline{X}_3 + 1.96\frac{\sigma}{\sqrt{N}}\right]$$
$$\vdots$$
$$\left[\overline{X}_n - 1.96\frac{\sigma}{\sqrt{N}},\ \overline{X}_n + 1.96\frac{\sigma}{\sqrt{N}}\right]$$
$$\vdots$$
$$\left[\overline{X}_\infty - 1.96\frac{\sigma}{\sqrt{N}},\ \overline{X}_\infty + 1.96\frac{\sigma}{\sqrt{N}}\right]$$

이들 중 95%는 전집의 평균 μ를 포함하게 되고 나머지 5%는 포함하지 않게 된다.

일반적인 연구에서 연구자는 하나의 표집 평균치를 관찰하고 이 값으로부터 전집의 평균을 추정하게 된다. 연구자가 전집의 평균과 표준편차를 전혀 모르는 상태에서 자신이 관찰한 하나의 표집 평균인 $\overline{X}_1$으로부터 다음과 같은 구간을 설정하였다고 하자.

$$\left[\overline{X}_1 - 1.96\frac{\sigma^*}{\sqrt{N}},\ \overline{X}_1 + 1.96\frac{\sigma}{\sqrt{N}}\right]$$

* 전집의 표준편차 σ는 자신이 관찰한 집단의 표준편차 SD로부터 추정하여 사용할 수 있다.

이 구간 내에 전집의 평균이 포함될 가능성이 얼마나 될까? 물론, 포함되거나 되지 않거나 둘 중 하나라고 생각한다면 가능성은 0 아니면 1이다. 하지만 표집의 분포가 정상분포를 이룬다는 것을 고려한다면 우리는 이와 같이 단순한 정보 이외에 추가적인 정보를 제시할 수 있다. 표집의 분포가 정상분포를 이룬다면 무수히 많은 표집 평균값들 중에서 95%는 위와 같이 설정된 범위 내에 전집의 평균을 포함하게 되고 나머지 5%는 포함하지 않게 된다. 그렇다면 우리가 관찰한 집단의 평균값은 그 무수히 많은 표집 평균값들 중에서 95%에 속하는 것일까? 아니면 5%에 속하는 것일까?

여기서 우리는 확률적인 판단을 내려야 한다. 우리는 표집의 평균치가 적혀 있는 무수히 많은 구슬이 들어 있는 항아리 속에 손을 넣어 하나의 구슬을 꺼낸 상태이다. 이 때, 이 구슬 위에 적힌 숫자가 전집의 평균을 포함하는 구간을 설정할 수 있는 평균치일 가능성은 95%이고 그렇지 못할 가능성은 단지 5% 밖에 되지 않는다.

따라서 우리는 우리가 꺼낸 구슬 위에 적힌 숫자, $\overline{X}_1$을 가지고 다음과 같은 정보를 제시하게 된다.

신뢰도 95%로 추정된 전집 평균에 관한 신뢰구간은

$$\left[\overline{X}_1 - 1.96\frac{\sigma}{\sqrt{N}},\ \overline{X}_1 + 1.96\frac{\sigma}{\sqrt{N}}\right]$$ 이다.

여기서 신뢰도라는 것은 말 그대로 주어진 정보를 신뢰할 수 있는 정도를 말한다. 즉, 위의 정보가 틀릴 가능성은 5% 밖에 되지 않는다는 뜻이 된다.

4) 가설검증과 유의수준

가설에는 원가설(original hypothesis: Ho)과 대안가설(alternative hypothesis: Ha)의 두 가지 종류가 있다.

① **원가설(Ho)**: 연구자가 직접 통계적으로 검증하고자 하는 가설(통계적 가설, 귀무 가설(혹은 영가설: null hypothesis)이라고도 함)
② **대안가설(Ha)**: 원가설을 통계적으로 받아들일 수 없을 때 대안적으로 받아들이게 되는 가설(대립가설, 상대적 가설이라고도 함)

추리통계에서는 주로 원가설을 긍정할 수 있는지 혹은 긍정할 수 없기 때문에 대안가설을 받아들이게 되는지 여부를 검증하게 된다. 이때 유의수준(significance level: α-level, 혹은 1종오류(一種誤謬) 수준)을 정하게 되는데, 이는 원가설이 옳음에도 불구하고 원가설을 부정할 가능성을 나타내는 확률이라 하며 흔히 알파(α)로 표시한다. 추리통계에서는 일반적으로 α=0.05수준과 α=0.01수준을 사용한다. 참고로 1종오류와 2종오류를 설명하면 다음과 같다.

① **1종오류**(一種誤謬, type I error): 원가설이 옳음에도 불구하고 원가설을 부정할 가능성을 나타내는 확률(흔히 α수준이라고 함)

② **2종오류**(二種誤謬, type II error): 원가설이 옳지 않음에도 불구하고 원가설을 긍정할 가능성을 나타내는 확률(흔히 β수준이라고 함)

일반적으로 1종오류는 연구자가 정하면 되나, 2종오류는 확인하기가 쉽지 않다. 참고로 원가설 및 대안가설과 1종오류 및 2종오류의 관계는 〈표 Ⅳ-1〉과 같다. 이때, 대안가설이 진실일 때 원가설을 부정함으로써 대안가설을 받아들일 확률인 1-β를 '통계적 검증력(statistical power)'이라고 한다.[1)]

〈표 Ⅳ-1〉 **원가설 및 대안가설과 1종 · 2종오류의 관계**

		진실	
		원가설	대안가설
검증 (의사결정)	원가설 인정	1-α (옳은 결정)	β (2종오류)
	대안가설 인정	α (1종오류)	1-β (옳은 결정)

이를 다시 그림으로 나타내면 [그림 Ⅳ-1]과 같다.

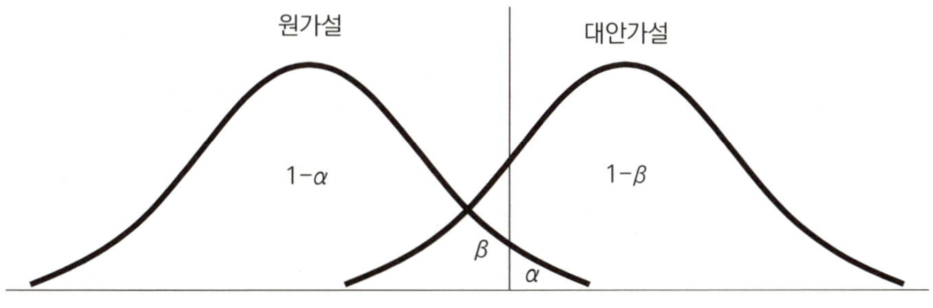

[그림 Ⅳ-1] **원가설 및 대안가설과 1종 · 2종오류의 관계**

1) 새로운 사실을 발견하기 위해서는 원가설보다 대안가설이 옳을 때 그것이 옳다는 것을 인정하는 것이 바람직하기 때문에 1-β를 '통계적 검증력'이라고 한다.

한편, 일정한 유의수준에서 가설을 검증할 때, 그 가설에서 등호(等號, 즉 '=')를 사용할 경우에는 양방적 검증을 하고, 그 가설에서 부등호(不等號, 즉 '〈' 또는 '〉')를 사용할 경우에는 일방적 검증을 하게 된다.

① **양방적 검증**(兩方的 檢證, two-tailed test): 모수치가 어떤 수치와 같다는 가설

예 Ho : $\mu=k$, Ha : $\mu\neq k$.

참고로, t 검증에서 양방적 검증을 할 경우에 $\alpha= 0.05$이라면 (+)쪽과 (-)쪽 각각에서 $\frac{1}{2}\alpha$에 해당하는 위치, 즉 $p = 0.025$에 해당하는 값을 의사결정을 위한 값(critical value, 임계치(臨界値)라고도 함)으로 활용해야 한다([그림 IV-2] 참조).

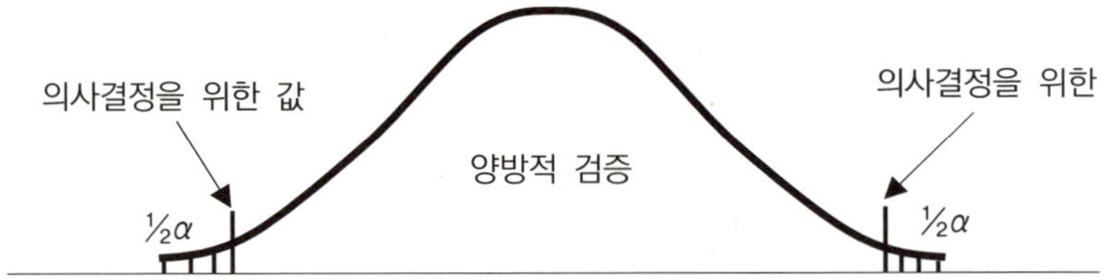

[그림 Ⅳ-2] **양방적 검증의 예**

② **일방적 검증**(一方的 檢證, one-tailed test): 모수치가 어떤 수치보다 크거나 혹은 작다고 하는 가설

예 Ho : $\mu\leq k$, Ha : $\mu > k$ 혹은 Ho: $\mu\geq k$, Ha : $\mu < k$

참고로, t 검증에서 일방적 검증을 할 경우에 $\alpha= 0.05$이라면 (+)쪽이나 혹은 (−)쪽 중 한 방향에서 α에 해당하는 위치, 즉 $p=0.05$에 해당하는 값을 의사결정을 위한 값(critical value)으로 활용해야 한다. [그림 Ⅳ-3]은 (+)쪽을 활용한 일방적 검증의 경우에 해당한다.

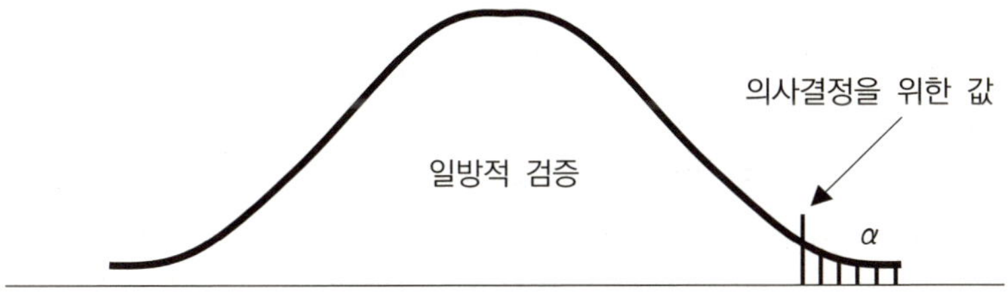

[그림 Ⅳ-3] **일방적 검증의 예**

참고로, 다음에서는 확률에 기초하여 의사결정을 하는 하나의 예시를 제시함으로써, 추리통계가 어떻게 활용될 수 있는지를 밝히고자 한다.

◉ 확률에 기초한 의사결정의 예 ◉

어떤 진술의 옳고 그름에 대한 의사결정을 하기 위한 통계적 검증의 기본이 되는 개념은 바로 확률인데, 이 확률은 도박이나 여론조사, 합격 혹은 불합격의 선발을 할 경우에 흔히 이용됨을 볼 수 있다. 보통 경쟁률이 4대 1이라고 할 때의 4대 1은 기대값을 말하고, 어떤 인물에 대한 지지도가 몇 %라고 하는 여론조사의 경우도 기대값을 계산하여 의사결정에 이용하는 예의 하나이다.

확률에 기초한 의사결정의 실례는 생산공장에서 쉽게 찾아 볼 수 있다. 총 생산품 중 약 60%의 합격률을 내는 공장이 있는데, 생산품의 합격률을 높이기 위해 사전검사제의 도입을 고려한다고 하자. 사전검사제 도입 여부를 결정하기 위해서 우선 사전검사제의 성공률을 시험해 보았더니, 최종 합격품 60% 가운데 80%는 사전검사에 통과한 생산품이었고 20%는 사전검사에서 통과하지 못한 생산품이었다. 최종 불합격품 중 사전검사에서 통과하지 못했던 생산품은 60%였다. 이때 기대값을 계산해 보면, 사전검사에서 통과한 생산품이 최종적으로 합격할 확률은 0.75 {[0.48/(0.48+0.16)] = 0.75}이며 계산방식은 다음과 같다.

① 사전검사에서 통과한 것 중에 최종 합격품이 될 확률:
0.6 × 0.8= 0.48

② 사전검사에서 통과한 것 중에 최종 불합격품이 될 확률:
0.4 × 0.4= 0.16
③ 사전검사에서 통과한 것 중에서 최종적으로 합격할 확률:
①/(①+②)= 0.48/0.64= 0.75

각각의 확률을 표로 정리하면 다음과 같다.

사전검사 / 최종검사	합 격	불합격	계
합격	.6×.8=.48	.6×.2=.12	.6
불합격	.4×.4=.16	.4×.6=.24	.4
계	.64	.36	1.0

따라서 사전검사를 실시하여 통과한 제품만 뽑아 계속 작업을 진행시키게 되면 통과율이 75%가 되기 때문에 최종 합격품의 생산량은 처음 60%에서 75%로 15% 포인트 증가됨을 알 수 있다. 이때 사전검사제 도입을 위한 의사결정을 위해서는 사전검사에 드는 비용과 합격률 15% 포인트의 증가가 가져오는 이득을 모두 고려하여야 한다. 또 하나 고려해야 할 문제는, 사전검사에서의 합격, 불합격 판정이 최종검사에서 옳을 확률이 얼마인가 하는 것이다. 즉, 총 생산품 중 사전검사에서 통과하여 최종적으로도 합격할 확률(0.6 × 0.8 = 0.48)과 사전검사에서 실패하여 최종적으로도 불합격할 확률(0.4 × 0.6 = 0.24)을 합하면 0.72가 된다. 아울러 여기서 총 제품 가운데 사전검사와 최종검사에서 모두 합격할 확률은 48%(0.6 × 0.8 = 0.48) 밖에 안 된다는 점도 고려해야 한다.

결국 사전검사제를 도입하면 최종적으로 합격판정을 받을 확률은 60%에서 75%로 15% 포인트 증가할지 모르지만, 사전검사를 도입함에 따르는 제반 경비뿐만 아니라 사전검사에서 불합격판정을 받고도 최종적으로는 합격판정을 받을 가능성이 있는 12%(0.6 × 0.2 = 0.12)를 상실하게 되는 것도 고려해서 의사결정을 해야 한다.

나. 확률

확률(確率, probability)에 대해 설명하기에 앞서 학교 교육현장에서 흔히 활용되는 추측도, 즉 선택형 문항에서 학생들이 추측에 의해서 답을 맞힐 확률을 생각해보자. 이 경우 대부분의 학생들이 선택지들 중 한 개를 무작위로 선택하는 것이 아니다. 예컨대 선택지가 4개인 문항에서 그 내용을 전혀 모르고 있을 경우에는 우연히 맞힐 확률, 즉 무작위로 맞힐 확률은 1/4이 된다. 그러나 대부분의 학생들은 무작위로 선택하는 것이 아니라 자신의 모든 역량을 동원해서 정답을 추측하기 때문에 개인에 따라 답을 맞힐 확률이 달라진다. 이때 개인별 추측도를 정확하게 예측하기란 거의 불가능하다. 다만, 집단 전체의 추측도를 예측할 수 있으며, 그 계산 방법은 다음과 같다.

◉ 문항 추측도 계산법 ◉

어떤 문항에 대해 추측하여 맞혔을 확률, 즉 추측도를 계산하기 위해서는 우선 총 피험자수(N), 선택지수(Q), 정답을 한 피험자수(R), 오답을 한 피험자수(W)가 필요하다. 이에 대한 정보를 알아도 곧바로 추측도를 구할 수 없다. 추측도를 구하기 위해서는 추측을 해서 맞힌 피험자수(GR)를 알아야 하기 때문이다.

일반적인 상황에서 우리는 추측해서 맞힌 피험자수를 쉽게 파악할 수가 없다. 우리가 아는 오답을 한 피험자수(W)를 통해 추정할 뿐이다. 우선 시험에서 일부러 오답을 골랐을 가능성은 없다. 따라서 오답을 한 피험자수(W)는 추측을 한 피험자(G) 중에 $\frac{Q-1}{Q}$ 비율에 해당한다. 즉 추측을 해서 틀린 피험자수(GW)는 오답을 한 피험자수(W)와 같으며, 이것을 이용해 추측을 한 피험자수(G)를 구할 수 있다.

$$GW = G \times \frac{Q-1}{Q} = W$$

그러므로, $G=\frac{WQ}{Q-1}$이다.

그리고, $GR=G\times\frac{1}{Q}=\frac{WQ}{(Q-1)}\times\frac{1}{Q}=\frac{W}{(Q-1)}$

결국, 추측도 $P(GR)=\frac{GR}{N}$이기 때문에,

$P(GR)=\frac{W}{(Q-1)}\times\frac{1}{N}$이다.

〈예시 1〉

5지 선다형문항에 대하여 100명의 피험자 중 40명이 오답을 했을 경우, 문항추측도는 0.10이다.

즉 $P_1(GR)=\frac{40}{(5-1)}\times\frac{1}{100}=0.10$이다.

〈예시 2〉

〈예시 1〉에서 제시된 문항에 대하여 또다른 피험자 100명중 60명이 오답을 했을 경우, 문항추측도는 0.15가 된다.

즉 $P_2(GR)=\frac{60}{(5-1)}\times\frac{1}{100}=0.15$이다.

위와 같이 같은 문항이라도 피험자 집단의 실력에 따라 추측도가 다르게 추정됨을 알 수 있다. 즉 오답자 비율이 높을수록 문항 추측도도 높아진다.

1) 확률의 의미

확률이란 어떤 사건이 발생할 가능성 또는 불확실성을 0에서 1사이의 값으로 계량화한 것으로 사건 A가 일어날 확률을 $P(A)$로 나타낸다.

$$P(A) = \frac{n(A)}{n(S)} = \frac{(\text{사건 } A\text{가 일어나는 경우의 수})}{(\text{일어날 수 있는 모든 경우의 수})}$$

연구자가 표집의 자료를 분석하여 전집의 특성을 추정할 때, 추정의 합리성 또는 논리적 타당성을 제공하는 근거는 확률(probability)이다.

2) 확률 용어

① **시행**: 동일한 조건에서 여러 차례 반복할 수 있는 실행이나 관찰을 의미한다.

② **표본공간**: 어떤 시행에서 일어날 수 있는 모든 가능한 결과의 전체 집합을 말하며 일반적으로 S로 표현한다.

③ **사건**: 표본공간의 부분집합. 참고로 사건을 A라고 하면 다음과 같이 나타낼 수 있다.

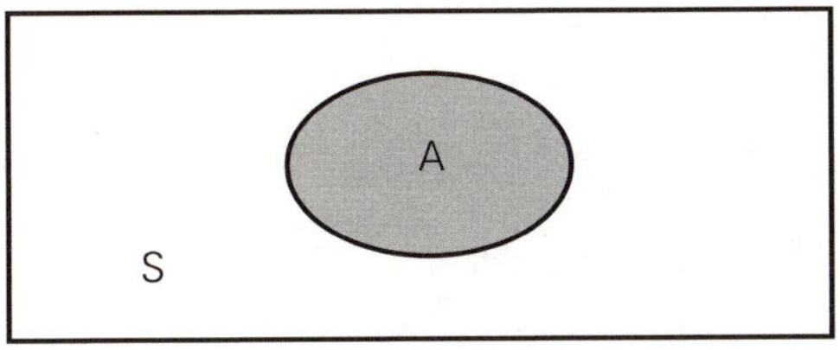

④ **독립성**: 두 개의 사건 중에서 한 사건의 발생여부가 다른 한 사건의 발생여부에 아무런 영향을 미치지 않으면 두 개의 사건은 독립이다.

⑤ **상호배타성**: 두 개의 사건 중에서 한 사건이 발생하면, 다른 사건은 발생하지 않는 경우에 두 사건(이를 배반사건이라고 함)은 상호 배타적이라고 한다($A \cap B = \Phi$).

⑥ **조건부 확률**: 확률이 0이 아닌 두 사건 A, B에 대하여 사건 A가 일어났다는 가정 아래 사건 B가 일어날 확률을 'A가 일어났을 때 B의 조건부 확률'이라고 하고 $P(B \mid A)$ 또는 $P_A(B)$로 나타낸다.

$$P(B \mid A) = \frac{P(A \cap B)}{P(A)} \quad (\text{단, } P(A) > 0)$$

⑦ **순열(順列**: permutation): 서로 다른 n개에서 r개를 택하여 순서를 생각하여 일렬로 배열하는 것을 n개에서 r개를 택하는 순열이라 하고 ${}_nP_r$로 나타낸다.

$${}_nP_r = n(n-1)(n-2)\cdots(n-r+1) = \frac{n!}{(n-r)!} \quad (\text{단, } n \geq r)$$

※ n! = n×(n-1)×(n-2)⋯2×1이며, 0!=1이다.

⑧ **중복순열**: 서로 다른 n개에서 중복을 허락하여 r개를 택하여 일렬로 배열하는 것을 n개에서 r개를 택하는 중복순열이라 하고 ${}_n\Pi_r$로 나타낸다.

$${}_n\Pi_r = n^r$$

⑨ **조합(組合**: combination): 서로 다른 n개에서 순서를 생각하지 않고 r개를 뽑을 때 n개에서 r개를 택한 조합이라고 하고 이 조합의 수를 ${}_nC_r$ 혹은 $\binom{n}{r}$로 나타낸다.

$$ {}_nC_r = \frac{{}_nP_r}{r!} = \frac{n!}{r!(n-r)!} \quad (\text{단, } 0 \leq r \leq n) $$

⑩ **중복조합**: 서로 다른 n개에서 중복을 허락하여 r개를 택하는 조합이며 ${}_nH_r$로 나타낸다.

$$ {}_nH_r = {}_{n+r-1}C_r $$

3) 확률의 성질

① A, B가 표본공간 S의 임의의 사건일 때

㉠ $P(A^c) = 1 - P(A)$. 즉 여집합(혹은 여사건)의 확률은 $1 - P(A)$이다.

㉡ $P(\Phi) = 0$. 즉 공집합(혹은 공사건)의 확률은 0이다.

㉢ $A \subset B$이면, $P(A) \leq P(B)$

㉣ $0 \leq P(A) \leq 1$

㉤ $P(A \cup B) = P(A) + P(B) - P(A \cap B)$

② 확률의 덧셈정리

$$P(A \cup B) = P(A) + P(B) - P(A \cap B)$$

단, 상호 배타적인 사건의 집합이 있을 때, 한 사건 또는 다른 한 사건의 발생확률은 두 사건의 개별 확률의 합이다. 즉 $A \cap B = \Phi$일때, $P(A \cup B) = P(A) + P(B)$

③ 확률의 곱셈정리

㉠ 종속사건의 곱셈정리: 상호 종속적인 두 개 또는 그 이상의 사건이 동시에 발생할 확률

$$P(A \cap B) = P(A) \cdot P(B \mid A) = P(B) \cdot P(A \mid B)$$
$$(\text{단, } P(A) > 0,\ P(B) > 0)$$

㉡ 독립사건의 곱셈정리: 상호 독립적인 두 개 또는 그 이상의 사건이 동시에 발생할 확률

$$P(A \cap B) = P(A) \cdot P(B) \quad (\text{단, } P(A) > 0,\ P(B) > 0)$$

참고로, 전체 표본공간이 어떤 조건에 의해 각 부분별 $A_1,\ A_2,\ \cdots, A_n$로 분할되어 있고, 임의의 사건 B의 각 부분별 조건부 확률 $P(B \mid A_i)$를 알고 있다고 하자. 즉, $P(B) = P(B \cap A_1) + P(B \cap A_2) + \cdot \cdot \cdot + P(B \cap A_n)$일 때, 사건 B가 발생했다는 조건 하에서 그 사건이 각 부분에 속할 조건부 확률 $P(A_i \mid B)$를 구하는데 베이즈 정리(Bayes' theorem)가 사용된다. 다음은 베

이즈 정리에 대한 설명과 그것을 활용한 확률계산의 예시이다.

◉ 베이즈 정리(Bayes' theorem) ◉

베이즈 정리란 18세기 영국인 수학자 베이즈(R. T. Bayes, 1702~1762)에 의해 전개된 이론으로 의사결정론에서 매우 중요하게 적용된다. 이것은 사전에 알고 있는 정보에 근거하여 어떤 사건이 일어나게 될 확률을 계산하는 이론이다. 즉 사전확률(prior probability)에 대한 정보와 함께 그것에 추가적인 정보를 이용하여 보다 개선된 사후확률(posterior probability)을 계산하는 방식이다. 일반적으로 미리 알려져 있는 각 부분별 확률 $P(A_i)$를 사전확률이라 하고, B가 발생했다는 추가적인 정보가 주어진 상태에서의 조건부확률 $P(A_i \mid B)$를 사후확률이라고 한다.

$$P(A_k \mid B) = \frac{P(B \cap A_k)}{\sum_{i=1}^{n} P(B \cap A_i)}$$

이 식을 곱셈법칙을 이용하여 변형하면,

$$P(B \cap A_k) = P(A_k) \cdot P(B \mid A_k)$$

$$\sum_{i=1}^{n} P(B \cap A_i) = \sum_{i=1}^{n} P(A_i) \cdot P(B \mid A_i) \text{ 이므로}$$

$$P(A_k \mid B) = \frac{P(A_k) P(B \mid A_k)}{\sum_{i=1}^{n} P(A_i) P(B \mid A_i)}$$

◎ '베이즈 정리'를 활용한 확률 계산 '예시 1' ◎

1학년 6명(남자 4명, 여자 2명)과 2학년 4명(남자 2명, 여자 2명)이 있다. 어떤 사람이 1명을 무작위로 선택했을 때, 그 학생이 여학생이었다면 그 학생이 1학년일 확률은 얼마인가?

〈풀이〉

1학년을 선택하는 사건을 A_1, 2학년을 선택하는 사건을 A_2, 여학생일 확률을 $P(B)$라고 하자.

1학년을 선택할 확률: $P(A_1) = 6/10$
2학년을 선택할 확률: $P(A_2) = 4/10$
1학년에서 여학생을 선택할 확률: $P(B \mid A_1) = 2/6$
2학년에서 여학생을 선택할 확률: $P(B \mid A_2) = 2/4$

$$P(A_1 \mid B) = P(A_1) \times P(B \mid A_1) \mid P(B)$$
$$P(B) = P(A_1) \times P(B \mid A_1) + P(A_2) \times P(B \mid A_2)$$

$$\begin{aligned} P(A_1 \mid B) &= (6/10) \times (2/6) \div \{(6/10) \times (2/6) + (4/10) \times (2/4)\} \\ &= 0.2 \div (0.2 + 0.2) \\ &= 0.5 \end{aligned}$$

(※ 여학생이란 정보가 없었다면 1학년일 확률, 즉 사전확률이 0.6이었으나, 여학생이란 정보를 추가함으로써 조건부 사후확률은 0.5로 개선되었다.)

◎ '베이즈 정리'를 활용한 확률 계산 '예시 2' ◎

상자가 5개 있다. 2개는 흰색이고 3개는 검은색이다. 흰 상자에는 빨간 공이 1개, 노란 공이 4개씩 들어 있고, 검은 상자에는 빨간 공 2개, 노란 공이 1개씩 들어 있다. 어느 사람이 무작위로 한 개의 공을 뽑았을 때, 그 공이 노란색이었다면 이 사람이 흰 상자를 택했을 확률은 얼마인가?

〈풀이〉

흰 상자를 선택하는 사건을 A_1, 검은 상자를 선택하는 사건을 A_2, 노란 공을 선택하는 사건을 B라고 하자.

흰 상자를 택할 확률: $P(A_1)=2/5$
검은 상자를 택할 확률: $P(A_2)=3/5$
흰 상자에서 노란 공을 선택할 확률: $P(B \mid A_1)=4/5$
검은 상자에서 노란 공을 선택할 확률: $P(B \mid A_2)=1/3$

$$P(A_1 \mid B_1)=P(B\cap A_1)\div\sum P(B\cap A_i)$$
$$=P(B\cap A_1)\div\{P(B\cap A_1)+P(B\cap A_2)\}$$

이때, $P(B\cap A_1)=P(A_1)\times P(B \mid A_1)=(2/5)\times(4/5)=0.32$
$P(B\cap A_2)=P(A_2)\times P(B \mid A_2)=(3/5)\times(1/3)=0.20$
$\therefore P(A_1 \mid B_1)=0.32\div(0.32+0.20)=0.615$
(※ 노란색 공이었다는 정보가 없었다면 흰 상자일 확률, 즉 사전확률이 0.4이었으나, 노란색 공이란 정보를 추가함으로써 조건부 사후확률은 0.615로 개선되었다.)

4) 확률변수와 확률분포

확률변수란 일정한 확률을 가지고 발생하는 사건에 수치를 부여한 것을 말하며, 보통 X로 표시한다. 예컨대, 앞면과 뒷면이 나올 확률이 같은 동전을 던지는 실험에서 앞면이 나오는 경우를 1이라고 하고, 뒷면이 나오는 경우를 0이라고 한다면, 앞면과 뒷면이 나올 확률을 확률변수를 사용하여 표시하면 다음과 같다.

$$P(X=1)=1/2$$
$$P(X=0)=1/2$$

한편, 확률분포란 어떤 확률변수가 취할 수 있는 모든 값들과 이 값들이 나타날 확률을 분포로 나타낸 것이다. 이때 사용한 확률변수가 이산확률변수(discrete random variable)이면 이산확률분포라 하고, 연속확률변수(continuous random variable)이면 연속확률분포라고 한다. 여기서 이산확률변수란 일정 범위 내의 실수(實數) 사이에서 확률변수가 취할 수 있는 값이 유한한 경우이고, 연속확률변수란 확률변수가 취할 수 있는 값이 무한한 경우이다. 예컨대, 동전을 100번 던질 때 앞면이 나올 경우의 수를 확률변수로 한다면 이 확률변수가 취할 수 있는 값은 0~100사이의 정수로 제한된다. 이처럼 취할 수 있는 값이 제한되면 이를 이산확률변수라 한다. 한편 A고등학교 3학년 학생들의 몸무게나 키 등을 확률변수로 한다면 이 변수가 취할 수 있는 값들은 유한한 구간 내에서도 무한히 많다. 이처럼 취할 수 있는 값이 무한히 많을 경우 이를 연속확률변수라고 한다.

① 이산확률분포

이산확률분포에는 이항분포(binominal distribution)와 푸아송분포(Poisson distribution)[2)]등이 있다. 여기서는 교육연구에서 자주 사용되는 이항분포에 대해서만 간단히 설명하고자 한다.

이항분포는 확률실험에서 각각의 독립적인 시행결과가 상호 배타적인 두 개의 사건으로 나타나는 경우이다. 이러한 확률실험을 베르누이 시행(Bernoulli trial)이라고 한다. 베르누이 시행의 가장 보편적인 예는 동전을 던져서 나타나는 결과를 관찰하는 것이다. 예를 들어서 동전을 다섯 번 던져서 앞면이 세 번 나타날 확률은 얼마인가? 이러한 질문에 응답하는 데는 이항분포를 이용한 확률계산이 유용하다.

어떤 사건 A가 1회의 시행에서 일어나는 확률을 p, 일어나지 않는 확률을 $q=1-p$라고 한다. 이 시행이 n회 독립적으로 반복될 때 사건 A가 일어나는 횟수를 확률변수 X라 하면

$$P(X=r)={}_nC_r\,p^r\,q^{n-r} \qquad (\text{단, } p+q=1, \quad r=0, 1, 2, \cdots, n)$$

이와 같은 확률분포를 이항분포라 하고, 확률변수 X 가 시행횟수 n, 각각의 시행에서의 성공확률 p인 이항분포를 따를 때 일반적으로 $X \sim B(n,p)$로 나타낸다.

$X \sim B(n,p)$인 경우 기대값은 $E(X)=np$이고, 변량은 $Var(X)=npq$가 된다.

이 식을 비율로 표시하면, 기대값은 $E(p)=p$이고, 변량은 $Var(p)=\frac{pq}{n}$가

2) 푸아송분포는 사례수(n)가 아주 크고 사건이 일어날 확률(p)이 아주 작을 때(예: $np<5$ 일때) 사용하는 이항분포의 독특한 경우라 할 수 있다. 그 확률함수는 $P(X=x)=\frac{e^{-\mu}\mu^x}{x!}$로 표시되며, 이때 μ는 평균발생횟수이며, x는 사건발생횟수이다.

된다. 이를 수식으로 증명하면 다음과 같다.

$$E(p) = E\left(\frac{X}{n}\right) = \frac{1}{n}E(X) = \frac{1}{n}np = p$$

$$Var(p) = Var\left(\frac{X}{n}\right) = \frac{1}{n^2}Var(X) = \frac{1}{n^2}npq = \frac{pq}{n}$$

◉ 여론조사에서의 표집오차(sampling error) ◉

신문이나 방송 등에서 여론조사의 결과를 발표할 때 보통 95%신뢰수준에서의 표집오차(sampling error)가 ± 몇 퍼센트 포인트(%p : % 값들 간의 차이)라는 것을 함께 발표하고 있는데 이는 비율로 표시된 표준편차($\sqrt{Var(p)}$)를 활용한 수치이다. 예를 들어 1000명을 대상으로 특정 교육정책에 찬성하는지 여부에 대한 여론조사를 실시한 결과 찬성률(p)이 0.5였다고 하면 95% 신뢰수준은 다음과 같이 계산된다.

$$\begin{aligned}
\text{95\% 신뢰수준의 표집오차} &= \pm 1.96 \times \text{표준편차} = \pm 1.96 \times \sqrt{\frac{p \times q}{n}} \\
&= \pm 1.96 \times \sqrt{\frac{0.5 \times 0.5}{1000}} \\
&= \pm 1.96 \times 0.0158 \\
&= \pm 0.031(\text{즉, } \pm 3.1\%\text{포인트})
\end{aligned}$$

이 계산에서 표준편차는 p=0.5 수준에서 최고값을 가지므로(아래 〈표〉 참조), 1000명을 대상으로 한 찬성·반대에 대한 여론조사에서의 95% 신뢰수준에서의 표집오차는 ±3.1% 포인트 이내가 된다. 그래서 신문이나 방송 등에서 찬성·반대에 대한 여론조사의 표집수를 1000명 내외로 하는 경우가 많다.

〈표집의 사례수와 찬성비율에 따른 95% 신뢰수준에서의 표집오차의 크기〉

찬성비율	표집의 사례수				
	500	700	1000	1500	2000
	± %	± %	± %	± %	± %
0.5	4.4	3.7	3.1	2.5	2.0
0.4 혹은 0.6	4.3	3.6	3.0	2.5	1.9
0.3 혹은 0.7	4.0	3.4	2.8	2.4	1.8
0.2 혹은 0.8	3.5	3.0	2.5	2.0	1.6
0.1 혹은 0.9	2.6	2.2	1.9	1.5	1.2

② 연속확률분포

연속확률분포에는 앞서 설명한 정상분포와 추리통계에서 자주 사용하는 균일분포, t분포, F분포 등이 있다. 여기서 균일분포(continuous uniform probability distribution)란, 확률변수가 취하는 모든 구간에서 각 사건이 일어날 확률이 일정한 분포를 말한다. 따라서 균일분포의 확률밀도함수(probability density function)는 다음과 같다.

$$f(x) = \frac{1}{b-a}, \qquad a \leq x \leq b$$

〈균일분포의 예〉

그리고 앞서 이 책의 제III장 '2-나. 정상분포'에서 언급한 정상분포를 확률밀도함수로 나타내려면, 정상분포곡선 함수에 있는 분자 N을 1로 바꾸면 된다. 즉 정상분포곡선하의 전체면적을 1로 바꾸는 것과 같으며, 정상분포의 확률밀도함수($f(x)$)는 다음과 같다.

$$f(x) = \frac{1}{SD\sqrt{2\pi}} e^{\frac{-(X-\overline{X})^2}{2SD^2}}$$

$f(x)$ = 어떤 특정한 X값에 대한 확률분포곡선 상에서의 높이
π = 상수로서 약 3.1416
e = 자연대수의 기초(base)로서 약 2.7183
$\overline{X}$ = 한 주어진 분포의 평균
SD = 한 주어진 분포의 표준편차

◉ 정확한 확률의 계산 ◉

정확하게 확률을 계산하는 것은 쉽지 않다. 심리학자 Daniel Kahneman과 Amos Tversky는 다음과 같은 사례를 통해 그것을 구체적으로 보여주고 있다.

한밤중에 택시 한 대가 사람을 다치게 하고 뺑소니친 사건이 발생했다. 그 도시에는 두 개의 택시 회사가 있는데, 청색사의 택시는 모두 청색이고, 녹색사의 택시는 모두 녹색으로 도장되어 있다. 그 외에 주어진 자료는 다음과 같다.

(1) 시내를 운행하고 있는 택시들 중 85%는 녹색이고, 나머지 15%는 청색이다.
(2) 한 목격자는 뺑소니차가 청색이었다고 증언했다. 법정은 신뢰성 있는 실험을 통해 동일한 상황에서 정상 시력을 가진 사람이 차의 색상을 제대로 판별할 확률이 80%라는 사실을 알아냈다. 즉, 20%의 사람들은 색상을 잘못 판단한다는 뜻이다.

그렇다면, 사고 당일 현장에서 뺑소니 친 택시가 청색일 확률은 과연 몇 %일까?

대부분의 사람들은 '목격자가 맞을 확률'이 80%라고 할 것이다. 그러나 정확한 확률은 약 41% 정도에 불과하다. 즉, 목격자가 용의 차량을 청색이라고 증언하는 경우는 두 가지가 있을 수 있다. 청색 차량을 제대로 판단하는 경우와 녹색 차량을 잘못 판단하여 청색 차량이라고 하는 경우이다. 전자의 경우가 발생할 확률은 0.15×0.8=0.12이며, 후자의 경우는 0.85×0.2=0.17이다. 여기서 목격자의 진술의 진위여부를 확률적으로 판단하려면 이 두 가지 경우의 상대적 확률을 계산해야 하므로, 진술이 맞을 확률은 0.12÷(0.12+0.17)=0.4139.... 가 되어 약 41%의 확률이 된다. 이 문제의 함정은 청색과 녹색 택시의 수가 다르다는 데 있다. 만약 택시의 비율이 50:50이었다면 문제의 답은 80%가 된다.

〈박병철 역(2000). 확률의 함정, pp.11-12.〉

다. 표집오차

표집오차(標集誤差, sampling error)란 표집을 이용하여 전집의 특성을 추정하는 과정에서 발생하는 표집치(statistics)와 전집치(parameters)와의 차이를 의미한다. 예컨대, 전집의 평균을 μ(mu)라고 하고 표집에서 얻은 평균치를 $\overline{X}$, 즉 엑스바(X-bar)라고 하면, 전집평균과 표집평균과의 차이, 즉 표집오차 $e=\mu-\overline{X}$가 된다. 표집치를 이용하여 전집치를 추정하는 대부분의 경우, 전집치에 대한 자세한 정보를 가지고 있지 못하기 때문에 표집오차를 쉽게 구할 수가 없다. 흔히 우리는 표집의 크기와 표집 절차 등을 고려하여 표집오차를 추정하고, 그것에 근거하여 전집치를 추정할 따름이다. 표집오차는 표집의 크기에 따라 그리고 전집에서 표집을 어떻게 선정했느냐에 따라 크게 달라질 수 있으며, 이러한 것들을 고려하여 전집치를 제대로 추정하고자 하는 것이 추리통계(inferential statistics)의 핵심문제 중 하나이다.

추리통계에서 자주 언급하는 대치적 단순무선표집(simple random sampling with replacement)의 경우,[3] 표집오차를 고려하여 전집의 평균과 변량

(variance)을 추정하는 방법에 대하여 구체적인 예를 통해 제시하면 다음과 같다.

어떤 학교에 근무하는 교사 10명을 전집으로 가정하고 연구자가 관심을 두고 있는 변인은 이 학교에서의 근무 연수(年數)인데 각 교사의 근무 연수는 다음과 같다고 가정하자.

1, 2, 3, 4, 5, 6, 7, 8, 9, 10

이 전집에서 교사의 근무 연수의 평균은 5.5이고 변량은 8.25임을 알 수 있다. 그러나 대부분의 경우 우리는 전집치를 모르기 때문에 전집의 일부를 표집해서 그 표집에서 계산한 표집치들의 분포(sampling distribution)를 통해 전집치를 추정하게 된다. 이 경우 표집의 크기를 2로 하고 대치적 단순무선표집을 이용하여 가능한 한 모든 경우의 표집을 시행하면 총 100종류의 표집이 가능하다. 그 각각의 표집의 평균치를 계산하면 〈표 IV-2〉와 같다.

앞의 〈표 IV-2〉에서 확인할 수 있듯이 개별 표집의 평균치는 전집의 평균치(μ=5.5)와 상당히 많은 표집오차가 있음을 알 수 있다. 그러나 〈표 IV-2〉의 경우에 모든 표집평균치들의 평균은 5.5가 되고 표집평균치들의 변량은 4.125가 된다. 이를 통해서 대치적 단순무선표집의 경우 표집의 평균치들의 평균은 전집의 평균과 같아지고, 표집의 평균치들의 변량에 표집의 크기를 곱하면 전집의 변량과 동일해짐을 알 수 있다($4.125 \times 2 = 8.25$).

3) 인류의 역사가 시작되면서부터 '제비뽑기', '주사위 던지기', '동전 던지기', '복권추첨' 등에서 적용되고 있는 무작위(無作爲, randomness)에 의한 결정은 우연이 아니라 신(神)의 뜻이라고 믿는 경향이 있었다. 이러한 무작위에 의한 결정은 아직도 확률과 통계학 분야에서 광범위하게 활용되고 있다.

〈표 Ⅳ-2〉 전집에서 추출 가능한 모든 표집들과 표집의 평균치 (표집의 크기 = 2)

표집	평균	표집	평균	표집	평균	표집	평균	표집	평균
1, 1	1.0	3, 1	2.0	5, 1	3.0	7, 1	4.0	9, 1	5.0
1, 2	1.5	3, 2	2.5	5, 2	3.5	7, 2	4.5	9, 2	5.5
1, 3	2.0	3, 3	3.0	5, 3	4.0	7, 3	5.0	9, 3	6.0
1, 4	2.5	3, 4	3.5	5, 4	4.5	7, 4	5.5	9, 4	6.5
1, 5	3.0	3, 5	4.0	5, 5	5.0	7, 5	6.0	9, 5	7.0
1, 6	3.5	3, 6	4.5	5, 6	5.5	7, 6	6.5	9, 6	7.5
1, 7	4.0	3, 7	5.0	5, 7	6.0	7, 7	7.0	9, 7	8.0
1, 8	4.5	3, 8	5.5	5, 8	6.5	7, 8	7.5	9, 8	8.5
1, 9	5.0	3, 9	6.0	5, 9	7.0	7, 9	8.0	9, 9	9.0
1, 10	5.5	3, 10	6.5	5, 10	7.5	7, 10	8.5	9, 10	9.5
2, 1	1.5	4, 1	2.5	6, 1	3.5	8, 1	4.5	10, 1	5.5
2, 2	2.0	4, 2	3.0	6, 2	4.0	8, 2	5.0	10, 2	6.0
2, 3	2.5	4, 3	3.5	6, 3	4.5	8, 3	5.5	10, 3	6.5
2, 4	3.0	4, 4	4.0	6, 4	5.0	8, 4	6.0	10, 4	7.0
2, 5	3.5	4, 5	4.5	6, 5	5.5	8, 5	6.5	10, 5	7.5
2, 6	4.0	4, 6	5.0	6, 6	6.0	8, 6	7.0	10, 6	8.0
2, 7	4.5	4, 7	5.5	6, 7	6.5	8, 7	7.5	10, 7	8.5
2, 8	5.0	4, 8	6.0	6, 8	7.0	8, 8	8.0	10, 8	9.0
2, 9	5.5	4, 9	6.5	6, 9	7.5	8, 9	8.5	10, 9	9.5
2, 10	6.0	4, 10	7.0	6, 10	8.0	8, 10	9.0	10, 10	10.0

또한 표집의 평균치들의 빈도분포표를 작성하면 〈표 IV-3〉과 같다. 이 빈도분포표를 이용하여 그래프를 그려보면 정상분포곡선과 유사해짐을 알 수 있다. 이러한 경향은 전집의 크기가 크거나 다른 분포형태를 가질 때에도 나타나며, 또 수리적으로도 증명이 가능하다. 특히 전집이 정상분포라면 표집평균의 분포 역시, 비록 변량은 줄어들지만(전집의 변량 ÷ 표집의 크기), 정상분포가 되고, 만일 전집이 표집의 크기에 비해 아주 크고 표집의 크기가 충분히 크면(보통 30 이상) 전집이 정상분포가 아니더라도 표집평균의 분포는 평균이 μ이고 변량이 σ^2/n인 정상분포{$\overline{X} \sim N(\mu, \sigma^2/n)$}를 이루게 된다(이것을 중앙집중

한계정리(central limit theorem, 혹은, 중심극한정리)라고 한다). 그리고 표집 평균 분포에서의 표준편차 즉, $\sigma/\sqrt{n}$ 를 표준오차(標準誤差, standard error)라고 한다. 표준오차의 계산 공식을 통해 알 수 있듯이 표준오차를 줄이기 위해서는 표집의 사례수(n)를 크게 하면 된다.

〈표 Ⅳ-3〉 표집의 평균치들의 빈도분포표

각 표집의 평균	빈 도	상대적 빈도 (%)
1	1	1%
1.5	2	2%
2	3	3%
2.5	4	4%
3	5	5%
3.5	6	6%
4	7	7%
4.5	8	8%
5	9	9%
5.5	10	10%
6	9	9%
6.5	8	8%
7	7	7%
7.5	6	6%
8	5	5%
8.5	4	4%
9	3	3%
9.5	2	2%
10	1	1%
계	100	100%

또한 앞의 예에서 각 표집들의 변량을 계산하면 〈표 IV-4〉와 같다.

〈표 Ⅳ-4〉 **전집에서 추출 가능한 모든 표집들과 표집의 변량 (표집의 크기 = 2)**

표집	변량	표집	변량	표집	변량	표집	변량	표집	변량
1, 1	0.0	3, 1	18.0	5, 1	8.0	7, 1	18.0	9, 1	32.0
1, 2	0.5	3, 2	12.5	5, 2	4.5	7, 2	12.5	9, 2	24.5
1, 3	2.0	3, 3	8.0	5, 3	2.0	7, 3	8.0	9, 3	18.0
1, 4	4.5	3, 4	4.5	5, 4	0.5	7, 4	4.5	9, 4	12.5
1, 5	8.0	3, 5	2.0	5, 5	0.0	7, 5	2.0	9, 5	8.0
1, 6	12.5	3, 6	0.5	5, 6	0.5	7, 6	0.5	9, 6	4.5
1, 7	18.0	3, 7	0.0	5, 7	2.0	7, 7	0.0	9, 7	2.0
1, 8	24.5	3, 8	0.5	5, 8	4.5	7, 8	0.5	9, 8	0.5
1, 9	32.0	3, 9	2.0	5, 9	8.0	7, 9	2.0	9, 9	0.0
1, 10	40.5	3, 10	4.5	5, 10	12.5	7, 10	4.5	9, 10	0.5
2, 1	0.5	4, 1	24.5	6, 1	12.5	8, 1	24.5	10, 1	40.5
2, 2	0.0	4, 2	18.0	6, 2	8.0	8, 2	18.0	10, 2	32.0
2, 3	0.5	4, 3	12.5	6, 3	4.5	8, 3	12.5	10, 3	24.5
2, 4	2.0	4, 4	8.0	6, 4	2.0	8, 4	8.0	10, 4	18.0
2, 5	4.5	4, 5	4.5	6, 5	0.5	8, 5	4.5	10, 5	12.5
2, 6	8.0	4, 6	2.0	6, 6	0.0	8, 6	2.0	10, 6	8.0
2, 7	12.5	4, 7	0.5	6, 7	0.5	8, 7	0.5	10, 7	4.5
2, 8	18.0	4, 8	0.0	6, 8	2.0	8, 8	0.0	10, 8	2.0
2, 9	24.5	4, 9	0.5	6, 9	4.5	8, 9	0.5	10, 9	0.5
2, 10	32.0	4, 10	2.0	6, 10	8.0	8, 10	2.0	10, 10	0.0

* 이 표를 작성할 때 각 집단은 추리통계에서의 표집(sample)에 해당하므로,

변량 계산 공식으로 $\frac{\sum(X-\overline{X})^2}{N-1}$ 을 활용하고 있다.

〈표 Ⅳ-5〉 표집의 변량들의 빈도분포표

각 표집의 변량	빈 도	상대적 빈도 (%)
0	10	10%
0.5	18	18%
2	16	16%
4.5	14	14%
8	12	12%
12.5	10	10%
18	8	8%
24.5	6	6%
32	4	4%
40.5	2	2%
계	100	100%

〈표 IV-4〉에서 확인할 수 있듯이 개별 표집의 변량은 전집의 변량(σ^2=8.25)과 상당히 많은 표집오차가 있음을 알 수 있다. 그러나 〈표 IV-4〉의 경우에 모든 표집변량들의 평균은 8.25로 전집치의 변량과 같아진다. 아울러 표집의 변량의 빈도분포표를 작성하면 〈표 IV-5〉와 같다. 이 빈도분포표를 이용하여 그래프를 그려보면 카이스퀘어(chi-square : χ^2)분포와 유사해진다(카이스퀘어 분포에 대해서는 다음 절에서 자세히 설명하고 있다). 이러한 경향은 전집의 분포가 정상분포이고 변량이 σ^2일 때, 표집의 크기가 n인 표집을 대치적 단순무선표집하면, 표집의 변량 s^2에다 특정한 상수를 곱한 $(n-1)s^2/\sigma^2$은 자유도가 $(n-1)$인 카이스퀘어(chi-square : χ^2)분포를 따른다고 일반화할 수 있다.

앞에서 보는 바와 같이 대치적 단순무선표집(simple random sampling with replacement)의 경우, 표집오차를 고려하여 전집의 평균과 변량(variance)을 추정하는 방법을 이용하면 다음과 같은 문제들을 해결할 수 있다.

〈예제 1〉

어느 회사에서 생산되는 전구의 수명은 평균이 2,000시간, 변량이 2,500시간이라 알려져 있다. 만일 100개의 전구를 대치적 단순무선표집하였을 때, 표집평균이 1,990시간이었다면 이 표집평균값이 모든 가능한 표집평균 중에서 어디에 위치하는가? 즉, 표집평균이 1,990시간 미만이 될 확률을 구하라.

〈예제 1〉의 풀이

중앙집중한계정리에 의해 표집의 평균치들의 분포는 평균이 2,000, 변량이 2,500/100 = 25(표준편차는 5)인 정상분포라고 가정할 수 있다. 따라서 표집평균이 1,990시간 미만이 될 확률은

$$p(\overline{X} < 1,990) = P(Z < (1,990 - 2,000)/5)$$

$$= P(Z < -2) \qquad (※ 〈부록 1〉 정상분포 비율표 참조)$$

$$= 0.0228$$

이다. 즉, 모든 가능한 표집평균 중 선택된 표집평균은 작은 쪽에서부터 2.28% 지점에 위치하고 있는 것이다.

〈예제 2〉

어떤 과자의 포장지에 표시되어 있는 무게는 200g이다. 이 과자의 무게가 전집의 변량 $\sigma^2 = 100$g인 정상분포를 따를 때, 크기가 26인 표집을 대치적 단순무선표집을 하였더니 표집의 변량 s^2이 90g이었다. 이 표집의 변량이 모든 가능한 표집변량 중에서 어디에 위치하는가? 즉, 표집변량이 90g 미만이 될 확률을 구하라(단, $P(\chi^2_{(25)} < 22.5) = 0.3933$).

〈예제 2〉의 풀이

모든 가능한 표집의 변량 s^2에다 특정한 상수를 곱한 $(n-1)s^2/\sigma^2$은 자유도가 $(n-1)$인 카이스퀘어(chi-square : χ^2)분포를 따르므로, 이 문제에서는 $(26-1)s^2/100$, 즉 $s^2/4$는 자유도가 $(26-1)$인 카이스퀘어분포를 따른다. 따라서 표집변량이 90g 미만이 될 확률은

$$p(s^2 < 90) = P(s^2/4) < (90/4)$$

$$= p(\chi^2_{(25)} < 22.5) \qquad (※〈부록\ 2〉\ \chi^2\ 분포의\ 비율표\ 참조)$$

$$= 0.3933$$

이다. 즉, 모든 가능한 표집변량 중 선택된 표집변량은 작은 쪽에서부터 39.33% 지점에 위치하고 있는 것이다.

2 χ^2 검증

가. χ^2 검증이 사용되는 경우

카이스퀘어(χ^2) 검증(chi-square test)이란 통계적 검증을 함에 있어서 카이스퀘어(χ^2) 확률분포를 활용하는 기법이다. 이 검증 기법은 명명변인이나 서열변인 간의 상호 독립성을 검증(test of independence) 등을 하기 위해 가장 흔히 사용한다. 특히 전집의 분포에 대한 특별한 가정(예: 정상분포)을 할 필요가 없는 비모수통계(non-parametric statistics) 방법이기 때문에, 관찰된 자료가 이론적 기대에 잘 들어맞는지 여부를 검증(예: 적합도 검증, test of goodness of fit)하는 데에도 많이 활용된다.

χ^2 검증은 χ^2의 값과 자유도(df: degree of freedom)를 공식에 의거하여

산출한 후, 원가설(Ho, original hypothesis) 아래에서 산출된 χ^2의 값이 일어날 수 있는 확률이 어느 정도인가를 확인하여 원가설을 기각할 것인지 혹은 받아들일 것인지의 여부를 결정한다.

χ^2 값을 계산하는 일반식은 다음과 같다.

$$\chi^2 = \sum_{i=1}^{k} \frac{(O_i - E_i)^2}{E_i}$$

k = 전체 셀 수
O_i = 관찰값 혹은 관찰빈도(obtained or observed frequency)
E_i = 기대값 혹은 기대빈도(expected frequency)

χ^2 검증 절차는 다음과 같다.

① 가설을 설정한다(원가설의 예: 두 변인은 상호 독립적이다).
② 분할표(contingency table)를 작성한다(예: 2×2 빈도표).
③ 기대빈도 혹은 기대값을 구한다(원가설의 가정).
④ 관찰값(혹은 실제값)과 기대값을 이용하여 χ^2값을 계산한다.
⑤ 자유도를 고려하여 통계적 유의성 검증 및 결론을 도출한다.
※ 자유도 계산 = {(행의 수) − 1} × {(열의 수) − 1}. 예) 2 × 2 빈도표인 경우, 자유도 = (2 − 1) × (2 − 1) = 1

나. χ^2 검증의 예시

어떤 여론 조사를 이용하여 남녀간에 찬성・반대 의견에 차이가 있는지 여부(즉, 성별과 찬성・반대 여부는 서로 상관이 없다, 혹은 서로 독립적인지 여부)를 통계적으로 검증한다고 하자. 즉, 성별과 찬성·반대 여부는 서로 상관이 없이 독립적인지 여부를 통계적으로 검증한다고 하자.

① 가설의 설정

$H_o : P_1 = P_2$. 즉, 남자의 찬성 비율과 여자의 찬성비율에 차이가 없다.

$H_a : P_1 \neq P_2$. 즉, 남자의 찬성 비율과 여자의 찬성비율에 차이가 있다.

② 관찰값을 활용한 분할표(contingency table)를 〈표 IV-6〉과 같이 작성한다.

〈표 Ⅳ-6〉 **남녀 찬성 · 반대에 대한 의견 조사(관찰값)**

	남자	여자	계
찬성	70	20	90
반대	70	40	110
계	140	60	N=200

③ 원가설에 근거한 기대값을 구한다.

이때 남녀의 의견이 동일하다는 가정 아래, 각 셀의 이론적 빈도를 계산하면, 남자이면서 찬성 셀인 경우는 (90 × 140) ÷ 200 = 63, 남자이면서 반대 셀인 경우는 (110 × 140) ÷ 200 = 77, 여자이면서 찬성 셀인 경우는 (90 × 60) ÷ 200 = 27, 여자이면서 반대 셀인 경우는 (110 × 60) ÷ 200 = 33이 된다(〈표 IV-7〉 참조).

〈표 Ⅳ-7〉 **남녀 찬성 · 반대에 대한 의견 조사(기대값)**

	남자	여자	계
찬성	63	27	90
반대	77	33	110
계	140	60	N=200

④ 관찰값과 기대값을 이용하여 χ^2 계산

$$\chi^2 = \sum_{i=1}^{k} \frac{(O_i - E_i)^2}{E_i} (70-63)^2/63 + (20-27)^2/27 + (70+77)^2/77$$
$$+ (40-33)^2/33 = 4.714$$

⑤ 통계적 유의성 검증 및 결론 도출

- 유의수준 : α = 0.05
- 자유도 계산 : [(행의 수) − 1] × [(열의 수) − 1] = 1 × 1 = 1
- 자유도가 1이고, α = 0.05일 때 의사결정을 위한 값(critical value)은 χ^2 = 3.84이다. (※ 〈부록 2〉 χ^2 분포의 비율표 참조)
- 이 경우 χ^2 = 4.714 〉 3.84이므로, H_o를 기각하고 그 대안으로 H_a를 택하게 된다. 즉, α = 0.05수준에서 남자의 찬성 비율과 여자의 찬성 비율은 통계적으로 의미 있는 차이가 있다.

◉ 자유도(自由度, df, degree of freedom) ◉

어떤 점수들의 분포가 있을 때, 주어진 조건 아래서 자유롭게 값을 가질 수 있는 사례수를 의미한다. 예를 들어, 세 점수가 있고 평균이 20이라고 가정할 때, 첫 번째와 두 번째 점수가 각각 17과 23이라고 하면, 세 번째 점수는 20이 되어야 한다. 따라서 자유롭게 값을 가질 수 있는 것은 2개의 사례이므로 이때 자유도는 2가 된다.

3 t 검증

가. t 검증이 사용되는 경우

t 검증(t-test)이란 통계적 검증을 함에 있어서 t 분포(혹은 t 확률분포)를 활용하는 기법이다. t 분포는 정상분포와 비슷하게 좌우대칭이며, 사례수의 크기에 따라 분포의 첨도(kurtosis)가 달라지는 분포이다. 사례수가 적을수록 첨도가 작아져서 가운데가 평평한 좌우대칭형 분포를 이루나, 사례수가 많아질수록 정상분포와 비슷한 모양을 이루게 된다.

참고로 t 분포의 유래는 다음과 같다.

◉ t 분포의 유래 ◉

역사적으로 한때는 '모든 진리가 정상분포를 이룬다'라는 믿음이 너무 지배적인 나머지, 측정을 하여 그 결과의 분포가 정상분포를 이루지 않으면 측정 자체가 잘못된 것으로 생각하던 시대가 있었다. 정상분포에 대한 이러한 믿음이 지속되고 있던 시절인 1908년에 W. S. Gosset(1876-1936)는 '사례수가 적을 경우에는 정상분포를 이루지 않을 수도 있고, 분포의 모양은 사례수의 크기(즉, 자유도)에 따라 변한다'는 사실을 밝혀냈다. 그러나 당시의 분위기에서는 이름을 밝힐 수 있는 상황이 아니어서 자신의 이름대신 student라는 필명을 이용하여 발표를 하게 된다. 그래서 밝혀진 분포가 바로 student의 t자를 빌어서 이름지은 t 분포이다. 정상분포의 변형된 형태인 t 분포는 정상분포에 비해 꼭지가 다소 낮고 꼬리부분의 면적이 다소 커진 형태의 분포로서, 사례수의 영향을 받는다는 특성을 지닌다. 그러나 사례수가 많아질수록 t 분포는 정상분포의 모양에 가까워진다(아래 그림 참조, 실선은 정상분포, 점선은 t 분포임).

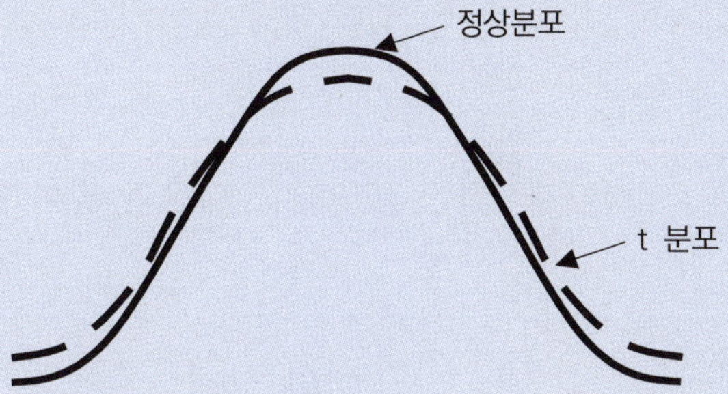

t 검증 기법은 주로 두 집단 간의 평균에 차이가 있는지 여부를 검증하기 위해 사용된다.[4] t 검증은 크게 비교하고자 하는 두 집단이 독립표집(independent sample)인 경우와 두 집단이 종속표집(dependent sample) 혹은 쌍표집(paired sample, 대응표집이라고도 함)인 경우로 구분한다.

이때 독립표집이란 각 집단의 사례를 표집할 때 집단 간 서로 독립적인 경우이다. 예컨대, 국어성적에서 남녀 집단간 차이를 비교하고자 할 때 남자를 표집하는 과정과 여자를 표집하는 과정이 서로 독립적이었다면 이는 독립표집

4) 사례수가 많을 경우 정상분포를 활용한 Z-검증을 추천하는 경우가 많이 있으나, 사례수가 많거나 적거나 그것과는 무관하게 t 분포를 활용한 t-검증을 하면 보다 신뢰로운 통계적 검증이 가능하다. 따라서 이 책에서는 Z-검증에 대해서는 별도로 설명하지 않는 대신 두 집단 간의 평균의 차이 검증을 할 경우 t-검증을 할 것을 추천한다.

인 경우에 해당한다. 반면에, 종속표집이란 두 집단의 차이를 확인하기 위해 반복측정(repeated measure)을 하는 경우에 해당한다. 반복측정이란 한 집단을 대상으로 하여 사전검사와 사후검사 간의 차이를 비교하는 것과 같이 한 집단을 반복하여 측정하는 경우에 해당한다.

t 검증은 t 값과 자유도를 공식에 의거하여 산출한 후 산출된 t 값이 원가설(Ho, original hypothesis) 아래에서 일어날 수 있는 확률이 어느 정도인지를 확인하여 원가설을 기각할 것인지 혹은 받아들일 것인지 여부를 결정한다. t 값을 계산하는 일반식은 다음과 같다.

1) 독립표집의 경우

독립표집의 경우 t 값을 계산하는 일반식은 다음과 같다.5)

$$t = \frac{(\overline{X_1} - \overline{X_2}) - (\mu_1 - \mu_2)}{\sigma_{\overline{X_1} - \overline{X_2}}}$$

이때 ① $\sigma_{\overline{X}1 - \overline{X}2} = \sqrt{\frac{{\sigma_p}^2}{N_1} + \frac{{\sigma_p}^2}{N_2}} = \sigma_p \sqrt{\frac{1}{N_1} + \frac{1}{N_2}}$ 이다.

② 그리고 σ_p는 두 표집의 표준편차를 통합한 것(pooled estimate of standard deviation)으로, $\sigma_p = \frac{\sqrt{(N_1 - 1){SD_1}^2 + (N_2 - 1){SD_2}^2}}{N_1 + N_2 - 2}$ 이다.

③ 자유도(df) = $N_1 + N_2 - 2$ 이다.

5) SPSS에서는 Levene이 제안한 동변량성검사(test for equality of variance)를 실시하여, 두 집단의 변량이 서로 같다고 가정할 수 있을 경우에는 t 검정의 일반적인 계산공식을 활용하고 있으나, 두 집단의 변량이 서로 같다고 가정할 수 없을 경우에는 다소 변형된 형태의 계산 공식(Welch-Aspin 공식)을 활용하고 있다(이 책의 'Ⅵ. SPSS 활용의 실제'의 '2－나－1) 독립표집일 경우' 참조).

2) 종속표집의 경우

종속표집의 경우 t 값을 계산하는 일반식은 다음과 같다.

$$t = \frac{\overline{D} - (\mu_1 - \mu_2)}{\frac{\sigma_d}{\sqrt{N}}}$$

이때 ① $\overline{D} = \frac{\sum(X_1 - X_2)}{N} = \frac{\sum D_i}{N}$ 이다.

② 각 사례의 두 점수간 차이에 대한 표준편차, $\sigma_d = \sqrt{\frac{\sum(D_i - \overline{D})^2}{N-1}}$ 이다.

③ 자유도(df) = $N-1$ 이다.

한편, t 검증 절차는 다음과 같다.

① 가설을 설정한다(원가설: 두 집단 간의 평균에 통계적으로 차이가 없다).
② 독립표집을 시행한 집단 간의 비교인지 종속표집을 시행한 집단 간의 비교인지를 확인한다.
③ t 값과 자유도를 계산한다.
④ 통계적 유의성 검증 및 결론 도출한다.

나. t 검증의 예시

1) 독립표집의 경우

어떤 시험 결과(〈표 IV-8〉 참조)를 이용하여 남녀간의 평균에 차이가 있는지 여부를 통계적으로 검증한다고 하자.

〈표 IV-8〉 남녀 집단간의 성적에 대한 정보

성별	사례수	평균	통합표준편차(σ_p)
남자	10	5.0	1.8
여자	10	6.0	

① 가설의 설정

H_o : $\mu_1 = \mu_2$. 즉, 남자와 여자의 성적이 통계적으로 차이가 없다.

H_a : $\mu_1 \neq \mu_2$. 즉, 남자와 여자의 성적이 통계적으로 차이가 있다.

② 독립표집을 시행한 집단 간의 비교임을 파악한다.

③ 독립표집간의 평균비교를 위한 t 값과 자유도를 계산한다.

$$t = \frac{(\overline{X}_1 - \overline{X}_2) - (\mu_1 - \mu_2)}{\sigma_{\overline{X}_1 - \overline{X}_2}} = \frac{(\overline{X}_1 - \overline{X}_2) - (\mu_1 - \mu_2)}{\sigma_p \sqrt{\dfrac{1}{N_1} + \dfrac{1}{N_2}}}$$

$$= \{(5-6) - 0\} \div (1.8 \times \sqrt{\frac{1}{10} + \frac{1}{10}}) = -1 \div 0.8 = -1.25$$

(※ H_o를 전제로 할 경우, $\mu_1 - \mu_2 = 0$임)

그리고 자유도$= 10 + 10 - 2 = 18$

④ 통계적 유의성 검증 및 결론을 도출한다.

- 유의수준 : α = 0.05
- 자유도가 18이고, α = 0.05일 때 의사결정을 위한 값(critical value)은 t 〈 −2.101이거나 혹은 t 〉 2.101이다.

(※ 〈부록 3〉 t 분포 비율표 참조)

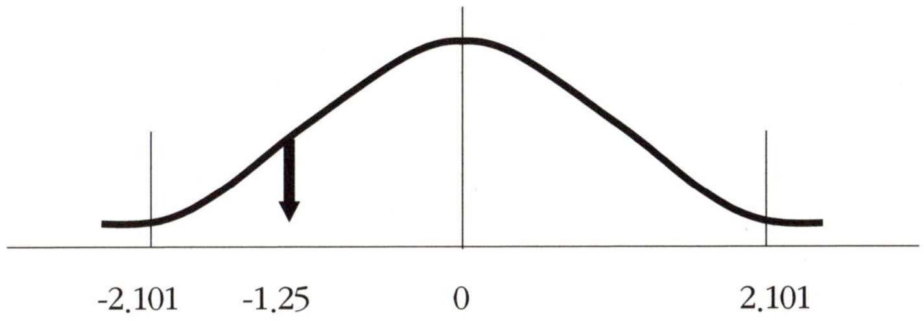

- 이 경우 t = −1.25 〉 −2.101이고 또 −1.25 〈 2.101이므로, H_o를 수용하게 된다.

  즉, α = 0.05수준에서 남자와 여자의 성적은 통계적으로 의미있는 차이가 없다.

2) 종속표집의 경우

어떤 한 집단을 대상으로 교육을 전후하여 사전・사후 검사를 실시한 결과(〈표 Ⅳ-9〉 참조)를 이용하여 교육효과가 있는지 여부를 통계적으로 검증한다고 하자.

〈표 Ⅳ-9〉 **사전・사후 검사의 결과에 대한 정보**

검사	사례수	사후검사에서 사전검사의 점수를 뺀 차이의 평균($\overline{D}$)	두 점수간 차이의 표준편차(σ_d)
사전검사	16	5	5.43
사후검사			

① 가설의 설정

H_o : $\mu_1 = \mu_2$. 즉, 사전검사와 사후검사의 성적간에는 통계적으로 차이가 없다.

H_a : $\mu_1 \neq \mu_2$. 즉, 사전검사와 사후검사의 성적간에는 통계적으로 차이가 있다.

② 종속표집을 시행한 집단 간의 비교임을 파악한다.

③ 종속표집간 평균비교를 위한 t 값과 자유도를 계산한다.

$$t = \frac{\overline{D} - (\mu_1 - \mu_2)}{\frac{\sigma_d}{\sqrt{N}}} = \frac{5-0}{\frac{5.43}{\sqrt{16}}} = 3.683$$

(※ H_o를 전제로 할 경우, $\mu_1 - \mu_2 = 0$임)

그리고, 자유도 $= 16 - 1 = 15$

④ 통계적 유의성 검증 및 결론 도출한다.

- 유의수준 : α = 0.05
- 자유도가 15이고, α = 0.05일 때 의사결정을 위한 값(critical value)은 t 〈 −2.132이거나 혹은 t 〉 2.132이다.

(〈부록 3〉 t 분포 비율표 참조)

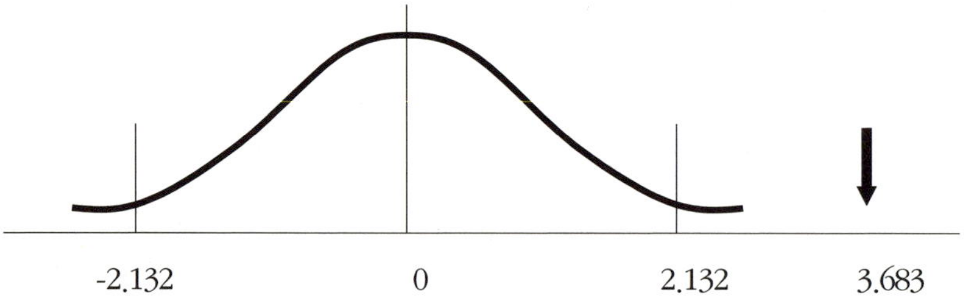

- 이 경우 t = 3.683 〉 2.131이므로, H_o를 기각하고 H_a를 수용하게 된다.

◉ 효과의 크기(Effect Size) ◉

사례수가 많거나 각 집단이 매우 동질적일 경우 두 집단 간의 평균에 큰 차이가 없음에도 불구하고, t-검증 결과 통계적으로 의미 있는 차이가 있다고 결론을 내릴 수 있다. 이런 경우 통계적으로는 의미 있는 차이가 있겠지만, 실제 상황에서는 특별한 의미가 없을 수 있다.

이러한 경우를 대비하여, 실험집단(혹은 기준집단)과 통제집단(혹은 비교집단) 간의 평균 차이를 나타내는 다른 방법으로 효과의 크기를 제시하기도 한다. 이는 실험집단과 통제집단의 평균 차이를 통제집단의 표준편차로 나눈 값을 의미하며, 흔히 델타(Δ)로 표시한다. 예컨대, 실험집단의 평균이 70, 표준편차가 21이고, 통제집단의 평균이 50, 표준편차가 20이라고 하면, 효과의 크기는 다음과 같이 계산할 수 있다.

$$\text{효과의 크기}(\Delta) = (70-50) \div 20 = 1$$

보통 효과의 크기가 0.5 이상이면 의미 있는 차이가 있다고 해석하기도 한다.

즉, $\alpha = 0.05$수준에서 사전검사와 사후검사의 점수 간에는 통계적으로 의미 있는 차이가 있다. 다시 말해 교육효과가 있다는 것이다.

4 변량분석

가. 변량분석이 사용되는 경우

변량분석(變量分析: analysis of variance, 분산분석, ANOVA, 혹은 F 검증이라고도 함)이란 통계적 검증을 함에 있어서 F 분포를 활용하는 기법이다. F 분포는 사례수 혹은 자유도(df)에 따라 분포의 모양이 달라지나 대체로 정적편포의 모양을 이루는 분포이다. F 분포는, Ronald Aylmer Fisher (1890-1962)에 의해 1920년대에 규정된 분포로 그를 기념하여 F 분포라고 한다.

변량분석은 두 개 이상의 집단에서 얻어진 평균치들의 차이가 전집의 본질적인 차이에 의한 것인지, 표집에 따른 우연한 차이인지를 검증하는 것이다. 분석결과 어떤 유의수준(α)에서 의미 있는 차이가 있다면 '그 차이는 전집에서 본질적으로 그러한 차이가 있기 때문에 표집에서도 그렇게 나타났다'는 식으로 가설을 검증한다. 또한 의미 없는 차이라면 '그 차이는 표집에 의한 우연한 차이이지 전집의 본질과는 관계가 없다'는 논리로 가설을 검증하게 된다.

변량분석을 하는 기본 원리는, 집단간에 생긴 변량(집단간 변량)과 동일한 집단내에서 생긴 변량(집단내 변량, 오차변량이라고도 함)간의 비율을 이용하는 것이다. 처음에 동일한 집단들을 이용하여 실험을 한 결과 집단간에는 변화가 많이 일어난 반면에 각 집단내에서는 거의 변화가 없었다면, 이는 실험효과가 집단에 따라 다르게 나타난 것이라 할 수 있다. 이러한 기본 원리를 통계적으로 분석하는 것을 변량분석이라 한다.

변량분석은 크게 ① 일원변량분석, ② 다원변량분석, ③ 공변량분석으로 나눌 수 있다.

1) 일원변량분석(一元變量分析, one-way ANOVA)

일원변량분석은 주로 연구 집단이 3개 이상일 경우, 집단 간의 평균에 차이가 있는지 여부를 검증하기 위해 사용한다.[6] 이는 연구 집단이 2개일 경우에 t 검증을 하듯이, 3개 이상일 경우에는 일원변량분석을 하는 것이다.

일원변량분석은 J개의 연구 집단이 상호독립적이며 무선표집이라는 가정을 전제로 한다. 각 집단을 대표하는 전집의 평균을 μ_1, μ_2, …, μ_j라고 하면, 일원변량분석의 원가설(H_o)은 J개의 평균은 서로간에 통계적으로 의미있는

6) 원칙적으로 연구 집단이 2개일 경우에도 사용가능하나, 일반적으로 연구 집단이 2개일 경우에는 t 검증을 하고 3개 이상일 경우에는 F 검증을 한다.

차이가 없이 하나의 전집평균 μ와 같다'는 것이며, 대안가설(H_a)은 '전집에 있어서 평균은 통계적으로 서로 차이가 있다'는 것이다. 이를 다음과 같이 나타낼 수 있다.

H_o : $\mu_1 = \mu_2 = \cdots = \mu_j = \mu$

H_a : $\mu_1, \mu_2, \cdots, \mu_j$는 서로 같지 않다. 혹은 H_o는 사실이 아니다.

변량분석을 이해하기 위해서는 제곱합(sum of squares, *SS*)과 자유도(*df*: degree of freedom)의 개념을 알아야 한다.

전체 제곱합(total sum of squares, *TSS*)은 모든 점수들이 어느 집단에 속하는지에 관계없이 이들 원점수들과 전체평균(grand mean)과의 편차를 제곱한 값이다. 이 전체 제곱합(*TSS*)은 각 집단평균과 전체평균간의 편차를 모두 제곱해 더한 집단간 제곱합(between groups sum of squares, *BSS*)과 원점수의 각 해당 집단 평균치와 편차를 모두 제곱해 더한 집단내 제곱합(within groups sum of squares, WSS)으로 나누어진다. 즉 *TSS* = *BSS* + *WSS*가 된다.

① 전체 제곱합(*TSS*): 원점수에서 전체평균을 뺀 값의 제곱을 모두 더한 값.

$$TSS = \sum_i \sum_j (X_{ij} - \overline{X}_{..})^2$$

(X_{ij} : 각 집단 사례들의 측정치, $\overline{X}_{..}$: 전체 집단의 평균치)

② 집단내 제곱합(*WSS*): 각 집단의 원점수에서 그 집단의 평균을 뺀 값을 제곱하여 모두 더한 값.

$$WSS = \sum_i \sum_j (X_{ij} - \overline{X}_{.j})^2$$

(X_{ij} : 각 집단 사례들의 측정치, $\overline{X}_{.j}$: j 집단의 평균치)

③ 집단간 제곱합(BSS): 각 집단의 평균에서 전체평균을 뺀 값에 그 집단의 사례수를 곱한 값들을 집단별로 모두 더한 값.

$$BSS = \sum_i \sum_j (\overline{X}_{.j} - \overline{X}_{..})^2 = \sum_j n_j (\overline{X}_{.j} - \overline{X}_{..})^2$$

($\overline{X}_{.j}$: j 집단의 평균치, n_j : j 집단의 사례수)

※ ① = ② + ③임에 대한 증명

$$\sum_i \sum_j (X_{ij} - \overline{X}_{..})^2 = \sum_i \sum_j [(X_{ij} - \overline{X}_{.j}) + (\overline{X}_{.j} - \overline{X}_{..})]^2$$

$$= \sum_i \sum_j (X_{ij} - \overline{X}_{.j})^2 + 2\sum_i \sum_j (X_{ij} - \overline{X}_{.j})(\overline{X}_{.j} - \overline{X}_{..}) + \sum_i \sum_j (\overline{X}_{.j} - \overline{X}_{..})^2$$

$$= \sum_i \sum_j (X_{ij} - \overline{X}_{.j})^2 + 2\sum_j (\overline{X}_{.j} - \overline{X}_{..}) \sum_i (X_{ij} - \overline{X}_{.j}) + \sum_i \sum_j (\overline{X}_{.j} - \overline{X}..)^2$$

$$= \sum_i \sum_j (X_{ij} - \overline{X}_{.j})^2 + \sum_i \sum_j (\overline{X}_{.j} - \overline{X}_{..})^2$$

$$(\because \ \sum_i (X_{ij} - \overline{X}_{.j}) = 0, \ \sum_j (\overline{X}_{.j} - \overline{X}_{..}) = 0)$$

이 각 제곱합을 각각의 자유도로 나누어서 집단간 평균제곱(between mean square, *BMS*), 집단내 평균제곱(within mean square, *WMS*), 전체 평균제곱(total mean square, *TMS*)을 구한다.

BMS, *WMS*, 그리고 *TMS*의 계산 공식은 다음과 같으며, 이때 N은 전체 사례수, j는 집단의 수, n_j는 집단의 사례수, $(j-1)$은 집단간 자유도, $(N-j)$는 집단내 자유도, 그리고 $(N-1)$은 전체 자유도를 나타낸다.

① 집단내 평균 제곱합(WMS) $= \dfrac{WSS}{df} = \dfrac{\sum\sum(X_{ij} - \overline{X}_{.j})^2}{N-j}$

② 집단간 평균 제곱합(BMS) $= \dfrac{BSS}{df} = \dfrac{\sum n_j(\overline{X}_{.j} - \overline{X}_{..})^2}{j-1}$

③ 전체 평균제곱합(TMS) $= \dfrac{\sum\sum(X_{ij} - \overline{X}_{..})^2}{N-1}$

이를 기초로 한 F 값 산출공식은 다음과 같다.

$$F = \frac{\text{집단간변량}}{\text{집단내변량}} = \frac{\text{집단간평균제곱}(BMS)}{\text{집단내평균제곱}(WMS)} = \frac{\dfrac{\text{집단간제곱합}(BSS)}{\text{집단간자유도}(df)}}{\dfrac{\text{집단내제곱합}(WSS)}{\text{집단내자유도}(df)}}$$

이때 의사결정을 위한 값(critical value)을 찾기 위한 자유도는 2개인데, 집단간 자유도와 집단내 자유도를 모두 사용한다(※ 〈부록 4〉 F 분포 비율표 참조).

일원변량분석을 통해 원가설(H_o)이 기각되고, 대안가설(H_a)이 채택되었을 경우, 구체적으로 어떤 집단과 어떤 집단간에 차이가 나는지를 확인하기 위해 사후비교(post hoc comparison, 사후검증이라고도 함)를 한다. 사후비교 방법 중에는 Tukey 방법과 Scheffé 방법을 많이 사용한다. 참고로 모든 집단의 사례수가 같을 경우에는 Tukey 방법을 사용하는 것이 바람직하다. 그러나 집단간 사례수가 다를 경우에는 Scheffé 방법을 사용하는 것이 좋다.

2) 다원변량분석(多元變量分析, two or three-way ANOVA)

앞서 설명한 일원변량분석은 독립변인이 하나이지만(예: 지역), 다원변량분석은 독립변인이 2개 이상일 경우에 각 독립변인을 이루는 집단간의 차이를 검증하거나(이를 주효과(main effect) 검증이라고 함), 독립변인들간의 상호작용효과(interaction effect)를 검증하기 위한 방법이다. 이때 독립변인이 2개이면 이원변량분석(二元變量分析, two-way ANOVA)이라고 하고, 3개이면 삼원변량분석(三元變量分析, three-way ANOVA)이라고 한다.

여기서 상호작용효과란, 두 개 이상의 독립변인들이 종속변인에 영향을 미칠 때, 서로 같은 방향으로 작용하는지 여부를 확인하는 것으로, 서로 다른 방향으로 영향을 미칠 경우 상호작용효과가 있다고 말한다. 예컨대 독립변인으로 남녀집단과 교수방법A, B가 있고, 종속변인으로 국어성적이 있다고 하자. 이 경우 남자에게는 A방법을 활용했을 때 국어성적이 더 높아졌는데 반해, 여자에게는 B방법을 활용했을 때 국어성적이 더 높아졌다면 교수방법과 남녀간에는 상호작용효과가 있다고 할 수 있다. 이를 그림으로 나타내면 [그림 IV-4]와 같다.

한편, 상호작용효과에는 앞에서 언급한 바와 같이 독립변인의 영향이 서로 다른 방향으로 작용하는 것과 함께, 독립변인의 영향이 서로 같은 방향으로 작용해도 그 크기가 통계적으로 의미 있는 차이가 있을 때는 상호작용효과가 있다고 말한다. 예컨대, 교수방법C, D가 있다고 할 경우, 두 방법 모두 남자에게 더 효과적인 방법이지만 D방법이 C방법보다 더 효과적일 경우에 교수방법과 남녀간에는 상호작용효과가 있다고 할 수 있다. 이를 그림으로 나타내면 [그림 IV-5]와 같다.

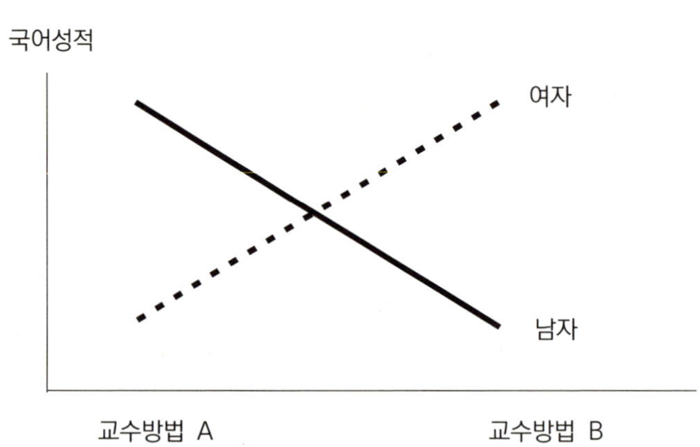

[그림 Ⅳ-4] 상호작용효과에 대한 예시(1)

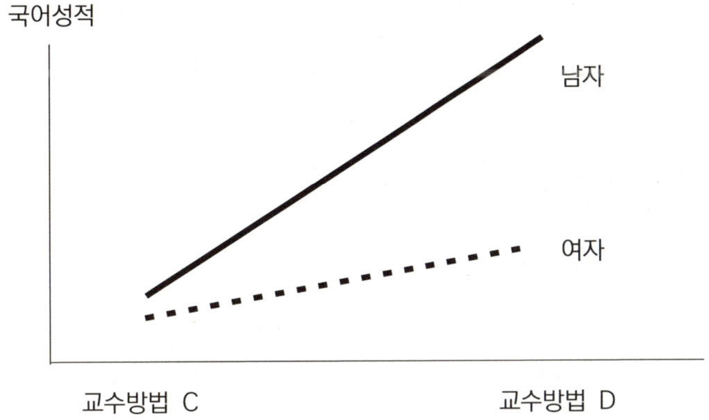

[그림 Ⅳ-5] 상호작용효과에 대한 예시(2)

참고로, 다원변량분석을 함에 있어서 독립변인의 특성에 따라 고정요인(fixed factor)과 무선요인(random factor)으로 나누기도 한다. 고정요인이란 특정 독립변인이 어떤 전집을 대표하기 위한 표집이 아니라 그 자체를 전집으로 인식하는 것이며, 무선요인이란 특정 독립변인을 어떤 전집을 대표하기 위해 무선적으로 표집된 것으로 인식하는 것이다. 예컨대, 서로 다른 3지역에서 3가지 교수방법에 따라 학생들의 성취수준에 차이가 있는지 여부를 검증하고자 할 때, 선택한 3지역을 전집으로 인식하면 지역은 고정요인이 된다. 반면에 선택한 3가지 교수방법을 수없이 많은 교수방법 중에 대표로 표집한 것으로 인식하면 교수방법은 무선요인이 되는 것이다. 여기서 주의해야 할 점은 고정요인으로 볼 것이냐 무선요인으로 볼 것이냐는 분석단계에서 임의로 정하는 것이 아니라 실험설계 단계에서 미리 고려되어야 한다는 점이다. 따라서 특별한 이유가 없는 한 일반적으로 독립변인들을 고정요인으로 인식하는 것이 타당하다.

한편, 종속변인의 수가 1개일 경우에는 단변량분석(單變量分析, univariate analysis of variance, univariate ANOVA)이라 하는데 이 책에서 다루고 있는 일원변량분석이나 다원변량분석은 단변량분석에 속한다. 반면에 종속변인의 수가 2개 이상일 경우에는 다변량분석(多變量分析, multivariate analysis of variance, MANOVA)이라 하는데 이는 고급통계에 속하는 영역이므로 이 책에서는 다루지 않고 있다.

3) 공변량분석(共變量分析, analysis of covariance, ANCOVA)

공변량분석은 다원변량분석 방법 중 하나이나, 특정 독립변인을 이용하여 이질적(異質的)인 집단을 통계적으로 동질화(同質化)한 다음 그 독립변인을 제외한 변인의 집단 간 평균의 차이를 검증하고자 할 때 사용한다. 동질화를 위해 활용되는 변인을 통제변인이라고도 한다. 예컨대, 연구 초기에 실험집단과 통제집단을 구성함에 있어서 무선표집 등에 의한 동질화를 하지 못하였다고 가정하자. 이처럼 연구 시작부터 집단 간에 차이가 있었을 경우, 즉 동질집단이 아니라 이질집단을 대상으로 연구를 했을 경우, 사전검사 점수를 이용하여 통계적으로 동질화 작업을 하는 것이 필요하다(이 경우 사전검사 점수가 통제변인이 된다). 이처럼 이질집단을 사전검사 점수를 이용하여 동질화한 다음 집단간 평균의 차이를 검증하는 방법이 공변량분석이다.

나. 변량분석의 예시

변량분석의 경우, 계산이 복잡하기 때문에 대부분 컴퓨터 통계 프로그램을 이용하여 자료를 분석한다. 이 책에서는 계산 과정을 생략하고, 결과표를 만드는 방법과 해석하는 방법에 대해서 설명하고자 한다.

1) 일원변량분석

일원변량분석을 했을 경우 그 결과표는 대체로 〈표 IV-10〉과 같다.

〈표 Ⅳ-10〉 **일원변량분석 결과표 예시**

변량원	제곱합	자유도	평균제곱	F 값	유의도 수준
집단간 집단내	BSS WSS	j−1 N−j	BMS WMS	BMS/WMS	0.02*
전체	TSS	N−1			

(j: 집단수, N= 전체 사례수)
*: $p < 0.05$

이러한 결과표에서 유의도 수준이 가설을 설정할 때 선정했던 유의수준(α = 0.05 혹은 0.01)보다 작으면, 집단간 평균이 통계적으로 의미 있는 차이가 있다고 해석하게 된다.

예컨대, 집단을 지역별(대도시, 중·소도시, 읍·면지역)로 학생들의 성적 차이가 있는지 여부를 α = 0.05수준에서 통계적인 검증을 했을 경우라 가정해 보자. 이때 일원변량분석 결과표에서 유의도 수준이 0.02로 0.05보다 작기 때문에, 지역별 학생들의 성적이 통계적으로 의미 있는 차이가 있다고 해석하게 된다. 이렇게 의미 있는 차이가 있다고 판정될 경우, 세 지역 중 구체적으로 어떤 지역간에서 통계적으로 의미 있는 차이가 있는지를 확인하기 위해서는 사후비교(post hoc comparison)를 추가로 시행하면 된다.

2) 다원변량분석

다원변량분석에서도 일원변량분석과 유사하게 전체 제곱합(TSS)이 여러 변량원으로 분리될 수 있다. 예컨대 이원변량분석의 경우, 독립변인을 A, B라고 가정하면 전체 제곱합을 다음과 같이 4개의 변량원으로 분리할 수 있다.

TSS(전체 제곱합) = SSa(A변인의 제곱합) + SSb(B변인의 제곱합) +
SSab(A, B 상호작용의 제곱합) + WSS(집단내 제곱합)

다원변량분석 중 이원변량분석을 했을 경우(독립변인을 A, B라고 가정) 그 결과표는 대체로 〈표 IV-11〉과 같으며, 삼원변량분석 결과표도 이와 유사하다.

〈표 IV-11〉 **이원변량분석 결과표 예시**

변량원	제곱합	자유도	평균제곱	F 값	유의도 수준
A주효과	SSa	j−1	MSa	MSa/WMS	0.03*
B주효과	SSb	k−1	MSb	MSb/WMS	0.07
AB상호작용효과	SSab	(j−1)(k−1)	MSab	MSab/WMS	0.001**
집단내	WSS	N−jk	WMS		
전체	TSS	N−1			

(j: A의 집단수, k: B의 집단수, N= 전체 사례수)
*: p 〈 0.05; **: p 〈 0.01

이러한 결과표에서 유의도 수준이 가설을 설정할 때 선정했던 유의수준($\alpha = 0.05$ 혹은 0.01)보다 작으면, 각 변량원이 통계적으로 의미 있는 효과가 있다고 해석하게 된다.

예컨대, A변인을 지역(대도시, 중소도시, 읍면지역)이라 하고, B변인을 설립형태(공립, 사립)라 하고, 종속변인을 학생들의 성적이라 했을 때, $\alpha = 0.05$ 수준에서 통계적인 검증을 한다고 가정해보자. 이때 이원변량분석 결과표에서 A변인의 유의도 수준이 0.03으로 0.05보다 작기 때문에, 지역별로 학생들의 성적이 통계적으로 의미 있는 차이가 있다고 해석하게 된다. 그러나 B변인의 유의도 수준이 0.07로 0.05보다 크기 때문에, 설립형태별로는 학생들의 성적이 통계적으로 의미 있는 차이가 없다고 해석하게 된다. 마지막으로 지역과 설립형태간 상호작용의 유의도 수준이 0.001로 0.05보다 작기 때문에, 이 경우 지역과 설립형태간에는 상호작용효과가 있다고 해석하게 된다.

3) 공변량분석

공변량분석을 했을 경우(독립변인을 A, B라고 가정) 그 결과표는 일원변량분석표와 매우 유사하다(〈표 IV-12〉 참조). 왜냐하면, 독립변인 중의 하나인 A변인을 집단의 동질화를 위한 통제변인으로 활용하였으므로 남아있는 독립변인은 B 하나밖에 없기 때문이다. 다만, 독립변인 A에 의해 종속변인의 값들이 교정(矯正, adjusted)되었기 때문에 집단내 자유도와 전체 자유도가 각각 1씩 작아진다.

〈표 Ⅳ-12〉 **공변량분석 결과표 예시**

변량원	제곱합	자유도	평균제곱	F 값	유의도 수준
집단간 집단내	BSS WSS	j−1 N−j−1	BMS WMS	BMS/MSW	0.12
전체	TSS	N−2			

(j: 집단수, N= 전체 사례수)

이러한 결과표에서 유의도 수준이 가설을 설정할 때 선정했던 유의수준(α = 0.05 혹은 0.01)보다 작으면, 집단간 평균이 통계적으로 의미 있는 차이가 있다고 해석하게 된다.

예컨대, A변인을 사전검사 점수로 하고 B변인을 지역(대도시, 중・소도시, 읍・면지역)이라 하고, 종속변인을 학생들의 성적이라 했을 때, α = 0.05수준에서 통계적 검증을 한다고 가정해보자. 이때 공변량분석 결과표에서 유의도 수준이 0.12로 0.05보다 크기 때문에, 사전검사를 이용하여 각 지역을 동질화 했을 경우(혹은 사전검사 점수를 통제변인으로 했을 경우) 지역별 학생들의 성적에는 통계적으로 의미 있는 차이가 없다고 해석하게 된다. 이처럼 지역별로 의미 있는 차이가 없다고 판정될 경우에는 사후비교(post hoc comparison)를 할 필요가 없다.

5 상관분석

가. 상관분석이 사용되는 경우

상관분석(correlation analysis)이란 두 변인간의 직선적인 관련 정도를 나타내는 상관계수(correlation coefficient)를 이용하여 분석하는 것이다. 상관계수란 보통 피어슨(Karl Pearson, 1857~1936)의 적률상관계수(product-moment correlation coefficient)를 이야기하며, 이는 두 변인간의 상호 관련성을 나타내는 수치로(보통 소문자 r로 나타낸다), 인과관계와는 구별되는 개념이다.

상관계수의 값은 −1부터 1까지의 범위를 지니며(즉, $-1 \leqq r_{xy} \leqq 1$), 양의 값이냐 음의 값이냐에 따라 정적(正的, positive) 상관계수 혹은 부적(負的, negative) 상관계수라 부른다. 상관계수는 두 변인의 관계를 평면상의 일차함수로 나타내려는 수치이기 때문에 정적 상관계수는 한 변인이 증가하면 다른 변인도 함께 증가하는 관계에 있는 함수를 나타내고, 부적 상관계수는 한 변인이 증가하면 다른 변인은 감소하는 관계에 있는 함수를 나타낸다. 예컨대, 시험을 준비하는 시간의 양과 성적간의 관계는 정적 상관계수로 나타날 것이고 겨울철 기온과 저수지 얼음의 두께와의 관계는 부적 상관계수로 나타날 것이다.

상관분석은 두 변인의 관계를 평면상에서 x와 y의 좌표를 이용하여 직선인 일차함수로 나타내려는 노력이라고도 할 수 있다. 변화를 추적하기 위해 좌표를 처음 사용한 사람은 데카르트(René Descartes, 1596~1650)였는데, 그의 유명한 일화는 다음과 같다(김용운 · 김용국, 1994).

◉ 데카르트와 좌표의 발견 ◉

좌표의 개념을 도입하여 기하학과 대수학의 결합을 성공시킨 사람은 데카르트(Descartes)였는데, 그는 좌표를 통해서 기하와 대수라는 두 호수 사이에 운하를 팠다고 자부하였다.

프랑스가 낳은 대 철학자이자 수학자인 데카르트는 어린 시절부터 대단한 잠꾸러기여서 잠이 깬 뒤에도 한참 동안을 침대 위에 뒹굴며 이런 저런 생각에 골몰하는 버릇이 있었다. 그가 군에 입대하여 라인 강변의 병영에서 장교 생활을 하고 있을 때의 일이었다. 팔베개를 하고 아침 햇살이 가득한 막사의 천장을 한가롭게 쳐다보고 있던 그의 눈에 파리 한 마리가 이리저리 움직이고 있는 것이 보였다. 할 일 없는 한가로운 시간도 때울 겸, 그는 움직이고 있는 파리가 여기에서 저기로 자리를 옮겼다는 사실을 잘 설명하기 위해선 어떻게 하면 좋은가, 아니 '여기'와 '저기'를 어떻게 정하면 되는가를 수학자답게 곰곰이 따져 보았다. 파리의 위치를 점으로 보고, 이 점이 어디에 있는가를 말해 주려면 어떤 기준이 있어야 한다. 그는 벽과 천장이 마주치는 2개의 모서리를 기준이 되는 직선으로 정해서 다음과 같은 기호로 파리의 이동한 상태를 나타냈다. 그리하여 움직이는 점과 (x, y)로 되는 식을 결부시킨 것이다.

점(x, y) → 점(x', y') → 점(x", y")

상관계수를 계산할 때처럼 두 변인의 관계를 굳이 직선인 일차함수로 나타내려고 노력해 온 까닭은, 곡선은 수리적으로 복잡성을 띠기 때문에 직선으로 나타내는 편이 단순하고 간단하기 때문이다. 예컨대, '나이와 키와의 관계'라든지 '나이와 몸무게와의 관계'에 있어서 두 변인의 관계를 기술하거나 설명, 예측하기 위해서 우선 이차원 평면상에 좌표로 표시하고, 이 좌표들을 가장 잘 설명할 수 있는 하나의 직선을 그리기 위해서 노력한 것이다.

이처럼 이차원 평면상에서 두 개의 서로 관련되는 변인을 x축과 y축을 기준으로 하여 점으로 나타내는 그림을 산포도(散布圖 혹은 分散圖: scatter diagram 또는 scatter plot)라고 하는데, 산포도는 두 변인의 관계가 직선적인 관계인가를 쉽게 알아볼 수 있게 해준다는 점에서 매우 유용한 그림이다.

참고로, [그림 IV-6]의 산포도를 통해 상관계수의 크기를 비교해보자.

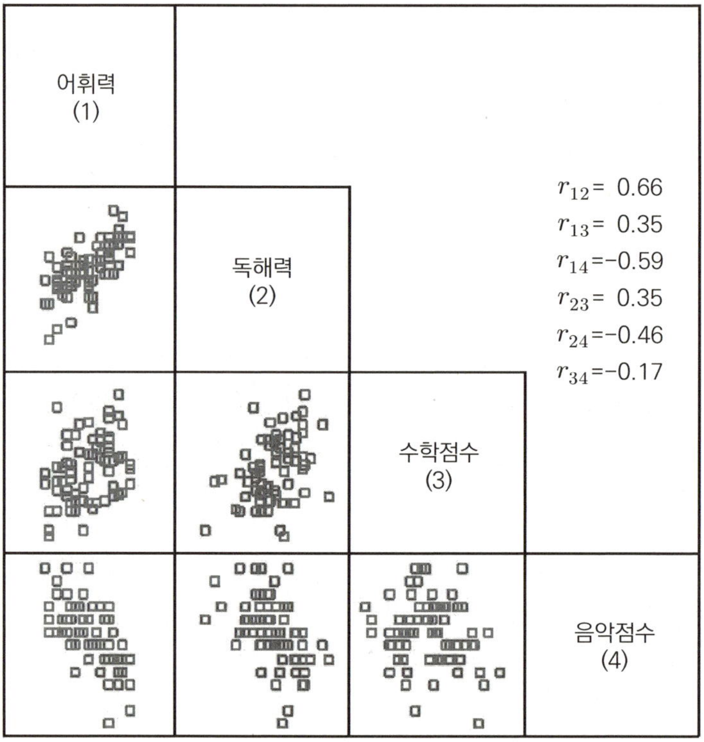

[그림 Ⅳ-6] **여러 가지 산포도**

위의 산포도는 100명의 중학생에게 실시한 검사 결과를 나타낸 것이다. 그림은 왼쪽 위에서 오른쪽 아래의 순으로 각각 어휘력, 독해력, 수학점수, 음악점수 사이의 상관을 나타내고 있다. 상관계수의 크기는 오른쪽에 제시한 것과 같다. 그림을 통해서 알 수 있듯이 상관계수의 절대값이 클수록 그래프는 일직선의 경향을 보이며, 상관계수의 절대값이 작을수록 원처럼 넓게 퍼지는 경향이 있다. 상관계수를 구하기 전에 좌표를 통해 점수를 나타내면 변인사이의 상관을 어느 정도 파악할 수 있게 된다. [그림 IV-7]은 상관계수의 크기에 따라 산포도의 모양이 어떻게 달라지는가를 구체적으로 제시한 것이다.

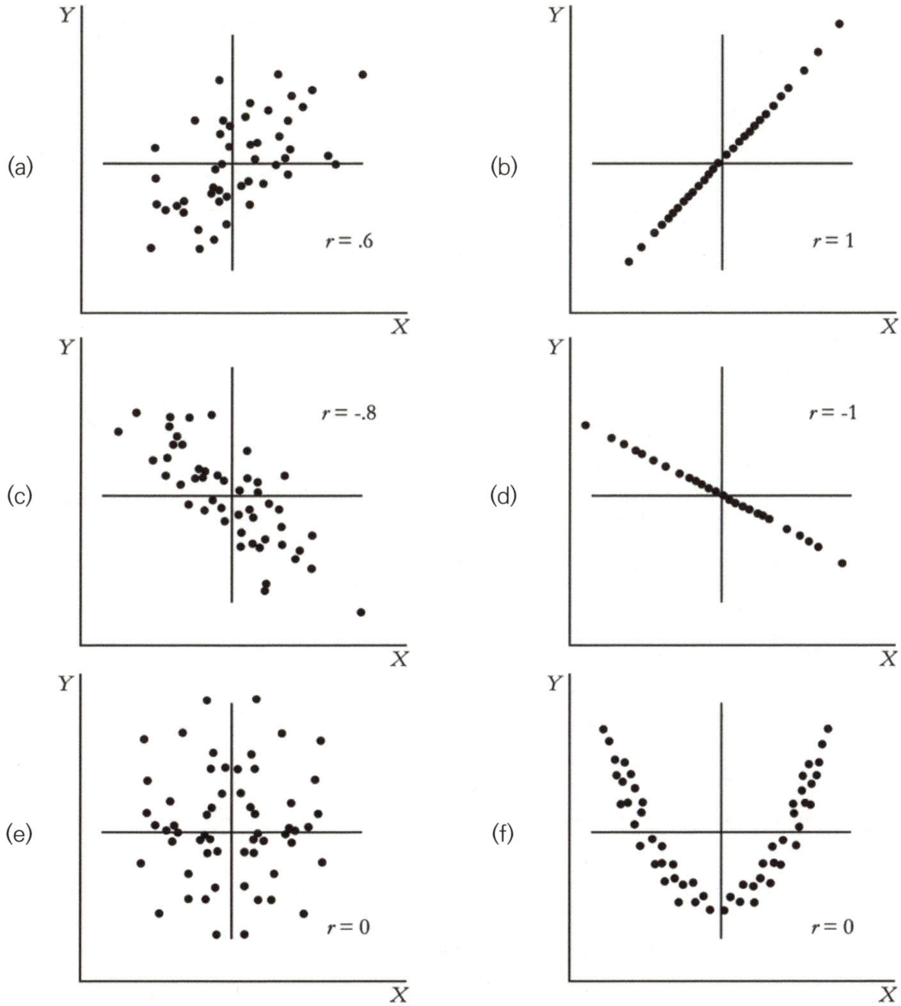

[그림 Ⅳ-7] 상관계수의 크기에 따른 산포도의 모양들

상관계수를 계산하기 위한 전제조건은 다음의 5가지로 보통 산포도를 통해서 검토한다.

1) 상관계수의 전제조건

① 두 변인간에는 직선적 관계(linearity)가 있어야 한다.

두 변인간의 관계를 나타내는 수치인 상관계수가 제대로 의미를 지니려면 두 변인 x, y는 좌표축 상에서 서로 직선적인 관계에 있어야 한다. 실제로 두 변인의 관계가 직선이 아닌 곡선일 경우에 상관계수를 계산하면, 추정된 상관계수는 두 변인의 실제적인 관계보다 예언력이 떨어지게 된다. 곡선적인 관계에 있는 두 변인의 관계는 상관계수로 파악하기가 어렵다.

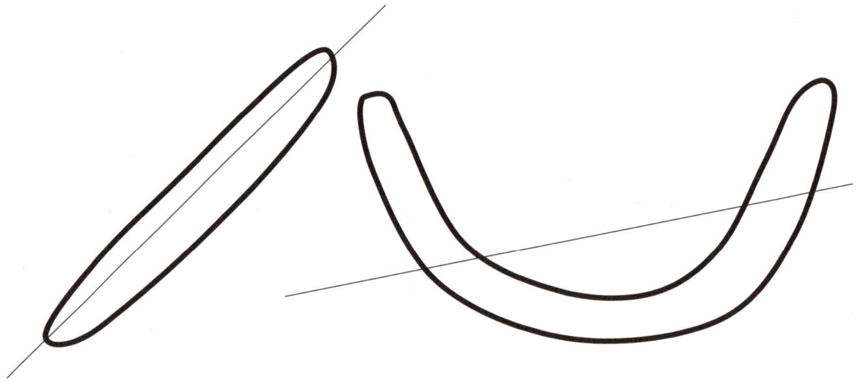

[그림 Ⅳ-8] 두 변인간의 직선적 관계 및 곡선적 관계

② 동변량성(同變量性: homoscedasticity)이 있어야 한다.

동변량성이란 x축 변인의 점수 수준과 상관없이 각 x에 대한 y의 조건적 분포의 정도가 동일하다는 것을 말한다. 동변량성을 만족시키지 못하는 두 변인간의 상관계수는 의미 있는 수치가 될 수 없다. 다시 말하자면 x축과 y축의 좌표상에 분산되어 있는 각 점들의 폭과 깊이가 동일한 경우에만 상관계수에 대한 의미 있는 해석이 가능해진다.

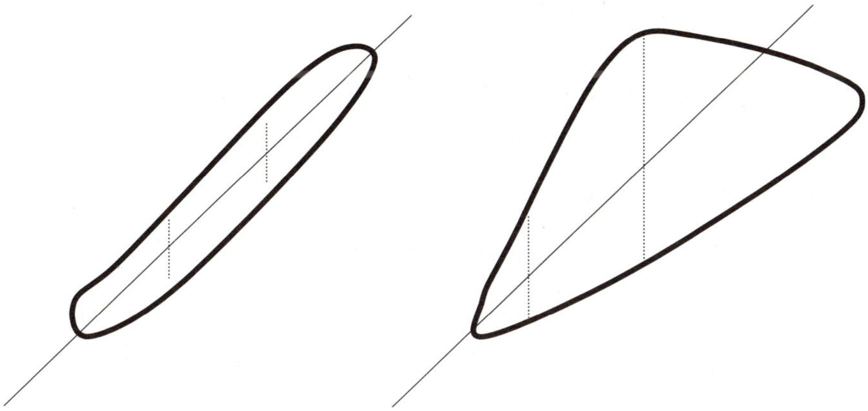

[그림 Ⅳ-9] 동변량성이 보장된 경우와 아닌 경우

③ 각 X점에 대한 Y의 조건적 분포는 정상분포이어야 한다.

세번째로 만족시켜야 할 가정은 변인 x, y에 대해 이원적 정상분포(bivariate normal distribution)가 이루어져야 한다는 것이다. 즉, x를 통해서 y를 알고자 하는 경우라면 각 x점에 대한 y의 조건적 분포는 정상분포이어야 하고, y를 통해서 x를 알고자 하는 경우라면 각 y점에 대한 x의 조건적 분포가 정상분포이어야 한다. 요컨대 두 변인이 동시적으로 정상분포(two-variable normal distribution)를 이루어야 한다는 것이다.

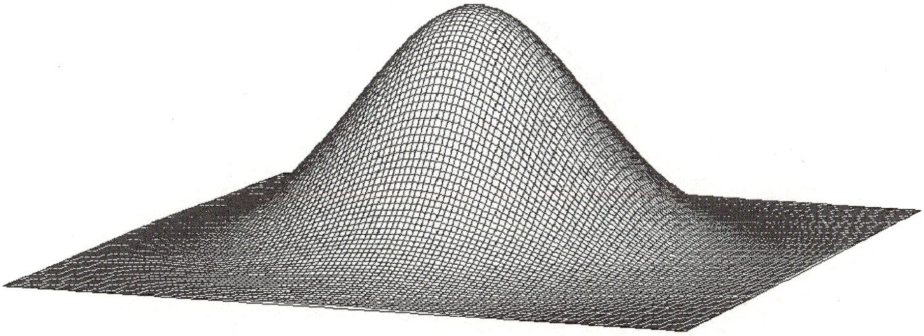

[그림 Ⅳ-10] 이원적 정상분포의 예시

④ **분포에 제한(절단)이 가해져서는 안된다(no truncation).**

상관계수가 의미를 지니기 위한 네번째 조건은 두 변인의 분포에 제한(절단)이 가해져서는 안된다는 가정이다. 분포상에서 중간 집단이 빠졌거나 양쪽 끝부분에 있는 집단이 제외된 경우에 추정된 상관계수는 해석상의 오류를 발생하게 한다. 가운데 집단이 절단된 경우의 상관계수는 대체적으로 실제 관계 이상으로 높게 추정되는 경향이 있으며, 양끝 집단이 제외된 경우, 상관계수는 실제 관계보다 지나치게 낮게 추정되는 경향이 있다.

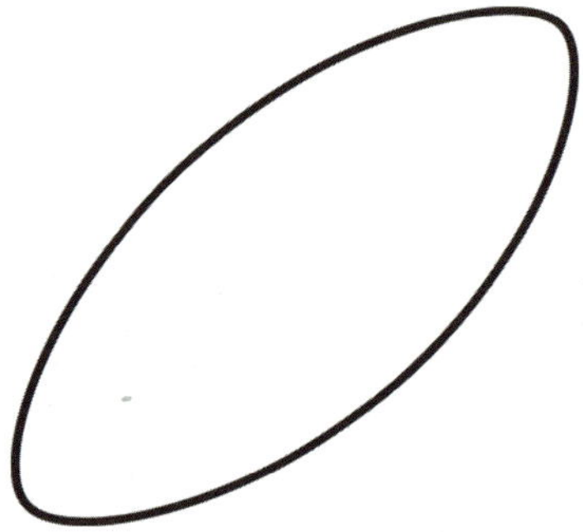

[그림 Ⅳ-11] 실제 상황

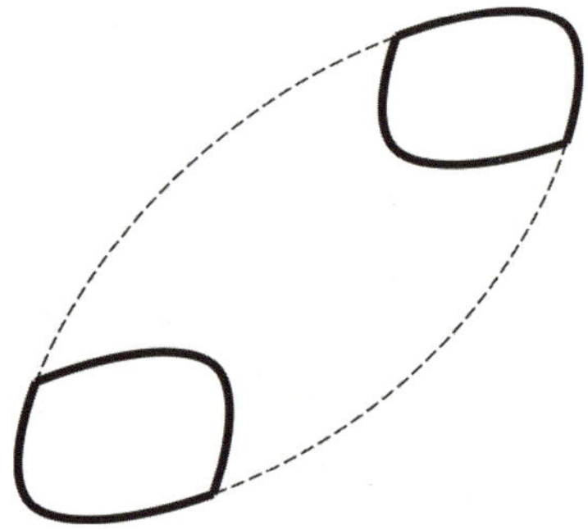

[그림 Ⅳ-12] 가운데가 절단된 경우

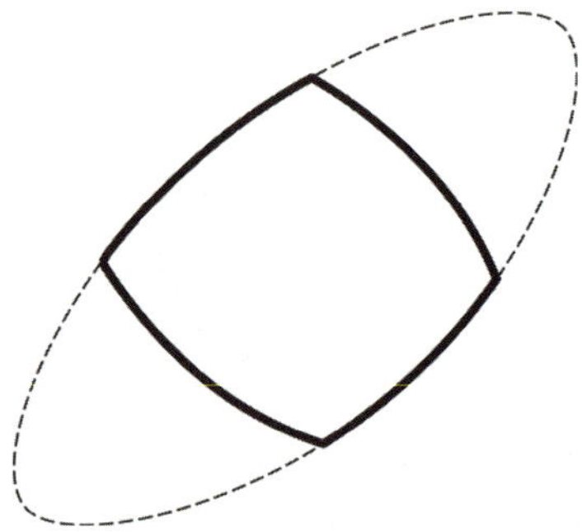

[그림 Ⅳ-13] 양 끝 부분이 절단된 경우

⑤ 극단적인 점수(outliers)가 없어야 한다.

다섯번째 조건은 분포상에서 극단적인 점수가 존재하지 않아야 한다는 것이다. 극단적인 점수는 상관계수의 추정에 영향을 미치게 되어, 두 변인의 실제적인 관계보다 높거나 낮은 상관계수를 추정하게 된다. 보통 Z-점수의 절대값이 3 이상인 경우를 극단점수로 취급한다. [그림 Ⅳ-14]는극단적인 점수가 있어서 실제로는 상관이 거의 없음에도 불구하고 (+)상관이 있는 것으로 잘못 추정하게 되는 경우이다.

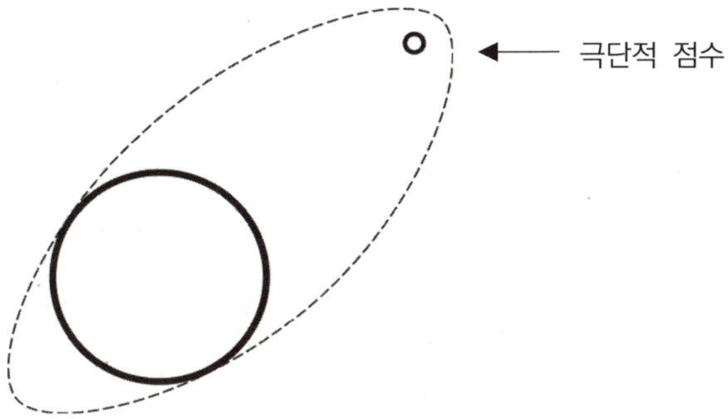

[그림 Ⅳ-14] 극단적인 점수가 있는 경우

앞서 언급한 다섯 가지의 조건을 종합적으로 얘기하자면, '두 변인에 대한 산포도를 그렸을 때 전체 분포의 모양이 비슷한 폭을 가진 하나의 직선적인 띠를 나타내야 한다'는 것으로 요약할 수 있다.

다섯 가지 가정 이외에 상관계수의 의미 있는 해석을 위해서는 충분한 표집이 있을 경우에만 가능하다는 점도 잊지 말아야 한다. 보통 50~100 정도의 사례수는 확보되어야 비로소 신뢰성 있는 상관계수를 추정할 수 있다고 간주한다.[7] 〈표 Ⅳ-13〉은 전집의 실제 상관계수 ρ = 0.00인 경우에, 표집의 크기

7) 명심보감(明心寶鑑)의 교우편(交友篇)에 '노요지마력 일구견인심(路遙知馬力 日久見人心, 가는 길이 멀어야 타고 가는 말의 힘을 알 수 있고, 사귄 지가 오래되어야 그 사람의

때문에 통계적으로 나올 수 있는 상관계수의 95% 신뢰구간, 즉 α수준이 0.05에서 통계적으로 무의미한 상관계수의 범위를 나타낸다. 예컨대, 표집의 크기가 20일 경우에는 상관계수의 크기가 −0.44에서 +0.44사이에 있는 것은 통계적으로 전집의 상관계수가 0이라는 연구가설을 부정할 수 없게 된다(α = 0.05).

〈표 Ⅳ-13〉 **전집의 상관계수 $\rho = 0.00$ 인 경우, 표집의 크기에 따른 상관계수의 95% 신뢰구간**

표집의 크기	ρ = 0.00인 경우 95% 신뢰구간
5	−0.88에서 +0.88까지
10	−0.63에서 +0.63까지
20	−0.44에서 +0.44까지
30	−0.36에서 +0.36까지
50	−0.27에서 +0.27까지
75	−0.22에서 +0.22까지
100	−0.20에서 +0.20까지
200	−0.14에서 +0.14까지
500	−0.09에서 +0.09까지

상관관계도 하나의 관계라는 관점에서 볼 때 인간관계와 비슷한 점이 많이 있음을 알 수 있다. 우리가 어떤 두 사람 사이의 관계에 대해 설명하려 할 때, 비슷한 수준(정도)으로 지속적으로 자주 살펴보지 않으면 그 관계에 대한 설명은 신뢰성을 갖지 못한다. 몇 번 보지 않고 성급하게 결론을 내린다거나 아주 좋아했거나 아주 싫어했던 경우만을 근거로 내린 판단은 믿을 수가 없다.

마찬가지로 상관계수의 해석시 주의해야 할 점은, 상관관계는 지속성을 전제하고 있기 때문에 두 변인이 연속변인(continuous variable)일 때만 의미가 있다는 것이다. 또한 상관관계의 해석에 있어서 정적이냐 부적이냐 하는 '관계의 방향'의 문제보다는 상관계수의 절대값의 크기가 어느 정도이냐 하는 '관계의 정도'가 더 중요한 문제이다. +1이나 −1은 결국 같은 상관관계를 나타내는

마음을 알 수 있다는 뜻)'이라는 글이 있다. 다소 비약이지만 이 내용은 연구하는 것에 비유하자면 사례수가 많아야 한다는 것을 암시하는 것으로 해석할 수도 있다.

것이다. 흔히 인간관계에서 사랑(+1 관계)과 증오(−1 관계)는 서로 통한다는 말이 있는데 이는 방향만 다르지 감정의 크기는 같다는 의미로 해석할 수 있는 것과 비슷하다.

◉ 표집의 크기와 상관계수에 따른 전집 상관계수 추정의 신뢰구간 ◉

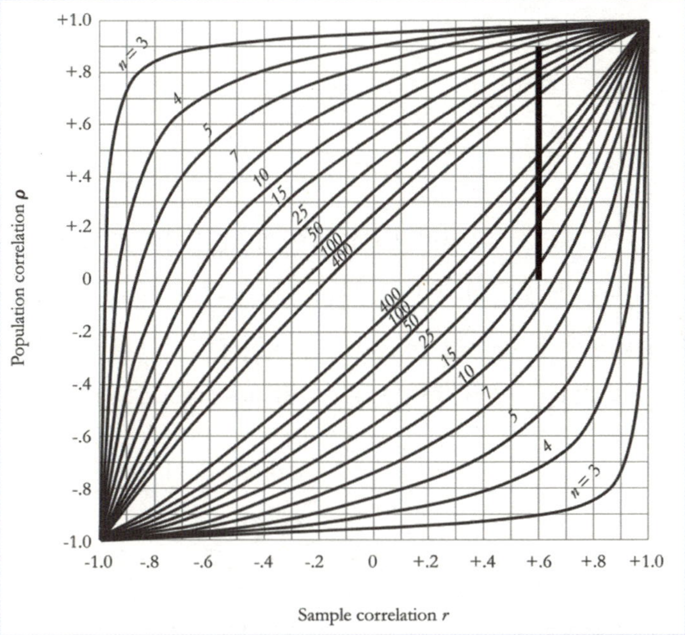

위의 그림은 표집의 크기와 표집 상관계수 값의 변화에 따른 신뢰도 95% 수준에서의 전집 상관계수에 관한 추정의 신뢰구간을 보여준다.

그래프 해석의 예를 하나 들어보면, 표집의 크기가 10인 경우 표집의 상관계수가 0.6일 때, 이 표집 상관계수로부터 추정된 전집 상관계수에 관한 신뢰도 95%의 신뢰구간은 약 -0.05~+0.87이 된다.(그림에서 세로줄이 가리키는 범위)

그림을 통해 알 수 있듯이 전집 상관계수 추정의 신뢰구간은 표집의 크기가 클수록 그리고 표집 상관계수의 크기가 클수록 그 폭이 작아지게 된다.

2) 상관계수의 계산 방법

흔히 상관계수라고 하면, Pearson의 적률상관계수를 말하는 것이며, 이 상관계수를 계산하는 공식은 다음과 같다.

$$r_{xy} = \frac{\sum xy}{NS_x \cdot S_y}$$

$x = (X - \overline{X})$

$y = (Y - \overline{Y})$

S_x, S_y는 각 변인의 표준편차

이는 두 변인 사이의 공변량을 각 변인의 표준편차로 나눈 것이다. 즉 두 변인의 공변량을 각 변인의 척도에 따라 생기는 영향력의 차이를 없애기 위해 각 변인의 표준편차로 나누어 척도가 1인 비율로 고정시킨 것이다. 편차점수나 표준편차를 사용하지 않고 원점수로 계산하는 공식은 다음과 같다.

$$r_{xy} = \frac{N\sum XY - (\sum X)(\sum Y)}{\sqrt{N\sum X^2 - (\sum X)^2}\sqrt{N\sum Y^2 - (\sum Y)^2}}$$

그리고, 상관계수는 척도를 1로 고정시켰을 때의 공변량이기 때문에, 이를 Z점수의 공식으로 변환시킬 수 있으며, 그 공식은 다음과 같다.

$$r_{xy} = \frac{\sum (Z_x \cdot Z_y)}{N}$$

한편, 상관계수를 [그림 IV-15]와 같은 방식으로 그림으로 나타낼 수도 있다. 이때 두 원이 서로 겹치는 부분이 크면 클수록 상관이 높은 것이다.

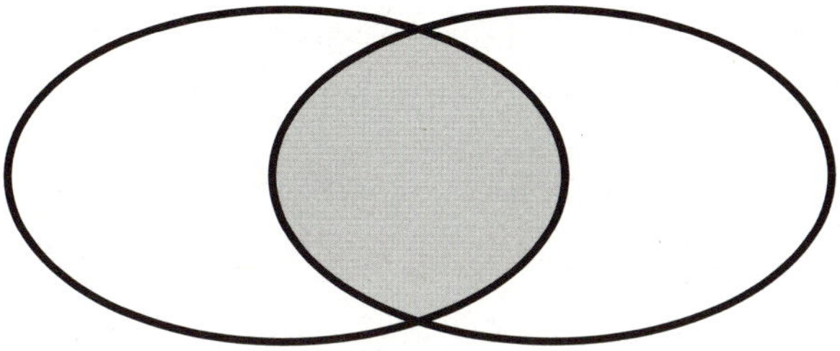

[그림 Ⅳ-15] 상관계수의 그림 예시

3) 상관계수의 해석 방법

상관계수를 해석할 때에는 주로 결정계수(決定係數, r^2, coefficient of determination)를 활용한다. 결정계수란 두 변인 중 한 변인을 알고 있음으로써 다른 변인의 변량 중 설명되는 비율을 나타내는 수치이며, 보통 r^2로 나타낸다. 어떤 변인의 전체 변량은 설명되는 변량과 설명되지 않는 변량으로 구성된다. 이때 결정계수란 전체 변량 가운데 설명되는 변량이 차지하는 비율을 나타내는 수치이다. 즉, 상관계수를 제곱한 값은, 한 변인의 전체 변량을 다른 한 변인으로 설명할 수 있는 비율을 의미한다.

결정계수의 공식: $r^2_{xy} = \dfrac{s^2_{y'}}{s^2_y}$

$s^2_{y'}$ = x에 의하여 설명되는 y의 변량

s^2_y = y 자체의 변량

지능과 국어 성적간의 상관계수가 0.7인 경우의 예를 가지고 상관계수와 결정계수가 지니는 의미를 비교해 보기로 하자. 상관계수가 0.7이라는 것은 전체 변량 중 설명되는 변량이 49% ($0.7 \times 0.7 \times 100 = 49$)라는 뜻이고, 이는 지능의 표준편차가 15라고 할 때 국어성적을 앎으로써 예측 가능한 지능의 범위가 10.7(전체변량 = $15 \times 15 = 225$; 전체변량 가운데 설명 가능한 49%를 제외한 변량은 114.75; 표준편차 = $\sqrt{114.75} \fallingdotseq 10.7$)이라는 의미이다. 그러므로 국어 성적의 평균이 50인 학생의 지능은 100 ± 21.4 구간 안에 속하게 된다(95% 신뢰구간을 '평균 ± 2SD'로 계산한 것임). 학생의 국어 성적을 모를 경우에 예측 가능한 지능의 범위는 100 ± 30이므로, 두 변인간 상관계수가 0.7이라는 사실을 앎으로써 예측치의 변량을 100 ± 30에서 100 ± 21.4로 상당히 줄일 수 있음을 알 수 있다.

상관계수에 대한 의미와 관련하여, Galton의 유전연구의 예를 들어 평균에 대한 회귀현상(regression toward the mean)을 살펴보기로 하자(이에 대한 자세한 설명은 별도로 언급하고 있다). 세계에서 제일 키가 큰 아버지의 아들은 그 아버지보다 클 수 없다. 세계에서 키가 제일 작은 아버지의 아들은 언제나 아버지보다는 크다. 이 두 이야기는 논리적으로는 맞는 얘기이다. 그러나 실제로는 세계에서 키가 제일 큰 아버지의 아들은 그 아버지보다 클 수도 있다. 통계적으로 클 수 없다는 의미는 평균값을 가지고 하는 얘기이기 때문에 변량을 고려한다면 불가능한 일이 아닌 것이다. 그러므로 평균에 대한 회귀현상은 평균에 대해서만 의미를 지닐 뿐 개별적인 현상에 모두 적용되는 것은 아니다.

◉ 평균으로의 회귀(regression toward the mean) ◉

평균으로의 회귀현상은 유전현상에서 쉽게 찾아볼 수 있다. 예를 들어 지능이 상당히 높은 부모에게서 태어난 자식들은 대체로 지능이 높지만, 부모보다 지능이 낮은 경향이 있다. 반대로 지능이 상당히 낮은 부모에게서 태어난 자식들의 지능은 대체로 부모보다 높은 경향이 있다. 또한 부모의 몸무게가 상당히 많이 나가는 경우(유전적인 정보를 제외한 나머지 것이 동일하다면), 자식의 몸무게는 부모보다는 덜 나가는 경향이 있다. 이처럼 유전현상은 대부분의 종(種)이 가지는 일반적인 경향, 즉 평균으로 회귀하려는(돌아가려는) 속성이 있다.

진화론을 주장했던 다윈(C. Darwin, 1809-1882)의 사촌이었던 갈톤(F. Galton, 1822-1911)은 유전에 관한 연구과정에서 이러한 경향을 발견하고 이를 회귀(regression)라는 용어로 표현하였는데, 사실은 평균으로의 회귀라고 표현하는 것이 보다 적합하다.

평균으로의 회귀를 상관의 개념에서 생각해보면, 만약 부모의 체중과 자녀의 체중이 1의 상관을 가지고, 평균값이 변하지 않는다면 부모의 체중과 동일한 자녀의 체중이 나올 수 있다. 반대로 부모의 체중과 자녀의 체중 사이에 상관이 0이라면 부모의 체중은 자녀의 체중을 예측하는데 전혀 기여하지 못할 것이다. 그러나 두 변인간의 상관이 1보다 작고 0보다 크기 때문에 평균으로 회귀하는 현상이 나타나게 된다.

평균으로의 회귀현상이 주는 시사점은 상관관계에 대한 해석시 주의를 요하게 한다는 것이다. 예를 들어 특정 시험에서 지극히 부진했던 아동들에게 특별학습프로그램을 한 달 간 제공한 후 재검사를 할 경우, 특별학습프로그램의 실질적인 효과가 없었음에도 불구하고, 아동들의 성적이 상향조정될 가능성이 높다는 것이다. 반대로 특정 시험에서 지극히 우수했던 집단에게는 특별학습프로그램이 실질적으로 효과가 있었음에도 불구하고 아동의 성적이 하향조정될 가능성이 높다는 것이다. 이러한 오류는 다양한 연구 설계에 있어 변인이나 집단 설정에 주의하고, 다양한 상황을 비교 해석함으로써 극복해야 할 것이다.

이와 마찬가지로 사회과학 분야에 있어서 0.3 정도 되는 상관계수는 통계적으로는 의미가 있을지 몰라도, 실제적으로는 별 의미가 없는 수치이다. 단지 전체 변량의 9% 정도를 설명해 준다는 해석을 할 수 있을 뿐이다. 그러므로 많은 사람들은 상관계수 대신에 신뢰구간을 고려하는 것이 더 유용하다는 주장을 하기도 한다. 실제로 초등학교 성적은 대개가 부적편포를 이루고 있고 중·고등학교 성적도 정적편포나 부적편포를 이루는 경우가 많으며 정상분포를 이루는 경우가 거의 없을 뿐만 아니라 앞서 언급했던 다섯 가지 조건을 만족시키는 경우가 드물어, 상관계수에 대한 믿을 만한 해석을 하기가 어렵다. 따라서 대학에서의 성적과 고등학교 내신 성적과의 상관계수가 0.6이라는 결과가 나왔다고 해도, 상관계수를 산출하기 위한 전제조건들을 제대로 충족시키지 못하기 때문에(예: 두 점수의 분포가 이원적 정상분포를 이루지 않음, 공부를 못하는 학생들이 대학에 입학하지 못하는 경우가 많아서 대학성적의 경우 자료가 절단되는 경우가 많음 등) 현실적으로 어떤 유용한 의미를 제공해 주지 못한다고 할 수 있다. 이와 같이 상관분석을 통해 추정된 상관계수에 대해 의미 있게 해석할 수 있는 현실적인 상황도 드물뿐더러 그 결과의 유용성도 그다지 크지 않음을 생각해 볼 필요가 있다.

4) 상관계수의 종류

두 변인간 상호관련의 정도를 수치로 나타내는 상관계수는 두 변인이 어떤 수리적 특성을 지니느냐에 따라 그 종류가 달라지게 된다. 가장 보편적으로 사용되는 여섯 가지의 상관계수를 차례로 살펴보기로 한다.

① Pearson의 적률상관계수(product-moment correlation coefficient)

앞서 언급하였듯이 흔히 상관계수라고 하면 Pearson의 적률상관계수를 의미하는 것이며, 두 변인 모두 동간변인이거나 비율변인일 때 그들간의 상호관련성을 파악하기 위해 사용된다.

② Spearman의 서열상관계수(rank correlation coefficient)

Spearman의 서열상관계수는 Pearson의 적률상관계수를 추정하는 것과 같은 계산 공식에 의해서 추정되나, 서열변인을 대상으로 한다는 점에서 구별된다. 즉, 점수보다는 서열이 중요한 의미를 지니는 경우에 이용하는 것이 적절하다. 두 변인의 관계가 직선적인 관계(linearity)의 조건을 다소 만족시키지 못하더라도 단조증가함수나 단조감소함수의 모습을 보일 때 사용된다. 예컨대, 중학교 석차와 고등학교 석차와의 상관관계를 알아보는 경우에는 적률상관계수보다는 서열상관계수를 구하는 편이 나을 것이다. 참고로, 서열상관계수는 중복서열이 지나치게 많은 경우에는 사용하지 않는 편이 바람직하다. 중복서열이 많은 경우에는 동변량성의 조건을 만족시키기 어렵게 되기 때문이다.

한편, 서열상관계수에 있어서의 변량은 적률상관계수에 있어서의 변량과는 그 의미가 다소 다르다. 즉, 1등부터 100등까지의 서열에 있어서 변량은 고정되지만, 1점부터 100점까지의 점수에 있어서는 그 분포가 고정된 것이 아니다. 상관은 변량이 클수록 높아지게 되는데, 서열변인은 다른 변인보다 변량이 커져서 상관이 실제보다 높게 나타날 수 있는 위험이 있다. 예컨대, 학생 300명의 학업성적에 대한 서열의 범위는 1부터 300까지인데 반해 점수의 범위는 1부터 100으로(경우에 따라서는 시험의 난이도에 따라 모든 학생이 80점 이상을 받을 수도 있고 모두 50점 이하일 수도 있다), 서열의 분포가 점수의 분포보다 훨씬 커져서 서열상관이 점수상관보다 높게 추정될 위험이 있다. 그러므로 서열에 기초한 상관계수와 점수에 기초한 상관계수는 명확히 구분하여 해석할 필요가 있다.

③ 이분상관계수(point-biserial correlation)

이분상관계수는 상관관계를 알고자 하는 두 변인 중, 한 변인은 연속변인이고 다른 변인은 이분법적으로 나뉘어져 있는 경우에 사용되는 상관계수이다. 계산방법이나 해석방법은 Pearson의 적률상관계수와 동일하나, 한 변인이 이

분되어 있다는 것을 강조하고 있을 따름이다. 이분상관계수는 이분(二分, dichotomous) 문항반응이론에서 각 문항에 대한 정답・오답의 여부와 전체 점수와의 상관을 계산하여 각 문항의 변별도를 계산하는 경우에 흔히 사용한다. 가령, 성별 변인(남・여)과 총점과의 상관의 여부를 보고자 하는 경우에 이분상관계수를 추정하게 되며, 주로 가변수(dummy variable)를 사용하여 쓰이는 경우가 많다. 또한 이분상관계수는 '두 집단간의 표준점수(standard score)를 이용한 평균의 차이'와 같은 의미로도 생각할 수 있다.

④ 파이계수(phi coefficient, *Φ* 계수)

파이계수는 상관을 파악하고자 하는 두 변인이 모두 이분법적으로 나뉘어진 경우에 사용되는 수치이다. 참고로, 다음과 같은 2×2 분할표가 있을 경우 파이계수 계산공식은 다음과 같다.

	X	
Y	a	b
	c	d

$$\text{파이계수 계산 공식} = \frac{bc - ad}{\sqrt{(a+b)(c+d)(a+c)(b+d)}}$$

한편, 파이계수 외에도 이와 비슷한 타우(τ)계수, 코크란(Cochran)계수 등이 있으며, 이들 또한 변인간의 관계를 파악하기 위한 계수들이다.

⑤ 부분상관계수(partial correlation coefficient)

두 변인 X_1과 X_2의 상관계수를 구할 때, 제3의 요인인 X_3이 X_1과 X_2에 미치는 영향을 제거한 상태에서 구하는 것을 의미한다. 예컨대 국어성적(X_1)과 수학성적(X_2)의 상관계수를 구할 때 제 3의 요인이라 할 수 있는 '공부하는 시간량(X_3)'이 국어성적과 수학성적에 미치는 영향을 제거한 상태에서 구하는 것이다. 이러한 부분상관계수를 구하는 이유는, X_1과 X_2의 단순상관계수가 높게 나왔다고 할 때 제 3의 요인인 X_3이 X_1과 X_2에 미치는 영향을 제거한 상태에서 구한 부분상관계수도 여전히 높게 나온다면 X_3이 X_1과 X_2에 미치는 영향이 미미하다고 판단할 수 있지만 부분상관계수가 단순상관계수보다 매우 낮게 나온다면 X_1과 X_2의 높은 상관계수는 제3의 요인인 X_3 때문이라고 추론할 수 있다.

X_3의 영향력을 통제한 X_1과 X_2의 부분상관계수(즉, X_3의 영향력을 X_1과 X_2 모두에서 고정시킨 상관계수)의 계산공식은 다음과 같다.

$$r_{12.3} = \frac{r_{12} - r_{13}r_{23}}{\sqrt{1-{r_{13}}^2}\ \sqrt{1-{r_{23}}^2}}$$

이를 그림으로 예시하면 다음과 같다.

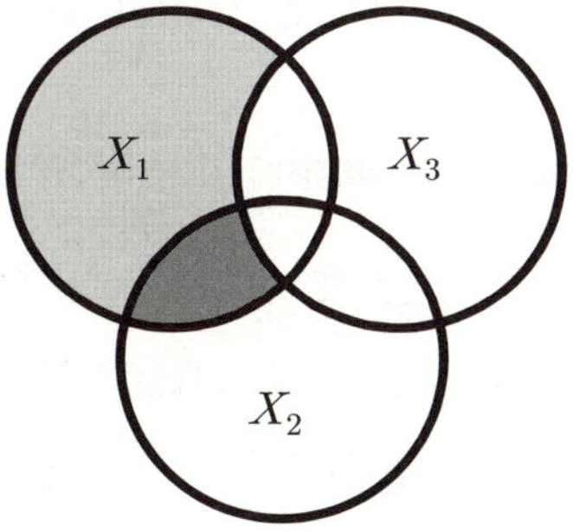

[그림 Ⅳ-16] **부분상관계수의 그림 예시**

한편, 부분상관계수와 유사한 것으로 준부분상관계수(semi-partial 또는 part correlation coefficient)가 있는데, 이는 어떤 변인의 관련성을 일부 변인에만 고정시킨 후 나머지 변인들간의 관계를 분석하는 것이다. 예컨대 X_3의 영향력을 X_2에서만 통제하고 X_1과 X_2의 준부분상관을 계산하는 공식은 다음과 같다.[8)]

$$r_{1(2.3)} = \frac{r_{12} - r_{13}r_{23}}{\sqrt{1 - {r_{23}}^2}}$$

이를 그림으로 예시하면 다음과 같다.

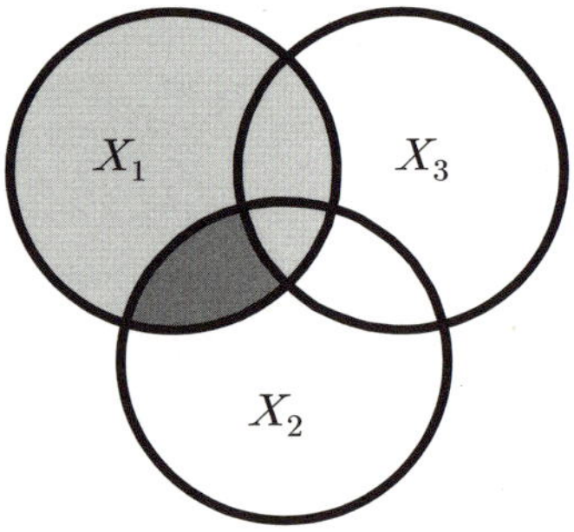

[그림 Ⅳ-17] 준부분상관계수의 그림 예시

⑥ 중다상관계수(multiple correlation coefficient)

중다상관계수란 여러 변인으로 한 변인을 예측하거나 설명하고자 할 때, 여러 변인들과 한 변인과의 관계를 총체적으로 나타내는 수치이다. 주로 대문자 R로 표현하며 상관계수 r과 같은 의미로 사용된다. 예컨대, 지능과 가정환

8) 다음에 설명할 중다상관계수를 계산할 때 준부분상관계수가 활용되는데, 여기서 X_2를 종속변인이라 한다면 X_3은 먼저 투입된 독립변인이며, X_1은 추가적으로 투입되는 독립변인이라 할 수 있다.

경이 총체적으로 학생의 학교성적과 어떤 관련을 가지는가를 알고자 하는 경우 등에 사용할 수 있다(자세한 사항은 다음절, '6. 회귀분석' 참조).

지금까지 살펴 본 여섯 종류의 상관계수 이외에도 상관관계를 나타낼 수 있는 계수들이 많이 있지만, 상관이라는 것 자체가 두 변인간의 관계에 기초를 두고 있다는 점을 고려해 볼 때 변인이 많아지게 되면 해석상의 유용성에 문제가 생기게 되므로 이러한 경우에는 다른 적절한 통계기법을 통해 관계를 알아보는 것이 바람직하다.

5) 상관계수와 신뢰도

두 변인이 상호관련 되는 정도를 나타내는 수치인 상관계수를 보통 소문자 r 로 표시하는 것과 비슷하게, 하나의 검사 도구를 여러 번 실시했을 때 같은 값의 측정치를 가지는 정도를 나타내는 신뢰도도 소문자 r로 나타낸다. 이 두 수치는 같은 r 로 표기되지만 그 성격은 전혀 다르다. 상관계수 r 은 상관의 정도를 나타내고 해석 시 이 r 값을 제곱한 r^2 의 값으로 전체 변량 중 설명되는 변량을 나타내지만, 신뢰도는 그 자체의 r 값으로 전체 변량 중 설명되는 변량을 나타낸다.

가령, 상관계수가 0.7이면 전체 변량 중 설명되는 변량은 49%임에 비해 신뢰도가 0.7이면 전체 변량 중 설명되는 변량은 70%이다. 다시 말하면, 상관계수(r)와 신뢰도(r)는 둘 다 같은 계산공식을 이용하여 구해지는 값이긴 하지만, 해석할 때는 상관계수는 제곱을 하여 설명량으로 해석하고 신뢰도(반드시 적률상관계수 공식을 이용해야 함)는 그 값을 그대로 해석해야 하는 것이다. 왜냐하면 상관관계는 서로 다른 두 변인간의 상호관련성을 의미하는 것이지만, 신뢰도는 서로 동일한(혹은 동형의) 변인끼리의 상관을 의미하는 것이기 때문이다. 즉, 이론적으로 신뢰도는 동일한 검사의 반복측정 혹은 동형검사(parallel forms)를 통해 계산된다. 참고로, 신뢰도가 다른 두 변인간 상관계수의 제곱과 같은 의미라는 것을 수리적으로 설명하면 다음과 같다.

두 검사 X_1 , X_2 가 있다고 할 때, 두 검사가 동형검사라거나 혹은 대등(parallel)한 검사라는 의미는,

$X_1 = T + E_1 ; X_2 = T + E_2 ; \sigma_{e_1}^2 = \sigma_{e_2}^2$ 일 경우를 의미한다.

(X : 관찰점수, T : 진점수, E : 오차점수, σ^2 : 변량).

즉, 두 검사가 대등하다는 것은 그것들이 동일한 진점수(眞點數 : true score)와 동일한 오차변량을 가지고 있다는 것이다. 따라서 두 검사의 평균과 변량도 동일하다. 그리고 오차가 무선적이라는 가정에서 두 검사 사이의 오차들 사이에는 관련이 없을 뿐만 아니라($r_{e_1e_2} = 0$), 진점수와 오차 사이에도 관련이 없다($r_{e_1t_1} = r_{e_1t_2} = r_{e_2t_2} = r_{e_2t_1} = 0$). 즉, 오차간 그리고 오차와 진점수간의 상관계수는 0이다. 이러한 관계를 바탕으로 두 동형검사간의 상관, 즉 신뢰도의 추정치를 구할 수 있다.

$$r_{x_1x_2} = \frac{\sum(t+e_1)(t+e_2)}{N\sigma_{x_1}\sigma_{x_2}}$$

$$= \frac{\sum t^2 + \sum te_{1+} \sum te_2 + \sum e_1e_2}{N\sigma_{x_1}\sigma_{x_2}}$$

$$= \frac{\sigma_t^2 + \sigma_{te_1} + \sigma_{te_2} + \sigma_{e_1e_2}}{\sigma_{x_1}\sigma_{x_2}}$$

여기에서 분자의 마지막 세 항은 0이고, $\sigma_{x_1} = \sigma_{x_2}$ 이므로

$$r_{x_1x_2} = \frac{\sigma_t^2}{\sigma_x^2}$$

한편, 여기서 신뢰도($r_{x_1x_2}$)를 나타내는 진점수 변량과 관찰점수 변량의 비는, 흔히 이야기하는 관찰점수와 진점수의 상관계수를 제곱한 것과 동일하다. 이때 관찰점수와 진점수의 상관계수는 다음과 같이 계산할 수 있다.

$$r_{xt} = \frac{\sum(t+e)t}{N\sigma_x\sigma_t} = \frac{\sum t^2 + \sum te}{N\sigma_x\sigma_t}$$

$$= \frac{\sigma_t^2 + \sigma_{te}}{\sigma_t\sigma_x}(\sigma_{te}=0)$$

$$= \frac{\sigma_t^2}{\sigma_t\sigma_x} = \frac{\sigma_t}{\sigma_x}$$

그러므로, $r_{xt}^2 = r_{xx} = \frac{\sigma_t^2}{\sigma_x^2}$ 이다.

다르게 나타내면,

$$r_{xt}^2 = r_{xx} = \frac{\sigma_x^2 - \sigma_e^2}{\sigma_x^2} = 1 - \frac{\sigma_e^2}{\sigma_x^2}$$

결국 두 변인간 상관계수의 제곱은 어떤 변인에 대한 다른 변인의 설명량을 의미하고, 이는 곧 관찰점수의 변량 가운데 진점수가 차지하는 비율인 신뢰도와 같게 된다. 그리고 1에서 신뢰도만큼 빼면 관찰점수 가운데 오차점수의 변량이 차지하는 비율을 나타내게 된다. 따라서, 신뢰도가 0.9라는 의미는 관찰된 검사점수의 변량 중 90%가 진점수의 변량에 의해 설명되고 나머지 10%는 오차점수의 변량에 의해 설명된다는 의미이다.

나. 상관분석의 예시

상관계수를 이용한 통계적 검증은, 표집을 통해 구해진 상관계수의 크기를 이용하여 전집의 상관계수가 0이 아닌지를 검증하는 것이다. 이를 상관계수의 유의도 검증이라고도 한다.

상관계수 유의도 검증에는 다음과 같이 2가지의 방법이 있다.

1) t 검증을 이용하는 방법

t 검증을 이용하는 방법에서 사용되는 가설은 $H_o : \rho_{xy} = 0$, $H_a : \rho_{xy} \neq 0$이다. 사례수가 충분하고, 상관계수와 관련된 모든 가정이 충족되는 경우라면, 표집의 상관계수는 정상분포를 따르게 되는데, 이 때 상관계수 r_{xy}의 표집분포의 표준 오차는 $\sigma_r = \dfrac{1}{\sqrt{N}}$에 근사하게 되며, 상관계수 r_{xy}에 대한 유의도 검증은 $z(= \dfrac{r_{xy}}{\sigma_r})$ 통계량에 의하여 이루어지게 된다. 그러나 표집의 크기가 충분하지 않은 일반적인 경우에는 표집의 크기를 고려한 유의도 검증 방법을 사용해야 하며 이를 위하여 T 통계량에 의한 t 검증 방법을 사용한다.

이때, T 통계량은 $T = \dfrac{r_{xy}\sqrt{N-2}}{\sqrt{1-r_{xy}^2}}$의 식을 가지며, $N-2$의 자유도를 가지는 t 분포를 이룬다. 따라서 이 T의 절대값이 자유도가 $N-2$인 t 분포상의 $\alpha/2$값보다 크면 원가설(H_o)을 기각하게 되므로 전집의 상관계수 ρ_{xy}가 통계적으로 0이 아니라는 결론에 도달하게 된다.

2) 로그변형에 의한 Z 점수 이용 방법

상관계수의 유의도 검증과 관련된 두 번째 방법은 로그(log)변형에 의한 Z점수를 이용한 방식이다. 이 방식에서는 표집의 r_{xy}가 대표하는 ρ_{xy}가 전집에서의 상관계수 값인 ρ_o라고 할 수 있는가를 검증한다. 앞서 언급한 t 검증 방법은 전집의 상관계수가 0인지에 아닌지에 대한 정보를 주지만, 상관계수의 크기에 대한 정보는 주지 못한다. 따라서 상관계수의 크기에 대한 정보를 주는 검증방법이 필요하게 되는데, 로그변형에 의한 Z점수 방식이 그 방식이다. 이 방식에서의 영가설은 $H_o : \rho_{xy} = \rho_o$이고, 대안가설은 $H_a : \rho_{xy} \neq \rho_o$이다.

Fisher는 표집의 크기가 10이상(보다 엄밀하게, 25이상)인 경우에 상관계수 r 에 의하여 만들어지는 $Z(\frac{1}{2}log(\frac{1+r}{1-r}))$가 정상분포에 근접한다는 것을 발견하였고(이때, Z는 평균을 0으로 하며, 변량을 $\frac{1}{N-3}$로 한다), 이를 통해 상관계수의 유의도 검증을 할 수 있다고 하였다. 표집된 Z의 전집에서 기대되는 상관계수 ρ_o에 의하여 만들어지는 통계치를 ζ (zeta)라고 하면, $E(Z) = \zeta = 1/2\log_e(\frac{1+\rho_o}{1-\rho_o})$이 된다. 표집의 상관계수($r_{xy}$)가 전집의 상관계수($\rho_o$)를 대표하는지를 검증하기 위한 통계량은 $\frac{Z-\zeta}{\sqrt{1/(n-3)}}$이며, 검증 통계량은 평균은 0이고, 표준편차는 1인 표준정상분포를 따르게 된다. 따라서 검증 통계량의 절대값이 $\alpha/2$에 해당하는 Z값(정상분포의 Z값)보다 크면 표집의 상관계수 r_{xy}는 전집의 상관계수 ρ_o를 대표하지 않는다고 할 수 있으며, 반대의 경우라면 r_{xy}가 ρ_o를 대표하는 값이라고 할 수 있게 된다. 이러한 통계적 검증의 연장선상에서 ζ_{xy}의 신뢰구간을 설정할 수 있는데, 신뢰구간은 $Z - z_{\alpha/2}\sqrt{1/N-3} \leqq \zeta_{xy} \leqq Z + z_{\alpha/2}\sqrt{1/N-3}$이고, 상관계수의 신뢰구간은 각 값에 대한 로그치환을 함으로써 구할 수 있게 된다.

참고로, 상관관계와 인과관계의 차이점을 자세히 논의하면 다음과 같다.

◉ 상관관계와 인과관계 ◉

변인들 상호간에 관련성이 있다는 것(상관관계)과 그 변인들 상호간에 원인과 결과의 관계(인과관계)가 있다는 것은 서로 다르다. 다음은 사람들이 자칫 해석의 오류를 범하기 쉬운 두 관계인 상관관계와 인과관계에 대해 생각해 보기로 한다.

상관관계란 두 변인간의 상호관련성에 관한 것이며 상관계수(r)에 의해 그 정도를 나타낸다. '오른팔의 길이와 왼팔의 길이의 관계'라든가 '몸무게와 신장과의 관계'는 높은 상관관계를 보여주는 대표적인 예이다. 그런데 우리는 상호관련성을 나타내는 이러한 상관관계가 인과관계로 잘못 해석되는 경우를 종종 접하곤 한다. 상호관련성이란 '함께 변한다' 혹은 '함께 일어난다'는 의미를 지니기 때문에, 두 변인이 원인과 결과라는 필연적 관계를 지니는 인과관계와는 명확히 구분되어야 함에도 불구하고 우리는 흔히 해석의 오류를 범하게 되는 것이다. 예컨대, '물주전자를 난로 위에 올려놓은 시간'과 '주전자 안의 물의 온도'와의 관계는 과연 상관관계일까 인과관계일까? 이들 두 변인 사이에는 분명히 상호관련성은 있지만, '올려놓은 시간'과 '물의 온도' 간에 필연적인 관계가 존재하지는 않는다. 즉, 난로 위에 물을 담은 주전자를 올려놓은 시간이 길다고 해서 필연적으로 주전자 안의 물의 온도가 올라가는 것은 아니다. 주전자에 열이 가해지지 않는 한 아무리 오랫동안 난로 위에 놓아 두어도 저절로 주전자 안의 물의 온도가 올라가지는 않는 것이다. 그러므로 이들 두 변인의 관계를 상관관계라고 말할 수는 있으나 인과관계라고 말할 수는 없다.

'추운 날씨'와 '감기의 빈도' 또한 상관관계는 있으나 인과관계는 아닌 또 하나의 예이다. 자칫 추워지면 감기에 걸리기 쉽다고 생각하여 추운 날씨가 감기의 원인이라는 인과관계로 오해할 소지가 있으나, 실제 감기에 걸리게 되는 원인은 '추운 날씨'가 아닌 '감기 바이러스'이다. 비슷한 예로 '음식 섭취량'과 '몸무게'와의 관계를 생각해 보자. 분명히 음식 섭취량과 몸무게는 서로 관련이 있지만 음식의 양이 몸무게를 늘리는 직접적인 원인은 아니다. 몸무게가 늘어나는 원인은 바로 '몸 속에 남아있는 에너지의 총량'이다. '중학교 성적'과 '고등학교의 성적'도 마찬가지의 관계이다. 두 변인은 분명히 서로 밀접하게 관련되어 있지만 중학교의 성적이 높다고 해서

필연적으로 고등학교의 성적이 높아지는 것은 아니다. 실제 고등학교 성적을 높이는 원인은 '중학교의 높은 성적'이 아니라 '지능'이나 '학생의 노력' 등이다. '가

을이 되면 낙엽이 떨어진다'에서도 우리는 자칫 낙엽이 떨어지는 원인이 가을이 왔기 때문인 것처럼 인과관계로 해석해 버리기 쉽지만, 실제로 낙엽이 떨어지는 원인은 가을이 되어서가 아니라 '중력' 때문이다. 참고로 우리나라는 가을에 낙엽이 떨어지지만 같은 시점에 남반구 뉴질랜드에서는 새싹이 돋아나는 계절이다.

지금까지의 여러 예에서 짐작할 수 있듯이 언뜻 인과관계처럼 보이는 관계들이 실제로는 상관관계인 경우가 많이 있다는 점에 주의해야 한다.

6 회귀분석

가. 회귀분석이 사용되는 경우

1) 회귀분석의 의미와 종류

회귀분석(回歸分析, regression analysis)이란 여러 개의 독립변인(혹은 예언변인, 예측변인)을 이용하여 하나의 종속변인(혹은 기준변인)을 얼마나 잘 예언(혹은 설명)하는지를 분석하기 위한 통계적 기법이다. 회귀분석에는 단순회귀분석(單純回歸分析, simple linear regression)과 중다회귀분석(重多回歸分析, multiple linear regression)이 있다. 단순회귀분석은 독립변인과 종속변인이 각각 하나씩인 경우이고, 중다회귀분석은 독립변인이 2개 이상이고 종속변인이 하나인 경우이다. 예를 들어 대학수학능력시험 성적(독립변인)이 대학교 총 학점(종속변인)을 예언할 수 있는지 여부를 분석하고자 할 때는 단순회귀분석을 활용하며, 대학수학능력시험 성적(독립변인 1)과 내신성적(독립변인 2), 그리고 면접점수(독립변인 3)가 대학교 총 학점(종속변인)을 예언할 수 있는지 여부를 분석하고자 할 때는 중다회귀분석을 활용한다.

2) 회귀방정식 및 회귀계수

독립변인을 이용하여 종속변인을 예언하기 위한 방정식을 회귀방정식이라고 하며, 회귀방정식을 구성하는 계수를 회귀계수라고 한다. 단순회귀방정식의 일반식은 다음과 같으며, 그림으로 나타내면 [그림 IV-17]과 같다.

$$Y_i = \hat{Y}_i + e_i = b_0 + b_1 X_i + e_i$$

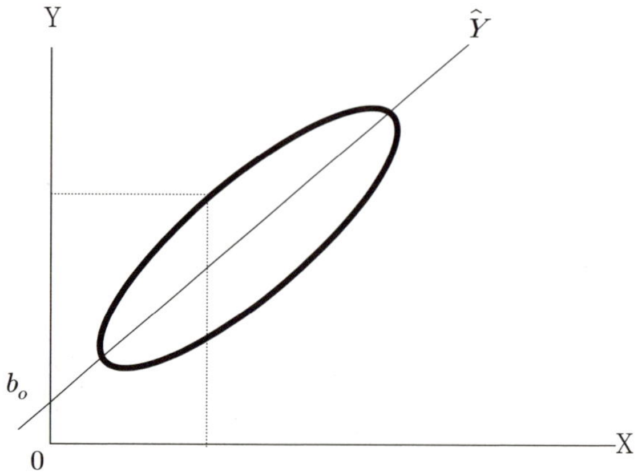

[그림 Ⅳ-18] 원점수를 사용한 단순회귀방정식 그래프

즉, 실제 Y_i값은 표집을 통해서 추정한 전집치 $\hat{Y}_i$에 추정의 오차 e_i를 합한 값이 된다. 그리고 표집을 통하여 전집치를 추정하기 위한 회귀방정식 $\hat{Y}_i$은 다음과 같다. 여기서 b_0는 Y 축의 절편(intercept, 즉 X 값이 0일 때 $\hat{Y}$값)이기 때문에 b_1을 알면 쉽게 확인할 수 있다.

$$\hat{Y}_i = b_0 + b_1 X_i$$

그런데 이 식은 X의 원점수를 사용한 경우이다. 그런데 X의 편차점수($x = X - \overline{X}$)를 가지고 $\hat{Y}$의 편차점수($\hat{y} = \hat{Y} - \overline{\hat{Y}}$)를 예언하고자 할 경우에는 절편 b_0이 0이 되어 그 식은 다음과 같으며, 그림으로 나타내면 [그림 Ⅳ-19]와 같다.

$$\hat{y_i} = b_1 x_i$$

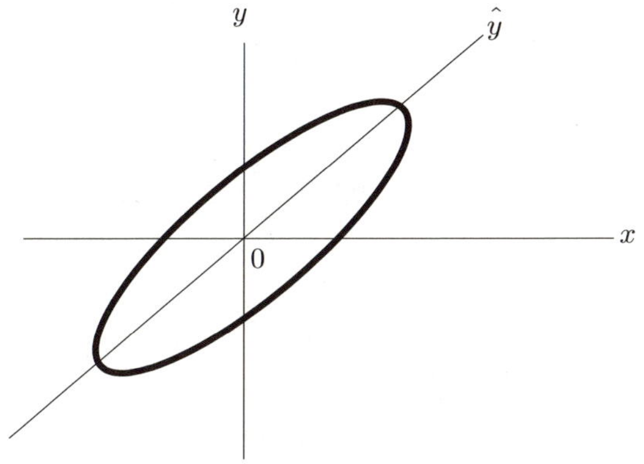

[그림 Ⅳ-19] 편차점수를 사용한 단순회귀방정식 그래프

여기서 미지수는 b_1이며, b_1을 찾는 방법 중 하나는 최소제곱법(MLS: method of least squares)이다. 이는 추정의 오차(e_i) 값이 최소가 되도록 b_1을 찾는 방법이다. 이에 대해 다음 절 '회귀계수의 추정'에서 자세히 설명하고자 한다.

한편, 중다회귀방정식의 일반식은 다음과 같다.

$$Y_i = \hat{Y_i} + e_i = b_0 + b_1 X_{1i} + b_2 X_{2i} \ldots\ldots + b_k X_{ki} + e_i$$

3) 회귀계수의 추정

단순회귀방정식, 즉 $Y_i = b_0 + b_1 X_i + e_i$에서 회귀계수를 추정하는 방법은 다음과 같다. 우선 독립변인(X)이 종속변인(Y)을 잘 예언한다면 Y와 $\hat{Y}$(즉 Y의 추정치) 사이의 차이가 줄어들게 될 것이고, 결국 오차변량인 $\sum e^2$가 가장 작아진다. 편차점수(x, y)를 사용한 공식을 활용하여 식으로 표현하면 $\sum e^2 = \sum (y_i - \hat{y_i})^2 = \sum (y_i - b_1 x_i)^2$가 된다. 이 방정식은 실수 공간에서 움직이며, 연속변인이기 때문에 반드시 최소점을 가진다. 따라서 최소제곱법을 만족시키는 회귀계수 b_1값을 구할 수 있게 된다. 따라서 미지수인 b_1에 대하여 식을 미분하여 풀면 그 결과는 다음과 같다.[9)]

$$
\begin{aligned}
\frac{d}{db}\sum e_i^2 &= \sum(-2x_i)(y_i - b_1 x_i) \\
&= 2\sum(b_1 x^2 - x_i y_i) \\
&= 2\left(b_1 \sum x_i^2 - \sum x_i y_i\right)
\end{aligned}
$$

$\frac{d}{db}\sum e_i^2 = 0$일때, 즉 $b_1 = \frac{\sum x_i y_i}{\sum x_i^2}$일때 $\sum e_i^2$은 극소(local minimum)가 되고 이때의 $\sum e_i^2$의 값이 최소가 된다.

∴ 회귀계수 b_i는 다음과 같이 구할 수 있다.

$$
b_1 = \frac{\sum x_i y_i}{\sum x_i^2} = r_{xy}\frac{S_y}{S_x}
$$

---

9) 참고로, 회귀계수를 행렬단위로 푸는 공식은 $b_1 = (XX')^{-1}X'Y$인데, 행렬식을 전개하면 위의 공식과 동일한 결과를 얻게 된다.

$$\text{(단, } r_{xy}=\frac{\sum x_iy_i}{NS_xS_y},\ \frac{\sum x_iy_i}{N}=r_{xy}S_xS_{y,}\ \frac{\sum x_i^2}{N}=S_x^2\text{)}$$

이때 X와 Y변인의 값을 표준화된 값인 Z_X와 Z_Y값으로 변환하였을 때의 회귀계수, 즉 표준화 회귀계수(standardized regression coefficient) β_1은 X와 Y의 상관계수인 r_{xy}가 된다.

한편, 중다회귀방정식 중 독립변인이 2개인 경우, 즉 $y=\hat{y}+e=b_1x_1+b_2x_2+e$에서 회귀계수를 추정하는 방법은 다음과 같다.

이 공식을 y와 x를 Z척도 상에 위치시키면, $\sum(y-\hat{y})^2=\sum(Z_y-\beta_1Z_{x_1}-\beta_2Z_{x_2})^2$이 된다. 왜냐하면, Z점수(표준점수)는 평균이 0이고 $\widehat{Z_y}=\beta Z_x$가 되기 때문이다.

이 식을 각각 β_1, β_2에 관하여 편미분한 값을 0으로 놓고 양변을 2N으로 나눈 식은 각각 다음과 같이 구해진다.

$$-\sum\frac{Z_yZ_{x_1}}{N}+\beta_1\frac{\sum Z_{x_1}{}^2}{N}+\beta_2\frac{\sum Z_{x_1}Z_{x_2}}{N}=-r_{yx_1}+\beta_1+\beta_2r_{x_1x_2}=0$$

$$-\sum\frac{Z_yZ_{x_2}}{N}+\beta_1\frac{\sum Z_{x_1}Z_{x_2}}{N}+\beta_2\frac{\sum Z_{x_2}{}^2}{N}=-r_{yx_2}+\beta_1r_{x_1x_2}+\beta_2=0$$

이와 같은 이원일차방정식의 해를 구하면 $\beta_1=\dfrac{r_{yx_1}-r_{yx_2}r_{x_1x_2}}{1-r_{x_1x_2}{}^2}$, $\beta_2=\dfrac{r_{yx_2}-r_{yx_1}r_{x_1x_2}}{1-r_{x_1x_2}{}^2}$ 가 된다.

이렇게 구해진 β 를 '표준화된 회귀계수'라 하며, 여기에 각 변인의 표준편차(혹은 척도비)를 곱해주면 원점수에서의 '회귀계수'인 b_i를 구할 수 있게 된다

$$(b_1 = \beta_1 \frac{S_y}{S_{x_1}},\ b_2 = \beta_2 \frac{S_y}{S_{x_2}})$$

나. 회귀분석의 예시

1) 회귀계수의 유의도 검증

단순회귀분석에서 회귀계수(b)나 표준화된 회귀계수(β)가 통계적으로 의미 있는가에 대한 분석은 t 검증을 통하여 이루어진다.[10)]

원가설, $H_o : b_{y \cdot x} = 0$
대안가설, $H_a : b_{y \cdot x} \neq 0$

이때 t 값은 $t = \dfrac{\dfrac{(b_{y \cdot x} - 0)}{\sigma_{y \cdot x}}}{\sigma_x \sqrt{N}}$로 나타낼 수 있다. 여기서 σ_x는 회귀계수의 표준편차이고, $\sigma_{y \cdot x} = \sqrt{(N/N-2)({s_y}^2 - b_{y \cdot x} {s_x}^2)}$으로 예언의 표준오차를 의미한다. 표집에서 예언의 표준오차 $s_{y \cdot x} = \sqrt{(N-1/N-2)({s_y}^2 - b_{y \cdot x} {s_x}^2)}$의 분포는 $\sigma_{y \cdot x}$를 계산하는 과정에서 표집의 크기에 따른 교정요인을 넣었으며, $N-2$의 자유도를 가진다.

만약 독립변인의 전집 변량을 확인할 수 없는 경우 $\sigma_x \sqrt{N}$은 $s_x \sqrt{N-1}$으로 나타낼 수 있다. 이에 따라 표집된 자료를 통한 t 통계량은 다음과 같이 나타내게 된다.

---

10) 회귀계수의 유의도 검증과 별도로, 회귀방정식에 의해 설명되는 변량이 통계적으로 의미가 있는지를 검증하는 방법을 회귀방정식의 적합도 검증이라 하며, 이때는 보통 F검증을 활용한다.

$$t = \frac{b}{s_b} = \frac{b \cdot S_x \sqrt{N-1}}{\sqrt{(N-1/N-2)s_y^2 - b_{y \cdot x} s_x^2)}}$$

여기서 계산한 t 값이 특정 유의수준(α)에서 $N-2$의 자유도에 해당하는 t 값보다 클 경우 회귀계수 $b_{y \cdot x}$가 0이 아니라고 해석하게 된다. 즉, 통계적으로 유의미한 관계가 있다고 해석하게 된다.

이와 유사하게 표준화된 회귀계수(β)에 대한 검증도 t 분포를 따르며, 이때의 표준오차는 $S_\beta = \sqrt{(1-\beta^2)/(N-2)}$ 이고, t 는 $t = \frac{\beta}{s_\beta} \sim (N-2)$의 식을 가지며, 자유도가 $N-2$에서 t 분포를 따르게 된다.

한편, 중다회귀분석에서 회귀계수(b_k)나 표준화된 회귀계수(β_k)가 통계적으로 의미 있는가에 대한 분석도 단순회귀분석에서와 마찬가지로 t 검증을 통하여 이루어진다. 다만, 해당 독립변인에 따른 회귀계수의 변량이 달라진다는 점만이 다를 뿐이다.

중다회귀계수(b_k)의 표준오차는 $s_{b_k} = \sqrt{\frac{MSE}{SSR_K(1-R^2_{K \cdot 12 \ldots K-1})}}$ 으로 표현할 수 있고, 이를 이용하여 검정통계량인 t 를 산출할 수 있다(이때 K는 독립변인의 수임). t 는 $t = \frac{b_k}{s_{b_k}} \sim (N-K-1)$의 식을 가지며, 자유도가 $N-K-1$에서 t 분포를 따르게 된다.[11)]

표준화된 회귀계수(β_k)에 대한 검증도 t 분포를 따르며, 이 때의 표준오차는 $s_{\beta_k} = \sqrt{\frac{1-R^2_{Y \cdot 12 \ldots K}}{(1-R^2_{K \cdot 12 \ldots K-1})(N-K-1)}}$ 이고, t 는 $t = \frac{\beta_k}{s_{\beta_k}} \sim (N-K-1)$이 된다.

그리고, 중다회귀분석을 통해 중다상관계수(대문자 R, multiple correlation)

11) 공식에서 MSE는 오차제곱의 평균(mean square error)이며, SSR은 회귀제곱합(sum of squares regression)이다.

를 구할 수 있으며, 계산 공식은 다음과 같다.[12)]

$$R = \sqrt{\beta_{x_1} r_{yx_1} + \beta_{x_2} r_{yx_2}} = \sqrt{\frac{r_{yx_1}^2 + r_{yx_2}^2 + 2r_{yx_1} r_{yx_2} r_{x_1 x_2}}{1 - r_{x_1 x_2}^2}}$$

이때 중다상관계수의 제곱(R^2)은 단순상관계수의 제곱과 마찬가지로 결정계수가 되며, 이는 전체 변량 중에 설명되는(예언되는) 변량의 비율을 나타낸다. 중다상관계수가 통계적으로 0이 아닌지 여부에 대한 검증은 다음 공식을 이용한 F검증 방법을 활용한다.

$$F = \left(\frac{R^2}{1 - R^2}\right)\left(\frac{N - K - 1}{K}\right)$$

이 공식은 F 분포를 따르며, 자유도는 분자의 자유도 K와 분모의 자유도 $N-K-1$을 따른다.

2) 중다회귀분석에서 독립변인의 선정 방법

중다회귀분석의 경우 최적의 회귀방정식을 구하기 위해서는 종속변인의 변량을 적절히 설명할 수 있는 최적의 독립변인(혹은 예언변인)을 선정해야 한다. 독립변인을 선정하는 방식에는 여러 가지가 있다. 대표적인 방법으로 enter, backward, forward, stepwise, remove 방법 등이 있다. 일반적으로 가장 많이 쓰이는 방식은 enter 방식이고, 자료에 적합한 회귀모형을 탐색하는 데에 사용되는 방법은 stepwise 방법이다. 여기서 주의할 점은 최적의 회귀방정식을 구성하기 위해서는 사전에 충분한 이론적 뒷받침이 있어야 한다는 것

12) 여러 개의 독립변인들로 하나의 종속변인 Y를 예측한 값을 $\hat{Y}$라고 할때, $\hat{Y}$값과 Y값의 적률상관계수가 곧 중다상관계수(R)가 된다.

이다.

① Enter 방법

Enter 방법은 가능한 모든 회귀분석(all possible regressions) 방법의 하나로서, 한 단계에서 가능한 모든 독립변인들을 포함시켜 회귀방정식을 추정하는 방법이다. 가능한 모든 회귀란 주어진 모든 독립변인으로 만들 수 있는 회귀방정식을 설정하고, 각 회귀방정식을 통하여 나오는 R^2 등을 서로 비교함으로써 최적의 회귀방정식을 찾는 방법을 말한다.

② Forward 방법

Forward 방법은 순차적 변인 추가 방법(forward selection procedure)이라고 하는 방법으로서, 최적의 회귀방정식이 완성될 때까지 변수를 하나씩 추가하는 방법이다. 이 방법은 우선 독립변인 중 종속변인과의 단순상관계수가 가장 큰 변인을 회귀방정식에 포함시킨 후(예: $Y = b_0 + b_1 X_1$) 회귀계수를 구하고, 회귀방정식의 적합도(회귀방정식에 의해 설명되는 변량이 통계적으로 의미가 있는지를 검증하는 방법, 보통 F검증을 활용함)를 살핀다. 만약 회귀방정식이 적합하다면 첫 번째 독립변인의 영향력을 통제한 상황에서 종속변인에 대한 설명량이 큰 또 다른 독립변인을 선택하고, 회귀방정식(예: $Y = b_0 + b_1 X_1 + b_2 X_2$)의 적합도와 설명량의 증가량에 대한 통계적 검증을 한다. 독립변인을 추가시키는 것이 통계적으로 유의미하지 않다면, 첫 번째 방정식을 최적의 방정식으로 삼고, 유의미하다면 두 번째 과정을 남은 예언변인들을 대상으로 동일하게 적용시킨다. 이 과정은 반복적인 과정이며, 종속변인에 대한 독립변인들의 설명량의 증가가 통계적으로 유의미한 정도로 일어나지 않았을 때 멈추게 된다.

③ Backward 방법

이 방법은 위의 forward 방법의 반대로서 모든 독립변인을 포함시킨 회귀방정식에서 유의하지 못한 독립변인을 순차적으로 제거하는 방법이다. 이 방법의 절차는 첫째, 모든 예언변인으로 된 회귀방정식(예: $Y = b_0 + b_1X_1 + b_2X_2 + b_3X_3 \cdots$)을 가정하고, 각 예언변인의 회귀계수를 구하여 유의도를 검증한다. 둘째, 유의하지 않은 회귀계수를 가진 독립변인을 방정식에서 제거하고(예: $Y = b_0 + b_1X_1 + b_3X_3$) 회귀계수를 구하여 동일한 방식으로 유의도 검증을 한다. 이 과정을 순차적으로 반복하며, 만일 구해진 회귀계수가 모두 유의미하다면 그 상태의 회귀방정식을 최적의 회귀방정식으로 한다.

④ Stepwise 방법

이 방법은 단계적 회귀절차란 말로 사용되는데, 앞의 forward 방법을 개선한 방법이라고 할 수 있다. forward 방법은 일단 선정된 독립변인을 고정적인 것으로 보았지만, stepwise 방법에서는 앞에서 선정된 독립변인이더라도 여타의 독립변인에 의한 영향을 많이 받는다면 제외시키는 방법을 사용한다. 따라서 보다 적합한 회귀방정식을 구할 수 있다는 장점을 가진다. 이 방법에서는 forward 방법과 마찬가지로 종속변인과의 상관이 가장 높은 독립변인을 선정하여 회귀방정식을 작성하고, 적합도를 검증한다. 두 번째 단계에서도 이미 선정된 독립변인을 통제변인으로 놓은 상태에서 종속변인과 상관이 가장 높은 변인을 선정하여, 회귀방정식을 구한다. 유의도 검증 단계에서 변인 추가에 따른 설명량 증가에 대한 유의도 검증을 하는 것도 동일하다. 그러나 forward 방법이 우선적으로 선정된 독립변인만을 통제변인으로 설정한 것과는 달리, stepwise 방법에서는 추가된 독립변인을 통제변인으로 하는 회귀계수 검증을 추가적으로 실시한다. 이 방법을 통하여 독립변인간의 관련성에 따른 효과를 보다 정확하게 탐색할 수 있다는 이점을 갖게 된다.

그러나 이 방법은 통계적인 관점에서 자료에 가장 적합한 모형을 탐색하는 데에 용이할 뿐, 이론적인 모형을 검증하는 데에는 효과적이지 못하며, 자료가 특수한 속성을 가지고 있을 경우 회귀방정식을 일반화하는 데에 어려움이 있을 수 있다.

⑤ Remove 방법

이 방법은 지정된 변수들을 동시에 투입한 후, 즉 enter 방법을 실행한 후 하나씩 기계적으로 제거해 나가는 방법이다.

7 요인분석

가. 요인분석이 사용되는 경우

요인분석(要因分析, factor analysis)이란 여러 변인(혹은 문항)으로 구성된 측정도구의 내용을 몇 개의 요인(要因, factor)으로 줄이거나 여러 변인들 간의 상호 관계를 파악하기 위한 통계적 기법이다. 다시 말해서, 요인분석이란 여러 개의 관찰변인(측정변인 혹은 변인)간의 상관관계를 소수의 잠재변인(혹인 요인)을 이용하여 설명하는 통계적인 방법으로, 요인분석의 사용 범위나 용도는 매우 다양하나 크게 다섯 가지로 나누어 볼 수 있다.

첫째, 여러 개의 변인들을 적은 수의 요인으로 줄인다. 요인분석을 통해 여러 개의 변인들을 동질적인 몇 개의 요인으로 묶어 줌으로써 변인들 내에 존재하는 상호 독립적인 차원을 발견하는데 사용할 수 있다.

둘째, 변인들의 특성을 파악한다. 관련된 변인들이 묶여져 요인을 이루고, 이들 요인들은 상호 독립적인 특성을 가지게 되므로 변인들의 특성을 밝힐 수 있다.

셋째, 불필요한 변인들을 제거한다. 요인분석을 통해 요인에 포함되지 않거나 포함되더라도 중요도가 낮은 변인을 찾을 수 있으므로 불필요한 변인을 제거할 수 있다.

넷째, 측정도구의 타당성을 판정한다. 하나의 특성을 측정하기 위해 관측된 변인들은 하나의 요인으로 묶여진다. 이와 같은 요인분석의 특성을 이용하여 요인으로 묶여지지 않은 변인들을 추출함으로써 중요하지 않은 변인들을 선별해서 제거하거나 그 측정도구의 타당성을 검증하는데 이용할 수 있다.

다섯째, 요인분석결과를 지수화하여 차후의 회귀분석, 상관분석, 판별분석을 위한 분석자료로 사용할 수 있다. 회귀분석이나 판별분석을 하는 경우 변인의 수가 많으면 시간, 비용, 분석의 복잡성이 증가된다. 따라서 많은 수의 초기 변인들을 몇 개의 새로운 변인으로 줄이면서도 원래 정보의 손실을 최소화할 수 있도록 도와주는 것이 바로 요인분석이다.

요인분석을 할 때는 연구 목적에 따라 귀납적인 접근방법을 활용하거나 혹은 연역적인 접근방법을 활용한다. 귀납적인 접근방법을 탐색요인분석(exploratory factor analysis: EFA)이라고 하는데, 이는 아직 밝혀지지 않은 요인을 탐색하기 위해 경험적 자료를 이용하여 요인을 찾아가는 과정이라 할 수 있다. 흔히 요인분석이라 하면 탐색요인분석을 말한다. 반면에 연역적 접근방법은 확인요인분석(confirmatory factor analysis: CFA)이라 하는데, 이는 이론적으로 밝혀진 요인을 실제 자료를 활용하여 확인할 수 있는지 밝히는 과정이라 할 수 있다.

요인분석의 실제적인 수학적 모형을 제안하고 처음으로 활용한 사람은 스피어만(C. Spearman)이다. 참고로 스피어만은 지능에는 여러 가지 지적 능력범위의 특성들을 가지는 한 가지 공통된 일반요인(general factor 또는 g factor)'과 일반요인으로 설명되지 않는 개별 능력 범위의 '특수요인(special factor 또는 s factor)'이 있다고 가정하였다. 스피어만은 지능에 대한 자신의 2요인 이론을 검증하기 위해 상관행렬을 통한 요인분석을 실시하였다. 스피어만에 이어서 써스톤(L. Thurstone)은 지능을 하나의 공통요인이 아니라 여러 개의 잠재적인 요인으로 가정하고 요인분석을 실시하여 보다 일반화된 방법으로 정립하였으며, 호텔링(H. Hotelling)에 의해 더욱 자세한 기법으로 발전되었다(김영석, 2000).

한편 요인분석에서 주로 사용하는 용어를 설명하면 다음과 같다.

① 요인부하량(factor loading)

각 변인과 요인간의 상관관계라고 생각할 수 있다. 정확히 말해, 요인들간의 상관이 없다고 가정할 때(즉 요인들간에 서로 독립적일 때) 요인부하량은 상관계수로 해석할 수 있지만, 요인들간에 상관이 있다고 가정할 때에는 상관계수로 해석되지 않는다. 참고로, 요인부하량이 클수록 그 요인을 잘 측정하는 변인이라고 할 수 있는데, 요인부하량이 어느 정도 커야 하는지에 대한 일반적인 기준은 보통 ±0.3 이상(9%의 설명량)이면 유의하다고 보지만 보수적인 기준은 ±0.4(16%의 설명량) 이상이다. 그리고 ±0.5 이상인 경우에는 매우 높은 유의성을 가진 것으로 본다. 요인부하량은 표집의 수, 변인의 수, 요인의 수 등에 따라 변동된다.

② 공유치(communality)

요인부하량이 요인에 대한 각 변인의 가중치라면, 추출된 요인들에 의해 설명되는 각 관찰변인들의 변량비율을 공유치라 한다. 즉, 변인에 대한 모든 요인부하량을 제곱하여 합한 것이 공유치이며, 이는 추출된 요인들에 의해 설명되는 특정 변인의 변량이라고 할 수 있다. 수학적으로 공유치는 추출된 요인을 독립변인으로 하고 관찰변인 각각을 종속변인으로 하여 얻어지는 개별 변인의 중다상관제곱(SMC 즉, R^2)이라 할 수 있다.

③ 고유치(eigenvalue)

특정 요인에 부하된 모든 변인의 부하량을 제곱하여 합한 값을 의미하는 것으로, 개별 요인의 상대적인 중요도를 나타낸다. 이 값을 변인의 수로 나누어 주면 요인의 설명변량이 된다. 각 변인의 변량의 합은 1을 넘지 못하기 때문에 고유치의 합은 분석 중인 변인의 총수를 넘지 못한다. 고유치 값이 1.0보다 작으면 해당 요인은 한 변인의 변량도 채 설명하지 못하는 요인이라 할 수 있다. 따라서 요인을 추출할 때 흔히 고유치 값이 1.0보다 작으면 요인 추출에서 제외하는 기준으로 삼는다(이것을 흔히 '카이저 기준(Kaiser's rule)'이라고 한다).

④ **요인구조행렬(factor structure matrix)**

잠재된 요인과 관찰변인(혹은 측정변인)들의 관계 구조를 나타내는 행렬을 의미하며, 각 요인과 관찰변인간의 상관 행렬을 의미한다. 즉, 기존의 관찰변인과 추출된 요인간의 상관관계를 보여주는 행렬이다. 요인구조행렬에 나타난 수치인 요인구조부하량(factor structure loading)은 하나의 요인과 하나의 관찰변인간의 상관계수에 해당한다.

⑤ **요인유형행렬(factor pattern matrix)**

잠재요인에 대한 각 변인의 부하량의 행렬을 가리킨다. 직각회전(혹은 직교회전, orthogonal rotation)의 경우에는 요인구조행렬과 요인유형행렬이 같아진다. 그러나 사각회전(사교회전, oblique rotation)은 요인간에 상관이 존재한다고 가정하기 때문에 각 변인의 요인에 대한 가중치와 요인과 변인간의 상관이 각기 다른 값을 갖게 된다.

참고로, 요인분석의 기본적인 특성을 이해하기 위해 요인과 요인부하량을 그래프로 나타내면 다음과 같다([그림 IV-20] 참조). [그림 IV-20]에서 서로 직각으로 교차된 선인 A와 B는 두 개의 요인을 나타내며, 원안에 표시된 알파벳은 하위 검사를 표시한 것이다. 예를 들면, 검사 Ⓡ의 A와 B 요인에 대한 부하량은 각각 .79와 .10이다. 즉, A축 상에서 .79만큼 이동하고 B축 상에서는 .10만큼 이동하여 좌표로 나타낸 것이 Ⓡ로 표시되었다. 다른 6개 하위 검사의 좌표도 이와 동일한 방식으로 표시되어 있다. 이 그림에서 6개 하위 검사는 A 혹은 B요인에 높게 부하되어 있음을 알 수 있다. 따라서 6개 하위 검사는 비교적 '순수하게' 각각의 요인측정치를 가진다고 할 수 있다. 그러나 Ⓧ하위 검사는 두 요인을 공통으로 측정하는 것으로 추정되며, 이 경우의 좌표는 (.60, .50)이다. 즉, 이 하위 검사는 두 요인, 즉 A에 대해서 .60, B에 대해서 .50의 부하가 걸린다는 것을 의미한다.

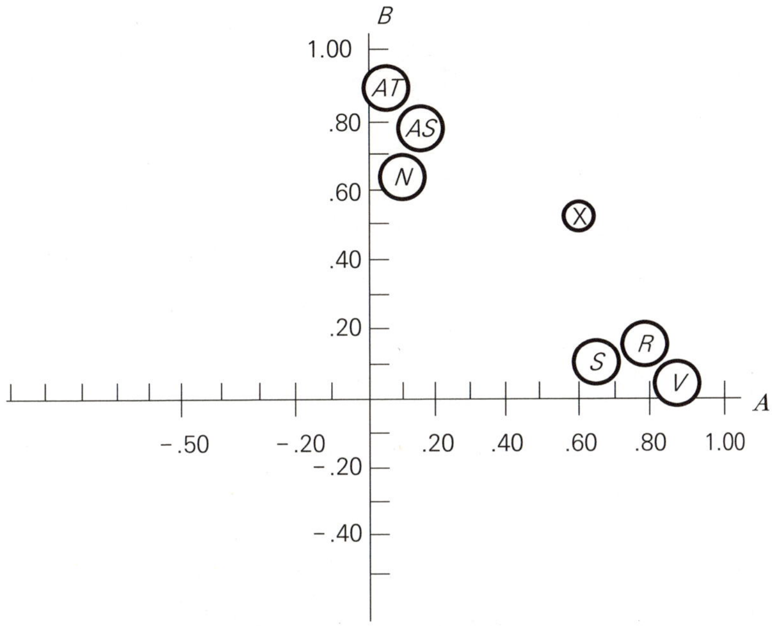

[그림 Ⅳ-20] 요인과 요인부하량의 도식적 표현

자료: Kerlinger(1986). Foundations of behavioral research, p.793.

나. 요인분석의 예시

요인분석은 일반적으로 다음과 같은 네 단계의 과정을 거쳐 실시된다([그림 Ⅳ-20] 참조).

제1단계: 모든 변인들에 대한 상관관계 행렬을 구한다.

↓

제2단계: 요인을 추출한다.

↓

제3단계: 보다 나은 해석을 위해 요인들을 회전한다.

↓

제4단계: 각 사례에 대해 각 요인들의 점수를 계산한다.

[그림 Ⅳ-20] **요인분석의 단계**

1) 상관관계 검토

앞서 요인분석의 기본가정에서 언급한 바와 같이 요인분석은 관련된 변인들을 서로 묶어 주어야 하므로 변인들 간에 적어도 하나 이상의 변인과 높은 상관관계를 가지지 않으면 안 된다. 만일, 변인들 간의 상관관계가 낮다면 이것은 공통요인을 갖지 않는다는 것을 의미하므로 공통요인을 구하는 일이 어렵게 된다. 따라서 변인들 간의 상관관계를 검토하는 일이 선행되어야 한다.

2) 요인추출

요인추출의 목적은 요인의 수를 결정하는 일이다. 요인추출 방법에는 여러 가지가 있으나 일반적으로 관찰된 요인의 선형결합인 주성분분석(principle components analysis)을 사용한다. 주성분분석 외에도 주요인분석(principle factor analysis), 최대가능도[13] 요인분석(maximum likelihood factor

13) 최대가능도(最大可能度, maximum likelihood)를 흔히 최대우도(最大尤度)라고 번역하고 있으나, 이 기법은 표집치가 나올 가능성이 최대가 되는 전집치를 추정한다는 의미이므

analysis) 등이 있다.

① 주성분분석법

주성분분석법(主成分分析, principle components analysis)은 공유치(communality)에 최대로 기여하는 제1요인을 추출하고, 제1요인의 변량을 제외한 잔차상관행렬(residual correlation matrix)에서 그 행렬의 공유치에 최대로 기여하는 제2요인을 추출하는 방식으로 주성분을 구한다. 이렇게 해서 전체 공유치의 95% 이상을 설명할 때까지 요인추출을 계속해 나간다. 여기서 공유치를 추정할 때, 변인의 상관행렬의 대각선 원소에 '1'의 값을 주는데, 이는 각 변인이 취할 수 있는 최대 신뢰도 계수를 대입한다는 뜻이며, 이는 곧 각 변인이 완벽하고 신뢰롭게 측정되었을 때 존재할 수 있는 요인들의 변량을 최대로 추출한다는 의미를 시사한다.

참고로, 주성분분석에서는 변인 수만큼 요인이 존재하는데, 요인의 수가 변인의 수만큼 많다고 하면 이는 단순화를 목적으로 하는 요인분석의 이용과는 거리가 먼 것이므로 대개 변인 수보다 적은 수의 요인을 추출하려고 한다. 몇 개의 요인을 추출할 것인가, 고유치는 어느 수준 이상으로 요구할 것인가는 연구자의 연구 목적에 의해 결정되어야 한다. 흔히 '고유치 〉 1.0'을 유의미한 요인 수 결정의 기준으로 정하는 것은 이 값 이상일 때 요인이 유의미하게 나타난다는 현상에 기초한 기준일 뿐이다. 추출할 요인 수를 결정하기 위해 스크리 검사(scree test)[14]를 하기도 한다. 스크리 검사는 고유치를 크기 순으로 차례로 좌표축에 표시하므로, 고유치가 더 이상 감소하지 않고 안정되어 가는 지점이 어디인가를 시각적으로 판단하여 추출할 요인 수를 결정하는데

로 익숙하지 않는 최대우도라는 말보다 최대가능도라는 용어로 번역 사용하였다.

14) 원래 scree는 부스러기, 자갈, 잔챙이를 의미하는 것으로, 스크리 검사를 잔챙이 검사라고 할 수 있다. 이는 고유치가 큰 것부터 좌표 상에 점을 찍어보면 몇 개의 요인의 고유치는 상당히 크고 나머지는 잔챙이 같이 작은 요인들이 모여있음을 발견하게 되는 데, 이때 잔챙이를 골라내듯이 비슷하게 작은 요인들을 제외시키는 방법이다. 또 이는 고유치의 현저한 차이를 기준으로 하는 것이므로 고유치 차이 검사라고 할 수도 있다.

이용된다.

② 주요인분석법

주요인분석법(主要因分析, principle factor analysis)은 주축분석법(principle axis analysis)이라고 하기도 한다. 주요인분석은 상관행렬의 대각선 원소에 '1'의 값을 넣는 대신, 다른 값을 넣는다는 것을 제외하면 주성분분석의 절차와 큰 차이가 없다. 상관행렬의 대각선에 '1' 이외의 값을 넣는다는 것은 곧 변인의 수보다 적은 수의 공통요인을 상정하는 변량모형을 전제하고 있기 때문에 중요한 의미를 가진다. 이 방법은 중다상관제곱(SMC, 즉 R^2)의 값을 초기 공유치의 추정치로 사용하고, 이에 기초하여 필요한 요인 수를 추출한다. 공유치는 요인부하량으로부터 재추정되고 새로운 요인이 추출된다. 이러한 과정은 공유치가 더 이상 변화되지 않을 때까지 반복하여 이루어진다.

③ 최대가능도 요인분석법

최대가능도 요인분석법(maximum likelihood factor analysis)은 표집 상관행렬에서 요인을 추출할 때 각 요인이 전집의 상관행렬에 있는 변량을 가능한 한 최대로 설명하도록 요인을 추출한다는 점에서 주성분분석법과 다르다.

최대가능도 요인분석법의 원리는 공통요인이 포함되어 있는 변인들의 분포가 다변인 정상분포로 이루어진 전집에서 관찰자료 표집을 끌어온 것이라고 가정한다. 즉, 각 변인에 관한 정확한 요인부하량을 모른다고 가정하고, 관찰상관행렬을 만들어 내기에 가장 가능성이 높은 전집치를 추정한다는 것이다. 이러한 의미에서 최대가능도(maximum likelihood) 요인분석법은 '추리통계적'이다. 추리통계는 표집에서 얻은 알고 있는 표집치를 기초로, 모르는 전집의 전집치를 통계적으로 타당하게 추정하려는 것이다. 이러한 논리가 최대가능도 요인분석법에 그대로 적용되고 있으므로, 가능하면 표집의 크기가 클 것을 요구한다. 요컨대, 최대가능도 요인분석법이란 표집이 다변량 정상분포를 따를 때 전집으로부터 관찰된 상관행렬을 표집할 가능성을 최대화하는 부하량을 계산함으로써 전집치를 추정하며, 이러한 과정으로 다시 공통변량이 큰 변인 즉, 고유변량이 낮은 변인에 가중치를 두어 반복적으로 요인을 추출하는 방법이라 할 수 있다.

3) 요인회전

여러 개의 변인을 대상으로 요인분석을 하면 변인의 수 보다 적은 수의 요인으로 상관관계를 설명할 수 있다. 이 때 처음에 얻은 요인의 수를 고정시키고 또 얻은 공통성의 값도 고정시킨 조건에서 요인분석의 결과를 보다 유의미하고 해석가능한 형태로 요인 축(axis)을 회전할 필요가 발생한다. 어떤 경우에는 변인들과 요인들이 해석 가능한 형태로 상관관계가 나타나지 않는가 하면, 어떤 경우에는 대부분의 요인들이 많은 변인들과 상관관계를 가진 것으로 나타나기도 한다. 그러므로, 초기 요인행렬을 해석하기 쉬운 행렬로 회전시킬 필요가 있다. 회전의 목적은 단순구조를 달성시키기 위한 것으로, 각각의 요인이 어떤 변인들에 대해서만 요인부하량을 갖게 함으로써 요인의 해석을 용이하게 한다.

회전으로 인해 요인행렬이 달라지더라도 공유치나 설명되는 변량의 비율은 달라지지 않는다. 요인행렬을 회전시키는 방법에는 두 가지 방법이 존재한다. 첫째는 직각회전(혹은 직교회전, orthogonal rotation)이고 둘째는 사각회전(혹은 사교회전, oblique rotation)이다.

① 직각회전

직각회전은 요인 축이 서로 직각을 이루도록 하여 요인을 추출한다. 따라서 각 요인은 다른 요인들과는 상호독립적 즉, 요인간의 상관이 '0'이 되는 관계임을 나타낸다. 직각회전을 위한 여러 가지 회전방법에는 쿼티맥스(quartimax), 베리맥스(varimax), 이퀴맥스(equamax) 등이 있으며 가장 널리 사용되는 방법은 베리맥스 방법이다. 그러나 직각회전의 경우에는 항상 요인간의 독립성이 유지되기 때문에 요인을 해석하는 것이 용이한 반면, 각 검사의 특성을 정확하게 반영하지 못할 수 있다.

쿼티맥스 방법은 변인을 설명하기 위해 필요한 요인의 수를 최소화하려는 회전방법으로, 요인행렬에서 가로줄의 값들(즉, 변인값들)을 큰 값은 크게 작은 값은 작게 하는 방법이다. 이는 실제 문제를 다룰 때 요인의 해석 단순성을 희생하는 대신에 변인의 해석 단순성을 강조하는 것이다. 즉, 각 변인이 요인 중에 유일하게 한 개의 요인에만 부하량이 최대화되도록 함과 동시에 그 변인의 공통성은 같게 되도록 하는 준거에 따르고 있기 때문이다. 한 변인의 해석은 그에 관련된 공통요인의 수가 적어지면 질수록 간단해지는 반면, 한 요인의 해석은 비교적 적은 수의 변인이 그 요인에 높은 부하를 보이고 나머지 변인들은 그 요인에 '0'의 부하를 보일 때 해석이 보다 간단해 진다.

베리맥스 방법은 연구자들이 가장 많이 사용하는 방법이며, 쿼티맥스 방법과는 약간 다른 준거 즉, 요인행렬의 각 요인을 단순화시킨다는 준거를 채택하고 있는 방법이다. 즉, 요인의 변량이 최대가 되도록(varimax = variance is maximized) 요인행렬에서 세로줄의 값들(즉, 요인값들)을 큰 값은 크게, 작은 값은 작게 하는 방법이다. 베리맥스 회전 방법에 의해 얻어진 요인유형은 쿼티맥스 회전에 의해 얻은 요인유형보다 불변적인 경향을 보이는데, 이러한 점에서 여러 가지 다른 성질을 띤 변인의 집합으로 이루어진 변인군에 대해 회전을 시도하는 경우에는 쿼티맥스보다 베리맥스가 훨씬 바람직한 방법이라 할 수 있다.

이쿼맥스 방법은 쿼티맥스 방법이 변인을 단순화시키는데 강조점을 두고 있고 베리맥스 방법이 요인을 단순화시키는데 강조점을 두고 있는데 반해, 적절한 가중치를 두어 이 두 가지 준거를 동시에 만족시키도록 하려는 방법이다.

② 사각회전

사각회전은 요인간에 상관관계를 허용하는 기법으로 요인간의 실제적인 관계를 나타내고자 하기 때문에 다소 설득력이 약하다. 그렇지만 사회적인 현상은 완전히 독립적인 요인이 존재하지 않는 경우가 대부분이므로 직각회전이 아닌 사각회전에 의해 설명할 수 있다. 사각회전은 요인에 부하되는 검사들의 특성을 직각회전보다는 정확하게 반영할 수 있지만, 검사들이 밀집되거나 복잡한 관계성을 가지고 있을 때는 요인을 해석하는 것이 모호해질 수 있다는 단점이 있다. 직각회전의 경우에는 새로이 형성된 요인과 요인 사이에 상관이 없기 때문에 요인유형행렬과 요인구조행렬은 동일하다. 그러나, 사각회전에서는 요인유형행렬과 요인구조행렬이 동일하지 않다. 사각회전에서는 요인유형행렬보다 요인구조행렬을 기초로 해석해야 하는데, 요인구조행렬의 요인부하량은 그 변인과 사각요인축과의 상관을 나타내기 때문이다. 사각회전 후의 요인유형행렬은 변인들의 요인형태를 단순화시켜 주는 특징이 있기 때문에 요인 해석이나 요인점수를 산출하여 후속 분석을 하는데 적절하다. SPSS에는 사각회전을 위한 오블리민(oblimin) 방법이 제시되어 있다.

일반적으로 사각회전은 강력한 이론적 뒷받침이 있을 때만 사용한다. 가령 어떤 이론에 비추어 보아, 요인분석 결과로 몇 개의 요인이 나타나며 어떤 변인이 요인에 적재될 것인지를 연역적으로 예상할 수 있다면, 직각의 회전축을 유지하지 않고서도 주어진 변인을 명확하게 반영할 수 있다. 그러나 이차분석을 위해 요인점수를 이용하고자 한다면 직각회전 방법을 사용하여야만 요인점수들간의 높은 상관, 즉 다중공선성(多重共線性, multicollinearity)의 문제[15)]를 미연에 방지할 수 있다.

한편, 요인분석을 하기 위해서는 몇 가지 기본 가정들이 필요하다. 요인분석을 하기 위해서는 이론적인 근거가 충분해야 하며, 동시에 변인이 연속변인이어야 한다. 그리고 사례수도 충분히 커야 하며(예: 최소한 200개 이상이 바람직함), 다변량 정상분포를 이루고 있어야 한다. 또한, 변인들 상호간에 선형적인 관계가 있어야 하며, 지나친 다중공선성을 피해야 한다. 아울러, 표집의

15) 독립변인들 간의 상관이 지나치게 높은 경우에 발생하는 문제를 의미한다. 예컨대, 회귀분석에서 독립변인들 간의 상관이 지나치게 높으면, 부분회귀계수의 안정성이 낮아지고(즉, 부분회귀계수의 표준오차가 커지고), 각 독립변인의 중요도를 판단하기 어렵게 만드는 문제가 발생한다.

상관행렬이 요인분석이 가능한 것인지를 파악해야 하는데, 분석될 표집의 상관행렬이 적당한 크기를 가져야 요인분석이 가능하다. 변인들간의 상관이 지나치게 작다는 것은 공통요인을 갖지 않는다는 것을 말하기 때문에 요인분석을 수행할 의미가 없게 되기 때문이다. SPSS를 포함한 대부분의 통계패키지에서 요인분석이 가능한지에 대한 평가방법들을 제공하는데, 단순상관계수와 부분상관계수의 크기를 비교하여 표집의 적절성을 측정하는 표집 적절성 측정치(Kaiser-Meyer-Olkin: KMO) 값도 그 중 하나이다. KMO 값은 1에 가까울수록 표집의 상관이 요인분석을 하기에 적합하다는 것을 의미하고, KMO값이 작다는 것은 변인 쌍의 상관이 다른 변인에 의해 설명되지 않기 때문에 변인들을 요인분석하는 것이 바람직하지 않다는 것을 의미한다. 예컨대, KMO 값은 0.90 이상이면 매우 좋고, 0.80 정도이면 양호하며, 0.60이나 0.70 정도이면 보통이고 0.50 이하이면 부적절한 것이라 할 수 있다.

연 ◦ 습 ◦ 문 ◦ 제

1. 기본개념

1. 다음 빈칸을 채우시오.

(1) 추리통계에서 표집치를 이용하여 전집치를 확률적으로 예상하는 것을 (　　) 라 한다.

(2) 특정 추정자를 통해 전집치가 포함될 확률을 구간으로 표시한 것을 (　　)라 한다.

(3) 연구자가 직접 통계적으로 검증하고자 하는 가설을 (　　　)라 하고, 이를 통계적으로 받아들일 수 없을 때 대안적으로 받아들이게 되는 가설을 (　　) 라 한다.

(4) 원가설이 옳음에도 불구하고 원가설을 부정하는 것을 (　　　)라 하고, 이러한 의사결정을 내리게 될 확률을 일반적으로 (　　　)로 표시한다.

(5) 원가설이 옳지 않음에도 불구하고 원가설을 받아들이는 것을 (　　　)라 하고, 이러한 의사결정을 내리게 될 확률은 흔히 (　　　)로 표시한다.

(6) 대안가설이 진실일 때, 원가설을 부정함으로써 대안가설을 받아들일 확률인 $1-\beta$를 (　　　)이라 한다.

(7) 일정한 확률을 가지고 발생하는 사건에 수치를 부여한 것을 (　　　)라 한다.

(8) 확률변수가 취할 수 있는 모든 값들과 이 값들이 나타날 확률을 분포로 나타낸 것을 (　　　)라 한다.

(9) 취할 수 있는 값이 일정 범위 내에 있는 유한개의 실수값을 취하는 확률변수를 (　　　)라 하고, 일정 범위 내에 있는 모든 실수값을 취하는 확률변수를 (　　　)라 한다.

(10) 이산확률변수에 관한 분포를 (　　　)라 하는데 대표적인 분포는 이항분포이다.

(11) 연속확률변수에 관한 분포를 (　　　)라 하는데 대표적인 분포는 정상분포이다.

(12) 각각의 독립적인 시행결과가 상호 배타적인 두 개의 사건으로 나타나는 시행을 ( )이라 한다.

(13) 어떤 사건 A가 1회의 시행에서 일어나는 확률을 p, 일어나지 않을 확률을 $q(=1-p)$라고 하고, 이 시행이 n회 독립적으로 반복될 때 사건 A가 일어나는 횟수를 확률변수 X라 하면, 이러한 확률변수 X에 관한 확률분포를 ( )라 한다. 이 때, 사건 A가 r번 일어날 확률, $P(X=r)=($ $)$ 이다.

(14) '확률변수 X가 시행횟수가 n이고 한 번의 시행에서 특정 사건이 발생할 확률이 p인 이항분포를 따른다'를 통계적인 기호로 간단히 표시하면 (   ) 이다.

(15) 확률변수 X가 시행횟수가 n이고 한 번의 시행에서 특정 사건이 발생할 확률이 p인 이항분포를 따를 때, 확률변수 X의 기대값(평균)은 (   )이고, 변량은 (   )이다.

(16) 연속확률분포에서 각 확률변수가 취하는 확률을 표시하는 함수를 (   )라 하고, 간단히 p.d.f.(probability density function)로 나타낸다.

(17) 확률분포의 모양을 변화시키는 인자를 모멘트(moment)라고 한다. 정상분포의 모멘트는 (   )와 (   ) 두 가지라고 할 수 있다.

(18) 표집을 이용하여 전집의 특성을 추정하는 과정에서 발생하는 표집치와 전집치와의 차이를 (   )라 한다.

(19) 전집이 표집의 크기에 비해 아주 크고 표집의 크기가 충분히 크다면(보통 30 이상) 전집이 정상분포를 이루지 않더라도 표집평균의 분포는 평균이 전집분포와 동일하고 전집의 표준편차를 사례수의 제곱근으로 나눈 값을 표준편차로 취하는 분포를 따른다는 것이 알려져 있다. 이를 ( )라 한다.

2. 추정자가 갖추어야할 바람직한 조건을 4가지로 나누어 설명하시오.

3. 총 사례수가 1000개인 한 변인의 분포가 정상분포를 이루고, 이 분포의 평균이 100이고 표준편차가 25라고 할 때, 149점 이상이 되는 사례는 몇 개인가를 계산하시오.

4. 중앙집중한계정리(central limit theorem)에 대해 간단히 설명하시오.

5. 평균이 100이고 표준편차가 15인 지능검사를 이용하여, 대학교 2학년 100명을 대상으로 지능검사를 실시한 결과 평균이 104로 나타났다. 이 집단의 평균이 전집의 평균과 차이가 있는지의 여부를 $\alpha = 0.05$ 수준에서 검증하시오.

6. $\mu = 150$, $\sigma = 24$ 인 한 전집이 정상분포를 이루고 있다. 이 집단으로부터 $N = 36$ 인 무선표집을 연속적으로 시행하였을 때,
   (1) 얻어진 표집의 평균($\overline{X}$)이 154 또는 그 이상이 될 확률은 얼마인가?
   (2) 표집의 평균이 150으로부터 6 또는 그 이상의 차이가 날 확률은 얼마인가?

7. $\mu = 100$, $\sigma = 10$인 전집이 정상분포를 이루고 있을 때, $N = 25$씩 무선표집을 시행하여 그 평균을 계산하였다. 이러한 표집의 평균치들이 이루는 분포에서 상위 1% 에 해당되는 평균치를 구하고, 분포의 중앙 95% 를 포함하는 범위를 구하시오.

8. $N = 100$씩 연속적으로 표집하여 얻은 표집의 평균이 이루는 분포의 표준오차가 2였다. 이 표준오차를 반으로 줄이기 위해서는 표집의 크기를 얼마로 해야 하는가?

9. 평균이 100인 정상분포를 가정할 수 있는 어떤 전집이 있다. 이 전집으로부터의 $N = 20$인 표집의 평균이 이루는 분포의 표준오차가 3.5일 때,
   (1) 표집의 평균이 96과 103 사이의 범위에 있을 확률은 얼마인가?
   (2) 표집의 크기를 $N = 20$에서 $N = 40$으로 늘렸을 경우, 표집의 평균이 96과 103 사이의 범위에 있을 확률은 얼마인가?

2. χ^2 검증

1. 다음 빈칸을 채우시오.

(1) 명명변인이나 서열변인 간의 상호 독립성을 검증하기 위해 가장 일반적으로 사용되는 검증 기법은 (   )이다.

(2) 낙태에 대한 남녀간 찬성·반대 비율이 어떻게 다른가를 알아보기 위해 표집조사를 실시하였다. 이 때, 남자와 여자 각각에 대한 찬성·반대의 빈도수를 표로 나타내면 4개의 셀을 갖는 2행 2열(2×2)의 표가 만들어진다. 이러한 표를 (   )라 한다.

(3) 앞의 표집조사에서 실제로 조사된 빈도를 관찰빈도라고 한다. 그리고 남녀의 의견에 차이가 없다는 가정하에 관찰빈도 각각에 대한 이론적 빈도를 계산할 수 있다. 이 때, 이러한 이론적 빈도를 (   )라 한다.

(4) χ^2 검증을 위해 작성된 분할표가 $m \times n$의 형태를 띄게 된다면 이 검증을 위해 활용되는 χ^2분포의 자유도는 (   )이다.

2. 어떤 여론조사의 결과가 아래 〈표〉와 같다고 할 때, 남녀간에 찬성·반대 의견에 차이가 있는지 여부를 통계적으로 검증하시오.

	남자	여자	계
찬성	60	40	100
반대	40	60	100
계	100	100	200

3. 어떤 선발시험에서 남학생 50명 중 20명이 합격을 하고, 여학생 50명 중 30명이 합격을 하였다면, 남녀 학생의 합격률에 차이가 있는지의 여부를 $\alpha = 0.05$수준에서 검증하시오.

4. A학교의 동창회 회원들은 모두 400명으로 구성되어 있다. 동창회의 회칙을 바꾸려고 하는데, 1990년 이전에 졸업한 동창생들 180명 중 20%는 회칙을 바꾸는 데에 찬성하고, 1990년 이후에 졸업한 동창생들 220명 중 45%가 회칙을 바꾸는 데에 찬성하였다. 그렇다면, 회칙을 바꾸는 데 찬성한 사람의 비율은 1990년 전후의 동창생들 간에 차이가 있다고 볼 수 있는가? $\alpha = 0.05$수준에서 검증하시오.

5. 고등학생 80명에 대한 수학과 영어 과목에 대한 학년별 선호도를 조사한 결과가 다음 표와 같다. 학년별 과목 선호도에 대한 차이가 있는가를 검증하시오.($\alpha = 0.05$)

	1학년	2학년	3학년
영어	34	11	27
수학	5	30	13

6. 두 가지 정신요법 A, B가 환자치료에 차이가 있다고 볼 수 있는가를 알아보기 위하여 두 치료 방법에 의해 치료받은 환자를 전문가로 하여금 치료효과에 관하여 평가하게 하여 다음과 같은 결과를 얻었다.

	치료효과 있음	치료효과 없음
정신요법 A	16	28
정신요법 B	9	37

'두 치료방법은 치료효과가 다르다고 볼 수 있는가'를 검증하시오($\alpha = 0.05$).

3. t 검증

1. 다음 빈칸을 채우시오.

(1) t 검증은 t 분포를 활용하는 검증 기법이다. t 분포는 정상분포와 비슷한 종 모양의 분포인데, (　) 혹은 자유도(degree of freedom, df)에 따라 분포의 첨도가 달라지는 분포이다.

(2) t 분포는 자유도가 증가할수록 정상분포에 접근하게 되며, 자유도의 크기가 (　　　)이상일 때에는 정상분포의 값과 거의 동일한 값을 갖게 된다. 자유도의 크기가 무한대(∞)일 때 t 분포는 정상분포와 완전히 동일한 분포를 이루게 된다.

(3) t 분포는 (　　　)개의 집단간의 평균에 차이가 있는지 여부를 검증하기 위해 사용된다.

(4) 각 집단의 사례를 표집할 때 각 집단이 표집될 확률이 서로에게 영향을 주지 않는 경우, 즉 각 집단이 확률적으로 독립적인 관계를 가지고 표집되는 경우를 (　　　)이라고 한다. 반면, 두 집단의 차이를 확인하기 위해 반복측정을 하는 경우를 (　　　)이라고 한다. t 검증에서는 검증 대상이 되는 두 집단이 독립표집인지 종속표집인지에 따라 서로 다른 계산과정을 거치게 된다.

2. t 검증을 실시하기 위한 SPSS 프로그램에서 'independent sample t-test'를 사용해야 할 경우와 'paired sample t-test'를 사용해야 할 경우를 비교 · 설명하시오.

3. 한 연구자가 교수 방법에 따라 수학 점수에 차이가 있는가를 검증하고자 한다. 두 집단에 대하여 교수 방법 A와 교수 방법 B를 실시한 후 실시한 시험에서 두 집단의 수학 성적은 다음과 같았다. 두 집단의 수학성적에 유의미한 차이가 나타나는가를 $\alpha = 0.05$수준에서 검증하시오.

교수 방법 A	교수 방법 B
$N_1 = 15$	$N_2 = 14$
$\overline{X}_1 = 75$	$\overline{X}_2 = 81$
$\widehat{\sigma_1} = 13$	$\widehat{\sigma_2} = 12$

4. 다음은 5명의 학생들에게 중간고사와 기말고사에 국어 시험을 실시하여 얻은 점수들이다. 중간고사 점수와 기말 고사의 점수 사이에 차이가 있는지를 $\alpha = 0.05$수준에서 검증하시오.

	중간	기말	차이 점수
1	64	72	8
2	70	78	8
3	40	50	10
4	76	81	5
5	91	90	-1

4. 변량분석

1. 다음 빈칸을 채우시오.

(1) 두 χ^2분포의 비에 관한 분포를 F분포라고 한다. F분포는 (   )에 따라 분포의 모양이 달라지게 되는데, 대체로 정적편포의 모양을 이루는 분포이다.

(2) F분포를 활용한 검증방법을 (   )이라 하고, 이를 간단히 ANOVA라고 부른다.

(3) 변량분석은 (   )개 이상의 집단에서 얻어진 평균치들의 차이가 전집의 본질적인 차이에 의한 것인지, 표집에 따른 우연한 차이인지를 검증하기 위해 활용되는 분석방법이다.

(4) 모든 점수들이 어느 집단에 속하는지에 관계없이 이들 원점수들과 전체평균과의 편차를 제곱하여 더한 값을 (   )라 한다.

(5) 각 집단의 원점수에서 그 집단의 평균을 뺀 값을 제곱하여 모두 더한 값을 (   )이라 한다.

(6) 각 집단의 평균에서 전체평균을 뺀 값을 제곱한 값에 그 집단의 사례수를 곱한 값들을 집단별로 모두 더한 값을 (   )이라 한다.

(7) 집단내 제곱합과 집단간 제곱합을 더하게 되면 (   )이 된다.

(8) 전체 사례수를 N, 집단의 수를 j, 각 집단의 사례수를 n_j 라 할 때, 전체 자유도는 (   ), 집단내 자유도는 (   ), 집단간 자유도는 (   )가 된다.

(9) 집단내 자유도와 집단간 자유도를 더하게 되면 (   )가 된다.

(10) 각 제곱합을 각각의 자유도로 나누어 준 값을 (   )이라고 한다. 이 값은 결국 표집변량의 의미를 지니게 된다. 즉, 전체 제곱합을 전체 자유도로 나누어준 값은 표집 전체의 변량을 의미하는 값이고, 집단내 제곱합을 집단내 자유도로 나누어준 값은 집단내 변량을 의미하는 값이다. 그리고 집단간 제곱합을 집단간 자유도로 나누어준 값은 집단간 변량과 동일한 의미를 갖는 값이라고 할 수 있다.

(11) 집단내 제곱합, 집단간 제곱합, 집단내 자유도, 집단간 자유도를 알게 되면 F값을 계산할 수 있다. F값의 계산 공식은 다음과 같다.

$$F = \frac{\text{집단간변량}}{\text{집단내변량}} = \frac{(\qquad\qquad)}{(\qquad\qquad)} = \frac{(\qquad\qquad)/(\qquad\qquad)}{(\qquad\qquad)/(\qquad\qquad)}$$

(12) 변량분석을 통해 원가설이 기각되고 대안가설이 채택되었을 경우, 구체적으로 어떤 집단과 어떤 집단 간에 차이가 있는지를 확인하기 위해 (   )를 하게 된다. 이를 위해 주로 이용되는 방법에는 (   )방법과 (   )방법이 있다. 모든 집단의 사례수가 같을 경우에는 (   )방법을 사용하는 것이 바람직하고, 집단간 사례수가 다를 경우에는 (   )방법을 사용하는 것이 좋다.

(13) 독립변인이 하나인 경우 하나의 독립변인에 대한 2개 이상의 수준에 대한 집단간 평균의 차이를 비교하기 위한 변량분석 방법을 (   )이라 하고, 독립변인이 두 개 이상인 경우에 각각의 독립변인의 각 수준에 대한 집단간 평균의 차이를 비교하기 위한 변량분석 방법을 (   )이라 한다.

(14) 다원변량분석에서 각 독립변인들이 종속변인에 미치는 효과를 두 가지로 나눌 수 있는데, 그것은 각각 (   )와 (   )이다.

(15) 특정 독립변인을 이용하여 이질적인 집단을 통계적으로 동질화한 다음 그 독립변인을 제외한 변인의 집단 간 평균의 차이를 검증하고자 할 때 사용되는 다원변량분석방법을 (   )이라고 한다.

2. 다원변량분석(多元變量分析)에서 주효과(main effect)와 상호작용효과(interaction effect)에 대해 각각 설명하시오.

3. 다음은 문제 해결 방법에 대하여 서로 다른 교육적 처치를 받은 세 집단 A, B, C의 문제 해결 점수이다. 세 집단 A, B, C 사이에 차이가 있는지를 검증하시오.

A	B	C	$J=3$
0	3	6	$n_1=3$
3	6	9	$n_2=3$
6	9	12	$n_3=3$
$\overline{X}_1=3$	$\overline{X}_2=6$	$\overline{X}_3=9$	$\overline{X}=6$

4. 남자와 여자 사이의 교수 방법에 따라서 영어 듣기 점수의 효과가 달라지는지에 대하여 연구하였다. A_1방법은 테이프 듣기, A_2방법은 컴퓨터 교수, A_3방법은 원어민과의 대화 방법이었다. 영어 듣기 점수의 결과는 다음과 같다.

B \ A	A_1	A_2	A_3	$\overline{X}_{\cdot k}$
남	4	6	8	6
	5	5	7	
	3	8	9	
	2	7	5	
	6	9	6	
$\overline{X}_{jk}$	4	7	7	
여	6	4	2	5.67
	8	2	4	
	9	1	10	
	7	5	8	
	10	3	6	
$\overline{X}_{jk}$	8	3	6	
$\overline{X}_{j\cdot}$	6	5	6.5	$\overline{X}$ = 5.84

각 방법에 따른 주효과와 상호작용의 효과를 검증하시오.(단, $\alpha = 0.05$)

5. 상관분석

1. 다음 빈칸을 채우시오.

(1) 두 변인간의 직선적인 관련 정도를 나타내는 지수를 (   )라 하며, 표집의 값은 r로, 전집의 값은 ρ로 표시한다. 이 값들은 -1에서 1 사이의 범위에서 변화한다.

(2) 이차원 평면상에서 두 개의 서로 관련되는 변인을 x축과 y축을 기준으로 하여 점으로 나타내는 그림을 (   )라고 하는데, 이를 통해 두 변인의 상관관계를 대략적으로 가늠해 볼 수 있다.

(3) 상관계수를 해석할 때는 주로 (   )를 활용하게 되는데, 이 값은 상관계수를 제곱한 값, 즉 r^2이다. 이 값은 두 변인 중 한 변인을 알고 있음으로써 다른 변인의 변량 중 설명되는 비율을 나타내는 수치라고 할 수 있다.

(4) Pearson의 적률상관계수는 측정 수준에 있어 두 변인이 (   )변인이나 (   )변인일 경우에 사용할 수 있다.

(5) 두 변인이 서열변인인 경우에 사용되는 상관계수는 (   )이다. 이 상관계수의 계산 방법은 Pearson의 적률상관계수의 계산방법과 동일하다.

(6) 두 변인 중 한 변인은 연속변인이고 다른 변인은 이분법적으로 나뉘어져 있는 경우에 두 변인간의 상관관계를 나타내기 위해 (   )가 사용된다.

(7) 두 변인 모두 이분법적으로 나뉘어진 경우에 두 변인의 상관관계를 나타내기 위해 사용되는 상관계수는 (   )이다.

(8) 두 변인 X_1과 X_2의 상관계수를 구함에 있어 제3의 요인인 X_3이 X_1과 X_2에 미치는 영향을 제거한 상태에서 구한 상관계수를 (   )라고 한다.

2. 상관계수(correlation coefficient)의 의미를 간단히 설명하고, Pearson의 적률상관계수와 Spearman의 서열상관계수를 서로 비교하여 설명하시오.

3. 상관계수를 제대로 활용하기 위한 5가지 전제조건에 대해 각각 설명하시오.

4. 다음 X, Y간의 Pearson 상관을 계산하시오.

X	Y
3	2
9	7
7	6
5	4
4	7

5. 초등학교 6학년 학생의 지능검사점수와 단어검사점수 사이에 $r = 0.60$의 상관이 존재한다고 한다. 다음과 같은 변화가 있을 경우, 상관계수 r은 어떻게 달라지는지 설명하시오.

(1) 단어검사에서 정답점수 대신 오답점수와 지능검사점수의 상관을 구한 경우
(2) 모든 지능검사점수를 10으로 나누어 단어검사 점수와의 상관을 구한 경우
(3) 모든 단어검사점수에 10을 더하여 지능검사점수와의 상관을 구한 경우
(4) 단어검사점수에는 10을 더하고 지능검사점수는 2로 나누어 상관을 구한 경우
(5) 단어검사점수를 Z점수로 바꾸어 지능검사점수와의 상관을 구한 경우
(6) 단어검사점수는 Z점수로 바꾸고 지능검사점수는 T점수로 바꾸어 상관을 구한 경우

6. 초등학교 학생의 경우 수학검사와 악력(손아귀 힘)검사의 결과 사이에 $r = 0.65$의 상관이 존재하고, 대학생의 경우에는 이들 검사 결과의 상관이 $r = 0.10$이라고 하자. 이 두 결과가 대표적 표집을 통한 결과라고 할 때, 이러한 r 값의 차이가 왜 나타나는지 예측해 보시오.

7. 초등학생의 경우 일반적으로 여학생이 남학생보다 언어능력검사점수가 높다고 한다. 그리고 지능검사와 언어능력검사점수 사이의 상관계수는 남학생의 경우와 여학생의 경우 모두 $r = 0.50$으로 나왔다. 이 때, 남녀전체에 대하여 언어능력검사점수와 지능검사점수 사이의 상관계수 r을 구한다면 r 값은 어떻게 되겠는가?

8. X의 변량 81%가 Y에 의해서 예언(또는 설명)된다고 하면, X, Y 두 변인 사이의 상관계수는 얼마인가?

9. 체격과 지능은 흔히 상관이 없다고 한다. 75명의 대학생에게 지능검사를 실시하고 체능지수(體能指數)와의 상관을 조사한 결과 $r = 0.16$을 얻었다. 이 결과는 $\rho = 0$이라는 가설과 일치한다고 볼 수 있는가?

10. 어느 검사 제작자가 자기가 만든 지능검사는 학업성적과의 상관이 $r = 0.50$이상이 된다고 주장하고 있다. $N = 100$명을 표집하여 상관관계를 계산한 결과 $r = 0.53$을 얻었다. 그의 주장은 타당하다고 볼 수 있는가?

11. 9세 아동에 있어서 인물화 검사와 비네 개인용 지능검사와의 상관을 구한 결과 $N = 37$명에 대해 $r = 0.73$을 얻었다. 99%의 신뢰구간을 설정하시오.

12. 표집의 크기가 $N = 25$라면 H_0 : $\rho = 0$이라는 가설을 $\alpha = 0.05$ 수준에서 기각하기 위한 r 값은 얼마이어야 하는가?

13. 무선적으로 표집한 $N = 145$명에 대한 두 변인간의 상관계수 $r = 0.15$이다. 전집의 ρ가 0이거나 부적상관관계를 갖기보다는 정적 상관관계를 갖는다는 가설을 검증하시오.

6. 회귀분석

1. 다음 빈칸을 채우시오.

(1) 여러 개의 독립변인을 이용하여 하나의 종속변인을 얼마나 잘 예언하는지를 분석하기 위한 통계적 기법을 (   )이라고 한다.

(2) 종속변인이 하나이고 독립변인이 하나인 회귀분석기법을 (   )이라고 하고, 종속변인이 하나이고 독립변인이 두 개 이상인 회귀분석기법을 (   )라고 한다.

(3) 독립변인을 이용하여 종속변인을 예언하기 위한 방정식을 (   )이라고 하고 이 방정식을 구성하는 계수를 (   )라고 한다.

(4) 중다회귀분석에서 최적의 회귀방정식을 구하기 위해서는 종속변인의 변량을 적절히 설명할 수 있는 최적의 독립변인을 선정해야 한다. 독립변인을 선정하는 방식에는 여러 가지가 있다. 한 단계에서 가능한 모든 독립변인들을 포함시켜 회귀방정식을 추정하는 방법을 (   )이라고 하고, 최적의 회귀방정식이 완성될 때까지 변수를 하나씩 추가하는 방법을 (   )이라고 한다. 그리고 모든 독립변인을 포함시킨 회귀방정식에서 유의하지 못한 독립변인을 순차적으로 제거하는 방법을 (   )이라고 한다.

(5) Forward 방법을 개선한 방법으로 Forward 방법의 두 번째 단계부터 새로 추가되는 변인이 먼저 추가되었을 경우의 설명량 증가에 대한 회귀계수 검증을 추가적으로 실시하는 독립변인 선정방법을 (   )이라 한다.

(6) 지정된 변수들을 동시에 투입한 후, 즉 enter 방법을 실행한 후 하나씩 기계적으로 변수를 제거해 나가는 방법을 (   )이라 한다.

2. 어느 대학의 1학년 학생들의 적성검사 결과와 대학 1학년 성적, 그리고 그들 사이의 상관이 다음과 같다고 한다. 물음에 답하시오.

적성검사 (X)	대학 1학년 성적(Y)
$\overline{X} = 560$	$\overline{Y} = 2.65$
$S_X = 75$	$S_Y = 0.35$

$$r = 0.50$$

(1) 회귀공식을 이용하여 X점수를 알고 Y점수를 예언한다고 할 경우 이러한 예언이 의미를 가지기 위한 기본 가정은 무엇인가?

(2) 위에서 주어진 자료를 가지고 X를 알고 Y를 예언하는 회귀방정식을 구하라.

(3) A와 B학생의 적성검사점수가 각각 485와 600일 때, 그들의 대학 성적을 예언하라.

3. $\overline{X}=150$, $S_X=20$, $\overline{Y}=50$, $S_Y=10$, $r=0.60$일 때, 다음에 답하시오.

(1) $Z_X=2.00$일 때, $\hat{Z}_Y$은 얼마인가?

(2) $X=190$일 때, $\hat{Y}$은 얼마인가?

4. X, Y 두 변인 사이의 회귀방정식이 $\hat{Y}=-0.25X+40$일 때, 다음에 답하시오.

(1) 위의 공식을 Z점수에 관한 회귀공식으로 바꿀 수 있는지 생각해 보라.

(2) 상관계수 r이 이 경우에 양수가 될 수 있는지 생각해 보라.

(3) $r=0$이 될 수 있는지 생각해 보라.

(4) $r=-0.25$가 될 수 있는지 생각해 보라.

5. $r=0.63$ 이고 $b=1.26$ 일 때, S_X와 S_Y 사이의 관계를 수식으로 제시하시오.

7. 요인분석

1. 다음 빈칸을 채우시오.

(1) 여러 변인으로 구성된 측정도구의 내용을 몇 개의 요인으로 줄이거나 여러 변인들 간의 상호 관계를 파악하기 위해 사용되는 통계적 기법을 (　　　　) 이라 한다.

(2) 요인분석에서 각 변인과 요인들 간의 상관관계, 즉 요인에 대한 각 변인의 가중치를 나타내는 값을 (　　　　)이라 한다.

(3) 추출된 요인들에 의해 설명되는 각 관찰변인들의 변량비율을 (　　　　)라 한다.

(4) 특정 요인에 부하된 모든 변인의 부하량을 제곱하여 합한 값을 의미하는 것으로, 개별 요인의 상대적인 중요도를 나타내는 값을 (　　　　)라 한다.

(5) 잠재된 요인과 관찰변인들의 관계 구조를 나타내는 행렬을 의미하며, 각 요인과 관찰변인간의 상관 행렬을 의미하는 행렬을 (　　　　)이라 한다. 이 행렬에 나타난 수치인 요인구조부하량은 하나의 요인과 하나의 관찰변인간의 상관계수에 해당한다.

(6) 잠재요인에 대한 각 변인의 부하량의 행렬을 (　　　　)이라 한다.

(7) 요인분석에서는 요인의 수를 결정하기 위해 여러 가지 요인추출방법을 실시하게 된다. 일반적으로 가장 많이 사용되는 요인추출방법은 (　　　　)이다.

(8) 요인분석에서는 요인분석의 결과를 보다 유의미하고 해석 가능한 형태로 만들기 위해 요인 축을 회전하게 된다. 요인 축을 회전하는 방법에는 크게 두 가지 방법이 있는데, 그것은 직각회전 방법과 사각회전 방법이다. 이들 중 대개의 경우 직각회전 방법을 사용하게 되는데 직각회전 방법 중 가장 많이 사용되는 방법은 (　　　　)이다.

2. 요인분석의 용도를 5가지 이상 들고 각각에 대하여 설명하시오.

☞ 연습문제의 풀이는 이 책의 442~469쪽에 있음

제 3 부

SPSS를 활용한 통계분석

(Statistical Analysis with SPSS)

Ⅴ SPSS 활용의 기초

이 장에서는 교육연구와 관련된 자료분석을 위한 소프트웨어 중에서 가장 널리 활용되고 있는 SPSS(Statistical Package for the Social Sciences)의 사용방법 및 결과 해석 방법에 대해 자세히 설명하고자 한다.

1 일반적인 절차

이번 장은 SPSS를 사용하기 위한 일반적인 절차와 이 책에서 활용하고 있는 예시 자료를 제시하고자 한다. SPSS는 DOS용과 Windows용이 있으나, 최근에는 주로 Windows용이 많이 활용되고 있으므로, 이 책에서는 SPSS Windows용의 사용 방법 및 결과 해석에 대해 설명하고자 한다.[1)]

1) 우리나라에서 시판되고 있는 것 중에는, SPSS 한글판 프로그램도 있으나, 용어에 대한 번역이 어색한 경우가 많아서 SPSS 영어판보다 오히려 활용하기 어려운 경우가 많다. 따라서 이 책에서는 SPSS 영어판 프로그램을 그대로 사용하고 있음을 미리 밝힌다. 아울러 SPSS가 해마다 조금씩 갱신되고 있기는 하지만, 이 책에 제시되어 있는 일반적인 사용법을 익히기만 한다면 어떤 SPSS 프로그램이든 쉽게 활용할 수 있을 것이다.

가. 일반적인 절차

SPSS를 사용하기 위한 일반적인 절차를 간단히 제시하면 다음과 같다. 구체적인 사용 예시는 다음 절에서 자세히 제시하고자 한다.

1) SPSS 프로그램의 설치

SPSS는 컴퓨터용 소프트웨어이므로 SPSS를 컴퓨터에 제대로 설치하는 작업이 선행되어야 한다.

SPSS 프로그램을 설치하는 것은 다른 Windows용 컴퓨터 소프트웨어를 설치하는 것과 유사한 절차를 거치면 된다. 먼저 SPSS 프로그램이 들어있는 CD를 CD 드라이브에 넣고 SPSS의 setup.exe파일을 선택하여 실행하면, 프로그램 설치를 위한 초기 화면이 나타난다. 이때 'Install SPSS' 메뉴를 선택하여 실행하면 SPSS 프로그램이 자동적으로 설치된다.

2) SPSS 프로그램의 실행

프로그램의 설치가 완료되면 바탕화면에 SPSS 바로가기 아이콘()이 생긴다. SPSS 프로그램을 실행하기 위해서는 이 아이콘을 선택하여 클릭하면 된다. SPSS 프로그램이 실행되면 [그림 V-1]과 같은 초기 화면이 나타난다. 이후 사용하는 목적이나 필요에 따라 적절히 사용하면 된다.

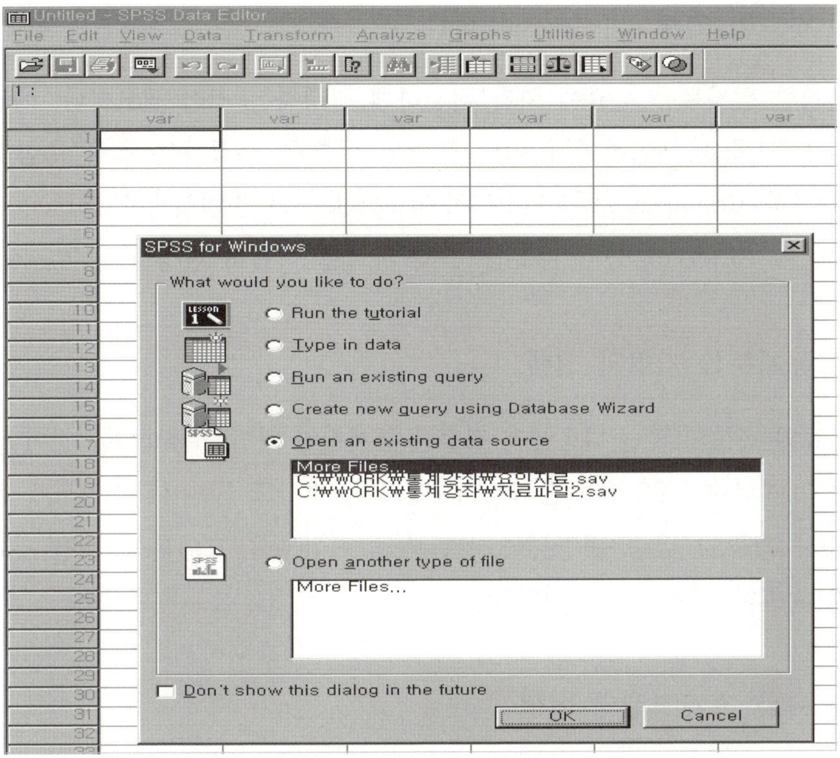

[그림 Ⅴ-1] SPSS 프로그램 초기 화면

3) 자료의 입력

SPSS를 활용하여 분석할 자료를 데이터 입력창에서 직접 입력하거나, 혹은 이미 저장되어 있는 데이터 파일을 불러온다. 자료가 한글파일(.hwp)이나 Excel(.xls) 파일에 저장되어 있어도 쉽게 불러올 수 있다. 자료를 직접 입력할 경우에는 잘못 입력한 자료가 없는지를 꼼꼼히 확인하여 잘못된 것은 수정하는 것이 중요하다.

4) 자료의 변형

입력한 원자료를 필요에 따라 적절하게 변형하는 것이 필요하다. 예컨대 변인의 이름을 부여하거나 이미 부여된 이름을 수정하는 것을 포함하여 ① 계산하기(compute), ② 리코딩하기(recode), ③ 변인선택하기(select), ④ 파일붙이기(merge) 등의 메뉴를 통해 자료를 적절히 변형할 수 있다.

5) 통계분석 기법의 선택

자료의 변형이 끝난 다음에는 적절한 통계적인 기법을 선택하는 것이 필요하다.[2] 예컨대, 기술통계 분석 기법(대표치, 변산도 등)이나 추리통계 분석 기법(χ^2 검증, t 검증, 변량분석, 상관분석, 회귀분석, 요인분석 등)을 필요에 따라 적절히 선택하는 것이다.

6) SPSS 프로그램의 실행

선택한 통계기법에 따라 자료를 분석하도록 SPSS 프로그램을 실행하는 것이 필요하다.

7) 결과 분석 및 해석

SPSS 프로그램의 실행 결과(output) 파일을 확인하여 원하는 통계분석이 이루어졌는지를 확인하고, 의도한 통계분석의 결과가 나왔을 경우 적절히 해석함과 동시에 그 결과를 활용하여 보고서를 작성하면 된다.

2) SPSS를 제대로 활용하기 위해서는 적절한 통계적인 기법을 선택하는 것이 중요하기 때문에, 컴퓨터나 컴퓨터 프로그램에 대한 지식이 문제가 되는 것이 아니라 통계(혹은 통계학)적인 지식이 가장 중요한 문제가 된다.

나. 예시 자료

이 책에서 SPSS 프로그램의 사용 방법을 설명하기 위해 활용할 가상적인 예시자료(sample data)는 〈표 V-1〉과 같다.

〈표 V-1〉 SPSS 사용 방법 설명을 위한 가상적인 예시 자료

일련번호	남녀 (남=1, 여=2)	지역 (대도시=1, 중소도시=2, 읍면지역=3)	수학1 (사전검사)	수학2 (사후검사)	국어	영어	성패 (성공=1, 실패=2)	태도*
1	1	1	10	8	10	11	1	1
2	1	1	9	4	9	15	1	2
3	1	1	8	7	8	20	1	3
4	1	1	7	10	7	2	2	4
5	1	2	6	9	6	3	2	5
6	2	2	5	11	5	7	2	1
7	2	2	15	15	5	5	1	2
8	2	3	17	20	7	4	1	3
9	2	3	10	17	7	3	1	4
10	2	3	9	13	2	1	1	5

* 1 = 아주 싫어한다.
2 = 싫어한다.
3 = 보통이다.
4 = 좋아한다.
5 = 아주 좋아한다.

2 자료의 입력 및 변형

자료를 입력하기 전에 코딩사항에 대한 구체적인 정보를 기록해 두는 것이 좋다. 즉, 코딩한 자료에서 1열은 성별, 2열은 지역, 3~4열은 수학 1 점수일 경우 이러한 정보를 다음과 같이 알아보기 쉽게 표로 만들어 두는 것이 좋다.

〈표 Ⅴ-2〉 **코딩 매뉴얼**

변인명(Variable Name)	열(Column)	Label	변인 정의
성별	1		1=남자, 2=여자
지역	2		1=대도시, 2=중소도시 3=읍면지역
수학1	3-4	사전검사	
수학2	5-6	사후검사	
국어	7-8		
영어	9-10		
성패	11		1=성공, 2=실패
태도	12		1=아주 싫어한다, 2=싫어한다 3=보통이다, 4=좋아한다 5=아주 좋아한다

가. 자료의 입력

통계적인 분석을 하기 위해서는 자료(data)를 입력하는 작업이 선행되어야 한다. 한글로 문서를 작성하는 프로그램이나 엑셀(EXCEL) 프로그램에 자료를 입력한 후에 그 파일(file)을 불러 올 수도 있고, 직접 SPSS 프로그램에서 자료를 입력할 수도 있다.

1) 한글(호)로 입력된 데이터 파일 불러오기

한글(호)에서 데이터를 입력할 경우에는 변인별로 세로 칸(column)을 잘 맞추어서 입력하고, 마지막 가로 줄(row)의 끝에서 Enter 키를 치지 않은 상태에서, Text 파일(.txt)로 저장해야 한다. 자료의 입력부터 데이터 파일을 불러오는 것까지를 [그림 V-2]부터 [그림 V-23]까지 예시하였다.

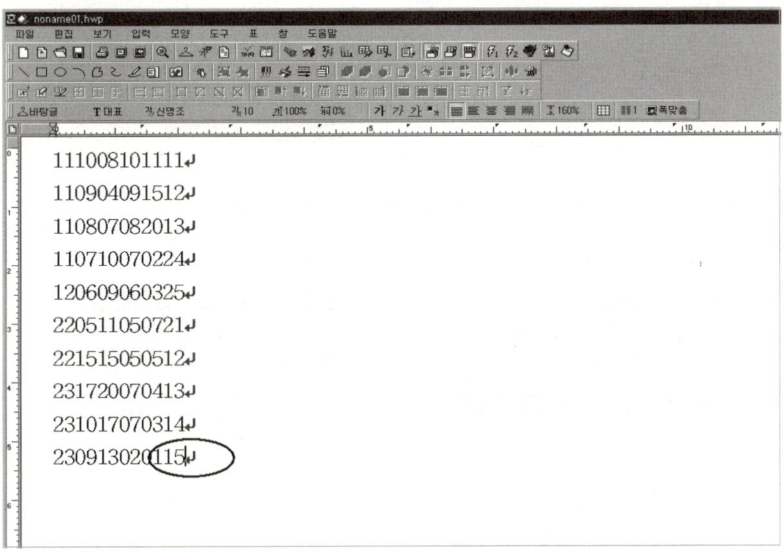

〈주의사항〉

- 변인별로 칸(column)을 잘 맞추어 입력하였는지 확인한다.
- 마지막 줄(row, 사례) 마지막 칸을 입력한 후, Enter 키를 치지 않도록 주의해야 한다. Enter 키를 치면, SPSS 프로그램에서 또 다른 사례로 인식한다.
- Text 파일(.txt)로 저장해야 한다.

[그림 V-2] **한글(호)에서 자료(data) 입력하기**

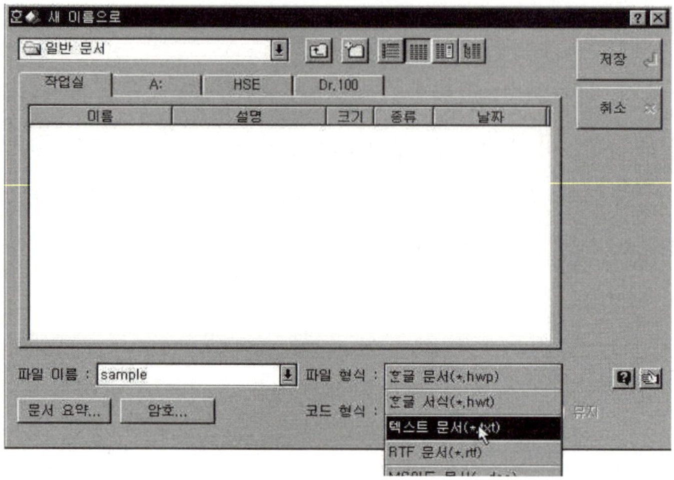

[그림 Ⅴ-3] Text 파일(.txt)로 저장하기

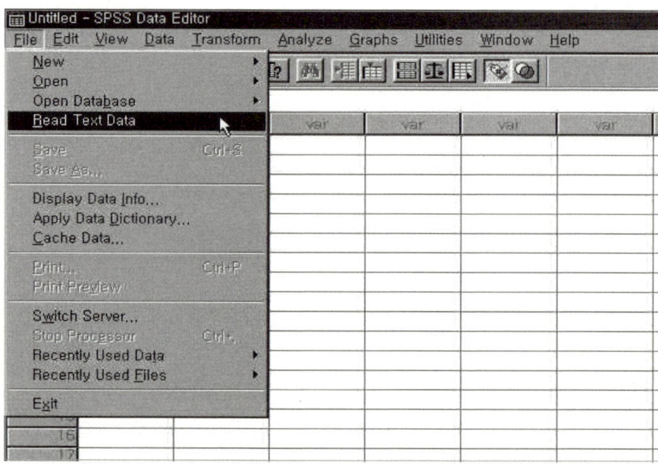

1. 한글에서 입력한 Text 파일을 불러올 때에는 'File'에서 'Read Text Data' 메뉴를 선택해야 한다.

[그림 Ⅴ-4] SPSS에서 데이터 파일 불러오기

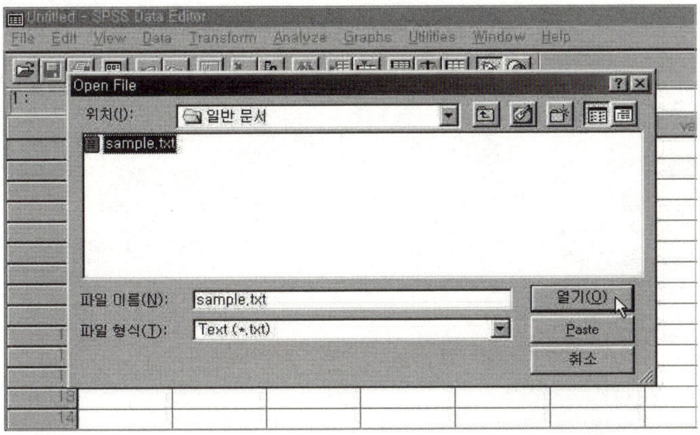

2. 데이터를 불러올 때 저장했던 파일 형식이 '.txt' 상태인지 확인한다.

[그림 Ⅴ-5] 저장한 한글 데이터 파일 선택하기

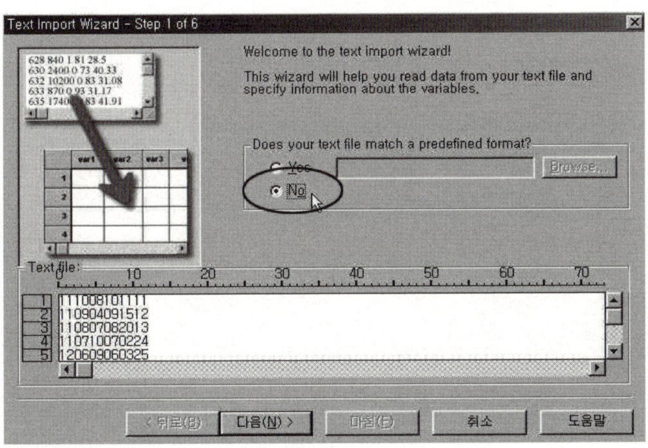

3. 사전에 저장되어 있는 형식파일이 있으면 'Yes'를 선택하여 불러오고, 없으면 'No'를 선택한다. 'Yes'를 선택하여 사전에 지정된 형식파일을 불러와서 적용하게 되면 7번 단계가 자동적으로 이루어지게 된다([그림 Ⅴ-7] 참조).

[그림 Ⅴ-6] 텍스트 파일 불러오기

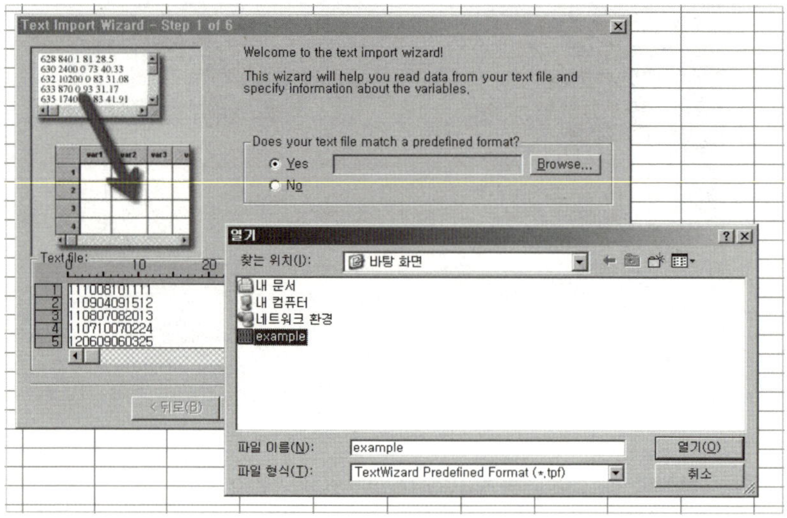

[그림 Ⅴ-7] 지정된 형식파일을 불러오는 경우

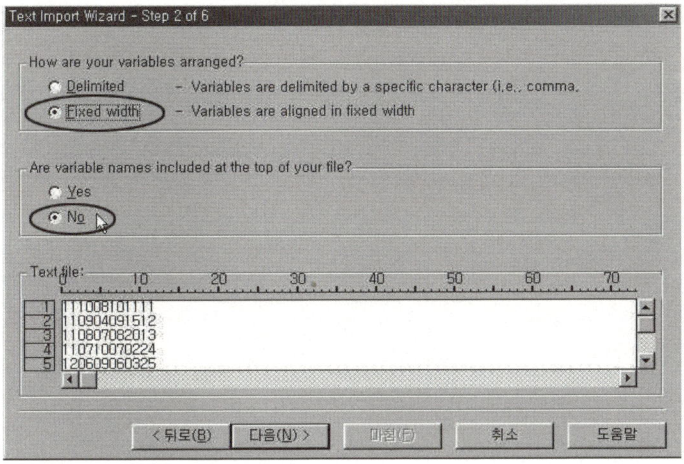

4. 변인간 '콤마(,)'나 빈칸 등이 설정되어 있지 않으므로 'Fixed width'를 선택한다. 한편, 데이터를 입력할 때 각 변인을 콤마(,)나 빈칸 등으로 구분해 주었다면 'Delimited'를 선택하고, 구분기호 없이 입력하였다면 'Fixed width'를 선택한다. 'Delimited'를 선택하게 되면 7번 단계에서 어떤 구분기호를 사용하였는가를 묻는 항목이 나오게 되고 적절한 항목을 선택하게 되면 7번 단계의 작업을 컴퓨터가 알아서 처리해 주게 된다.

5. 변인의 첫 줄에 변인명을 지정해주지 않았으므로 'No'를 선택한다. 한편, 자료의 입력시 첫 번째 줄에 변인명(예: 성별, 지역, 수학1 등)을 입력해준 경우에는 'Yes'를 그렇지 않은 경우에는 'No'를 선택한다. 'Yes'를 선택하게 되면 [그림 V-14]에서 V1, V2, V3 등과 같이 표시되는 변인명이 성별, 지역, 수학1 등으로 나타나게 된다. 하지만 일반적으로 변인명은 V1, V2, V3, ... 등으로 설정하고 각 변인이 의미하는 바(성별, 지역, 수학 1등)는 [그림 V-21]의 Label Column에 입력하는 것이 좋다.

[그림 Ⅴ-8] 변인 배열 모양 정하기

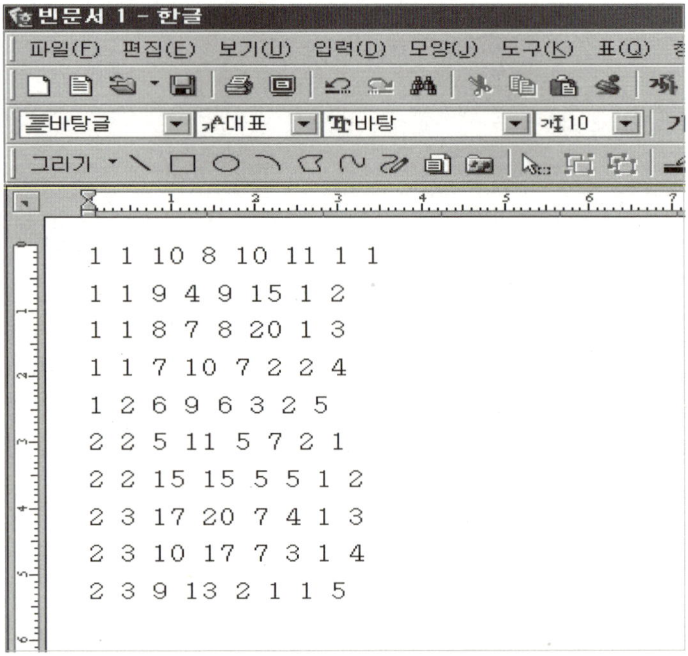

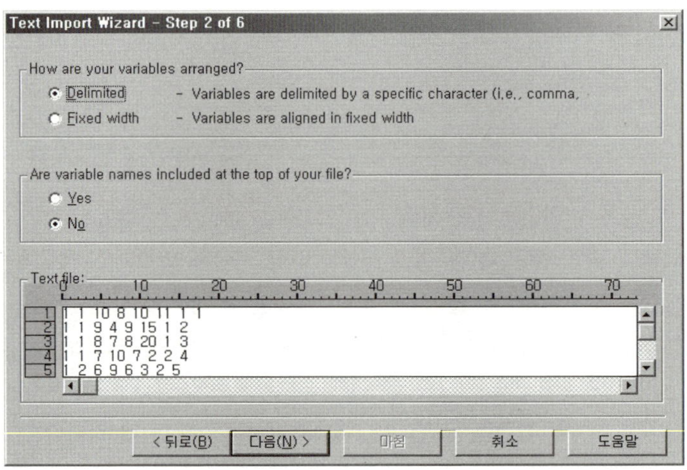

6. 다음과 같이 변인간에 빈칸(space)으로 구분하여 자료를 입력한 경우에는 'Delimited'를 선택한다.

[그림 V-9] **변인간 구분기호가 있는 경우**

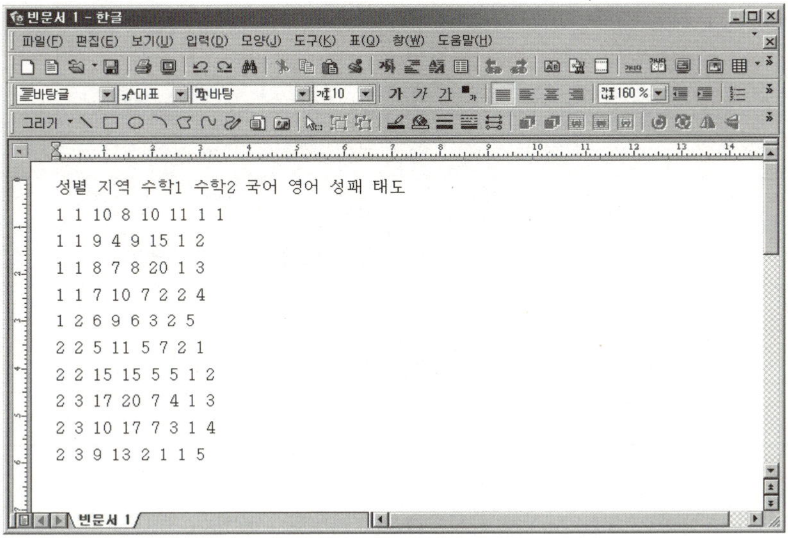

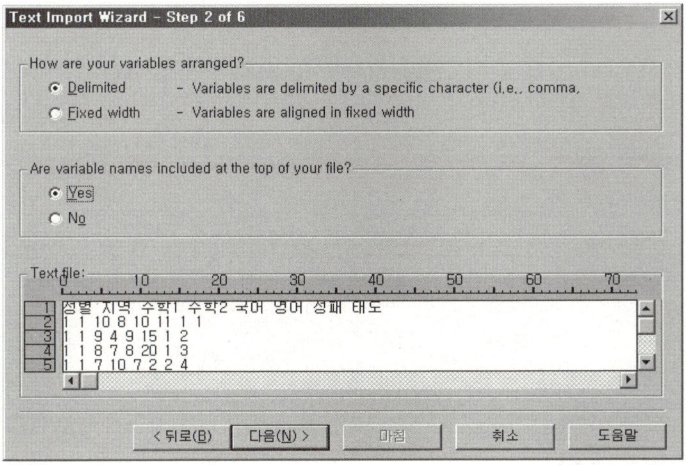

7. 변인명을 첫 번째 줄에 입력한 경우에는 첫줄에 변인명이 포함되어 있느냐는 질문에 ‘Yes’를 선택한다.

[그림 Ⅴ-10] 첫 번째 줄에 변인명이 입력되어 있는 경우

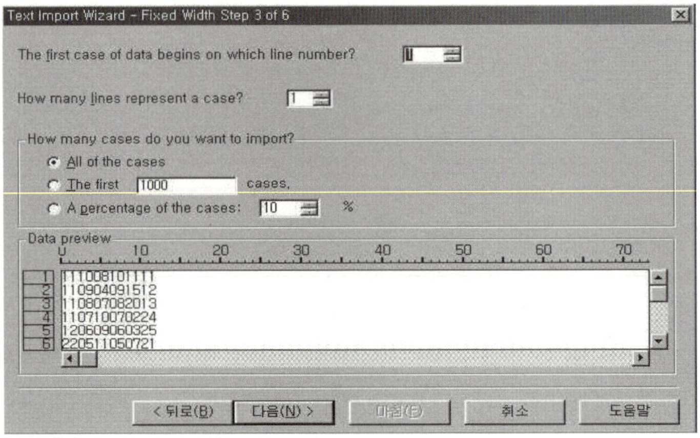

8. 위와 같은 선택은 데이터의 첫 번째 사례가 첫 번째 줄에서 시작하며, 한 줄이 각 사례를 나타내고, 모든 사례를 가져오겠다는 응답을 나타낸다. 데이터 미리보기도 실행되어 있다.

[그림 V-11] **변인 시작점 및 사례수 지정하기**

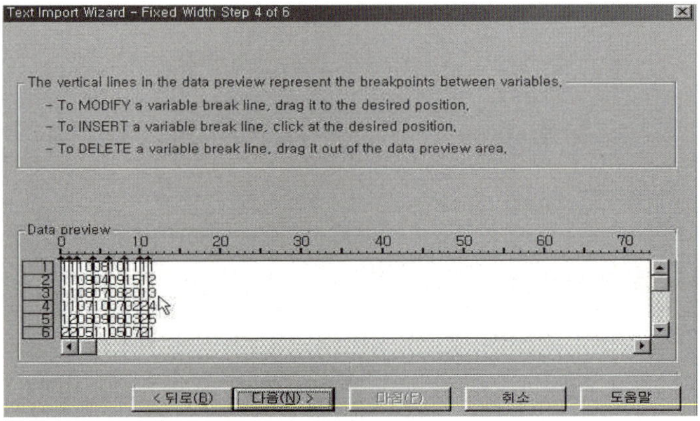

9. 각 변인들의 자릿수를 지정해 주기 위해 각 자리가 구분되는 곳에서 마우스 왼쪽을 한번 눌러준다. 수정할 때는 지우고 싶은 화살표를 끌고 화면 밖으로 나간다. 화살표를 옮길 때에는 마우스 왼쪽을 사용하여 다른 자리로 옮긴다.

[그림 V-12] **변인별 자릿수(폭) 지정하기**

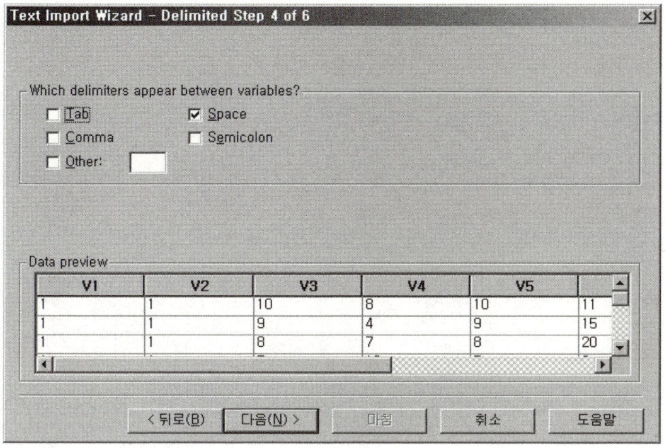

10. 3번 단계에서 사전에 지정된 형식파일을 불러와서 적용한 경우에는 이 단계가 자동적으로 이루어진다. 한편, 변인간에 빈칸으로 구분해준 경우에는 다음과 같은 화면이 나오게 되며 적절한 항목을 선택하게 되면 변인구분이 자동적으로 이루어진다.

[그림 Ⅴ-13] **변인간 구분기호가 있는 경우**

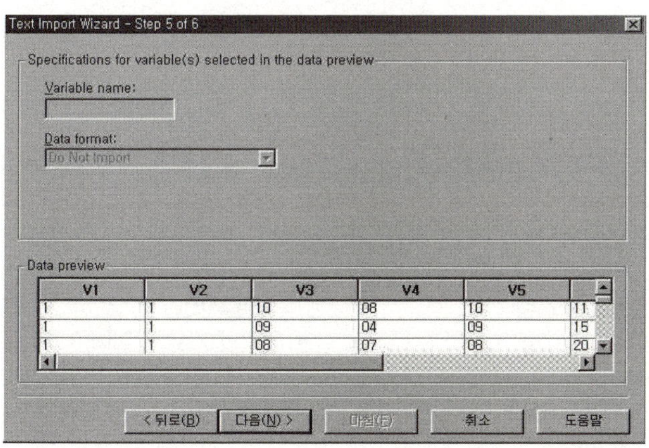

11. 이 단계에서 변인을 선택하여 각 변인명(Varicable name)과 변인의 형식을 지정할 수 있으나, 이러한 작업은 자료 형식 지정이 끝난 후 SPSS 데이터 편집화면(14번 단계)에서 하는 것이 보다 용이하므로, 이 단계는 그냥 건너뛰어도 무방하다. 이 단계에서는 별도의 작업 없이 다음을 선택한다.

[그림 Ⅴ-14] **SPSS 데이터 파일 형식 미리보기**

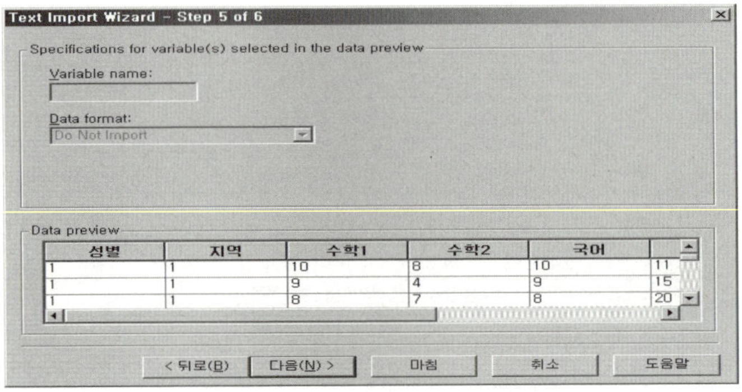

12. 첫줄에 변인명을 입력해준 경우에는 위와 같은 화면이 나타난다.

[그림 Ⅴ-15] **첫 번째 줄에 변인명을 입력한 경우**

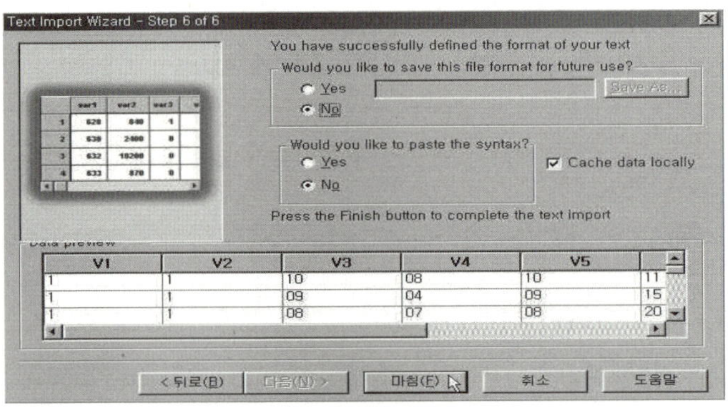

13. 마지막 단계로 유사한 파일을 가져올 때 사용할 수 있도록 지정 사항을 파일에 저장할 것인지에 대한 것과, 작성한 명령문을 명령문 편집창(syntax)에 붙여 넣을 것인지 물어본다. 디폴트(default) 상태, 즉 'No' 상태에서 마침(F)을 선택한다. 한편, 지금까지 지정한 데이터의 형식을 저장하여 다음에 같은 형식의 자료를 불러올 때 사용하고자 한다면 'Yes'를, 저장하지 않겠다면 'No'를 선택한다. 'Yes'를 선택하였을 경우 데이터 형식을 지정하는 파일(tpf의 확장자를 가진 파일)을 저장할 수 있다([그림 Ⅴ-17]참조). 다음에 동일한 형식의 데이터를 불러올 경우 3번 단계에서 'Yes'를 선택하여 적용하면 된다. 변인의 수가 많은 자료를 불러올 경우에 유용하게 사용할 수 있는 기능이다. 아울러 지금까지 형식을 지정해준 데이터를 MS-DOS 사용환경의 명령문 편집창(Syntax)으로 불러오고자 한다면 두 번째 질문에 'Yes'를 선택한다([그림 Ⅴ-18]참조). MS-DOS 환경에 더 익숙하고, SPSS 명령문을 알고 있는 사용자는 'Yes'를, 윈도우즈 환경에 익숙한 사용자는 'No'를 선택한다. 위의 선택과정이 끝났다면 마침(F)을 선택한다. 13번째 단계까지 끝나면 한글파일이 SPSS데이터 파일로 전환된다([그림 Ⅴ-19]참조).

[그림 Ⅴ-16] **텍스트 파일 불러오기 마지막 단계**

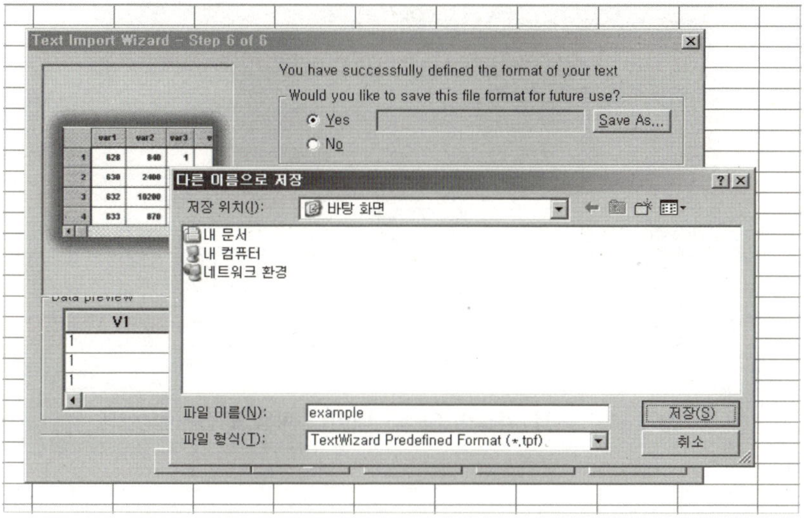

[그림 Ⅴ-17] 형식파일의 저장

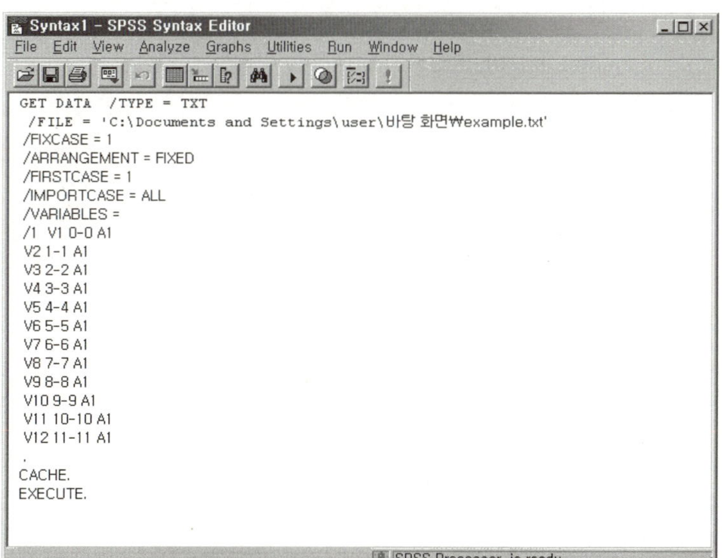

[그림 Ⅴ-18] 명령문 편집창(Syntax)에서 불러온 경우

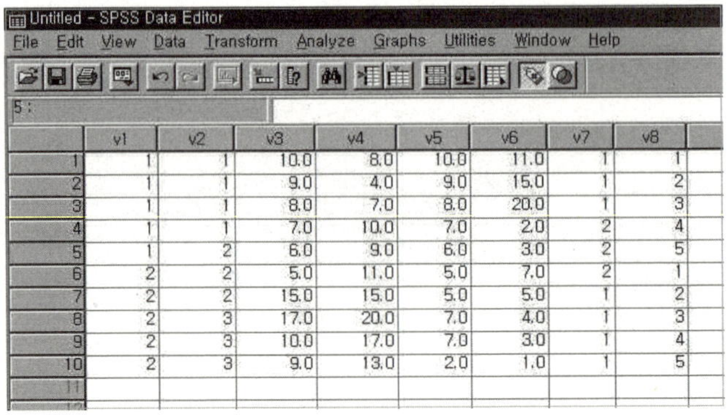

	v1	v2	v3	v4	v5	v6	v7	v8
1	1	1	10.0	8.0	10.0	11.0	1	1
2	1	1	9.0	4.0	9.0	15.0	1	2
3	1	1	8.0	7.0	8.0	20.0	1	3
4	1	1	7.0	10.0	7.0	2.0	2	4
5	1	2	6.0	9.0	6.0	3.0	2	5
6	2	2	5.0	11.0	5.0	7.0	2	1
7	2	2	15.0	15.0	5.0	5.0	1	2
8	2	3	17.0	20.0	7.0	4.0	1	3
9	2	3	10.0	17.0	7.0	3.0	1	4
10	2	3	9.0	13.0	2.0	1.0	1	5
11								

[그림 Ⅴ-19] 한글 파일이 SPSS 데이터 파일로 전환된 상태

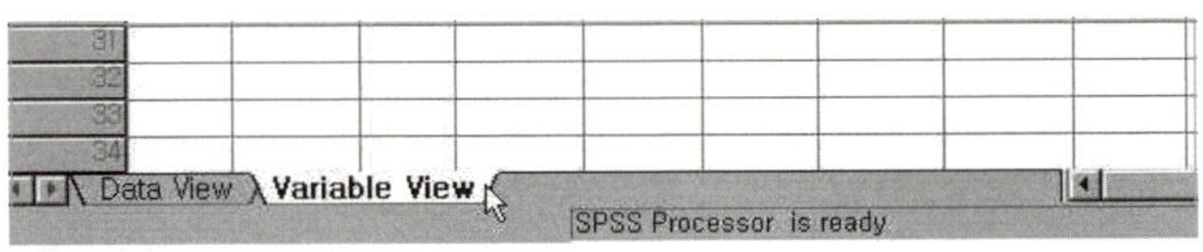

[그림 Ⅴ-20] 변인보기(Variable View) 선택하기

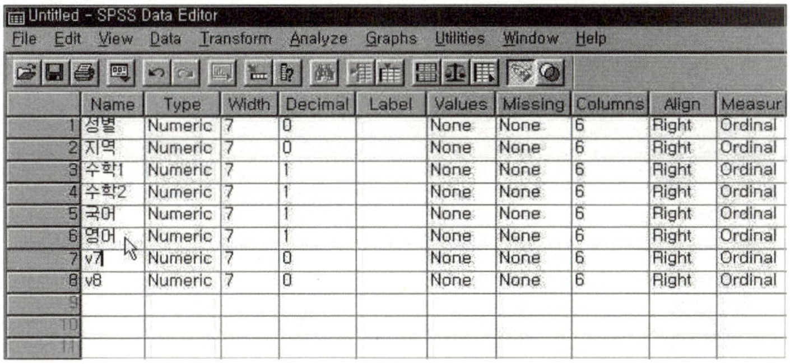

14. 변인명을 지정하기 위해 먼저 'Variable View'를 선택하여 화면을 이동한다([그림 Ⅴ-20]참조). Name 칼럼에 직접 성별, 지역, 수학 1등과 같이 변인명을 입력할 수 있으나, 변인의 수가 많을 경우에는 변인 중에서 성별, 지역, 학년 등과 같이 각 사례의 속성을 나타내는 사항은 a1, a2, a3(여기서 a는 attribute를 의미한다)로 입력하고 문항1, 문항2, 문항3의 점수와 같이 주요 분석대상이 되는 변인은 V1, V2, V3 등으로 입력한다. 이렇게 입력할 경우 차후 변인간 합을 구하거나 다양한 형태로 자료를 변형하고자 할 경우 여러모로 편리하다. Name 칼럼에 변인명을 직접 입력하지 않는 경우에는 변인명을 Label 칼럼에 입력한다. Label 칼럼에 변인명을 입력할 경우 분석화면에는 변인명이 Label 칼럼에 입력된 변인명으로 표시된다. 여기서는 변인의 수가 적기 때문에 직접 Name Column에 변인명을 입력한다.

[그림 Ⅴ-21] **변인보기(Variable View)에서 변인명 지정하기**

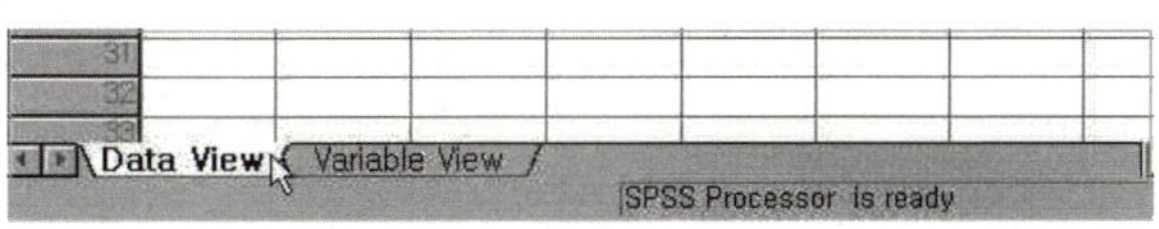

15. 데이터 파일을 저장하기 위해 다시 'Data View' 화면으로 이동한다.

[그림 Ⅴ-22] **데이터보기(Data View) 선택하기**

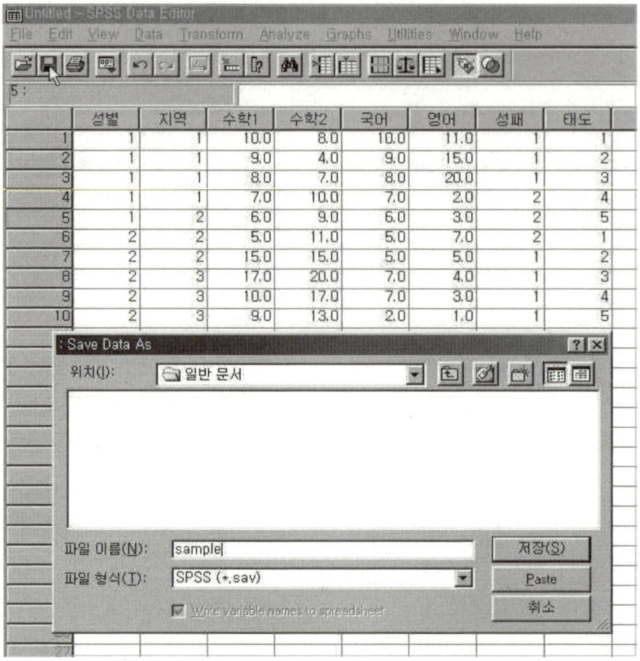

16. 변인명을 입력한 후 '저장하기(Save)'를 선택하여 저장 경로 및 파일 이름을 설정한 후 SPSS 데이터 파일(.sav)로 저장한다.

[그림 V-23] SPSS용 데이터 파일(.sav)로 저장하기

2) 엑셀(EXCEL)로 입력된 데이터 파일 불러오기

엑셀(EXCEL)로 입력된 데이터 파일을 불러오는 것은 다음과 같다. 자료의 입력부터 데이터 파일을 불러오는 것까지를 [그림 V-24]부터 [그림 V-30]까지 예시하였다.

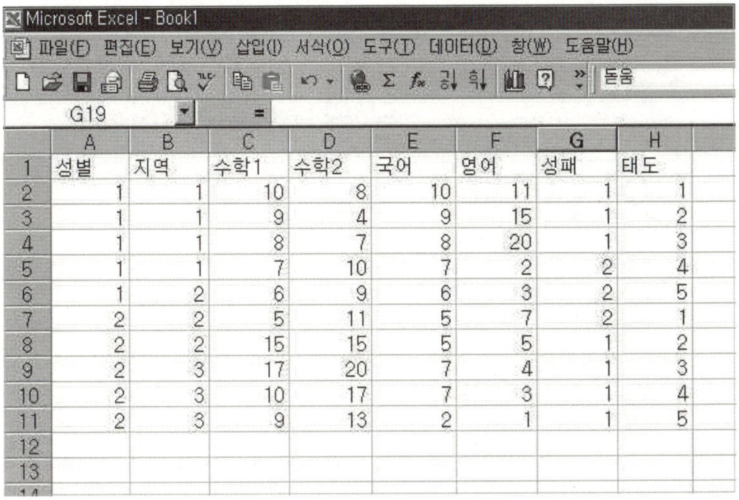

1. Excel에서 데이터를 입력할 때는 첫 줄에 변인명을 입력할 수 있다. 하지만 앞서 설명한 바와 같이 특별한 경우가 아니라면 변인명을 반드시 입력할 필요는 없다.

[그림 Ⅴ-24] Excel에서 데이터 입력하기

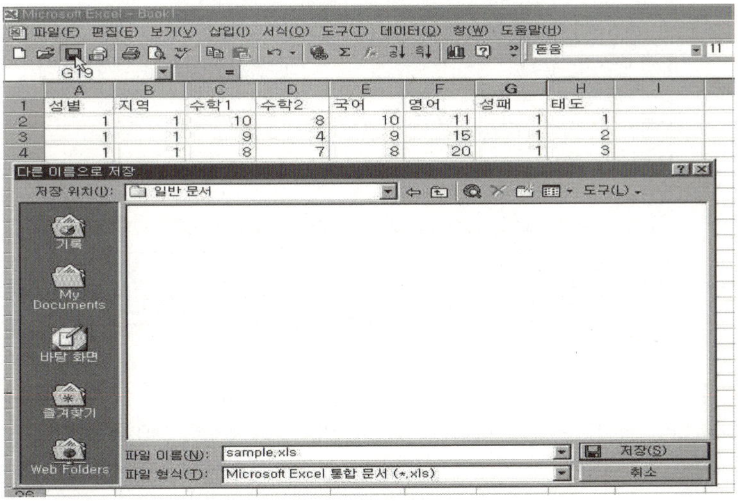

[그림 Ⅴ-25] Excel 파일 저장하기

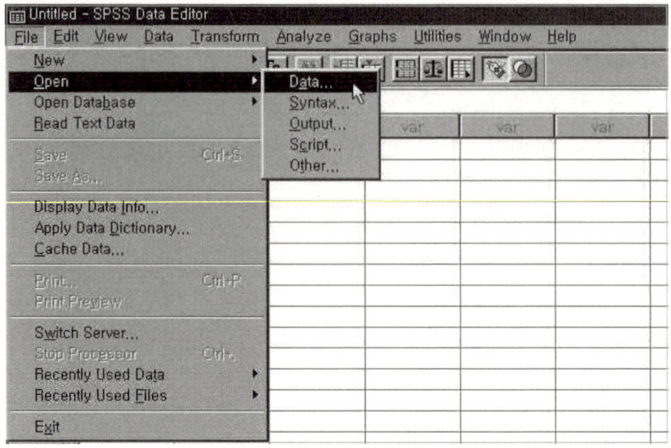

2. 엑셀에서 작업한 데이터 파일은 'File'에서 'Open'의 'Data'에서 불러온다.

[그림 V-26] **Excel의 데이터 파일을 SPSS에서 불러오기**

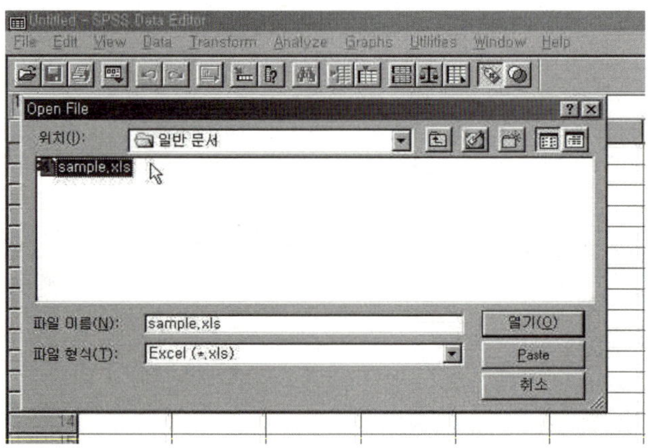

3. 가져 올 파일 형식을 Excel 파일인 '.xls'로 바꾼 후, 저장한 데이터 파일을 선택한다.

[그림 V-27] **저장한 Excel 파일 선택하기**

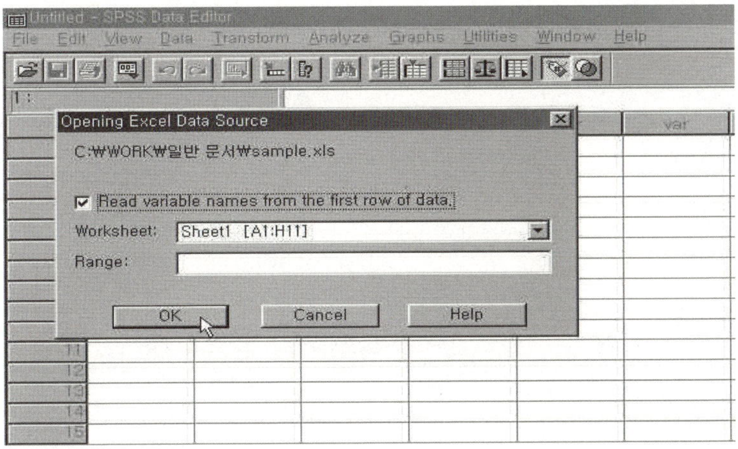

[그림 Ⅴ-28] Excel 데이터 첫 줄에 입력한 변인명 사용 선택하기

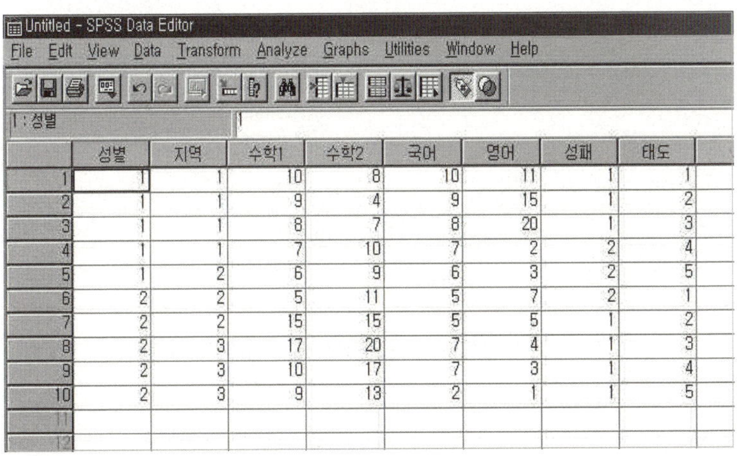

	성별	지역	수학1	수학2	국어	영어	성패	태도
1	1	1	10	8	10	11	1	1
2	1	1	9	4	9	15	1	2
3	1	1	8	7	8	20	1	3
4	1	1	7	10	7	2	2	4
5	1	2	6	9	6	3	2	5
6	2	2	5	11	5	7	2	1
7	2	2	15	15	5	5	1	2
8	2	3	17	20	7	4	1	3
9	2	3	10	17	7	3	1	4
10	2	3	9	13	2	1	1	5
11								
12								

4. 한글에서 입력한 경우와는 달리 엑셀에서 데이터를 입력한 경우, 미리 변인명을 지정할 수 있으므로 Variable View 화면으로 이동할 필요가 없다. 간단한 데이터의 경우 엑셀 화면에서 마우스로 블럭을 설정하여 복사한 후 SPSS 화면에서 붙여넣기를 할 수도 있다. 데이터 붙여넣기의 방법으로 SPSS 파일을 작성한 경우에는 한글에서 입력한 경우와 마찬가지로 Variable View 화면으로 이동하여 변인명을 지정해 주어야 한다.

[그림 Ⅴ-29] 엑셀 파일이 SPSS 파일로 전환된 상태

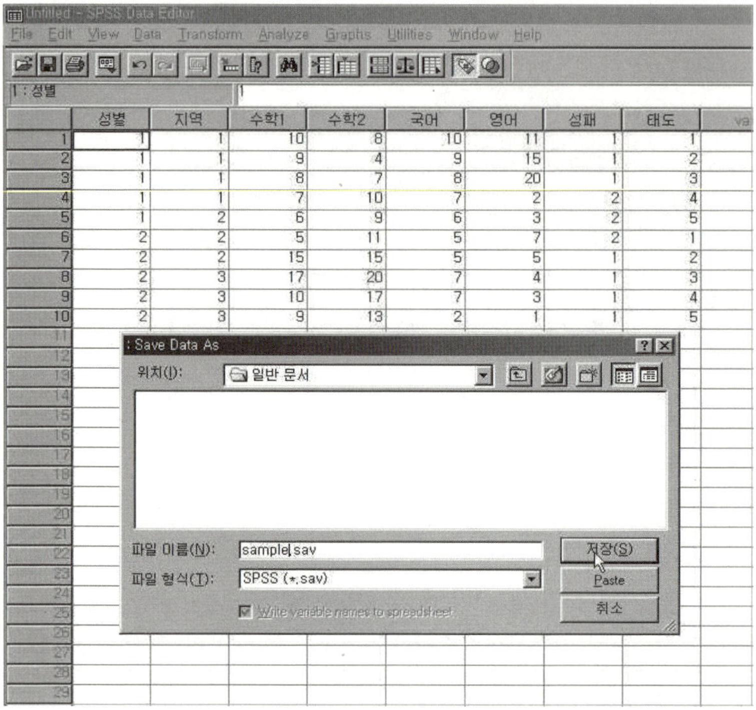

5. 한글 데이터 파일을 SPSS 데이터 파일로 저장한 경우와 마찬가지로 '저장하기(Save)'를 선택하여 저장 경로 및 파일 이름을 설정하고, SPSS 데이터 파일(.sav)로 저장한다.

[그림 V-30] **SPSS용 데이터 파일(.sav)로 저장하기**

☞ 혹시 입력한 데이터에 오류가 발견될 경우, SPSS 데이터 파일에서도 수정이 가능하나, 한글 데이터 파일이나 엑셀 데이터 파일에서 수정한 후 '불러오기'를 다시 시행하는 것이 좋다. 왜냐하면 항상 원자료(原資料, raw data)를 정확하게 관리하는 것이 중요하기 때문이다.

3) SPSS 프로그램에서 직접 자료 입력하기

SPSS 프로그램에서 자료를 직접 입력하는 방법은 엑셀(EXCEL)을 사용하는 것과 거의 동일하다. 다만, 한글(훈)이나 엑셀을 사용하는 데 익숙한 사람은 SPSS 프로그램에 직접 입력하는 것보다 한글이나 엑셀을 활용하여 입력한 다음 데이터 파일을 불러오는 것이 시간을 절약하고 또 오류를 줄이는 일이 될 것이다.

나. 자료의 변형

1) 변인값 설명하기(Value Labels)

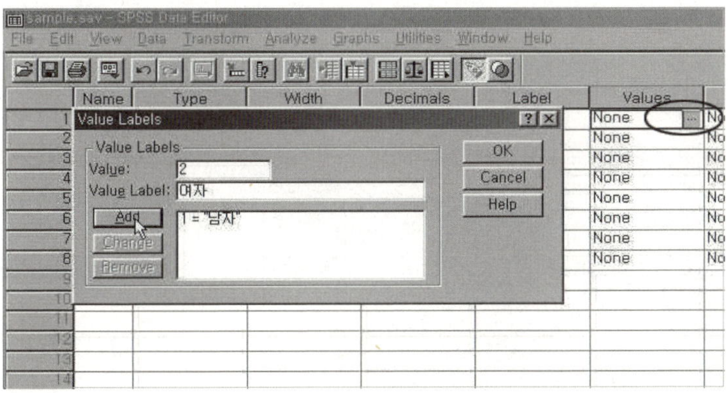

SPSS용 데이터 파일의 화면 아래쪽에 있는 'Variable View'를 선택하여 화면을 이동한 다음, 변인값의 이름을 부여해준다. 먼저 메뉴 중 'Values'를 선택하고 나서 ◯ 부분을 클릭하여 'Value Labels' 창을 띄운다. 위의 그림은 성별 변인 값의 '1'은 남자로, '2'는 여자로 설명하고자 하는 경우를 나타낸다. 'Value' 란에 '1'을 쓰고 'Value Label' 란에 '남자'를 쓴 후 'Add'를 클릭하고, 다시 'Value' 란에 '2'를 쓰고 'Value Label' 란에 '여자'를 쓴 후 'Add'를 클릭한다.

[그림 Ⅴ-31] 각 변인값에 대하여 설명하기

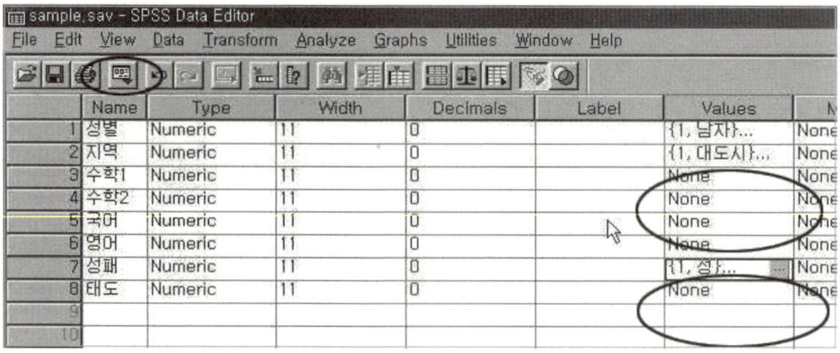

'성별', '지역', '성패' 변인값을 설명하고 나면 'Values' 칸이 위와 같이 바뀌어 있다는 것을 확인할 수 있다. 참고로, 데이터 파일의 'Data View' 화면에서 메뉴바의 'View'의 'Value Labels'를 클릭하면 변경된 변인값이 데이터에 표시된다.

[그림 Ⅴ-32] **각 변인값에 대하여 설명한 후의 화면**

2) 계산하기(Compute)

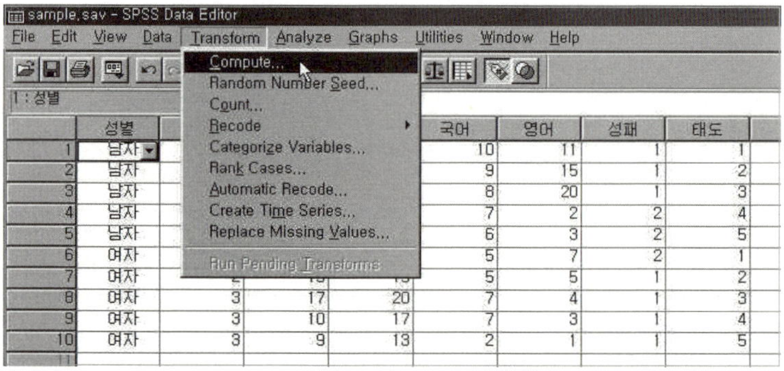

변인들의 값을 이용하여 사칙연산(+, −, ×, ÷) 등 계산을 하고자 할 때 'Transform'의 'Compute' 메뉴를 활용한다.

[그림 Ⅴ-33] **변인들끼리 계산하기**

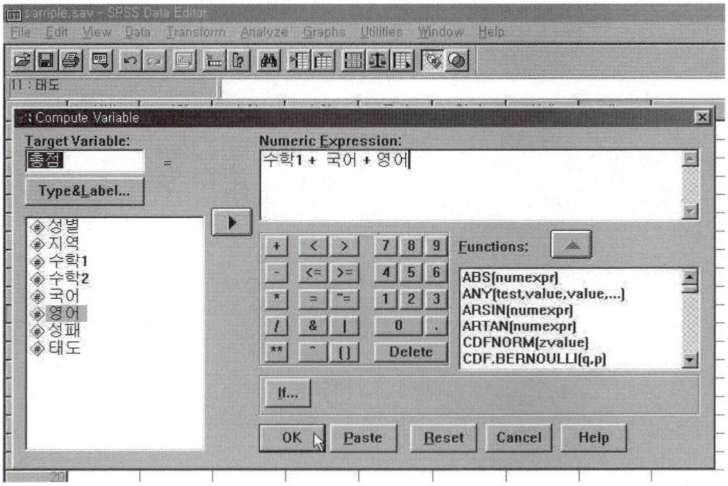

새롭게 입력하고자 하는 변인명을 ‘Target Variable’ 란에 쓰고, 계산하고 싶은 변인들은 마우스로 선택하여 ‘Numeric Expression’ 란으로 옮긴다. 여러 가지 연산자들을 선택하여 계산식을 만든 다음 ‘OK’를 선택한다.

[그림 Ⅴ-34] 여러 가지 연산을 이용하여 변인값 계산하기

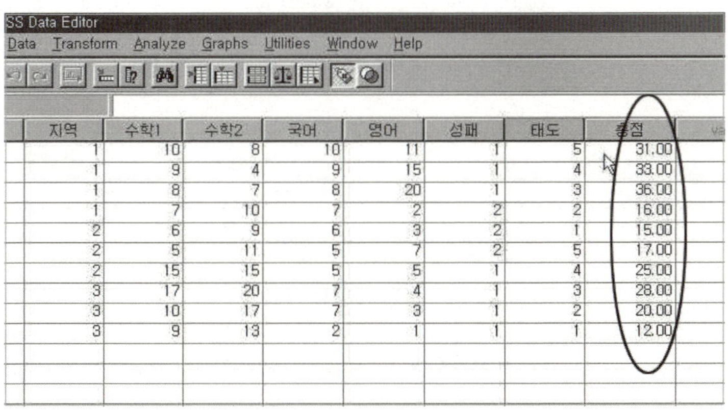

변인들끼리 계산한 결과, 수학 1, 국어, 영어 점수를 모두 합한 총점이 새로운 변인으로 입력된 것을 알 수 있다.

[그림 Ⅴ-35] 변인값 계산 후 자료파일

자주 활용되는 연산 및 함수는 〈표 V-3〉과 같다

〈표 V-3〉 **연산 및 함수표**

함수구분	함수	설명
연산기호	+	더하기
	-	빼기
	*	곱하기
	/	나누기
	**	거듭제곱
일반함수	ABS(var)	절대값
	RND(var)	반올림
	TRUNC(var)	소수점 이하를 버림
	MOD10(var)	var을 10으로 나눈 나머지
	SQRT(var)	제곱근
	EXP(var)	지수함수(e^{var})
	LG10(var)	상용로그
	LN(var)	자연로그
	SIN(var)	사인함수
	COS(var)	코사인함수
	ARTAN(var)	역탄젠트함수($\tan^{-1}(var)$)
특수함수	SYSMIS(var)	시스템결측값이면 1이 됨
	MISSING(var)	결측값이면 1이 됨
	NORMAL(1)	표준정상분포에 따른 확률 난수 생성

3) 변환하기(Recode)

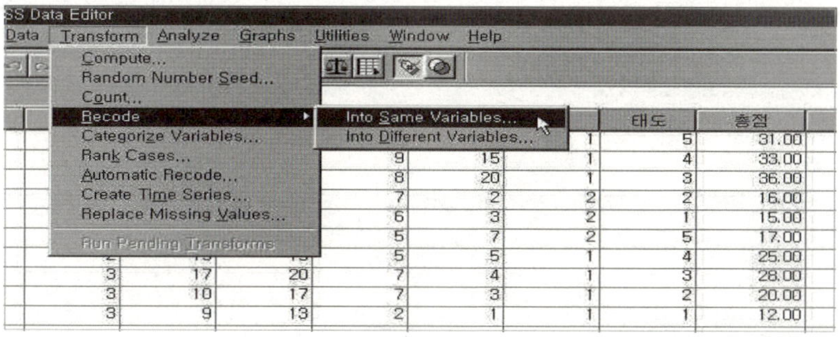

역채점 문항으로 제작된 검사 점수는 코딩할 때 입력한 값을 제작 단계시 설정한 변인 값으로 변환해 주어야 한다. 이러할 경우 'Transform'의 'Recode' 메뉴에서 한꺼번에 변인 값을 변환할 수 있다. Into Same Variables를 선택할 경우 입력되어 있는 변인이 새로운 값으로 바뀌게 되고 Into Different Variables를 선택할 경우에는 변환된 값이 새로운 변인으로 지정되어 입력된다. 위의 그림은 같은 변인 내에서 변인값을 변환하고자 할 때 선택한 예이다.

[그림 Ⅴ-36] **변인값 변환하기**

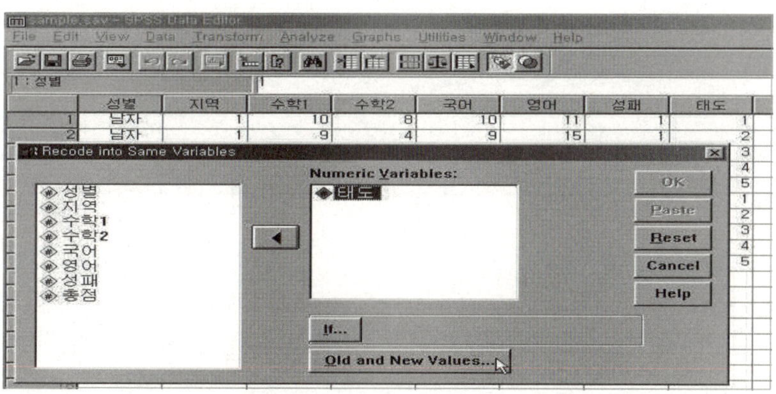

변환하고자 하는 변인을 선택하여 'Numeric Variables'로 옮긴 다음, 아래쪽에 있는 'Old and New Values...'를 선택한다.

[그림 Ⅴ-37] **변환할 변인 선택하기**

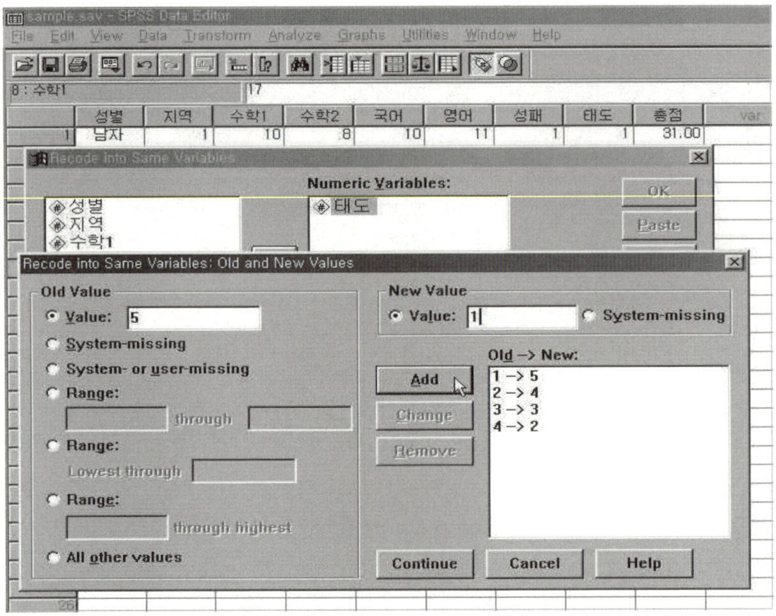

'Old Value'에는 처음에 입력한 값을, 'New Value'에는 변환할 값을 입력한다. 각 변환 값을 지정할 때마다 'Add'를 선택하여 변인값을 변환시켜 준다.

[그림 V-38] 변환할 변인값 지정하기

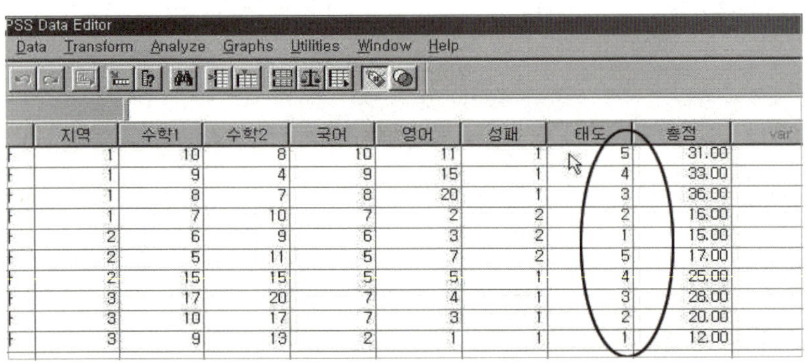

[그림 V-36]의 태도 점수와 비교해 볼 때 변인값이 변환되어 있음을 알 수 있다.

[그림 V-39] 변인값 변환 후 자료파일

4) 사례 선택하기(Select Cases)

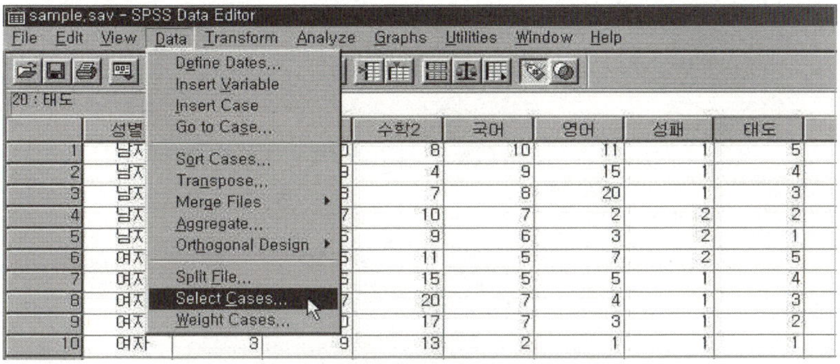

[그림 Ⅴ-40] 분석에 필요한 사례를 선택하기

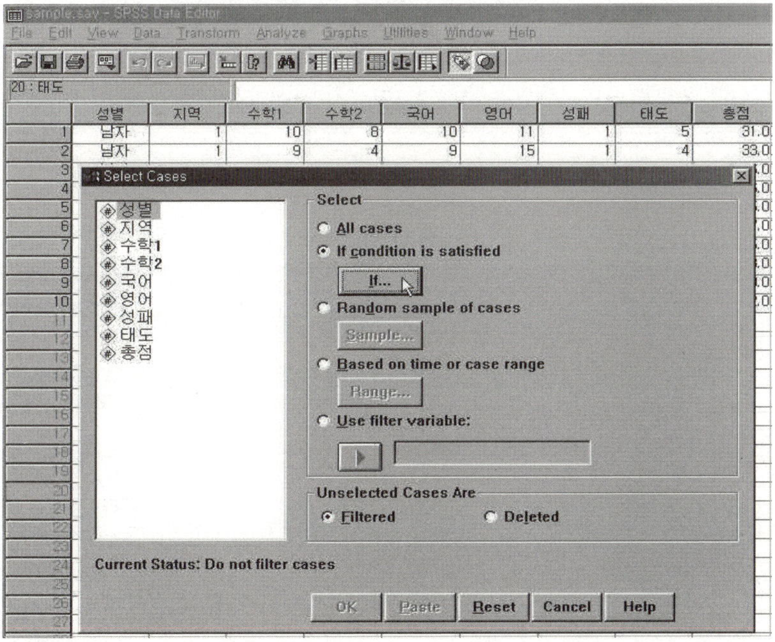

조건을 만족시키는 사례만 선별해서 분석하고자 할 경우 'If' 명령어를 선택한다.

[그림 Ⅴ-41] 선택할 사례의 조건 지정하기

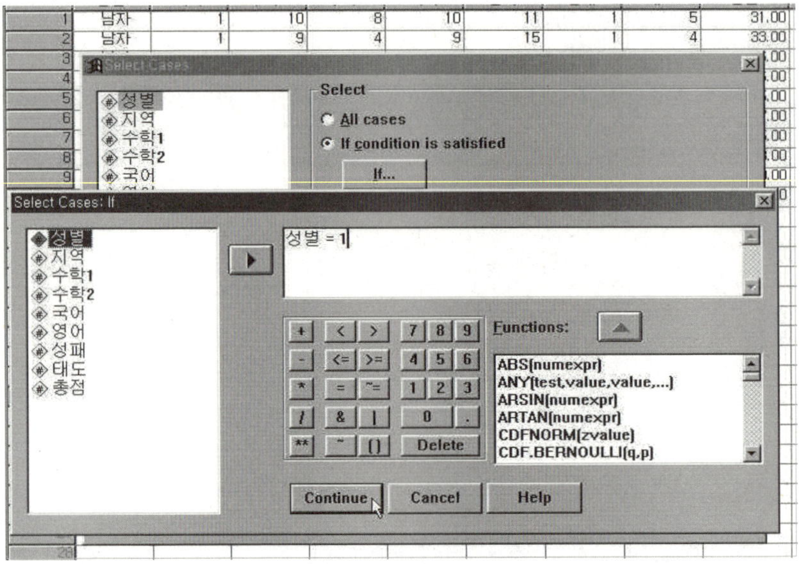

위의 그림은 '남자'만을 선택해서 분석할 경우 사례 선별 조건을 지정한 예이다.

[그림 Ⅴ-42] **선별 조건 지정하기**

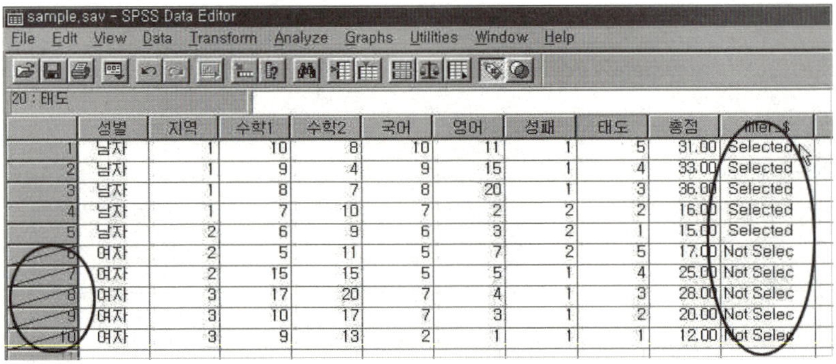

선별 조건을 '남자'로 지정해 준 결과, '여자' 사례에만 사선 표시가 나타나고, 마지막에 'filter' 변인이 새로 생성되어 있음을 알 수 있다.

[그림 Ⅴ-43] **사례 선택한 후 자료파일**

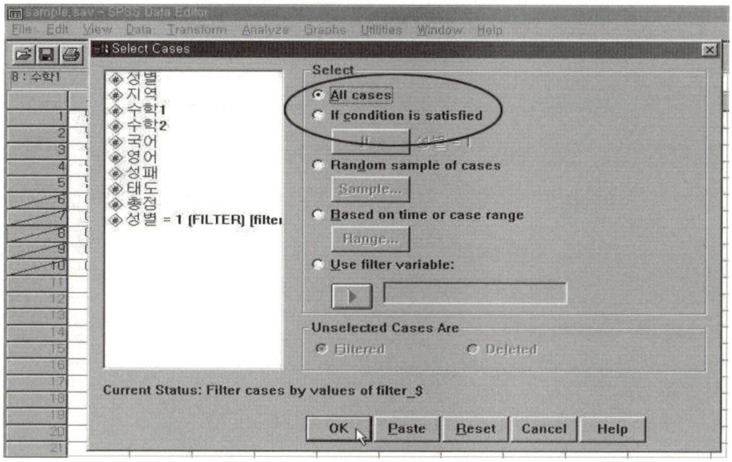

선택한 사례만을 대상으로 한 분석이 끝난 후, filter 기능을 해제할 때는 'Data' 메뉴의 'Select Cases'로 가서 'All cases'를 선택하고 'OK'를 클릭한다. [그림 V-45]를 보면 사례 선택이 해제되어 '여자' 사례에 사선이 없어진 것을 확인할 수 있다.

[그림 Ⅴ-44] 선택한 사례 해제하기

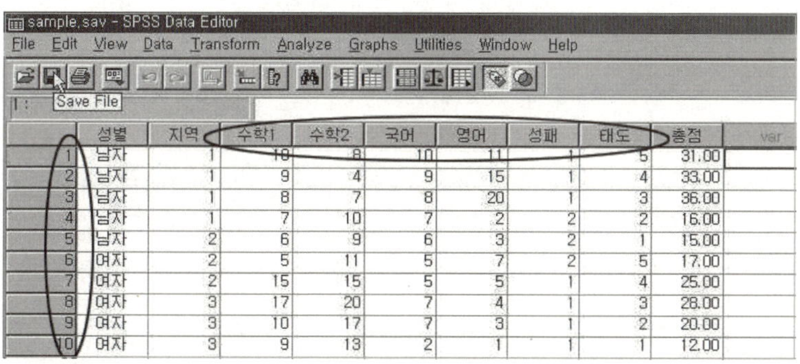

차후 분석을 위해 변인값 설명하기, 계산하기, 변환하기 등이 끝난 최종 파일을 다시 한 번 저장한다. [그림 V-44]는 사례 선택하기의 결과로 생성된 filter 변인을 삭제한 상태이다. 참고로 데이터 파일에서 불필요한 사례나 혹은 변인을 삭제할 때는 사례의 번호나 변인명 위에서 마우스의 왼쪽을 눌러 전체를 선택한 다음 'Delete' 키로 지울 수 있다.

[그림 Ⅴ-45] 최종 데이터 파일 저장하기

연 ◦ 습 ◦ 문 ◦ 제

1. 다음 자료는 교육통계학 강의를 수강한 학생들의 성적이다. 물음에 답하시오.

남학생	71	63	74	65	86
남학생	84	97	85	59	61
여학생	75	98	62	89	74
여학생	87	73	78	93	67

(1) 위 자료를 흔글 프로그램에 입력하여 .txt 확장명으로 저장하고, SPSS 프로그램에서 저장된 파일을 불러와서 .sav 확장명의 파일로 저장하시오.

(2) 위 자료를 엑셀 프로그램에서 입력하여 .xls 확장명으로 저장하라. 저장된 파일을 SPSS 프로그램으로 불러와서 .sav 확장명의 파일로 저장하시오.

(3) .sav로 저장된 자료에 대하여 변인명, 변수값 등의 여러 속성을 지정하시오.

(4) 위 자료는 100점 만점을 기준으로 부여된 점수이다. 이 점수를 배점을 조정하기 위하여 각 점수에 5를 곱하고 500점을 더해주는 작업을 하고자 한다. SPSS 프로그램을 활용하여 점수를 조정하는 작업을 실행하고, '조정점수'라는 변수명을 부여해 보시오.

(5) 입력과정에서 남학생 여학생의 입력을 거꾸로 하여 입력된 자료를 수정하고자 한다. SPSS 상에서 수정작업을 실행해 보시오.

(6) 여학생의 자료에 대하여 평균, 표준편차를 구하고자 한다. SPSS 프로그램을 활용하여 전체 자료들 중에서 여학생에 대한 자료만을 선택하고, 평균, 표준편차를 구해 보시오.

2. 자신의 학위 논문을 작성하기 위해 수집한 자료를 SPSS 데이터 파일로 만들어 보시오.

☞ 연습문제의 풀이는 이 책의 470쪽에 있음

Ⅵ SPSS 활용의 실제

1 기술통계분석 및 결과 해석

가. SPSS용 데이터 파일(.sav) 불러오기

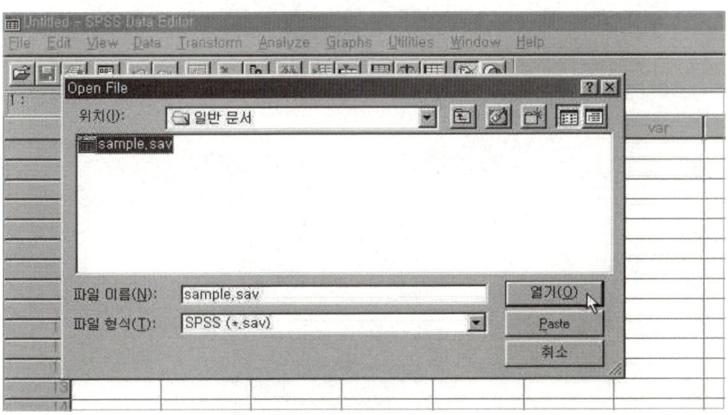

[그림 Ⅵ-1] 분석할 SPSS용 데이터 파일 불러오기

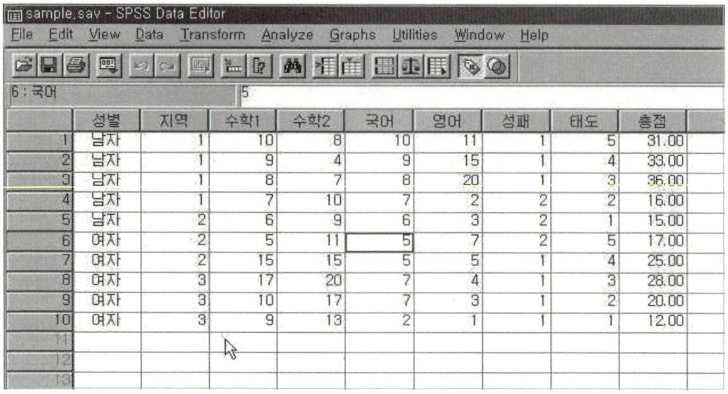

	성별	지역	수학1	수학2	국어	영어	성패	태도	총점
1	남자	1	10	8	10	11	1	5	31.00
2	남자	1	9	4	9	15	1	4	33.00
3	남자	1	8	7	8	20	1	3	36.00
4	남자	1	7	10	7	2	2	2	16.00
5	남자	2	6	9	6	3	2	1	15.00
6	여자	2	5	11	5	7	2	5	17.00
7	여자	2	15	15	5	5	1	4	25.00
8	여자	3	17	20	7	4	1	3	28.00
9	여자	3	10	17	7	3	1	2	20.00
10	여자	3	9	13	2	1	1	1	12.00

불러 온 데이터 파일이 원했던 파일인지를 확인한 후, 데이터 파일 화면의 아래쪽에 있는 'Variable View'를 눌러 변인값(Value Labels) 등이 정확한지 확인한다.

[그림 Ⅵ-2] SPSS용 데이터 파일의 화면

나. 기술통계분석(대표치, 빈도분포, 변산도 등 계산)

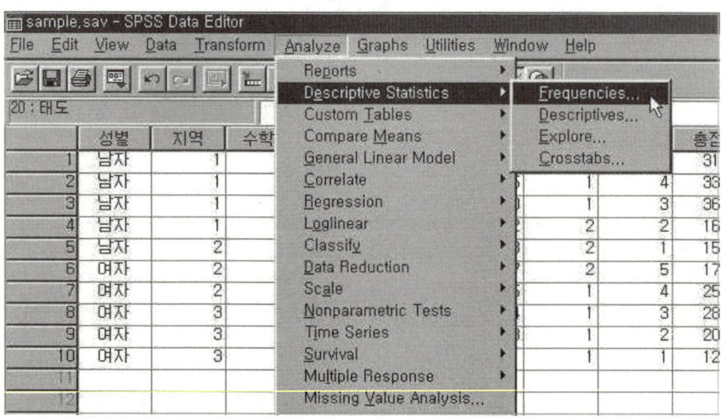

기술통계치들에 대한 분석은 'Analyze'의 'Descriptive Statistics'에서 'Frequencies' 메뉴 뿐 아니라 'Descriptives' 메뉴를 통해서도 가능하다.

[그림 Ⅵ-3] 기술통계의 빈도분석 선택하기

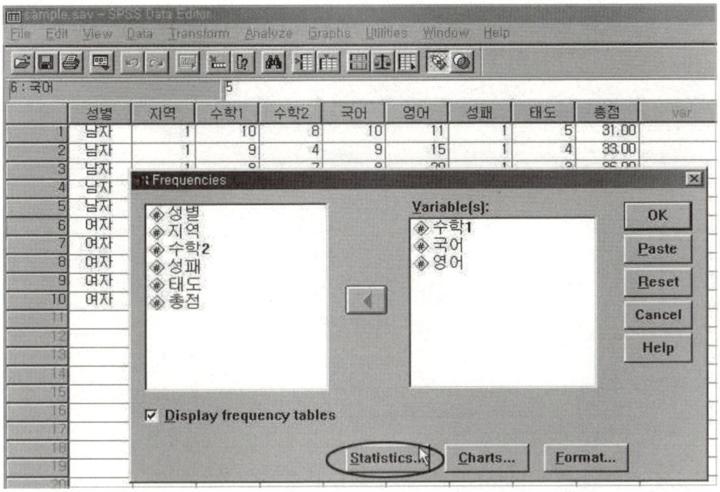

분석할 변인을 선택하여 오른쪽 변인 상자로 옮긴 후 'Statistics...'를 클릭한다. 'Display Frequency tables'를 선택하지 않게 되면 빈도분포표가 만들어지지 않는다. 간단한 평균, 표준편차 등의 정보를 구하고자 하는 경우에는 선택하지 않는 것이 좋다.

[그림 Ⅵ-4] **분석할 변인들 선택하기**

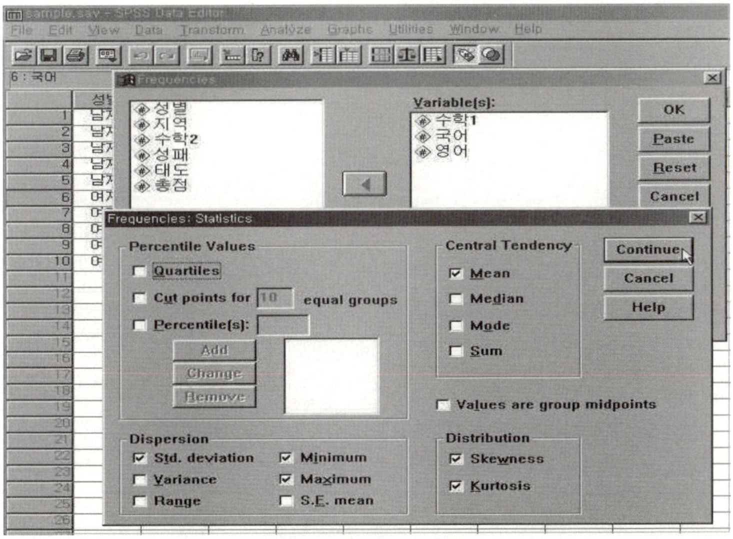

[그림 Ⅵ-5] **대표치, 빈도분포, 변산도 지정하기**

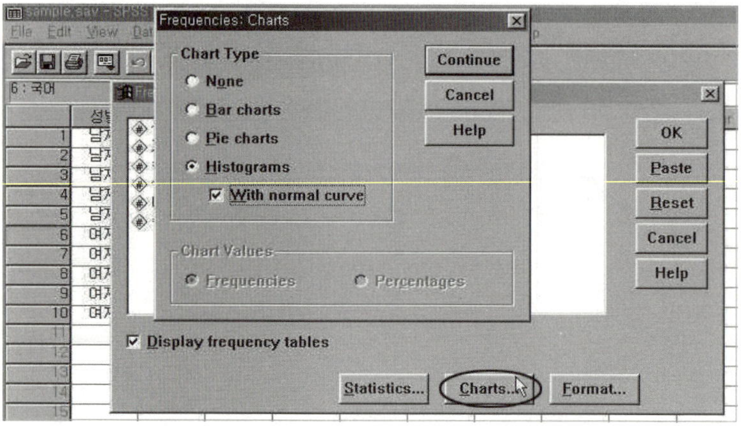

'With noraml curve'를 선택하게 되면 'Histogram'의 막대위에 정상분포곡선이 겹쳐서 그려진다.

[그림 Ⅵ-6] 빈도분석 그래프 선택하기

➧ Frequencies

Statistics

		수학1	국어	영어
N	Valid	10	10	10
	Missing	0	0	0
Mean		9.60	6.60	7.10
Std. Deviation		3.78	2.27	6.28
Skewness		1.023	-.589	1.213
Std. Error of Skewness		.687	.687	.687
Kurtosis		.505	.848	.511
Std. Error of Kurtosis		1.334	1.334	1.334
Minimum		5	2	1
Maximum		17	10	20

위의 빈도분석결과표를 보면 분석에 이용된 사례수(Valid)와 분석에서 제외된 사례수(Missing), 평균(Mean)과 표준편차(Std. Deviation), 편포도(Skewness)와 첨도(Kurtsis), 최소값(Minimum)과 최대값(Maximum)이 제시되어 있다. 평균점수를 보면 국어, 영어에 비해 수학1이 높다는 것을 알 수 있고, 영어의 표준편차가 국어와 수학1에 비해 매우 높은 것으로 보아 영어점수가 평균을 기준으로 가장 넓게 퍼져 있다는 것을 알 수 있다. 이는 최소값과 최대값의 간격이 얼마인가를 확인해도 알 수 있다. 영어의 최대값은 20으로 국어, 수학1에 비해 가장 높은 반면, 최소값은 1로 가장 낮다. 편포도를 보면 수학1과 영어는 양의 값을 가지므로 왼쪽으로 분포가 치우쳐져 있다는 것을 알 수 있고, 국어는 음의 값을 가지므로 오른쪽으로 분포가 치우쳐 있다는 것을 알 수 있다. 첨도는 세과목 모두 양의 값을 가지므로 정상분포에 비해 약간 뾰족한 형태의 분포를 이루고 있다. 빈도분석표의 정보는 다음에 제시되는 과목별 정상분포곡선과 히스토그램을 통해 시각적으로 확인할 수 있다.

Frequency Table

수학1

		Frequency	Percent	Valid Percent	Cumulative Percent
Valid	5	1	10.0	10.0	10.0
	6	1	10.0	10.0	20.0
	7	1	10.0	10.0	30.0
	8	1	10.0	10.0	40.0
	9	2	20.0	20.0	60.0
	10	2	20.0	20.0	80.0
	15	1	10.0	10.0	90.0
	17	1	10.0	10.0	100.0
	Total	10	100.0	100.0	

위 표는, 수학1의 빈도분포표이다. 표를 보면 각 점수별 빈도와 비율(Percent, 상대빈도), 누가비율(Cumulative Percent)이 제시되어 있다.

[그림 Ⅵ-7] **기술통계의 빈도분석 결과**

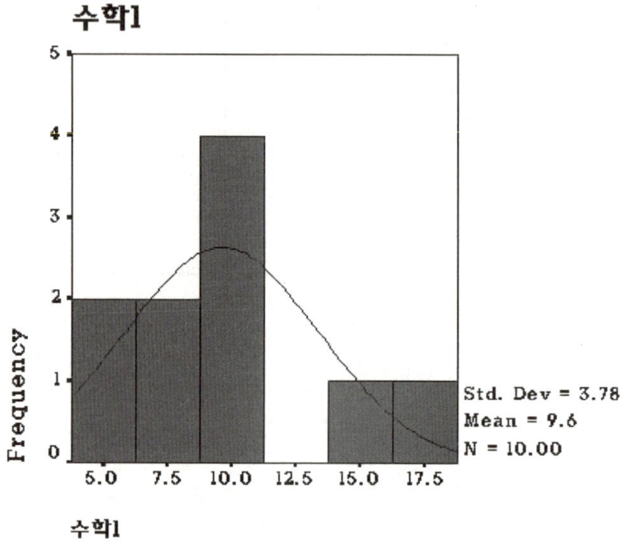

[그림 Ⅵ-8] 수학1에 대한 정상분포곡선과 히스토그램

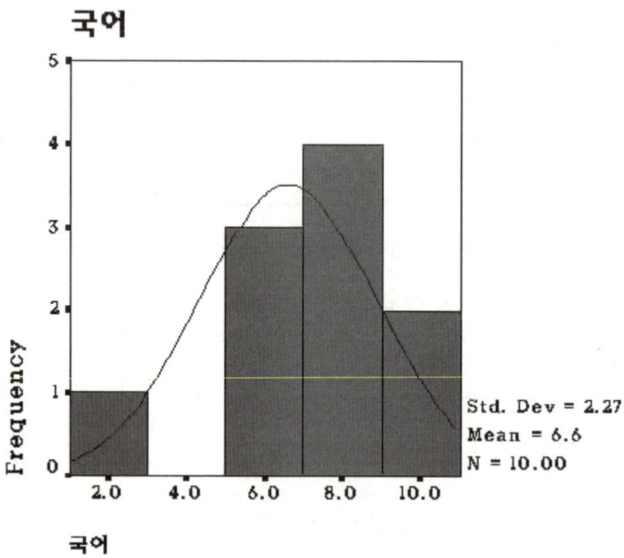

[그림 Ⅵ-9] 국어에 대한 정상분포곡선과 히스토그램

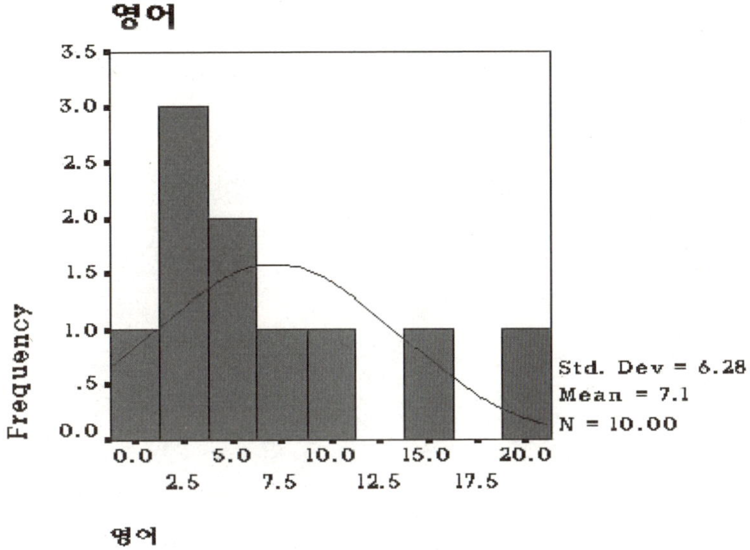

[그림 Ⅵ-10] 영어에 대한 정상분포곡선과 히스토그램

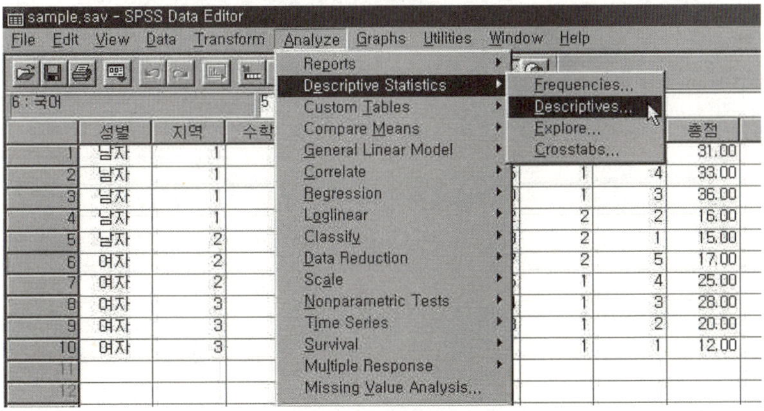

[그림 Ⅵ-11] 기술통계의 'Descriptives' 선택하기

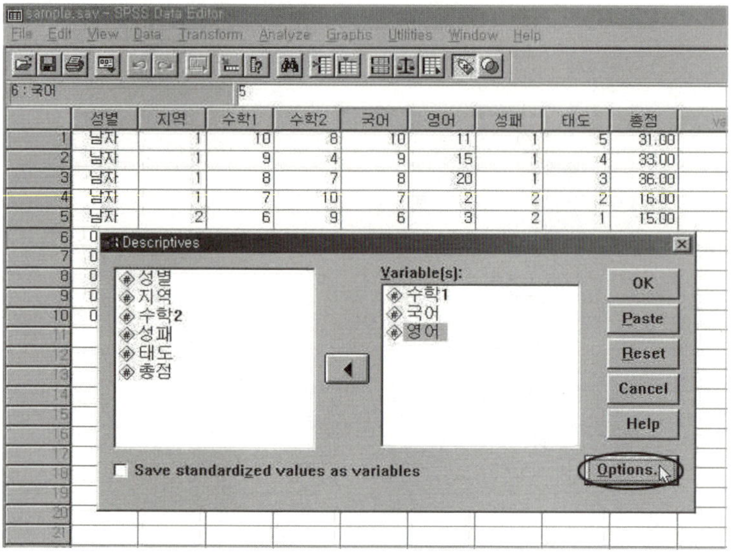

[그림 Ⅵ-4]와 마찬가지로 분석하고자 하는 변인들을 왼쪽 상자에서 오른쪽 상자로 이동시킨 다음, 'Option' 키를 누른다. 분석하고자 하는 변인의 표준점수(Z점수)를 알아보고자 할 경우에는 'Save standardized values as variables'를 선택한다. 이 항목을 선택하게 되면 해당 변인의 표준점수가 'Z변인명(예: Z수학)'의 변인명을 가진 새로운 변인으로 데이터창에 입력된다. 이 기능은 해당 변인 내의 각 사례의 점수가 평균 이상인지 이하인지 확인하고자 하는 경우에 유용하게 활용된다(음수이면 평균 이하이고, 양수이면 평균 이상이다).

[그림 Ⅵ-12] 기술통계에서 분석할 변인 선택하기

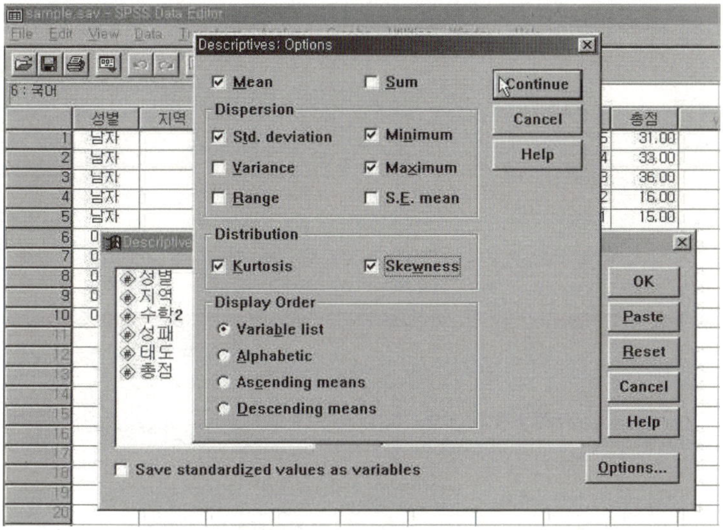

[그림 Ⅵ-13] **대표치, 빈도분포, 변산도 지정하기**

Descriptives

Descriptive Statistics

	N	Minimum	Maximu	Mean	Std.	Skewness		Kurtosis	
	Statistic	Statistic	Statistic	Statistic	Statistic	Statistic	Std. Error	Statistic	Std. Error
수학1	10	5	17	9.60	3.78	1.023	.687	.505	1.334
국어	10	2	10	6.60	2.27	-.589	.687	.848	1.334
영어	10	1	20	7.10	6.28	1.213	.687	.511	1.334
Valid N (listwise)	10								

분석결과, [그림 Ⅴ-45]의 빈도분석결과와 일치한다는 것을 알 수 있다. 하지만 빈도분석과는 달리 분석의 결과가 하나의 표로 압축되어 제시된다. 여러 변인에 대한 간단한 기술통계량을 하나의 표로 나타내고자 할 경우에는 빈도분석보다는 기술통계분석을 실시하는 것이 좋다. 빈도분석과 기술통계분석에 대한 보다 자세한 설명은 연습문제 1번의 풀이를 참고하기 바란다.

[그림 Ⅵ-14] **기술통계분석 결과**

2 추리통계분석 및 결과 해석

가. χ^2 검증

1) 일반적인 경우의 χ^2 검증

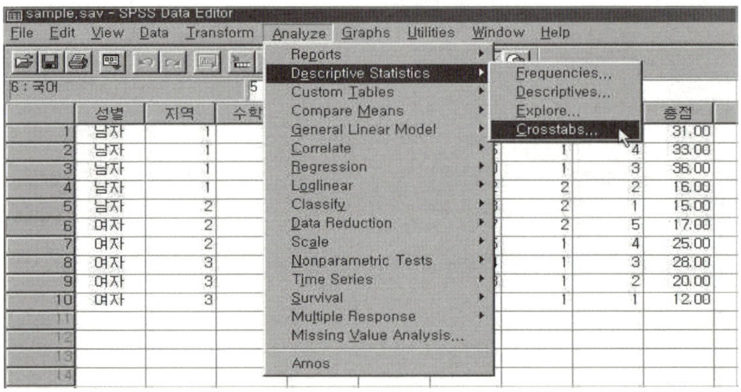

[그림 Ⅵ-15] 'Analyze'의 'Descriptive Statistics'에서 교차분석(Crosstabs) 선택

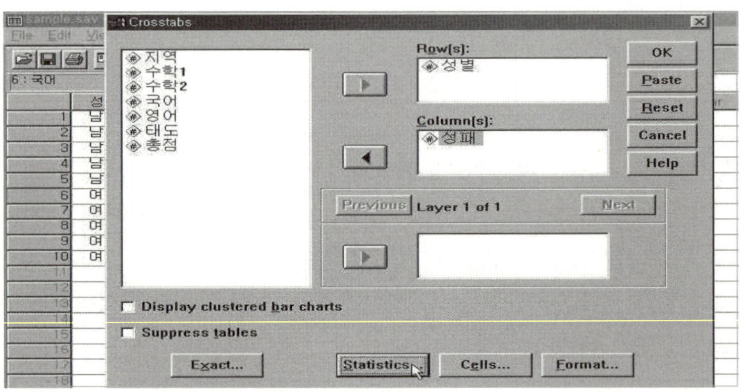

교차분석 대화 상자의 왼쪽에서 '성별'을 선택하여 'Row'에, '성패'를 선택하여 'Column'으로 옮기고 나서 'Statistics' 메뉴를 클릭한다.

[그림 Ⅵ-16] 교차분석 변인 넣기

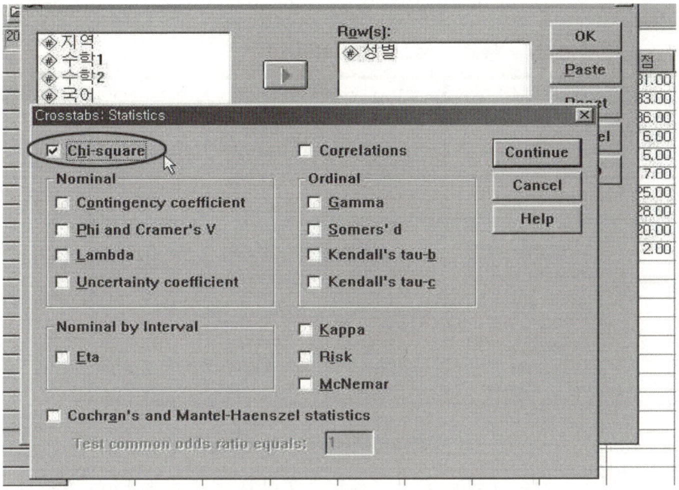

'Chi-square' 검증을 선택한다. 'Nominal'에 표시되는 옵션들은 'Chi-square' 검증의 설명력 등을 알아보기 위한 통계량이다. 일반적인 경우 이러한 통계량은 자주 사용되지 않기 때문에 자세한 설명은 생략하기로 한다.

[그림 Ⅵ-17] Chi-square 유의도 검증 지정하기

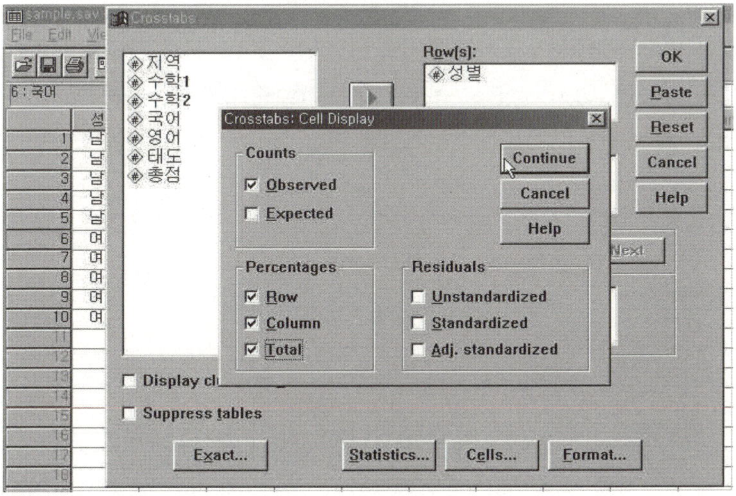

'Cell'을 선택하여 관측빈도와 행, 열, 전체 퍼센트를 지정해준다.

[그림 Ⅵ-18] 셀(Cell)에 대한 백분율 지정하기

Crosstabs

성별 * 성패 Crosstabulation

			성패		Total
			성공	실패	
성별	남자	Count	3	2	5
		% within 성별	60.0%	40.0%	100.0%
		% within 성패	42.9%	66.7%	50.0%
		% of Total	30.0%	20.0%	50.0%
	여자	Count	4	1	5
		% within 성별	80.0%	20.0%	100.0%
		% within 성패	57.1%	33.3%	50.0%
		% of Total	40.0%	10.0%	50.0%
Total		Count	7	3	10
		% within 성별	70.0%	30.0%	100.0%
		% within 성패	100.0%	100.0%	100.0%
		% of Total	70.0%	30.0%	100.0%

Chi-Square Tests

	Value	df	Asymp. Sig. (2-sided)	Exact Sig. (2-sided)	Exact Sig. (1-sided)
Pearson Chi-Square	.476[b]	1	.490		
Continuity Correction[a]	.000	1	1.000		
Likelihood Ratio	.483	1	.487		
Fisher's Exact Test				1.000	.500
Linear-by-Linear Association	.429	1	.513		
N of Valid Cases	10				

a. Computed only for a 2x2 table

b. 4 cells (100.0%) have expected count less than 5. The minimum expected count is 1.50.

남 · 녀의 성별과 성패 간의 교차분석 결과, χ^2 값은 0.476이고 자유도가 1일 때 점근 유의확률은 0.490임이 나타났다. 즉 p 값이 유의수준 0.05보다 크므로 통계적인 의미가 없음을 알 수 있다. 결과적으로 성별에 따른 성공과 실패의 차이는 없다고 볼 수 있다.

[그림 Ⅵ-19] 교차분석 결과와 χ^2 유의도 검증

2) 분할표로 주어진 경우의 χ^2 검증

다음과 같이 분할표로 자료가 주어졌을 경우에는 가중케이스(Weight Cases)를 활용하여 χ^2 검증을 실시해야 한다.

	성공	실패
남자	3	2
여자	4	1

위와 같은 자료의 분석을 위해 [그림 Ⅵ-20]과 같이 자료를 입력한다.

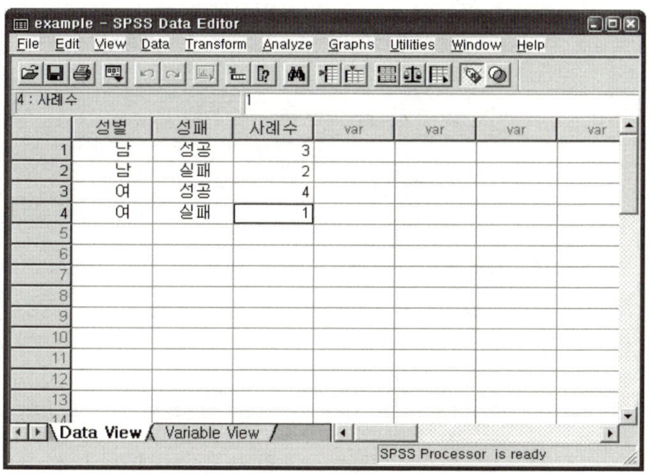

[그림 Ⅵ-20] 분할표로 제시된 자료와 입력

그런 다음 '사례수' 변인을 SPSS 프로그램이 하나의 점수가 아닌 남녀별 성패의 사례수로 인식하도록 하기 위해 Data → Weight Cases에서 '사례수' 변인에 가중케이스를 설정한다.

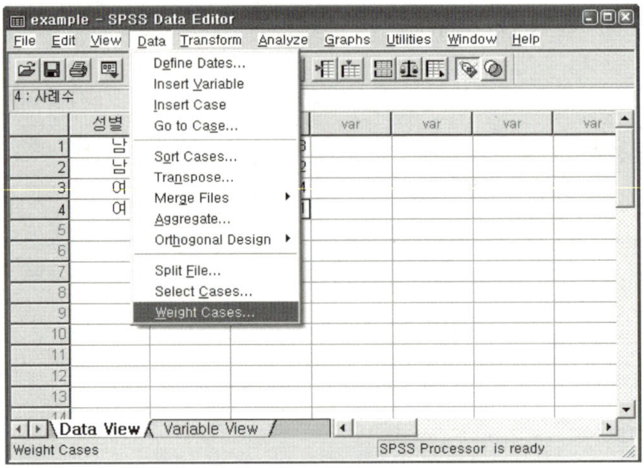

[그림 Ⅵ-21] 가중케이스 설정

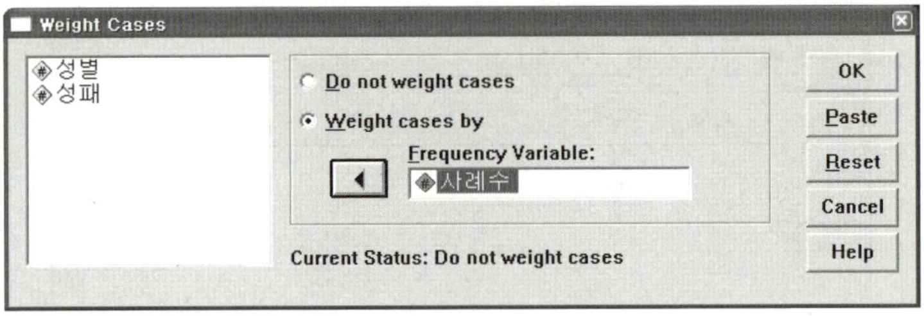

[그림 Ⅵ-22] 가중케이스 변인 선택

가중케이스 설정이 끝난 다음 교차분석을 실시하면 χ^2 검증의 결과를 얻을 수 있다. 검증결과가 개별 사례에 대한 관찰값을 입력하여 실시한 χ^2 검증의 결과와 동일하다는 것을 알 수 있다([그림 Ⅵ-19]와 [그림 Ⅵ-24] 참조).

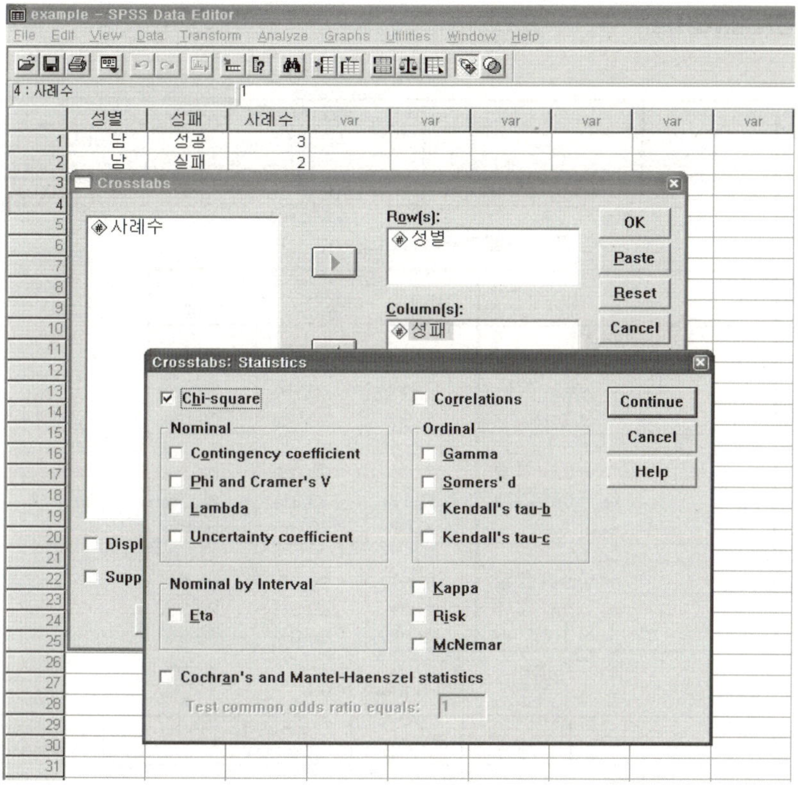

[그림 Ⅵ-23] χ^2 검증을 위한 교차분석

➜ Crosstabs

Case Processing Summary

	Cases					
	Valid		Missing		Total	
	N	Percent	N	Percent	N	Percent
성별 * 성패	10	100.0%	0	.0%	10	100.0%

성별 * 성패 Crosstabulation

			성패		Total
			성공	실패	
성별	남	Count	3	2	5
		% within 성별	60.0%	40.0%	100.0%
		% within 성패	42.9%	66.7%	50.0%
		% of Total	30.0%	20.0%	50.0%
	여	Count	4	1	5
		% within 성별	80.0%	20.0%	100.0%
		% within 성패	57.1%	33.3%	50.0%
		% of Total	40.0%	10.0%	50.0%
Total		Count	7	3	10
		% within 성별	70.0%	30.0%	100.0%
		% within 성패	100.0%	100.0%	100.0%
		% of Total	70.0%	30.0%	100.0%

Chi-Square Tests

	Value	df	Asymp. Sig. (2-sided)	Exact Sig. (2-sided)	Exact Sig. (1-sided)
Pearson Chi-Square	.476[b]	1	.490		
Continuity Correction[a]	.000	1	1.000		
Likelihood Ratio	.483	1	.487		
Fisher's Exact Test				1.000	.500
Linear-by-Linear Association	.429	1	.513		
N of Valid Cases	10				

a. Computed only for a 2x2 table

b. 4 cells (100.0%) have expected count less than 5. The minimum expected count is 1.50.

[그림 Ⅵ-24] χ^2 검증 결과

나. t 검증

1) 독립표집일 경우

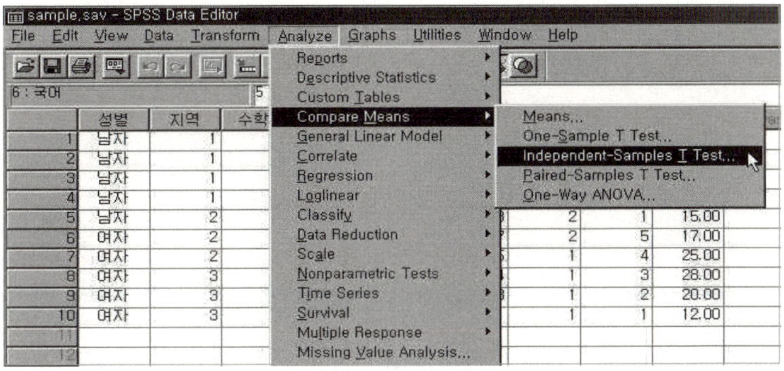

[그림 Ⅵ-25] 'Analyze'의 'Compare Means'에서 독립표집 t 검증 선택하기

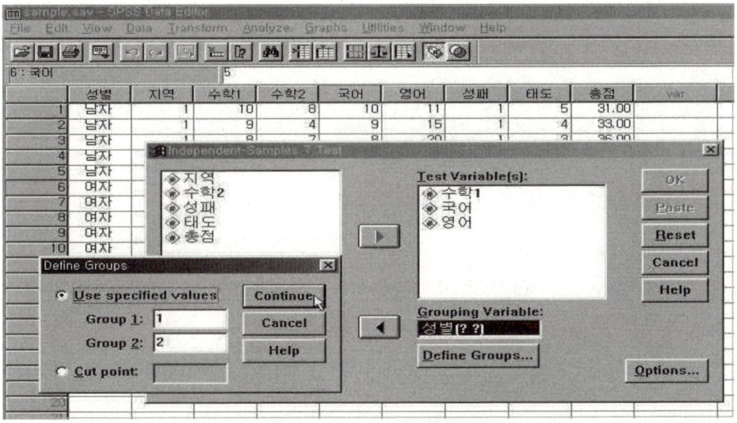

수학1, 국어, 영어를 선택하여 'Test Variable' 상자로 옮긴다. 'Define Groups..'를 선택하여 'Define Group' 상자에서 성별의 변인 값 1과 2를 써준다. 'Group Variable'이 성별(1, 2)로 바뀐 것을 확인하고 'OK' 버튼을 누른다.

[그림 Ⅵ-26] 검증변인 및 기준변인(집단변인) 지정하기

T-Test

Group Statistics

	성별	N	Mean	Std. Deviation	Std. Error Mean
수학1	남자	5	8.00	1.58	.71
	여자	5	11.20	4.82	2.15
국어	남자	5	8.00	1.58	.71
	여자	5	5.20	2.05	.92
영어	남자	5	10.20	7.73	3.46
	여자	5	4.00	2.24	1.00

Independent Samples Test

		Levene's Test for Equality of Variances		t-test for Equality of Means						
									95% Confidence Interval of the Difference	
		F	Sig.	t	df	Sig. (2-tailed)	Mean Difference	Std. Error Difference	Lower	Upper
수학1	Equal variances assumed	6.373	.036	-1.411	8	.196	-3.20	2.27	-8.43	2.03
	Equal variances not assumed			-1.411	4.852	.219	-3.20	2.27	-9.08	2.68
국어	Equal variances assumed	.125	.733	2.419	8	.042	2.80	1.16	.13	5.47
	Equal variances not assumed			2.419	7.516	.044	2.80	1.16	.10	5.50
영어	Equal variances assumed	7.390	.026	1.724	8	.123	6.20	3.60	-2.10	14.50
	Equal variances not assumed			1.724	4.665	.150	6.20	3.60	-3.25	15.65

t 검증을 시행함에 있어, 먼저 두 집단간 변량의 동질성 여부를 검증하는 것이 필요하다. 동변량성의 여부는 Levene의 동변량 검증, 즉 F값을 이용하여 알 수 있는데, 만약 F값의 유의도(Sig)가 0.05보다 작을 경우에는 동변량성을 가정할 수 없다는 의미이므로 'Equal variances not assumed'로 표시된 줄(표에서 아래쪽)에 제시된 t 값을 활용하여 가설 검증을 해야 한다. 예를 들어 [그림 Ⅵ-27]의 '영어' 과목의 경우, F값 7.390의 유의도 p=0.026으로 0.05보다 작으므로, 아래 줄로 내려와 가설 검증을 해야 한다. 이때의 t 값은 1.724이고 자유도는 4.665이며, p 값은 0.150임을 알 수 있다. p 값 0.150은 0.05보다 크므로 성별에 따라 영어 점수는 차이가 나지 않는다는 것을 알 수 있다. 수학1의 경우에도 F값의 유의도가 0.05보다 작으므로 아래쪽에서 가설검증을 해야 하지만, 국어의 F값 유의도는 0.733으로 0.05보다 크므로 위쪽에서 제시된 t 값과 유의도를 활용해야 한다. 독립표집 t 검증 결과, 국어 과목에서만 남·녀 성별의 차이가 통계적으로 의미 있게 나타난다는 것을 알 수 있다.

[그림 Ⅵ-27] 독립표집 t 검증 결과

2) 종속표집일 경우

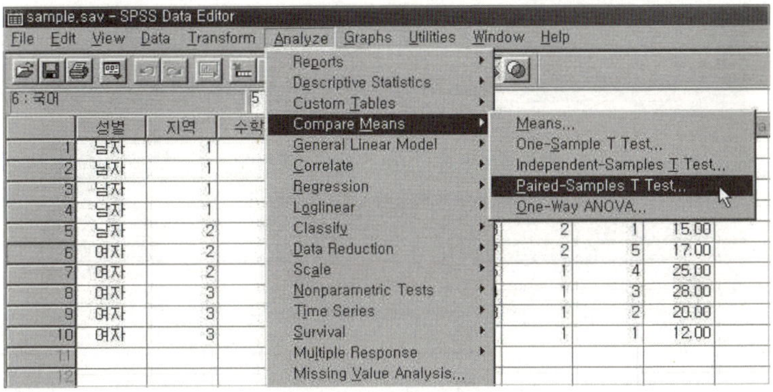

[그림 Ⅵ-28] 'Analyze'의 'Compare Means'에서 종속표집 t 검증 선택하기

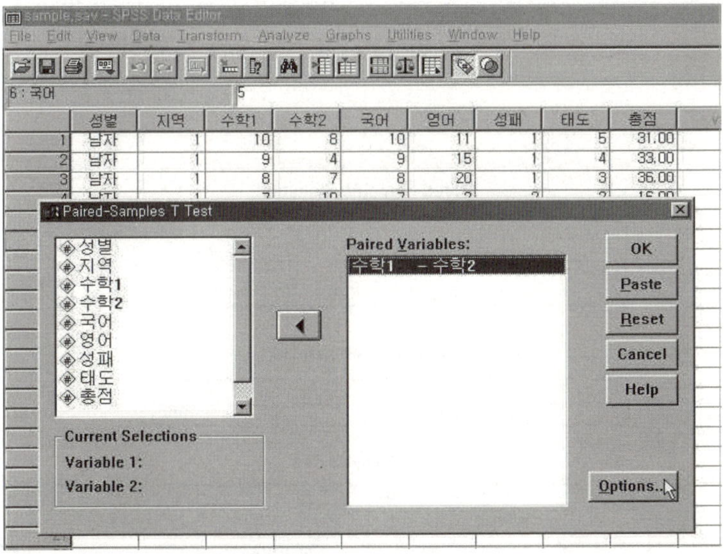

수학1(사전검사)과 수학2(사후검사)의 성적 차이를 알아보기 위해 왼쪽 상자에서 수학1과 수학2를 선택하여 'Paired Variable' 상자에 입력한 다음, 'Options'를 클릭한다.

[그림 Ⅵ-29] 검증변인 지정하기

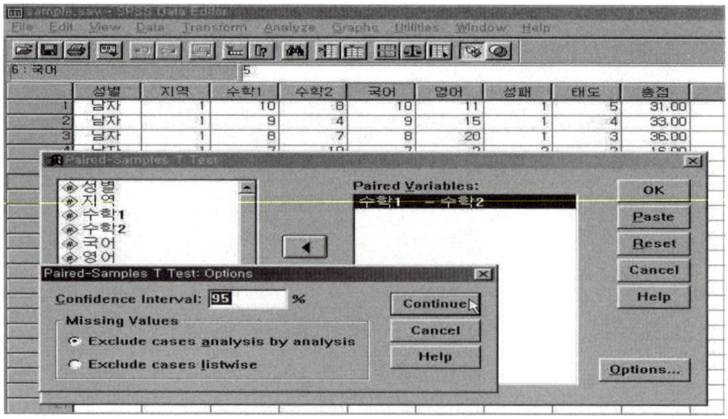

대체로 95%로 설정하지만 경우에 따라 90%, 99%로 지정하기도 한다. 연구자가 원하는 숫자를 입력하면 된다. 숫자가 커질수록 추정된 신뢰구간의 폭이 넓어지게 되고 그 범위내에 모집단의 평균이 포함되어 있을 가능성은 높아진다.

[그림 Ⅵ-30] 평균의 신뢰구간 추정을 위한 % 지정하기

➡ T-Test

Paired Samples Statistics

		Mean	N	Std. Deviation	Std. Error Mean
Pair 1	수학1	9.60	10	3.78	1.19
	수학2	11.40	10	4.88	1.54

Paired Samples Correlations

		N	Correlation	Sig.
Pair 1	수학1 & 수학2	10	.655	.040

Paired Samples Test

		Paired Differences					t	df	Sig. (2-tailed)
		Mean	Std. Deviation	Std. Error Mean	95% Confidence Interval of the Difference Lower	Upper			
Pair 1	수학1 - 수학2	-1.80	3.74	1.18	-4.47	.87	-1.524	9	.162

검증 결과, 유의도 0.162가 0.05보다 크므로 수학1과 수학2 점수 간에 통계적으로 유의미한 차이가 없다는 것을 알 수 있다.

[그림 Ⅵ-31] 종속표집 t 검증 결과

다. 변량분석

1) 일원변량분석(One-way ANOVA)

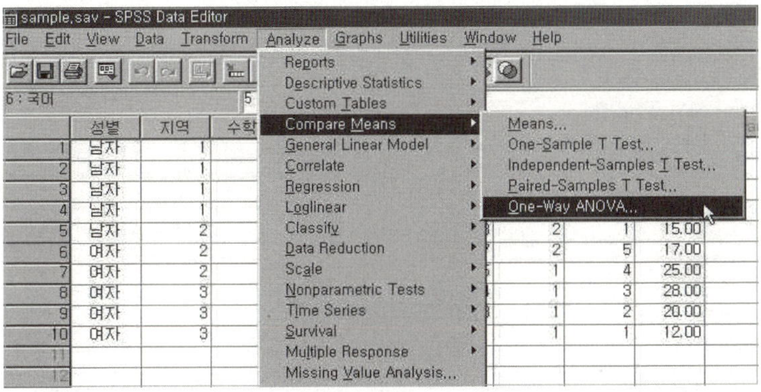

[그림 Ⅵ-32] 'Analyze'의 'Compare Means'에서 일원변량분석 선택하기

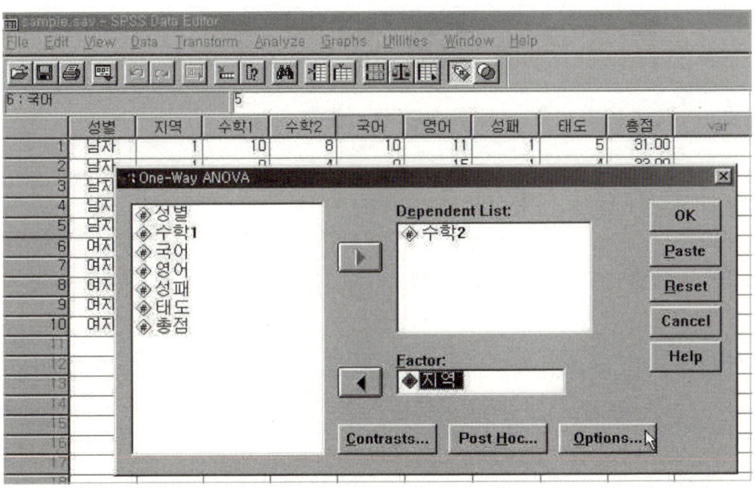

각 지역별 수학2 점수의 차이를 알아보기 위해 종속변인에는 수학2 변인을, 요인에는 지역을 선택하여 옮긴 다음, 'Options..' 메뉴를 클릭한다.

[그림 Ⅵ-33] 종속변인 및 독립변인 지정하기

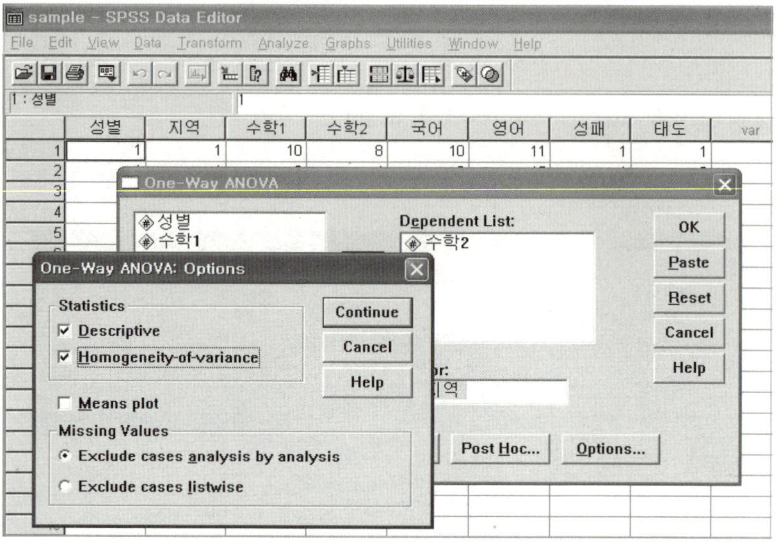

'Options...' 메뉴에서 'Descriptive' 항목을 지정해주게 되면 지역별 수학2 점수에 관한 간단한 기술통계량을 확인할 수 있다. 동변량성 검증을 지정해주게 되면 각 지역별 수학2 점수의 변량이 동일한가에 대한 Levene의 동변량성 검증표가 제시된다.

[그림 Ⅵ-34] **동변량성 검증 지정하기**

➡ Oneway

Descriptives

수학2

	N	Mean	Std. Deviation	Std. Error	95% Confidence Interval for Mean Lower Bound	Upper Bound	Minimum	Maximum
대도시	4	7.25	2.50	1.25	3.27	11.23	4	10
중소도시	3	11.67	3.06	1.76	4.08	19.26	9	15
읍면지역	3	16.67	3.51	2.03	7.94	25.39	13	20
Total	10	11.40	4.88	1.54	7.91	14.89	4	20

Test of Homogeneity of Variances

수학2

Levene Statistic	df1	df2	Sig.
.182	2	7	.837

ANOVA

수학2

	Sum of Squares	df	Mean Square	F	Sig.
Between Groups	152.317	2	76.158	8.587	.013
Within Groups	62.083	7	8.869		
Total	214.400	9			

일원변량분석 결과 동변량성이 확인되었다(Sig.= .837). 참고로, 동변량성을 가정할 수 없을 경우에는 F 검증을 할 수 없는 것이 원칙이다. 집단간 비교를 위한 F값 8.587에 대한 유의도는 0.013이며, 0.05보다 작다. 따라서 지역에 따라 수학2 점수에서 통계적으로 유의미한 차이가 있다. 이러한 경우 세 지역 중 구체적으로 어떤 지역 간에 차이가 있는지 검증하기 위해 사후비교(Post Hoc Tests)를 추가로 시행하여야 한다.

[그림 Ⅵ-35] **일원변량분석 결과**

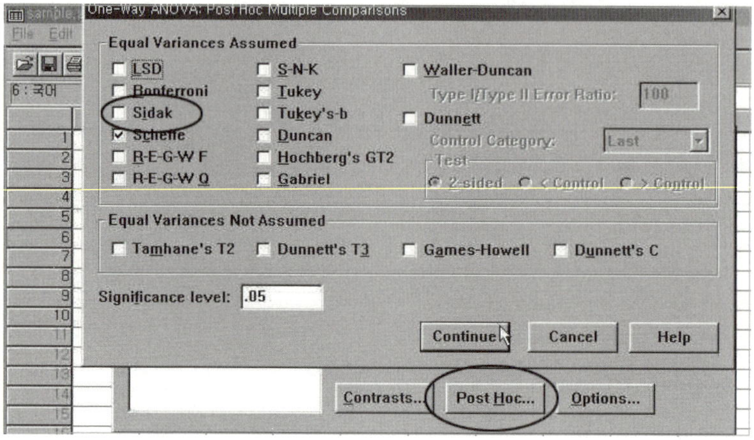

일원변량분석 창을 띄운 후, 'Post Hoc...'을 선택하고, 'Scheffe'를 지정해준다.

[그림 Ⅵ-36] **사후비교(Post Hoc Tests) 지정하기**

Post Hoc Tests

Multiple Comparisons

Dependent Variable: 수학2
Scheffe

(I) 지역	(J) 지역	Mean Difference (I-J)	Std. Error	Sig.	95% Confidence Interval	
					Lower Bound	Upper Bound
1	2	-4.42	2.27	.221	-11.42	2.58
	3	-9.42*	2.27	.013	-16.42	-2.42
2	1	4.42	2.27	.221	-2.58	11.42
	3	-5.00	2.43	.191	-12.48	2.48
3	1	9.42*	2.27	.013	2.42	16.42
	2	5.00	2.43	.191	-2.48	12.48

*. The mean difference is significant at the .05 level.

수학2

Scheffe[a,b]

지역	N	Subset for alpha = .05	
		1	2
1	4	7.25	
2	3	11.67	11.67
3	3		16.67
Sig.		.234	.170

Means for groups in homogeneous subsets are displayed.

a. Uses Harmonic Mean Sample Size = 3.273.

b. The group sizes are unequal. The harmonic mean of the group sizes is used. Type I error levels are not guaranteed.

사후비교(Post Hoc Tests) 결과, 지역1과 지역3 즉, 대도시 지역과 읍면지역의 평균의 유의확률이 0.013으로 유의수준(α=0.05)보다 작게 나타난다. 즉, 대도시지역과 읍면지역의 수학2 점수간에 통계적으로 유의미한 차이가 있다는 결론을 내릴 수 있다. 아래쪽에 제시된 표는 사후비교를 토대로 수학2 점수에 대하여 통계적으로 의미 있는 차이가 없는 동일 집단군을 제시하고 있다. 집단1과 2를 동일집단으로 묶을 경우 제1종 오류가 발생할 확률이 0.234이고, 집단2와 3을 동일집단으로 묶을 경우 제1종 오류가 발생할 확률은 0.170이다.

[그림 Ⅴ-70] 사후비교(Post Hoc Tests) 결과

2) 이원변량분석(Two-way ANOVA)

SPSS에서 이원변량분석(Two-way ANOVA) 및 다원변량분석 메뉴는 일반선형모형(General Linear Model)에 포함되어 있다. 일반선형모형이란 각 변인들의 효과를 선형결합, 즉 덧셈의 형태로 결합할 수 있는 경우에 활용되는 모형이다. 선형성을 전제로 하는 모형의 대표적인 예는 선형회귀모형(Linear Regression Model)이다. 선형회귀모형과 변량분석모형은 각 변인에 관한 동일한 전제(선형성)를 바탕으로 성립하는 모형이기 때문에 두 모형을 동시에 활용한 분석이 가능하다. 일반선형모형은 앞의 일원변량분석모형과 선형회귀분석모형이 결합된 형태의 분석모형이라 할 수 있다.

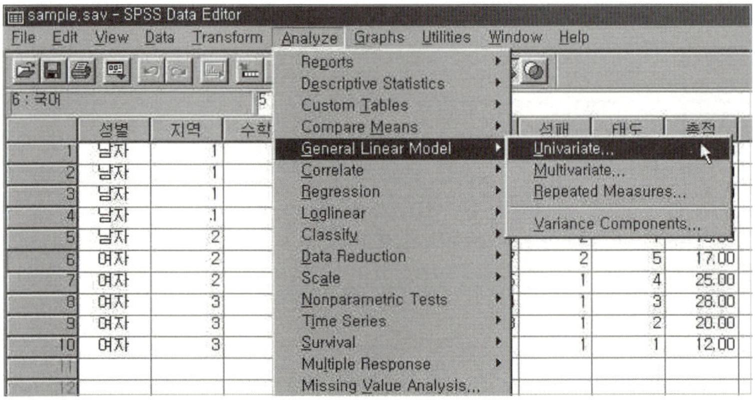

종속변인이 하나인 경우에는 'Univariate...'를, 종속변인이 둘 이상인 경우에는 'Multivariate...'를 선택한다. 종속변인이 하나이므로 'Univariate'를 선택한다.

[그림 Ⅵ-38] 'Analyze'의 'General Liner Model'에서 단변량분석(Univariate) 선택하기

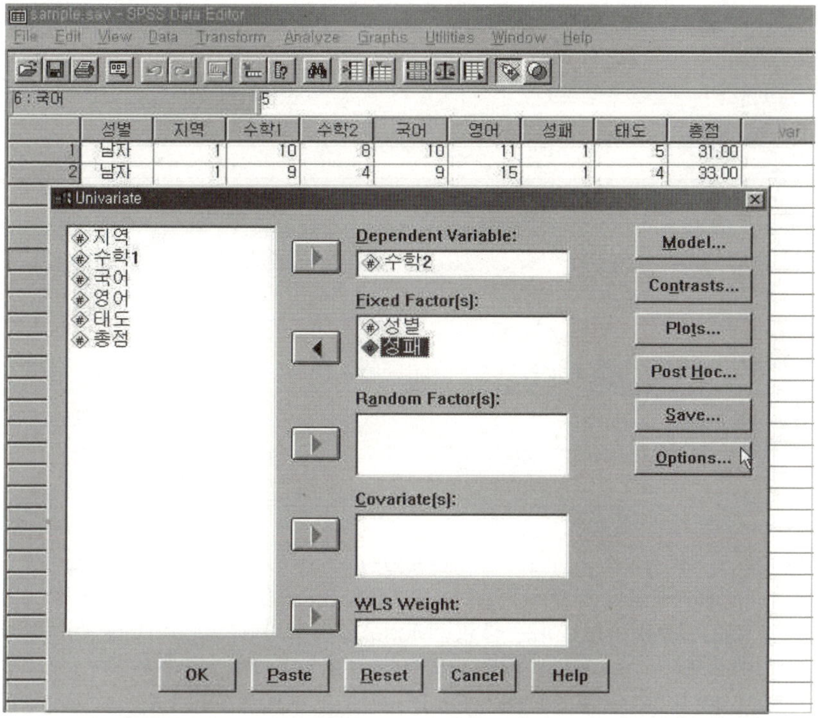

독립변인으로 성별, 성패를 지정하고, 종속변인으로 수학2 점수를 지정한 다음 'Model...'을 선택한다.

[그림 Ⅵ-39] 종속변인 및 독립변인 지정하기

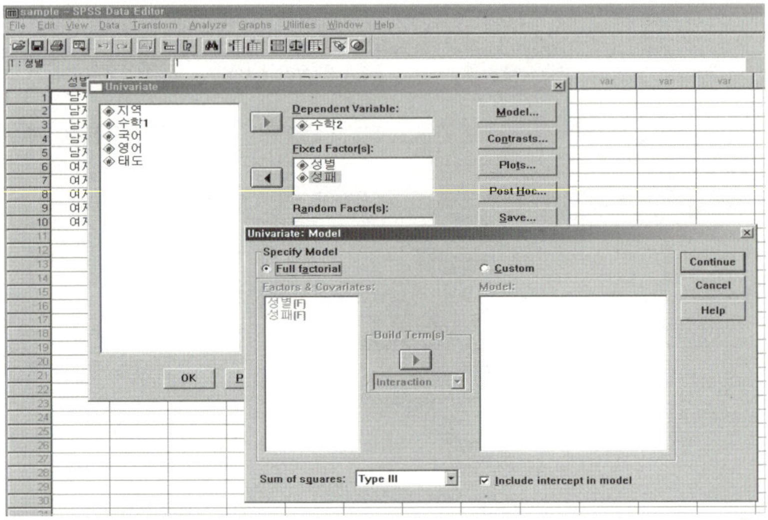

수학2 점수에 영향을 주는 효과를 다음과 같이 (수학2 점수에 대한 효과)=(성별에 따른 주효과)+(성패에 따른 주효과)+(성별과 성패의 상호작용효과)+(성별, 성패 이외의 변인에 의한 효과, 오차)로 구분하는 경우, 'Model...'에서 'Full factorial'을 선택할 경우 '성별에 따른 주효과'와 '성패에 따른 주효과', '성별과 성패의 상호작용 효과'가 모두 분석된다. 'Custom'을 선택하게 되면 세 가지 효과 중에서 분석하고자 하는 효과를 선택할 수 있다. Sum of squares 항목은 수학2 점수의 전체 제곱합을 분해하는 방식을 설정하는 항목이다. Type III의 분해방법을 회귀분석적 접근법이라 하는데 이 접근법에서는 성별과 성패에 의한 전체 주효과를 구하기 위해 성별과 성패의 상호작용에 의해 발생하는 효과를 고정시킨 상태에서 성별과 성패의 전체 효과를 구하게 된다. 그리고 성별의 주효과를 구하기 위해서는 성패에 의한 주효과와 성별과 성패의 상호작용에 의한 효과를 고정시킨 상태에서 성패의 효과를 구하게 되고, 성패의 주효과를 구하기 위해서는 성별에 의한 주효과와 성별과 성패에 의한 상호작용 효과를 고정시킨 상태에서의 효과를 구하게 된다. 마찬가지로 성별과 성패의 상호작용에 의한 효과를 구하기 위해서는 성별에 의한 주효과와 성패에 의한 주효과를 고정시킨 상태에서 성별과 성패의 상호작용에 의한 효과를 구하게 된다. 이러한 Type III의 접근방법은 사회과학 연구자료의 특성에 가장 적합하기 때문에 가장 일반적으로 활용된다. 참고로 Type I의 분해방법을 위계적 접근법, Type II의 분해방법을 실험설계적 접근법이라 하는데, 두 방법 모두 상호작용 효과를 고정시키지 않은 상태에서 주효과를 구하게 되어 있어서 Type III의 분해방법에 비해 자주 활용되지 않는다. 'Include intercept in model' 항목은 효과의 선형결합방정식을 $\mu_{ij} = \mu + \alpha_i + \beta_j + e_{ij}$로 할 것인지 $\mu_{ij} = \alpha_i + \beta_j + e_{ij}$로 할 것인지를 결정하는 항목이다. 지정하게 되면 전자의 모형을, 지정하지 않게 되면 후자의 모형을 이용하여 분석이 이루어지게 된다. 전자와 같은 모형에서 μ(전체평균, the overall mean)를 intercept라고 한다. 'Full factorial'과 'Type III', 'include intercept in model'을 선택하고 Continue버튼을 누른다.

[그림 Ⅵ-40] 분석모형의 선택

일원변량분석에서와 마찬가지로 이원변량분석에서도 집단간에 통계적으로 의미있는 평균의 차이가 나타날 경우 구체적으로 어떠한 집단간에 의미있는 차이가 나타는가를 알아보기 위하여 사후비교(Post Hoc...)를 실시할 수 있다. 하지만 여기서는 각 독립변인의 집단이 2개 뿐이므로 사후비교를 실시할 필요가 없다.

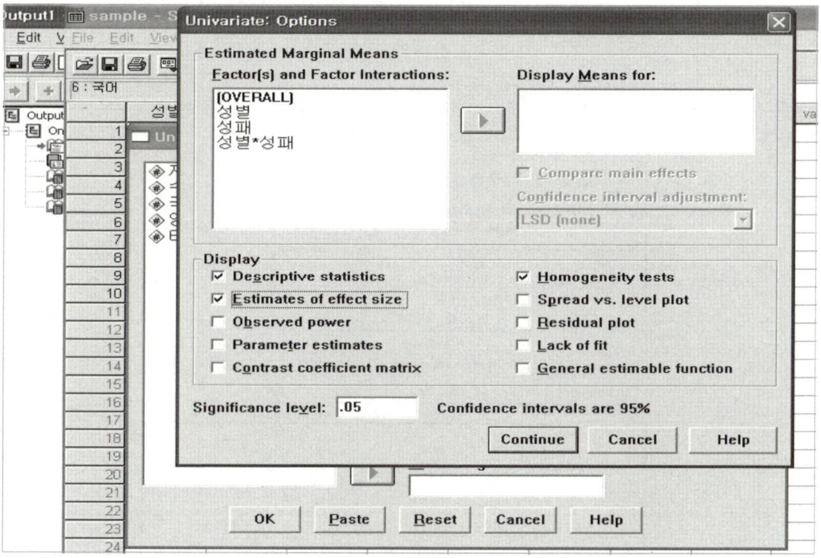

'Estimated Marginal Means' 항목은 선택된 변인의 효과를 고정시킨 상태에서 추정된 다른 변인의 평균을 구하는 항목이다. 이러한 평균을 교정평균이라고 한다. 이 항목은 공변량분석에서 공변인의 효과를 고정시킨 상태에서 구한 종속변인의 교정평균을 알아보는 데 주로 활용된다([그림 Ⅵ-46] 참조). 'Display' 항목은 이원변량분석에 필요한 몇 가지 통계량을 구하기 위한 항목이다. 'Discriptive statistics'를 선택하게 되면 일원변량분석에서와 같이 독립변인의 각 집단에 대한 종속변인의 평균, 표준편차를 구한 표가 제시되고, 'Homogenity test'를 선택하게 되면 독립변인의 각 집단별 변량의 동질성에 대한 검증표가 제시된다. 그리고 'Estimates effect size'를 선택하게 되면 각 독립변인의 종속변인에 대한 효과의 크기를 추정한 결과가 제시된다. 'significance level'은 가설검증의 유의수준(α)을 지정하는 항목이다. α값을 지정하게 되면 신뢰구간 추정을 위한 신뢰도(1 - α)가 자동적으로 지정되게 된다.

[그림 Ⅵ-41] Option 지정하기

Levene's Test of Equality of Error Variances[a]

Dependent Variable: 수학2

F	df1	df2	Sig.
1.644	3	6	.276

Tests the null hypothesis that the error variance of the dependent variable is equal across groups.

a. Design: Intercept+성별+성패+성별 * 성패

Tests of Between-Subjects Effects

Dependent Variable: 수학2

Source	Type III Sum of Squares	df	Mean Square	F	Sig.	Eta Squared
Corrected Model	178.483[a]	3	59.494	9.939	.010	.832
Intercept	890.963	1	890.963	148.838	.000	.961
성별	62.563	1	62.563	10.451	.018	.635
성패	2.083	1	2.083	.348	.577	.055
성별 * 성패	34.003	1	34.003	5.680	.055	.486
Error	35.917	6	5.986			
Total	1514.000	10				
Corrected Total	214.400	9				

a. R Squared = .832 (Adjusted R Squared = .749)

➡ Univariate Analysis of Variance

Between-Subjects Factors

		Value Label	N
성별	1	남자	5
	2	여자	5
성패	1	성공	7
	2	실패	3

Descriptive Statistics

Dependent Variable: 수학2

성별	성패	Mean	Std. Deviation	N
남자	성공	6.33	2.08	3
	실패	9.50	.71	2
	Total	7.60	2.30	5
여자	성공	16.25	2.99	4
	실패	11.00	.	1
	Total	15.20	3.49	5
Total	성공	12.00	5.83	7
	실패	10.00	1.00	3
	Total	11.40	4.88	10

Levene의 동변량성 분석 결과 유의확률이 0.276으로 유의수준(α=0.05)보다 높게 나타나므로 집단간 동변량성을 가정할 수 있다.

각 변인의 효과를 알아보면, 먼저 성별에 따른 주효과는 유의확률이 0.018로 유의수준(α=0.05)보다 낮게 나타나고, 성패에 따른 주효과와 성별과 성패에 따른 상호작용효과의 유의확률은 각각 0.577과 0.055로 유의수준보다 높게 나타난다. 곧, 성별에 따른 주효과만이 통계적으로 의미있다고 할 수 있다. 따라서 성별에 따른 수학2 점수에는 통계적으로 의미있는 차이가 있고 성패에 따른 수학2 점수에는 통계적으로 의미있는 차이가 없으며, 성별과 성패에 의한 상호작용의 효과는 나타나지 않는다는 결론을 내릴 수 있다.

[그림 Ⅵ-42] 이원변량분석 결과

3) 공변량분석(ANCOVA)

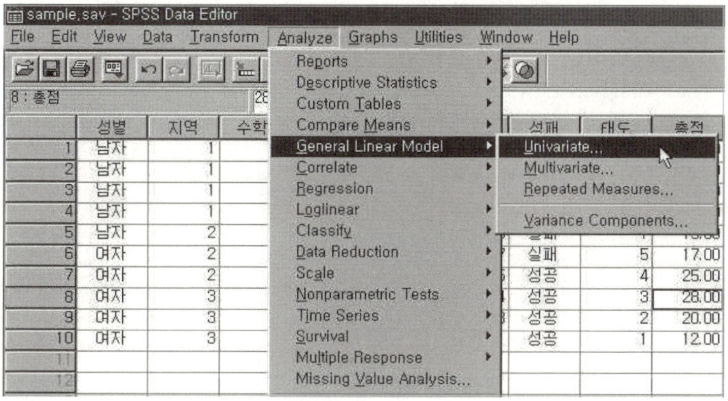

[그림 Ⅵ-43] 'Analyze'의 'General Liner Model'에서 단변량분석(Univariate) 선택하기

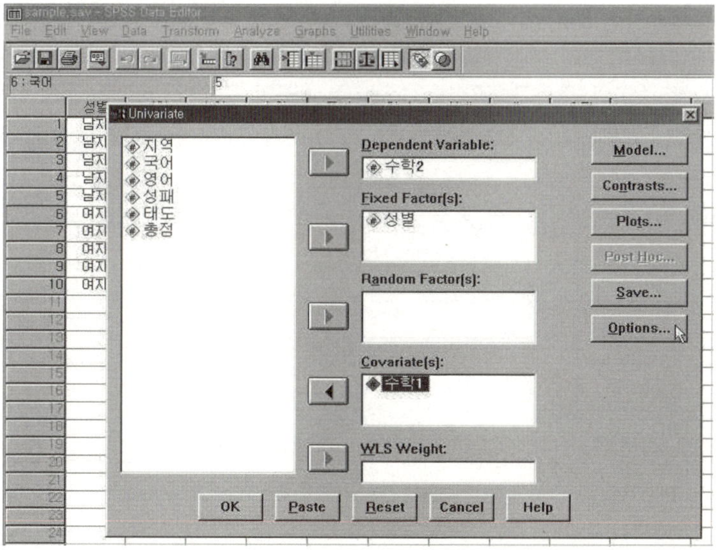

수학1을 통제한 상태에서 성별에 따라 수학2 점수에서 차이가 나는지 검증하고자 한다.

[그림 Ⅵ-44] 종속변인, 독립변인 및 공변량 지정하기

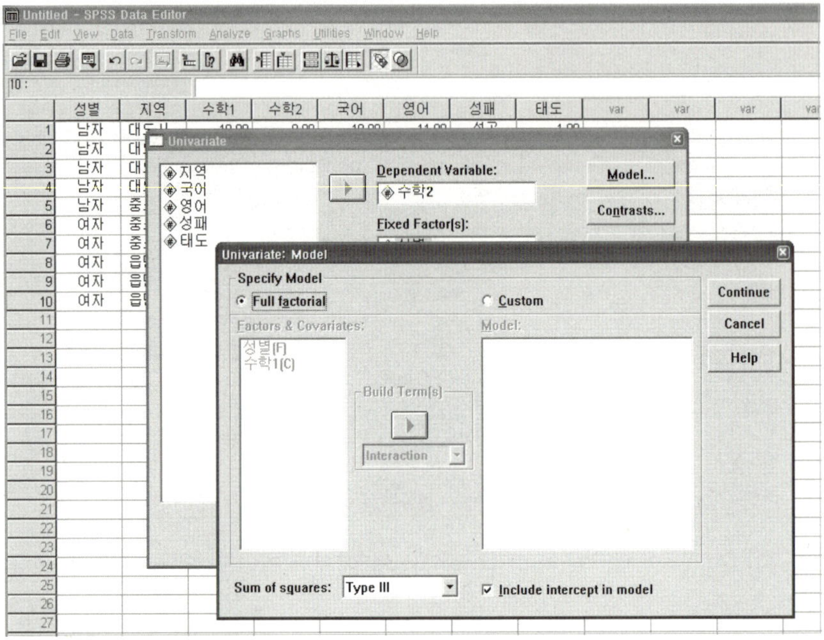

분석모형의 결정을 위해 Model을 선택한다. 'Full factorial model'을 통해 모든 변인(Fixed Factor(s))의 주효과, 공변인(Covariate(s))의 주효과, 요인간 상호작용효과를 구할 수 있다. 공변인과의 상호작용효과를 알아보기 위해서는 'Custom'을 선택하여 'Build Term(s)'에서 'Interacticen'을 선택해야 한다. 'Include intercept in model'을 선택하게 되면 공변량분석표에 Intercept 항목이 표시되고 선택하지 않을 경우에는 표시되지 않는다.

[그림 Ⅵ-45] 모형의 선택

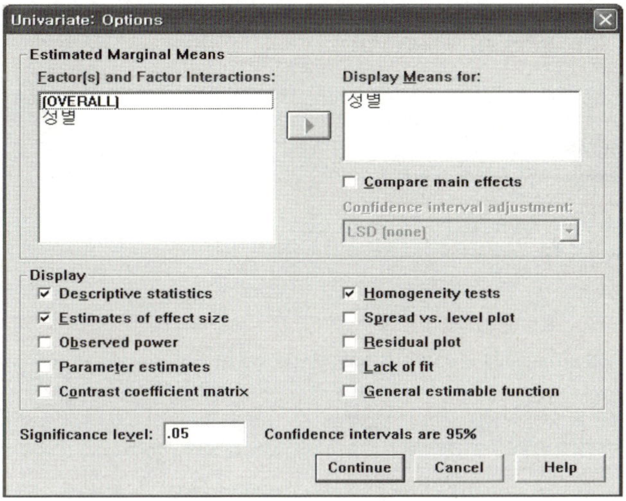

공변량분석에서 수학1이 통계적으로 통제된 상태에서 추정된 수학2의 교정평균은 다음과 같이 구할 수 있다. [그림 Ⅵ-46]과 같이 Option에서 'Estimated Marginal Means'를 선택하면 그 결과가 [그림 Ⅵ-47]과 같이 제시된다.

[그림 Ⅵ-46] 공변량분석에서 교정평균 구하기

수학2의 평균

Dependent Variable: 수학2

성별	Mean	Std. Deviation	N
남자	7.60	2.30	5
여자	15.20	3.49	5
Total	11.40	4.88	10

수학2의 교정평균

Dependent Variable: 수학2

성별	Mean	Std. Error	95% Confidence Interval	
			Lower Bound	Upper Bound
남자	8.344[a]	1.239	5.414	11.274
여자	14.456[a]	1.239	11.526	17.386

a. Evaluated at covariates appeared in the model: 수학1 = 9.60.

[그림 Ⅵ-47]에서 수학2의 평균은 남자가 7.60, 여자가 15.20이다. 그러나 수학1 점수에 의해 교정된 수학2 점수는 남자가 8.344, 여자가 14.456으로 교정되기 이전의 평균에 비해 차이가 다소 줄어들었다.

[그림 Ⅵ-47] 수학2의 평균과 교정평균의 비교

➡ Univariate Analysis of Variance

Between-Subjects Factors

		Value Label	N
성별	1	남자	5
	2	여자	5

Levene's Test of Equality of Error Variances[a]

Dependent Variable: 수학2

F	df1	df2	Sig.
.168	1	8	.693

Tests the null hypothesis that the error variance of the dependent variable is equal across groups.

a. Design: Intercept+수학1+성별

Tests of Between-Subjects Effects

Dependent Variable: 수학2

Source	Type III Sum of Squares	df	Mean Square	F	Sig.	Eta Squared
Corrected Model	166.626[a]	2	83.313	12.207	.005	.777
Intercept	48.280	1	48.280	7.074	.032	.503
수학1	22.226	1	22.226	3.257	.114	.318
성별	74.773	1	74.773	10.956	.013	.610
Error	47.774	7	6.825			
Total	1514.000	10				
Corrected Total	214.400	9				

a. R Squared = .777 (Adjusted R Squared = .714)

Levene의 동변량분석 결과 유의확률이 0.693으로 유의수준 0.05보다 높게 나타난다. 따라서 성별에 따른 집단간 동변량성을 가정할 수 있다. 공변량분석 결과 공변인인 수학1 점수와 효과를 고정시킨 상태에서의 성별이 수학2에 주는 효과는 유의확률이 0.013(수학1 점수를 고정시키지 않을 경우에는 0.018:[그림 Ⅵ-42] '이원변량분석 결과' 참고)으로 유의수준 0.05보다 낮게 나타난다.

[그림 Ⅵ-48] 공변량분석(ANCOVA) 결과

라. 상관분석(Correlation Analysis)

① 산포도(scatter diagram) 분석

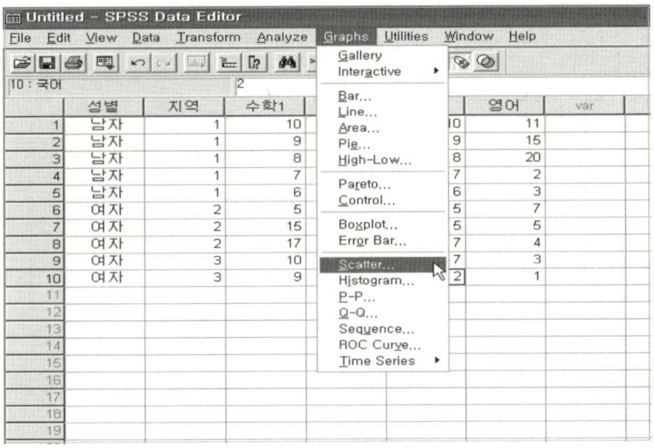

상관분석을 하기에 앞서서, 산포도(scatter diagram 또는 scatter plot) 분석을 통해 상관계수의 전제조건을 충족하고 있는 지를 확인하는 것이 필요하다.

[그림 Ⅵ-49] 산포도 확인을 위해 'Graphs'의 'Scatter...'를 선택하기

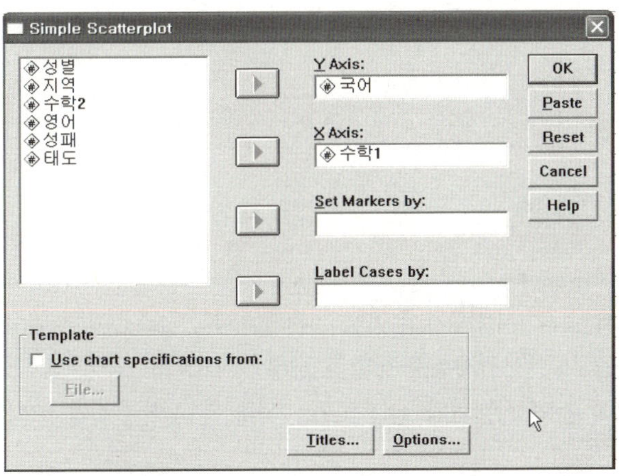

[그림 Ⅵ-50] '수학1'과 '국어'를 X축과 Y축 변인으로 선택한 상태임

➜ Graph

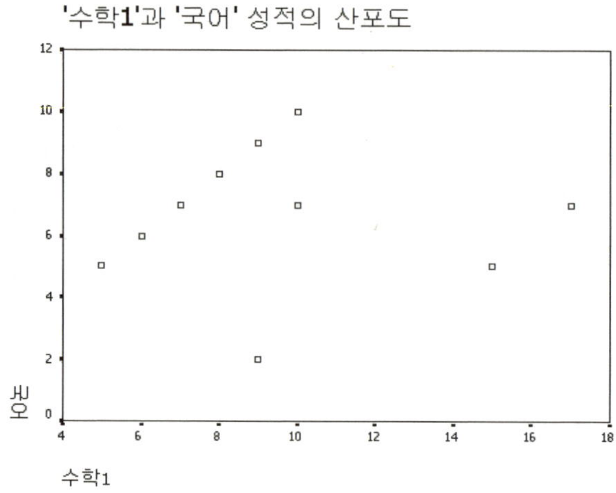

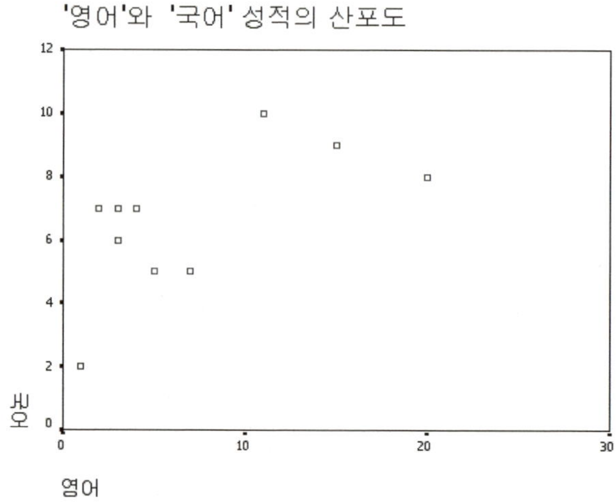

각 산포도 분석의 결과, 사례수가 적어서 상관계수의 전제조건을 제대로 충족하고 있다고 말하기는 어려우나, 상관계수를 산출할 경우 '수학1'과 '국어' 성적간의 상관이 '영어'와 '국어' 성적 간의 상관보다 상대적으로 적을 것이라는 것을 예상할 수 있다.

[그림 Ⅵ-51] 산포도 분석 결과의 예

② 상관분석(correlation analysis)

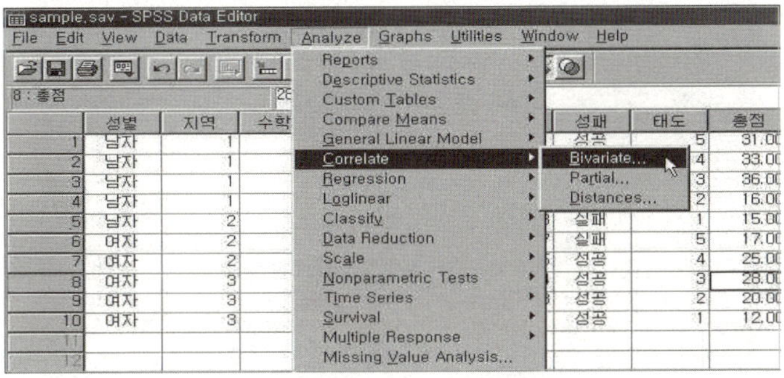

[그림 Ⅵ-52] 'Analyze'의 'Correlate'에서 단순상관분석(Bivariate) 선택하기

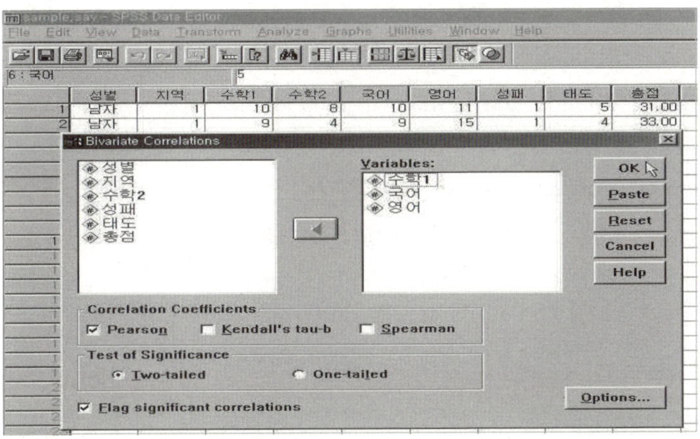

'Correlation Coefficients' 항목은 상관계수의 종류를 선택하기 위한 항목이다. 변인의 측정수준에 따라 적절한 상관계수를 선택해야 한다. 동간변인이나 비율변인간의 상관계수를 구할 때는 'Pearson'을 선택하고 서열변인간의 상관계수를 구할 경우에는 'Kendall's tau-b'나 'Spearman'을 선택한다. 'Test of Significance' 항목은 표집상관계수의 유의성 검증에서 양방적 검증을 할지 일방적 검증을 할지를 선택하는 항목이고, 'Flag significant correlation' 항목은 유의한 표집상관계수에 대하여 '*' 표시를 붙일 것인지의 여부를 묻는 항목이다. 지정할 경우, $\alpha=0.01$ 수준에서 통계적으로 유의미한 표집상관계수에는 '**' 표시가 붙게 되고, $\alpha=0.05$ 수준에서 통계적으로 유의미한 표집상관계수에는 '*' 표시가 붙게 된다.

[그림 Ⅵ-53] 변인 및 세부항목 지정하기

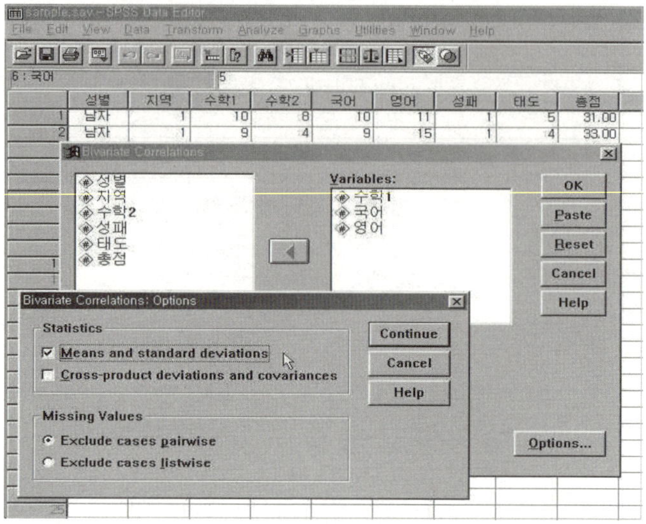

'statistics'에서 'Means and standard deviations' 항목은 표집치들에 대한 간단한 기술통계량을 표시할 것인가를 선택하기 위한 항목이다. 그리고 'Cross-product deviations an covariances' 항목은 상관계수를 구하는 과정에서 필요한 제곱합 ($\sum_i (X_i - \overline{X})^2$ 혹은 $\sum_i (Y_i - \overline{Y})^2$) 및 교차곱($\sum_i (X_i - \overline{X})(Y_i - \overline{Y})$)과 공변량 ($\frac{1}{N-1}\sum_i (X_i - \overline{X})(Y_i - \overline{Y})$)을 표시할 것인가를 선택하기 위한 항목이다. 'Missing Values'는 결측값의 처리유형을 선택하는 항목이다. 'Exclude cases Pairwise'를 선택하게 되면 한사례에 대한 X값이 결측처리되면 자동적으로 그 사례에 대한 Y값도 짝을 이루어 결측처리된다. 'Exclude cases listwise'를 선택하게 되면 결측치가 있는 사례자체를 모든 상관분석에서 제외시키게 된다.

[그림 Ⅵ-54] 평균과 표준편차 선택하기

➡ Correlations

Descriptive Statistics

	Mean	Std. Deviation	N
수학1	9.60	3.78	10
국어	6.60	2.27	10
영어	7.10	6.28	10

Correlations

		수학1	국어	영어
수학1	Pearson Correlation	1.000	.044	-.129
	Sig. (2-tailed)	.	.904	.722
	N	10	10	10
국어	Pearson Correlation	.044	1.000	.619
	Sig. (2-tailed)	.904	.	.057
	N	10	10	10
영어	Pearson Correlation	-.129	.619	1.000
	Sig. (2-tailed)	.722	.057	.
	N	10	10	10

단순상관분석 결과, $\alpha = 0.05$수준에서 각 변인끼리 통계적으로 의미 있는 상관이 없다.

[그림 Ⅵ-55] 상관분석 결과

마. 회귀분석

1) 단순회귀분석(Simple Linear Regression Analysis)

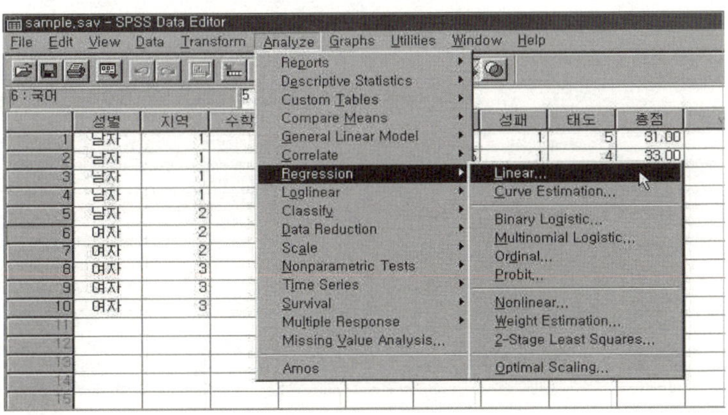

[그림 Ⅵ-56] 'Analyze'의 'Regression'의 선형회귀분석(Linear) 선택하기

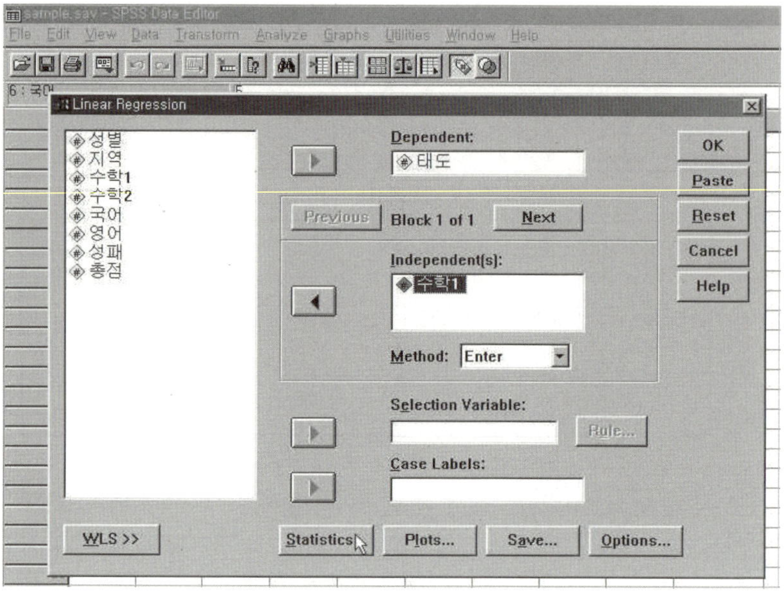

[그림 Ⅵ-57] 단순회귀 독립변인과 종속변인 지정하기

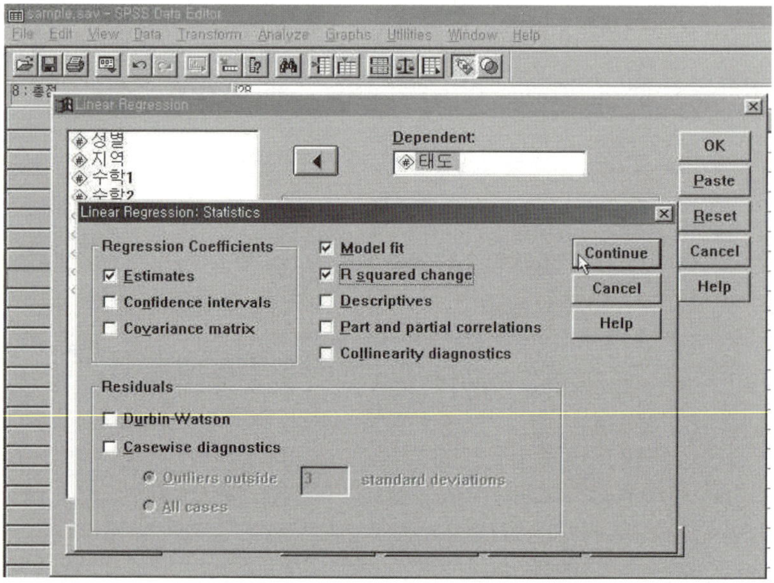

[그림 Ⅵ-58] 표현될 통계량 지정하기

Regression

Model Summary

Model	R	R Square	Adjusted R Square	Std. Error of the Estimate	Change Statistics				
					R Square Change	F Change	df1	df2	Sig. F Change
1	.138[a]	.019	-.104	1.57	.019	.156	1	8	.704

a. Predictors: (Constant), 수학1

ANOVA[b]

Model		Sum of Squares	df	Mean Square	F	Sig.
1	Regression	.382	1	.382	.156	.704[a]
	Residual	19.618	8	2.452		
	Total	20.000	9			

a. Predictors: (Constant), 수학1
b. Dependent Variable: 태도

Coefficients[a]

Model		Unstandardized Coefficients		Standardized Coefficients	t	Sig.
		B	Std. Error	Beta		
1	(Constant)	2.477	1.416		1.749	.118
	수학1	5.452E-02	.138	.138	.394	.704

a. Dependent Variable: 태도

'Model Summary'는 선형회귀분석모형을 통한 분석효과를 요약적으로 제시하고 있다. 상관계수(R)와 결정계수(R^2), 조정된 결정계수(Adjusted R Squared), 예언의 표준오차(Std. Error of the Estimate, SY.X) 등의 정보가 제시된다. 'ANOVA'는 분석의 모형(선형회귀분석모형)이 해당자료를 분석하는데 적합한가에 관한 잔차분석이다. 유의확률이 0.704로 유의수준인 $\alpha=0.05$보다 높게 나타나므로 해당자료에 선형회귀분석모형이 적합하지 않다는 것을 알 수 있다.

Constant가 2.477이고 B가 5.452×10^{-2}, Beta가 0.138이므로 표집의 회귀방정식은 (태도)=$5.452\times10^{-2}\times$(수학1)+2.477로 나타낼 수 있고, Z점수에 의한 회귀방정식은 $Z_{태도}=0.138\times Z_{수학1}$로 나타낼 수 있다(Z 점수에 관한 회귀방정식은 $Z_Y=r\cdot Z_X$이므로 Beta값은 상관계수이다. 위 결과에서 이를 확인할 수 있다). 표집의 회귀방정식에서의 회귀계수(constant, B_1, Beta)가 전집의 회귀방정식에서도 통계적으로 유의미한가에 대한 검증결과 유의확률이 모두 유의수준인 $\alpha=0.05$보다 높게 나타나므로 이들은 전집에서는 통계적으로 의미가 없다는 것을 알 수 있다.

[그림 Ⅴ-59] 단순회귀분석 결과

2) 중다회귀분석(Multiple Linear Regression Analysis)

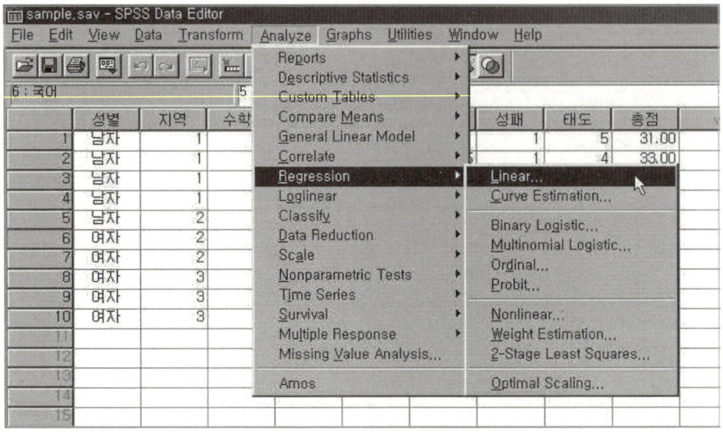

[그림 Ⅵ-60] 'Analyze'의 'Regression'에서 회귀분석(Linear) 선택하기

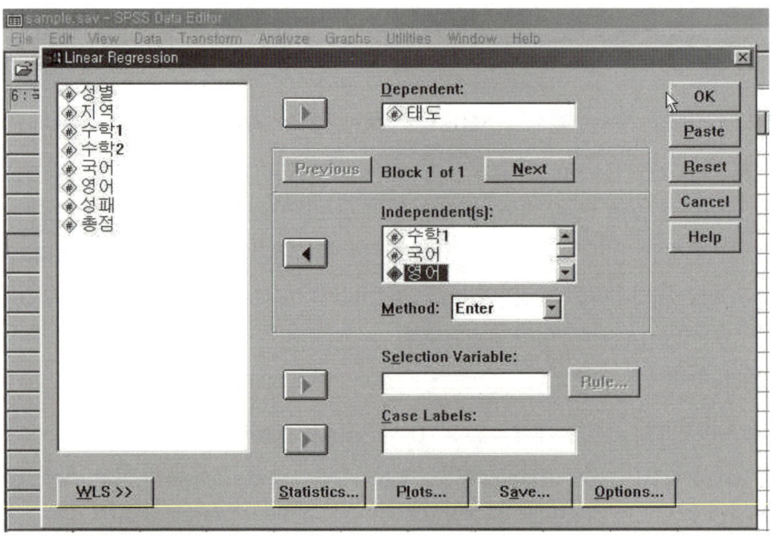

Method에서 회귀계수의 추정방식을 선택한다. 일반적으로 'Stepwise'를 많이 사용한다. 추정방식에 관한 자세한 내용은 Ⅳ장 6-나-2) '중다회귀분석에서 독립변인의 선정방법'을 참고하기 바란다. 여기에서는 'Enter'를 선택하였다.

[그림 Ⅵ-61] 중다회귀 종속변인과 독립변인 지정하기

Regression

Model Summary

Model	R	R Square	Adjusted R Square	Std. Error of the Estimate	Change Statistics				
					R Square Change	F Change	df1	df2	Sig. F Change
1	.571[a]	.326	-.011	1.50	.326	.967	3	6	.467

a. Predictors: (Constant), 영어, 수학1, 국어

ANOVA[b]

Model		Sum of Squares	df	Mean Square	F	Sig.
1	Regression	6.521	3	2.174	.967	.467[a]
	Residual	13.479	6	2.247		
	Total	20.000	9			

a. Predictors: (Constant), 영어, 수학1, 국어

b. Dependent Variable: 태도

Coefficients[a]

Model		Unstandardized Coefficients		Standardized Coefficients	t	Sig.
		B	Std. Error	Beta		
1	(Constant)	.762	1.956		.389	.710
	수학1	7.216E-02	.135	.183	.534	.612
	국어	.129	.284	.196	.454	.666
	영어	9.795E-02	.103	.413	.948	.380

a. Dependent Variable: 태도

'Model Summary'를 보면 R=0.571이다. 이는 영어, 수학1, 국어 과목들에 의해 추정된 태도점수($\hat{Y}$)와 실제 태도관찰치(Y)의 상관이 0.571이라는 의미이다. R^2=0.326 즉, 결정계수값이 0.326이므로 영어, 수학1, 국어 과목에 의해 태도점수의 변량이 32.6% 설명된다는 것을 알 수 있다. 한편 모형의 적합성 검증결과 선형회귀모형이 본 자료를 분석하기에 적합하지 않다는 결론을 내릴 수 있다(sig=0.467>0.05).

표를 통해 수학1, 국어, 영어 성적과 태도 점수간의 회귀방정식은 (태도)=7.216 $\times 10^{-2} \times$(수학1)+0.129×(국어)+9.795$\times 10^{-2} \times$(영어)+0.762임을 알 수 있다. Z점수를 이용한 회귀방정식은 $Z_{태도}=0.183 \times Z_{수학1}+0.196 \times Z_{국어}+0.413 \times Z_{영어}$이다. 회귀계수에 관한 유의성 검증결과 모든 회귀계수들의 유의확률이 α=0.05보다 높게 나타나므로 이들 표집의 회귀계수들이 전집에서는 통계적으로 의미없는 값이라는 것을 알 수 있다.

[그림 Ⅵ-62] 중다회귀분석 결과

바. 요인분석

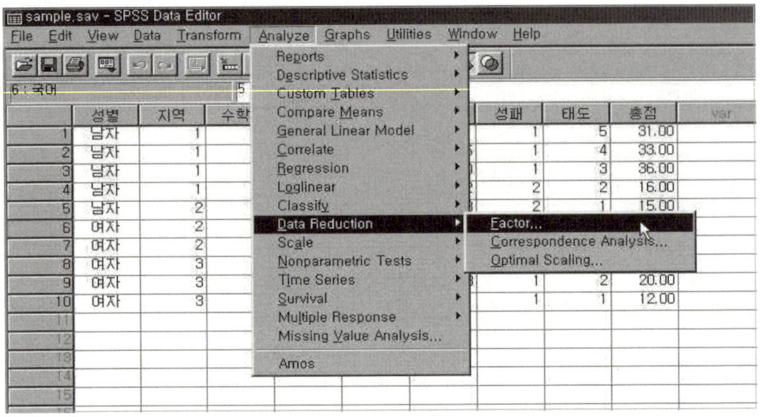

요인분석은 많은 변인의 수를 몇 개의 요인으로 줄이고자 하는 분석기법이다. 따라서 SPSS 메뉴에서는 'Data Reduction'에 포함되어 있다.

[그림 Ⅵ-63] 'Analyze'의 'Data Reduction'에서 요인분석(Factor) 선택하기

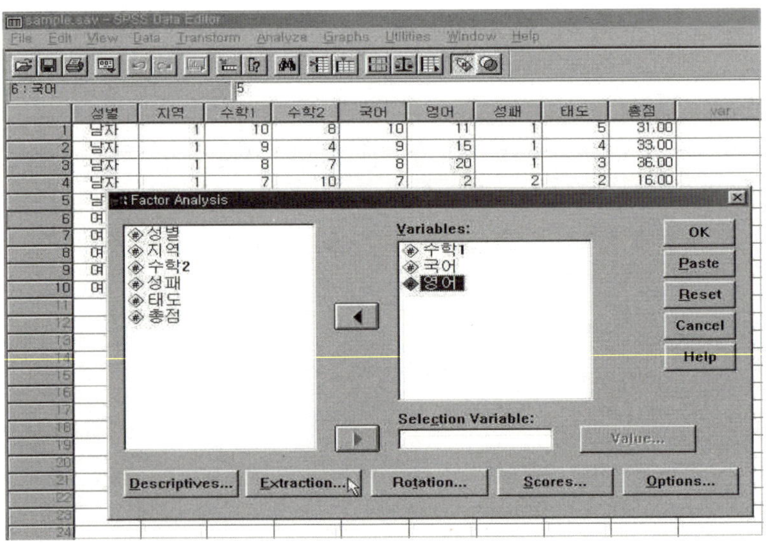

[그림 Ⅵ-64] 분석할 변인 지정하기

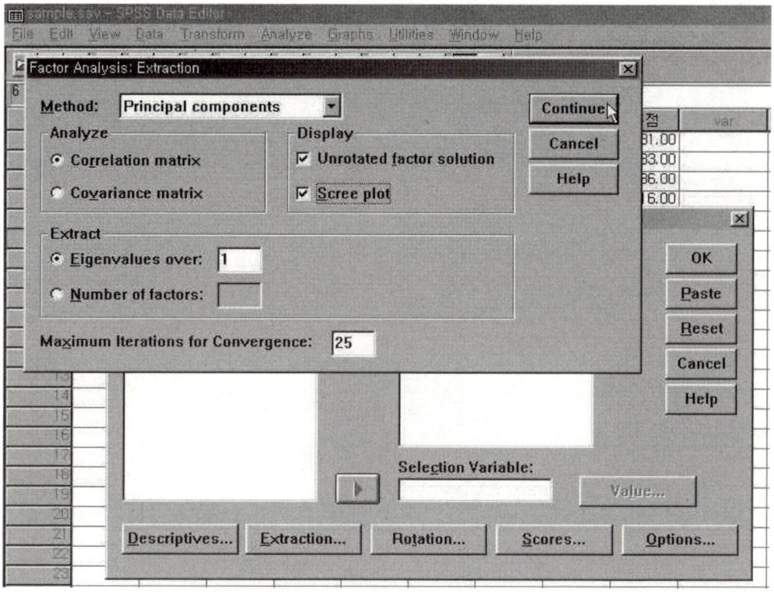

'Method'에서는 요인추출방식을 선택한다. 주로 'Principal components(주성분분석)' 방식을 사용한다. 'Analyze'에서는 요인분석에 활용할 자료를 지정한다. 대개의 경우 측정의 Scale이 다르기 때문에 'Correlation Matrix' 선택한다. 'Display'의 'Unrotated factor solution'을 지정하게 되면 분석결과에 회전되지 않은 성분행렬(Unrotated component matrix)이 표시된다. 'Scree plot'을 선택하면 스크리 도표를 그려주게 된다. 'Eigenvalues over'에서는 1 이상을 입력해야 한다. 이 항목은 한 요인이 몇 개의 변인을 설명할 경우 요인으로 인정할 것이냐에 대한 기준이다. 1 이하의 값을 입력하게 되면 요인으로서의 의미가 없는 요인이 잡히는 경우가 생길 수도 있다. 'Number of factors'는 확인적 요인분석에서 요인의 수를 분석자가 원하는 수로 고정한 상태에서 각 변인이 원래의 의도와 같은 형태의 요인으로 묶이는가를 알아볼 때 선택한다. 'Maximum Iterations for Convergence' 항목은 요인추정을 위한 계산에서 최대 반복계산 횟수를 지정해주는 항목이다.

[그림 Ⅵ-65] **요인추정 방식, 추정 기준 지정하기**

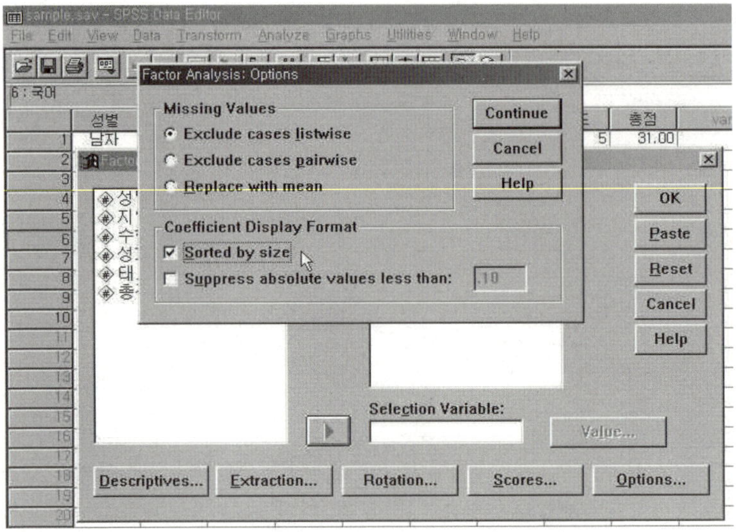

[그림 Ⅵ-66] 자료 정렬 방식 지정하기

Factor Analysis

Communalities

	Initial	Extraction
수학1	1.000	.987
국어	1.000	.831
영어	1.000	.824

Extraction Method: Principal Component Analysis.

Total Variance Explained

Component	Initial Eigenvalues			Extraction Sums of Squared Loadings		
	Total	% of Variance	Cumulative %	Total	% of Variance	Cumulative %
1	1.625	54.156	54.156	1.625	54.156	54.156
2	1.018	33.919	88.075	1.018	33.919	88.075
3	.358	11.925	100.000			

Extraction Method: Principal Component Analysis.

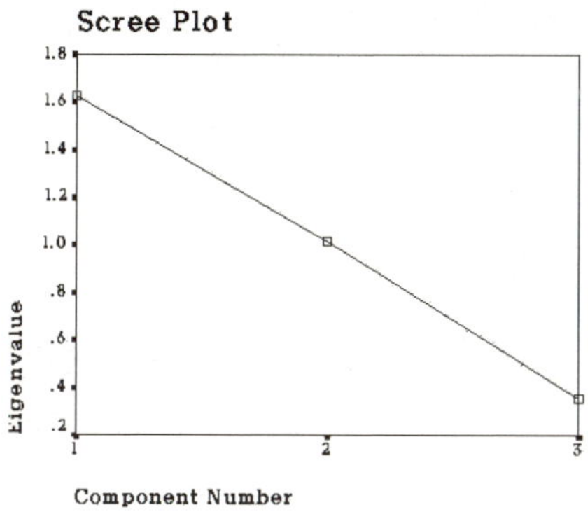

Component Matrix[a]

	Component	
	1	2
영어	.906	-6.44E-02
국어	.888	.204
수학1	-.125	.986

Extraction Method: Principal Component Analysis.
a. 2 components extracted.

카이저(Kaiser)기준을 적용할 때 고유치(Eigenvalues)가 1보다 큰 요인이 2개로 나타났다. 'Communalities' 표는 추출된 요인들에 의해 각 변인이 설명되는 정도에 관한 정보를 제시하고 있다. 추출된 2개의 요인에 의해 수학1 점수는 98.7%, 국어점수는 83.1%, 영어점수는 82.4%가 설명된다. 'Total Variance Explained' 표는 각 요인이 전체 변인의 변량을 설명하는 비율을 나타내고 있다. 요인1은 고유값이 1.625이고, 즉 변인 1.625개를 설명하고, 전체 변인의 변량을 54.156% 설명한다. 요인2는 3개의 변인 중 1.018개의 변인을 설명하고, 전체변인의 변량을 33.919% 설명한다. 이 두 요인은 고유값이 1보다 크므로 요인으로서의 의미를 가지지만, 요인3은 고유값이 0.358, 즉 이 요인에 의해 설명되는 변인의 수가 1개가 되지 않는다는 의미이므로 요인으로서의 의미를 가지고 있지 못하다. 'Scree Plot'은 각 요인의 고유값을 도표로 제시하여 준다. 'Component Matrix'는 요인부하행렬이다. 높은 양의 값을 가지는 변인들끼리 같은 요인으로 분류할 수 있다. 국어와 영어는 요인1에 대한 요인부하량이 각각 0.906과 0.888로 매우 높기 때문에 요인1로 묶을 수 있다. 수학1은 요인2에 대한 요인부하량이 0.986으로 매우 높게 나타나므로 요인2로 묶인다. 이처럼 변인의 수가 적은 경우에는 요인부하행렬만으로도 요인해석이 가능하지만 변인의 수가 많은 경우에는 해석이 용이하지 않다. 이러한 경우에는 회전된 요인부하행렬을 이용하여 요인해석을 하게 되면 해석이 보다 용이해진다.

[그림 Ⅵ-67] 요인분석 결과

연 ◦ 습 ◦ 문 ◦ 제

1. 기술통계분석 및 결과 해석

1. 다음은 학생 10명의 수학성적이다. 메모장이나 ᄒᆞᆫ글 프로그램을 이용하여 다음 자료를 입력하고 SPSS 프로그램으로 불러와서 평균과 표준편차 등의 기술통계치들을 계산하시오.

47, 56, 71, 89, 45, 100, 90, 88, 76, 50

2. 다음은 교육통계분석론 과목의 중간고사 성적이다. SPSS 프로그램을 이용하여 평균과 표준편차를 계산하시오.

88 75 32 90 97 54 68 49 46 91 70 36

3. 다음은 어느 학급 학생 30명의 성씨를 조사한 자료이다. SPSS를 이용하여 이 자료에 대한 빈도분포표와 막대그래프를 작성하시오.

김	이	이	정	김	김	박	상	박	정
최	백	곽	김	이	김	이	임	변	박
이	김	박	최	김	박	이	박	이	김

4. 다음은 연예인 20명에 대한 설문조사 자료이다. TV시청시간(분)과 신문독서시간(분)사이의 교육정도와 성별에 따른 TV시청시간(분)의 기술통계량을 구하시오.

교육정도: 1(중졸이하), 2(고졸), 3(대졸이상)
성별: 1(남자), 2(여자)

교육정도	성별	TV	신문	교육정도	성별	TV	신문
1	1	45	40	3	1	20	70
2	2	40	20	3	1	50	60
2	1	50	60	3	2	125	40
2	2	51	15	2	1	25	50
1	2	58	10	2	2	50	45
1	1	48	30	2	1	50	75
3	2	70	40	1	2	70	20
3	1	25	40	1	2	80	30
3	2	48	45	3	1	50	80
3	2	46	30	2	2	60	40

5. 다음은 어느 대학 신입생 80명의 성별과 영어 시험 성적에 관한 자료이다. SPSS를 이용하여 집단 전체에 관한 기술통계치를 구해보고 남녀 각각에 대한 기술통계치를 계산하시오. (M은 남성, F는 여성을 뜻함)

M 52 M 65 F 61 F 72 M 69 F 73 M 58 F 88 M 80 F 98
M 58 M 62 M 69 M 74 F 74 M 73 M 74 F 82 M 88 F 98
F 90 M 82 F 77 M 72 M 74 F 71 M 64 M 67 M 60 F 58
F 97 M 80 M 78 M 62 F 79 F 78 M 62 F 65 M 50 F 49
F 93 F 85 M 70 F 78 F 72 M 78 F 60 M 64 F 54 M 41
M 46 F 50 F 64 M 75 F 62 M 73 F 78 M 77 F 84 F 94
M 83 M 84 F 78 M 75 F 78 M 61 F 65 M 60 F 56 M 45
M 45 F 38 M 50 F 68 M 93 M 80 F 71 M 69 F 45 F 15

2. 추리통계분석 및 결과해석

1. 고등학생 80명에 대한 수학과 영어 과목에 대한 학년별 선호도를 조사한 표가 다음과 같다. 학년별 과목 선호도에 대한 차이가 있는가를 SPSS를 활용하여 검증하시오.

	1학년	2학년	3학년
영어	34	11	27
수학	5	30	13

2. 두 가지 정신요법 A, B가 환자치료효과에 차이가 있는지 알아보기 위하여, 두 치료 방법에 의해 치료받은 환자를 대상으로 전문가가 평가하여 다음과 같은 결과를 얻었다.

	치료효과 있음	치료효과 없음
정신요법 A	16	28
정신요법 B	9	37

두 치료방법은 그 치료효과가 다르다고 볼 수 있는가를 검증하시오.

3. 중학교 학생을 무선적으로 표집하여 그들의 독서경향을 조사한 결과 다음과 같은 자료를 얻었다. 성별에 따른 독서경향에 차이가 있는가를 검증하시오.

제일 좋아하는 독서물	남	녀
모험	73	12
문학소설	60	56
과학소설	39	10
시사	22	25
예술	15	80
기타	15	17

4. 새로 개발된 특수 영양식의 효과를 알아보기 위하여 12명의 사람들에게 이 음식물을 5개월 동안 섭취하도록 한 후 몸무게 증가량을 조사한 결과가 다음과 같다.

증가된 몸무게(g): 55 62 54 58 65 64 60 62 59 67 62 61

일반적인 상황에서의 이 기간 동안의 몸무게 변화가 평균 65g이라는 사실이 알려져 있다고 할 때, 새로 개발된 특수 영양식이 효과가 있는지를 SPSS를 통해 검증하시오.

5. 유아기 연령 차이에 따른 어휘수의 증가를 알아보는 연구에서 생후 2년부터 2년 6개월 된 아동과 생후 3년부터 3년 6개월 된 아동을 대상으로 어휘력에 관한 다음과 같은 자료를 수집하였다.

2세 아동:	27	44	35	37	56	19	32	45	33	29
3세 아동:	50	33	43	61	25	51	38	41	35	27

$\alpha = 0.05$수준에서 '3세 아동이 2세 아동에 비해 어휘수가 많다'는 가설을 검증하시오.

6. 한 연구자는 운동기능학습에 대한 두 교수방법 A, B가 어떠한 차이가 있는가를 알아보고자 하였다. 엄격한 실험통제를 위하여 남자 쌍생아 10명을 피험자로 선정하였다. 쌍생아 중 1명을 A교수법으로 가르치고 나머지 1명은 B교수법으로 가르친 후 최종 기준검사에서 다음과 같은 운동기능점수를 얻었다.

교수법 A:	6	7	3	9	4	4	8	5	2	6
교수법 B:	7	5	5	8	6	4	9	3	4	6

$\alpha = 0.05$수준에서 두 교수법의 효과에 차이가 있는가를 검증하시오.

7. 무선적으로 표집한 세 독립집단에 대하여 추리력을 요구하는 시간제한검사를 실시하였다. 검사 후 한 집단에는 그들의 점수가 평균 이상이라고 알려주고 점수에 상관없이 칭찬해 주었다(칭찬집단). 제 2집단에는 평균 이하라고 알려 주었다(비난집단). 제 3집단에게는 아무런 이야기도 하지 않았다(통제집단). 다음에 모든 집단에게 다른 검사를 실시하여 다음과 같은 결과를 얻었다.

통제집단:	10	14	3	13	17	21	13	8	22	14
칭찬집단:	9	13	11	20	23	15	2	12	18	12
비난집단:	5	9	10	17	3	8	11	15	1	7

SPSS를 이용하여 세 집단의 점수에 차이가 있는가를 $\alpha = 0.05$ 수준에서 검증하시오.

8. 4가지 다른 실험조건으로 4집단 A, B, C, D를 대상으로 실험을 실시하였다. 그 결과 다음과 같은 자료를 얻었다고 한다. 각 실험조건의 효과에 차이가 있는가를 검증하고, 차이가 있다면 구체적으로 어떤 집단 간에 차이가 있는지를 밝히시오.(단, $\alpha = 0.05$)

집단 A:	15	10	18	18		
집단 B:	10	7	10	15	11	
집단 C:	18	17	15	17	17	19
집단 D:	15	5	10	11	7	

9. 서울, 부산, 대구 세 지역 교육청에서 새로운 4가지 학습 프로그램의 효과를 알아보고 그 중 하나를 채택하기 위하여 각 지역별로 무선적으로 선정된 학생들을 대상으로 4가지 종류의 학습프로그램을 3개월 간 실시하였다. 3개월 후 학생들의 점수 향상도를 조사한 결과가 다음과 같다고 할 때, 4가지 교수프로그램의 효과에 차이가 있는가를 검증하라. 또한 차이가 있다면 어떤 프로그램들 간에 차이가 있는지 밝히시오.(학습프로그램은 A, B, C, D 4가지이다.)

	서울	부산	대구
A	8 8 5	4 2 6	2 1 1
B	9 3 6	8 3 1	3 2 3
C	7 6 9	6 3 3	5 1 3
D	8 4 3	7 2 4	2 2 2

10. 어떤 실험에서 통제집단 5명, 실험집단 4명을 대상으로 실험한 결과이다. $\alpha = 0.05$ 수준에서 실험의 효과를 검증하시오.

통제집단			실험집단	
피험자	사전검사	사후검사	사전검사	사후검사
1	3	4	2	6
2	4	6	1	5
3	0	3	2	5
4	1	3	3	6
5	2	4	1	2

11. 세 집단을 대상으로 세 가지 실험처치를 한 후 각 실험의 효과의 차이를 알아보기 위하여 실시한 사전검사와 사후검사결과이다.

집단 1		집단 2		집단 3	
사전검사	사후검사	사전검사	사후검사	사전검사	사후검사
2	7	8	15	15	30
5	6	12	24	16	35
7	9	15	25	20	32
9	15	18	19	24	38
10	12	19	31	30	40

$\alpha = 0.05$ 수준에서 세 실험 효과간에 의미 있는 차이가 있는가를 검증하라. 그리고 구체적으로 어떤 실험처치들 간에 차이가 있는지 밝히시오.

12. 광고가 판매량에 미치는 관계를 알아보기 위하여 비슷한 여건의 많은 상점들 중에서 무선적으로 30개의 상점을 표집하여 이 상점들의 연간 광고료와 총 판매량을 조사한 결과는 다음과 같다. 광고료와 총 판매액간의 산포도를 그리고, 상관계수를 구하시오. 또한 5% 유의수준에서 두 변인간의 상관관계가 유의한지를 밝히시오.

상점번호	광고료 (100만 원)	총판매액 (1000원)	상점번호	광고료 (100만 원)	총판매액 (1000원)
1	4	9	16	14	32
2	8	20	17	8	16
3	9	22	18	6	12
4	8	15	19	9	25
5	8	17	20	7	17
6	12	30	21	11	30
7	6	18	22	6	14
8	10	25	23	13	40
9	6	10	24	2	8
10	9	20	25	3	8
11	15	40	26	8	20
12	10	31	27	10	22
13	5	12	28	13	34
14	7	19	29	8	28
15	11	25	30	16	38

13. 대학 입학성적과 1학년 1학기 중간고사 성적간의 관계를 알아보기 위하여 대학교 1학년 학생 20명을 무선적으로 표집하여 조사한 자료가 다음과 같다.

대학입학성적	170	174	128	147	166	152	157	125	182	174
중간고사성적	698	645	578	518	725	625	558	485	745	698
대학입학성적	192	179	130	150	102	125	146	171	185	133
중간고사성적	778	798	471	538	458	625	485	611	745	538

산포도를 그리고 두 변수간에 유의미한 상관관계가 있는지를 밝히시오.

14. 중학교 2학년 학생 중에서 15명을 임의로 표집하여 각 학생의 악력(손의 힘: kg), 신장(cm), 체중(kg)과 원반던지기에서 던진 거리(m)를 측정하여 다음의 자료를 얻었다.

학생번호	독립변수			종속변수
	악력	신장	체중	원반던지기 거리
1	28	146	34	22
2	46	169	57	36
3	39	160	48	24
4	25	156	38	22
5	34	161	47	27
6	29	168	50	29
7	38	154	54	26
8	23	153	40	23
9	42	160	62	31
10	27	152	39	24
11	35	155	46	23
12	39	154	54	27
13	38	157	57	31
14	32	162	53	25
15	25	142	32	23

SPSS를 이용하여 $\alpha = 0.05$ 수준에서 상관분석을 실시하고, 종속변인을 가장 잘 설명하고 있는 독립변인을 제시하시오.

15. 연습문제 12번의 데이터를 활용하여 단순회귀분석을 실시하고, 회귀계수를 구하여 회귀방정식을 구해보시오.

16. 연습문제 14번의 데이터를 활용하여 중다회귀분석을 실시하고 회귀방정식을 구해보시오.

17. 다음은 한 고등학교 학생들의 체력검사 결과이다. 이 자료를 이용하여 요인분석을 실시하시오.

번호	우악력	좌악력	앞으로 굽히기(cm)	윗몸 일으키기(회)	점프	턱걸이 (회)	100m 달리기(초)
1	43	49	22	35	62	25	14.5
2	42	40	19	40	59	25	13.4
3	50	49	15	36	54	22	13.5
4	53	51	20	38	46	10	13.9
5	44	52	19	36	53	15	13.4
6	46	49	15	39	55	17	13.9
7	47	48	23	35	53	24	13.6
8	57	54	15	34	53	17	13.9
9	50	53	17	33	53	17	13.2
10	48	46	24	39	54	21	13.8
11	55	53	21	37	57	31	13.7
12	41	39	26	33	44	18	14.8

☞ 연습문제의 풀이는 이 책의 471~500쪽에 있음

참 ◦ 고 ◦ 문 ◦ 헌

교육부(1997). **교육 50년사.** 서울: 교육부.

김병성(1996). **교육연구법.** 서울: 학지사.

김영석(2000). **사회조사방법론.** 서울: 나남출판.

김용운, 김용국(1994). **재미있는 수학 여행.** 서울: 김영사.

김우정(1999). 비디오 포트폴리오의 활용이 교수능력에 미치는 영향. 이화여자대학교 석사학위논문.

김재은(1991). **교육 · 심리 · 사회 연구방법.** 서울: 교육과학사.

김정환(1999). **교육연구 및 통계방법.** 서울: 원미사.

김정환(2003). **교육연구 및 통계방법**(증보판). 서울: 원미사.

김정흠 역(1994). **재미있는 통계 이야기.** 서울: 자유아카데미. Huff. D. (1954). *How to lie with statistics.* NY: W. W. Norton & Company, Inc.

김종서(1980). **교육연구의 방법.** 서울: 배영사.

남궁지영, 박경호, 김혜자, 김양분, 임현정(2017). 2017 한국교육종단연구: 한국교육종단연구 - 2005: 성인기의 생활과 성과 -. 한국교육개발원 연구보고서.

두산세계대백과(2002). www.encyber.com

박도순(1993). **교육연구방법론.** 서울: 문음사.

박병철 역(2000). 확률의 함정. 서울: 영림카디널. Bennet, D. J. (1998). *Randomness.* MA: Harvard University Press.

박정식, 윤영선(1997). **현대통계학**(제3판). 서울: 다산출판사.

백순근(1986). 변화점수를 고려한 평가방식이 학교학습에 미치는 영향. 서울대학교 석사학위논문.

백순근(1998). 표집방법. 서울대학교 교육연구소 편, **교육학 대백과사전**(pp.2679-2682). 서울: 하우동설.

백순근(2000). **수행평가의 원리.** 서울: 교육과학사.

백순근(2002). **교육연구와 자료분석의 이해.** 서울: 가람문화사.

백순근(2003). **일제강점기의 교육평가.** 서울: 교육과학사.

백순근 외(2003). **교과교육평가의 이론과 실제.** 서울: 원미사.

백욱현(1995). 교육연구의 역사적 고찰. **교육연구, 11.** 공주대학교 교육연구소.

변창진, 최진승, 문수백, 김진규, 권대훈(1996). **교육평가.** 서울: 학지사.

서울대학교 교육연구소 편(1997). **한국교육심리검사 총람.** 서울: 프레스빌.

서울대학교 교육연구소 편(1998). **교육학 대백과사전.** 서울: 하우동설.

성태제(1998). **교육연구방법의 이해.** 서울: 학지사.

성태제(1999). 교육평가 방법의 변화와 결과타당도에 대한 고려. **교육학연구, 37**(1), 197-218.

양병화(1998). **다변량 자료분석의 이해와 활용.** 서울: 학지사.

윤정일(2001). 교육학연구의 개관. 대한민국학술원 편, **한국의 학술연구: 동양철학·교육학** (pp. 105-127). 서울: 대한민국학술원.

윤정일, 허형, 이성호, 이용남, 박철홍, 박인우(2002). **신 교육의 이해.** 서울: 학지사.

이순묵(2000). **요인분석의 기초.** 서울: 교육과학사.

이종승(1984). **교육연구법.** 서울: 배영사.

이종성(1996). **교육연구의 설계와 자료분석.** 서울: 교학연구사.

이종성, 강계남, 김양분, 강상진, 이은실(2000). **사회과학연구를 위한 통계방법.** 서울: 박영사.

임승권·임인재(1997). **교육평가.** 서울: 한국방송대학교출판부.

임인재(1980). **교육·심리·사회 연구를 위한 통계방법.** 서울: 박영사.

임인재(1993). **논문작성법: 인문·사회편.** 서울: 서울대학교출판부.

임진영(1999). 가정환경과 아동발달간의 교호적 영향에 관한 탐색적 연구. 서울대학교 박사학위논문.

장상호(1978). **행동과학의 연구이론.** 서울: 교육출판사.

전인권(2001). 박정희의 정치사상과 행동에 관한 전기적 연구. 서울대학교 박사학위논문.

정범모(1976). **교육과 교육학.** 서울: 배영사.

정재철(1997). 한국에서의 교육학연구의 역사와 동향. 한국교육문제 연구소 논문집. 서울 : 중앙대학교 한국교육문제연구소.

조용환(1999). **질적 연구: 방법과 사례.** 서울: 교육과학사.

채선희(1996). 사회과학 연구방법론의 재정립을 위한 개념적 접근: 양적·질적 방법을 중심으로. **교육학연구, 34**(5), 281-297.

한국교육평가학회(1995). **교육측정·평가·연구·통계 용어사전.** 서울: 한국교육평가학회.

홍순정, 백순근(2003). **유아연구 및 평가.** 서울: 한국방송통신대학교출판부.

황정규(1998). **학교학습과 교육평가.** 서울: 교육과학사.

황정규 편(1998). **교육측정·평가의 새 지평.** 서울: 교육과학사.

Anastasi, A., & Urbina, S.(1997). *Psychological testing(7th ed.).* NJ : Prentice Hall.

Baron, M. A., & Boschee, F. B.(1995). *Authentic assessment : The key to unlocking student success.* Pennsylvania : Technomic.

Best, J. W.(1989). *Research in education.* Eaglewood Cliffs, NY: Prentice-Hall.

Braden, J. P.(1999). Performance assessment and diversity. *School Psychology Quarterly, 14*(3), 304-319.

Bronfenbrenner, U.(1979). *The ecology of human development: Experiments by nature and design.* MA: Harvard University Press.

Burger, S. E., & Burger, D. L.(1994). Determining the validity of performance-based assessment. *Educational Measurement: Issues and Practice. 13*(1), 9-15.

Campbell, D. T. & Stanley, J. C.(1963). Experimental and quasi-experimental design for research on teaching. In N. Gage(Ed.), *Handbook of research on teaching*(pp. 171-246). Chicago: Rand McNally.

Cohen, J.(1960). A coefficient of agreement for nominal scales. *Educational and Psychological Measurement, 20,* 37-46.

Cohen, L., Manion, L., & Morrison, K.(2000). *Research methods in education(5th ed.).* London and New York: RoutledgeFalmer.

Davey, G.(1989). *Ecological learning theory.* London & NY: Routledge.

David, R., Thyer, B. A., Pádgett, D. K., & Logan, T. K.(2001). *Program evaluation: An introduction*(3rd ed.). CA: Wadsworth.

De Landsheere, G.(1997). History of educational research. In the J. P, Keeves. (1997). *Educational research, methodology, and measurement: An international handbook (2nd ed.)*(pp. 8-15). Pergamon.

Downing, S. M. & Haladyna, T. M.(1997). Test item development: Validity evidence from quality assurance procedures. *Applied Measurement in Education, 10*(1), 61-82.

Eisner, E. W.(1999). The use and limits of performance assessment. *Phi Delta Kappan, 80*(9), 658-62.

Enders, C. K., & Bandalos, D. L.(1999). The effects of heterogeneous item distributions on reliability. *Applied Measurement in Education, 12*(2), 133-150.

Feldt, L. S.(1997). Can validity rise when reliability declines? *Applied Measurement in Education, 10(4),* 377-387.

Feldt, L. S., & Qualls, A. L.(1999). Variability in reliability coefficients and the standard error of measurement from school district to district. *Applied Measurement in Education, 12(4),* 367-381.

Frankle, J. R., & Wallen, N. E.(1993). *How to design and evaluate research in education.* McGraw-Hill.

Freedman, D., Pisani, R. & Purves, R.(1991). *Statistics(2nd ed.).* NY: W. W. Norton & Company.

Frederiksen, J., & Collins, A.(1989). A system approach to educational testing. *Educational Researcher, December,* 27-32.

Gall, M. D., Borg, W. R., & Gall, J. P.(1996). *Educational research: An introduction(6th ed.).* NY: Longman Publishers.

Gall, J. P., Gall, M. D., & Borg, W. R.(1999). *Applying educational research(4th ed.).* MA:

Longman Publishers.

Gardner, H.(1993). *Multiple intelligence : The theory in practice.* NY : Basic Books.

Gardner, H.(1999). *Intelligence reframed: The multiple intelligences for the 21st century.* NY : Basic Books.

Gay, L. R.(2000). *Educational research: Competencies for analysis and application(6th ed.).* Upper Saddle River, NJ: Merrill.

Gronlund, N. E., & Linn, R. L.(1990). *Measurement and evaluation in teaching(6th ed.).* NY: Macmillan Publishing Company.

Haertel, E. H.(1999). Performance assessment and education reform. *Phi Delta Kappan, 80(9),* 662-666.

Hays, W. L.(1994). *Statistics*(5th ed.). Fort Worth: Harcourt Brace College Publishers.

Hogan, T. P., Benjamin, A., & Brezinski, K. L.(2000). Reliability methods: A note on the frequency of use of various types. *Educational and Psychology Measurement, 60(4),* 523-531.

Hothersall, D.(1984). *History of psychology.* New York: Random House.

Huff. D.(1954). *How to lie with statistics.* NY: W. W. Norton & Company, Inc. 김정흠 역(1995). 재미있는 통계 이야기. 서울: 청아출판사.

Johnson, R. L., Penny, J., & Gordon, B.(2000). The relation between score resolution methods and interrater reliability: An empirical study of an analytic scoring rubric. *Applied Measurement in Education, 13(2),* 121-138.

Keeves, J. P.(1997). *Educational research, methodology, and measurement: An international handbook(2nd ed.).* Pergamon.

Kerlinger F. N.(1986). *Foundations of behavioral research.* NY: Holt, Rinehart and Winston.

Marascuilo, L. A. & Serlin, R. C.(1988). *Statistical methods for the social and behavioral sciences.* New York: W. H. Freeman and Company.

Linacre, J. M.(2000). New approaches to determining reliability and validity. *Research Quarterly for Exercise and Sport, 71(2),* 129-136.

Linn, R. L., & Gronlund, N. E.(2000). *Measurement and assessment in teaching(8th ed.).* NJ: Prentice-Hall, Inc..

Messick, S.(1989). Validity. In R. L. Linn(Ed.), *Educational measurement(3rd ed.),* (pp.13-103). NY: Macmillan Publishing Company.

Nystrand, M., Gamoran, A,. & Carbonaro, W.(1998). Towards an ecology of learning: The case of classroom discourse and its effects on writing in high school English and social studies. ERIC, ED 415 525.

Rice. J. A.(1988). *Mathematical statistics and data analysis.* Pacific Grove: Wadsworth &

Brooks.

Royse, D., Thyer, B. A., Padgett, D. K., & Logan, T. K.(2001). *Program evaluation: An introduction(3rd ed.).* Toronto, Ontario: Wadsworth.

Sawilowsky, S. S.(2000). Psychometrics versus datametrics: Comment on Vacha-Haase's "reliability generalization" method and some EPM editorial processes. *Educational and Psychology Measurement, 60(2),* 157-173.

Simon, H. A., & Chase, W. G.(1973). Skill in chess. *American Scientist, 61,* 391-403.

Spalding, E.(2000). Performance assessment and the new standards project: A story of serendipitous success. *Phi Delta Kappan, 81(10),* 758-764.

SPSS Inc.(2000). *SPSS 10.0 for windows.* SPSS Inc.

Sternberg, R. J., et al.(2000). *Practical intelligence in everyday life.* UK: Cambridge University Press.

Tuckman, B. W.(1999). *Conducting educational research.* TX: Harcourt Brace College Publishers.

Wiersma, W.(2000). *Research methods in education: An introduction.* Allyn and Bacon.

Wiggins, G.(1989). A true test: Toward more authentic and equitable assessment. *Phi Delta Kappan, May,* 703-713.

부록

확률분포들의 비율표 및 연습문제 풀이

부록 1 정상분포 비율표

• 정상분포하에서 주어진 Z점수에 대한 면적비율

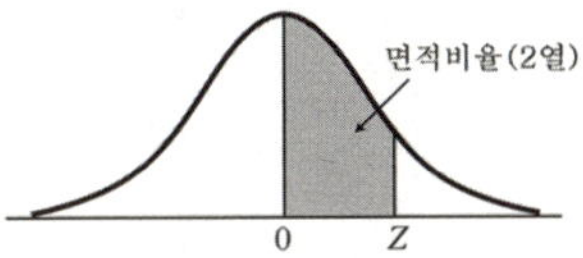

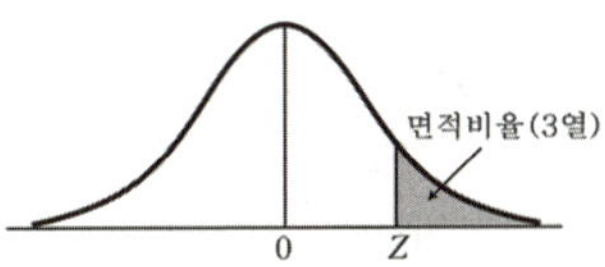

2열은 평균(Z=0)과 Z점 사이의 면적비율을 나타낸다. 이 분포는 좌우대칭이므로 +Z의 값에 대한 면적비율은 -Z값에 대한 면적비율과 같다.

3열은 정상분포상에서 +Z밖에 면적비율을 나타낸다. 이 분포는 좌우대칭이므로 +Z밖의 면적비율은 +Z 밖의 면적비율은 -Z 밖의 면적비율과 같다.

Z	평균과 Z점 사이의면적	Z점 밖의 면적
1열	2열	3열
0.00	.0000	.5000
0.01	.0040	.4960
0.02	.0080	.4920
0.03	.0120	.4880
0.04	.0160	.4840
0.05	.0199	.4801
0.06	.0239	.4761
0.07	.0279	.4721
0.08	.0319	.4681
0.09	.0359	.4641
0.10	.0398	.4602
0.11	.0438	.4562
0.12	.0478	.4522
0.13	.0517	.4483
0.14	.0557	.4443
0.15	.0596	.4404
0.16	.0636	.4364
0.17	.0675	.4325
0.18	.0714	.4286
0.19	.0753	.4247
0.20	.0793	.4207
0.21	.0832	.4168
0.22	.0871	.4129
0.23	.0910	.4090
0.24	.0948	.4052
0.25	.0987	.4013
0.26	.1026	.3974
0.27	.1064	.3936
0.28	.1103	.3897
0.29	.1141	.3859

Z	평균과 Z점 사이의면적	Z점 밖의 면적
1열	2열	3열
0.30	.1179	.3821
0.31	.1217	.3783
0.32	.1255	.3745
0.33	.1293	.3707
0.34	.1331	.3669
0.35	.1368	.3632
0.36	.1406	.3594
0.37	.1443	.3557
0.38	.1480	.3520
0.39	.1517	.3483
0.40	.1554	.3446
0.41	.1591	.3409
0.42	.1628	.3372
0.43	.1664	.3336
0.44	.1700	.3300
0.45	.1736	.3264
0.46	.1772	.3228
0.47	.1808	.3192
0.48	.1844	.3156
0.49	.1879	.3121
0.50	.1915	.3085
0.51	.1950	.3050
0.52	.1985	.3015
0.53	.2019	.2981
0.54	.2054	.2946
0.55	.2088	.2912
0.56	.2123	.2877
0.57	.2157	.2843
0.58	.2190	.2810
0.59	.2224	.2776

Z	평균과 Z점 사이의면적	Z점 밖의 면적
1열	2열	3열
0.60	.2257	.2743
0.61	.2291	.2709
0.62	.2324	.2676
0.63	.2357	.2643
0.64	.2389	.2611
0.65	.2422	.2578
0.66	.2454	.2546
0.67	.2468	.2514
0.68	.2517	.2483
0.69	.2549	.2451
0.70	.2580	.2420
0.71	.2611	.2389
0.72	.2642	.2358
0.73	.2673	.2327
0.74	.2704	.2296
0.75	.2734	.2266
0.76	.2764	.2236
0.77	.2794	.2206
0.78	.2823	.2177
0.79	.2852	.2148
0.80	.2281	.2119
0.81	.2910	.2090
0.82	.2939	.2061
0.83	.2967	.2033
0.84	.2995	.2005
0.85	.3023	.1977
0.86	.3051	.1949
0.87	.3078	.1922
0.88	.3106	.1894
0.89	.3133	.1867
0.90	.3159	.1841
0.91	.3186	.1814
0.92	.3212	.1788
0.93	.3238	.1762
0.94	.3264	.1736
0.95	.3289	.1711
0.96	.3315	.1685
0.97	.3340	.1660
0.98	.3365	.1635
0.99	.3389	.1611
1.00	.3413	.1587
1.01	.3438	.1562
1.02	.3461	.1539
1.03	.3485	.1515
1.04	.3508	.1492

Z	평균과 Z점 사이의면적	Z점 밖의 면적
1열	2열	3열
1.05	.3231	.1469
1.06	.3554	.1446
1.07	.3577	.1423
1.08	.3599	.1401
1.09	.3621	.1379
1.10	.3643	.1357
1.11	.3665	.1335
1.12	.3686	.1314
1.13	.3708	.1292
1.14	.3729	.1271
1.15	.3749	.1251
1.16	.3770	.1230
1.17	.3790	.1210
1.18	.3810	.1190
1.19	.3830	.1170
1.20	.3849	.1151
1.21	.3869	.1131
1.22	.3888	.1112
1.23	.3907	.1093
1.24	.3925	.1075
1.25	.3944	.1056
1.26	.3962	.1038
1.27	.3980	.1020
1.28	.3997	.1003
1.29	.4015	.0985
1.30	.4032	.0968
1.31	.4049	.0951
1.32	.4066	.0934
1.33	.4082	.0918
1.34	.4099	.0901
1.35	.4115	.0885
1.36	.4131	.0869
1.37	.4147	.0853
1.38	.4162	.0838
1.39	.4177	.0823
1.40	.4192	.0808
1.41	.4207	.0793
1.42	.4222	.0778
1.43	.4236	.0764
1.44	.4251	.0749
1.45	.4265	.0735
1.46	.4279	.0721
1.47	.4292	.0708
1.48	.4306	.0694
1.49	.4319	.0681

Z	평균과 Z점 사이의면적	Z점 밖의 면적
1열	2열	3열
1.50	.4332	.0668
1.51	.4345	.0655
1.52	.4357	.0643
1.53	.4370	.0630
1.54	.4382	.0618
1.55	.4394	.0606
1.56	.4406	.0594
1.57	.4418	.0582
1.58	.4429	.0571
1.59	.4441	.0559
1.60	.4452	.0548
1.61	.4463	.0537
1.62	.4474	.0526
1.63	.4484	.0516
1.64	.4495	.0505
1.65	.4505	.0495
1.66	.4515	.0485
1.67	.4525	.0475
1.68	.4535	.0465
1.69	.4545	.0455
1.70	.4554	.0466
1.71	.4564	.0436
1.72	.4573	.0427
1.73	.4582	.0418
1.74	.4591	.0409
1.75	.4599	.0410
1.76	.4608	.0392
1.77	.4616	.0384
1.78	.4625	.0375
1.79	.4633	.0367
1.80	.4641	.0359
1.81	.4649	.0351
1.82	.4656	.0344
1.83	.4664	.0336
1.84	.4671	.0329
1.85	.4678	.0322
1.86	.4686	.0314
1.87	.4693	.0307
1.88	.4699	.0301
1.89	.4706	.0294
1.90	.4713	.0287
1.91	.4749	.0281
1.92	.4726	.0274
1.93	.4732	.0268
1.94	.4738	.0262

Z	평균과 Z점 사이의면적	Z점 밖의 면적
1열	2열	3열
1.95	.4744	.0256
1.96	.4750	.0250
1.97	.4756	.0244
1.98	.4761	.0239
1.99	.4767	.0233
2.00	.4772	.0228
2.01	.4778	.0222
2.02	.4783	.0217
2.03	.4788	.0212
2.04	.4793	.0207
2.05	.4798	.0202
2.06	.4803	.0197
2.07	.4808	.0192
2.08	.4812	.0188
2.09	.4817	.0183
2.10	.4821	.0179
2.11	.4826	.0174
2.12	.4830	.0170
2.13	.4834	.0166
2.14	.4838	.0162
2.15	.4842	.0158
2.16	.4846	.0154
2.17	.4850	.0150
2.18	.4854	.0146
2.19	.4857	.0143
2.20	.4861	.0139
2.21	.4864	.0136
2.22	.4686	.0132
2.23	.4871	.0129
2.24	.4875	.0125
2.25	.4878	.0122
2.26	.4881	.0119
2.27	.4884	.0116
2.28	.4887	.0113
2.29	.4890	.0110
2.30	.4893	.0107
2.31	.4896	.0104
2.32	.4898	.0102
2.33	.4901	.0099
2.34	.4904	.0096
2.35	.4906	.0094
2.36	.4909	.0091
2.37	.4911	.0089
2.38	.4913	.0087
2.39	.4316	.0084

Z	평균과 Z점 사이의면적	Z점 밖의 면적
1열	2열	3열
1.50	.4332	.0668
1.51	.4345	.0655
1.52	.4357	.0643
1.53	.4370	.0630
1.54	.4382	.0618
1.55	.4394	.0606
1.56	.4406	.0594
1.57	.4418	.0582
1.58	.4429	.0571
1.59	.4441	.0559
1.60	.4452	.0548
1.61	.4463	.0537
1.62	.4474	.0526
1.63	.4484	.0516
1.64	.4495	.0505
1.65	.4505	.0495
1.66	.4515	.0485
1.67	.4525	.0475
1.68	.4535	.0465
1.69	.4545	.0455
1.70	.4554	.0466
1.71	.4564	.0436
1.72	.4573	.0427
1.73	.4582	.0418
1.74	.4591	.0409
1.75	.4599	.0401
1.76	.4608	.0392
1.77	.4616	.0384
1.78	.4625	.0375
1.79	.4633	.0367
1.80	.4641	.0359
1.81	.4649	.0351
1.82	.4656	.0344
1.83	.4664	.0336
1.84	.4671	.0329
1.85	.4678	.0322
1.86	.4686	.0314
1.87	.4693	.0307
1.88	.4699	.0301
1.89	.4706	.0294
1.90	.4713	.0287
1.91	.4719	.0281
1.92	.4726	.0274
1.93	.4732	.0268
1.94	.4738	.0262

Z	평균과 Z점 사이의면적	Z점 밖의 면적
1열	2열	3열
1.95	.4744	.0256
1.96	.4750	.0250
1.97	.4756	.0244
1.98	.4761	.0239
1.99	.4767	.0233
2.00	.4772	.0228
2.01	.4778	.0222
2.02	.4783	.0217
2.03	.4788	.0212
2.04	.4793	.0207
2.05	.4798	.0202
2.06	.4803	.0197
2.07	.4808	.0192
2.08	.4812	.0188
2.09	.4817	.0183
2.10	.4821	.0179
2.11	.4826	.0174
2.12	.4830	.0170
2.13	.4834	.0166
2.14	.4838	.0162
2.15	.4842	.0158
2.16	.4846	.0154
2.17	.4850	.0150
2.18	.4854	.0146
2.19	.4857	.0143
2.20	.4861	.0139
2.21	.4864	.0136
2.22	.4868	.0132
2.23	.4871	.0129
2.24	.4875	.0125
2.25	.4878	.0122
2.26	.4881	.0119
2.27	.4884	.0116
2.28	.4887	.0113
2.29	.4890	.0110
2.30	.4893	.0107
2.31	.4896	.0104
2.32	.4898	.0102
2.33	.4901	.0099
2.34	.4904	.0096
2.35	.4906	.0094
2.36	.4909	.0091
2.37	.4911	.0089
2.38	.4913	.0087
2.39	.4916	.0084

Z	평균과 Z점 사이의면적	Z점 밖의 면적
1열	2열	3열
2.40	.4918	.0082
2.41	.4920	.0080
2.42	.4922	.0078
2.43	.4925	.0075
2.44	.4927	.0073
2.45	.4929	.0071
2.46	.4931	.0069
2.47	.4932	.0068
2.48	.4934	.0066
2.49	.4936	.0064
2.50	.4938	.0062
2.51	.4940	.0060
2.52	.4941	.0059
2.23	.4943	.0057
2.54	.4945	.0055
2.55	.4946	.0054
2.56	.4948	.0052
2.57	.4949	.0051
2.58	.4951	.0049
2.59	.4952	.0048
2.60	.4953	.0047
2.61	.4955	.0045
2.62	.4956	.0044
2.63	.4957	.0043
2.64	.4959	.0041
2.65	.4960	.0040
2.66	.4961	.0039
2.67	.4962	.0038
2.68	.4963	.0037
2.69	.4964	.0036
2.70	.4965	.0035
2.71	.4966	.0034
2.72	.4967	.0033
2.73	.4968	.0032
2.74	.4969	.0031
2.75	.4970	.0030
2.76	.4971	.0029
2.77	.4972	.0028
2.78	.4973	.0027
2.79	.4974	.0026
2.80	.4974	.0026
2.81	.4975	.0025
2.82	.4976	.0024
2.83	.4977	.0023
2.84	.4977	.0023

Z	평균과 Z점 사이의면적	Z점 밖의 면적
1열	2열	3열
2.85	.4978	.0022
2.86	.4979	.0021
2.87	.4979	.0021
2.88	.4980	.0020
2.89	.4981	.0019
2.90	.4981	.0019
2.91	.4982	.0018
2.92	.4982	.0018
2.93	.4983	.0017
2.94	.4984.	.0016
2.95	.4984	.0016
2.96	.4985	.0015
2.97	.4985	.0015
2.98	.4986	.0014
2.99	.4986	.0014
3.00	.4987	.0013
3.01	.4987	.0013
3.02	.4987	.0013
3.03	.4988	.0012
3.04	.4988	.0012
3.05	.4989	.0011
3.06	.4989	.0011
3.07	.4989	.0011
3.08	.4990	.0010
3.09	.4990	.0010
3.10	.4990	.0010
3.11	.4991	.0009
3.12	.4991	.0009
3.13	.4991	.0009
3.14	.4992	.0008
3.15	.4992	.0008
3.16	.4992	.0008
3.17	.4992	.0008
3.18	.4993	.0007
3.19	.4993	.0007
3.20	.4993	.0007
3.21	.4993	.0007
3.22	.4994	.0006
3.23	.4994	.0006
3.24	.4994	.0006
3.30	.4995	.0005
3.40	.4997	.0003
3.50	.4998	.0002
3.60	.4998	.0002
3.70	.4999	.0001

부록 2 χ^2 분포 비율표

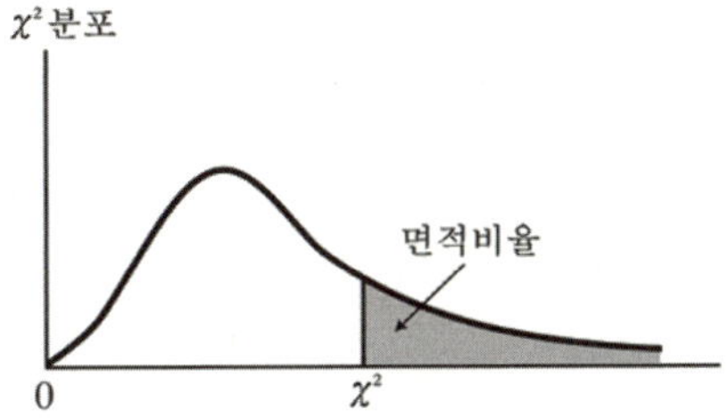

df	.995	.99	.975	.95	.90	.10	.05	.025	.01	.005
1	.000039	.00016	.00098	.0039	.016	2.71	3.84	5.02	6.63	7.88
2	.010	.020	.051	.10	.21	4.61	5.99	7.38	9.21	10.60
3	.072	.11	.22	.35	.58	6.25	7.81	9.35	11.34	12.84
4	.21	.30	.48	.71	1.06	7.78	9.49	11.14	13.28	14.86
5	.41	.55	.83	1.15	1.61	9.24	11.07	12.83	15.09	16.75
6	.68	.87	1.24	1.64	2.20	10.64	12.59	14.45	16.81	18.55
7	.99	1.24	1.69	2.17	2.83	12.02	14.07	16.01	18.48	20.28
8	1.34	1.65	2.18	2.73	3.49	13.36	15.51	17.53	20.09	21.96
9	1.73	2.09	2.70	3.33	4.17	14.68	16.92	19.02	21.67	23.59
10	2.16	2.56	3.25	3.94	4.87	15.99	18.31	20.48	23.21	25.19
11	2.60	3.05	3.82	4.57	5.58	17.28	19.68	21.92	24.72	26.78
12	3.07	3.57	4.40	5.23	6.30	18.55	21.03	23.34	26.22	28.30
13	3.57	4.11	5.01	5.89	7.04	19.81	22.36	24.74	27.69	29.82
14	4.07	4.66	5.63	6.57	7.79	21.06	23.68	26.12	29.14	31.32
15	4.60	5.23	6.26	7.26	8.55	22.31	25.00	27.49	30.58	32.80
16	5.14	5.81	6.91	7.96	9.31	23.54	26.30	28.85	32.00	34.27
17	5.70	6.41	7.56	8.67	10.09	24.77	27.59	30.19	33.41	35.72
18	6.26	7.01	8.23	9.39	10.86	25.99	28.87	31.53	34.81	37.16
19	6.84	7.63	8.91	10.12	11.65	27.20	30.14	32.85	36.19	38.58
20	7.43	8.26	9.59	10.85	12.44	28.41	31.41	34.17	35.57	40.00
21	8.03	8.90	10.28	11.59	13.24	29.62	32.67	35.48	39.93	41.40
22	8.64	9.54	10.98	12.34	14.04	30.81	33.92	36.78	40.29	42.80
23	9.26	10.20	11.69	13.09	14.85	32.01	35.17	38.08	41.64	44.18
24	9.89	10.86	12.40	13.85	15.66	33.20	36.42	39.36	42.98	45.56
25	10.52	11.52	13.12	14.61	16.47	34.38	37.65	40.65	44.31	46.93
26	11.16	12.20	13.84	15.38	17.29	35.56	38.89	41.92	45.64	48.29
27	11.81	12.88	14.57	16.15	18.11	36.74	40.11	43.19	46.96	49.64
28	12.46	13.56	15.31	16.93	18.94	37.92	41.34	44.46	48.28	50.99
29	13.12	14.26	16.05	17.71	19.77	39.09	42.56	45.72	49.59	52.34
30	13.79	14.95	16.79	18.49	20.60	40.26	43.77	46.98	50.89	53.67
40	20.71	22.16	24.43	26.51	29.05	51.81	55.76	59.34	63.69	66.77
50	27.99	29.71	32.36	34.76	37.69	63.17	67.50	71.42	76.15	79.49
60	35.53	37.48	40.48	43.19	46.46	74.40	79.05	83.30	88.38	91.95
70	43.28	45.44	48.76	51.74	55.33	85.53	90.53	95.02	100.42	104.22
80	51.17	53.54	57.15	60.39	64.28	96.58	101.88	106.63	112.33	116.32
90	59.20	61.75	65.65	69.13	73.29	107.56	113.14	118.14	124.12	128.30
100	67.33	70.06	74.22	77.93	82.36	118.50	124.34	129.56	135.81	140.17
120	83.85	86.92	91.58	95.70	100.62	140.57	146.57	152.21	158.95	163.64

부록 3 t 분포 비율표

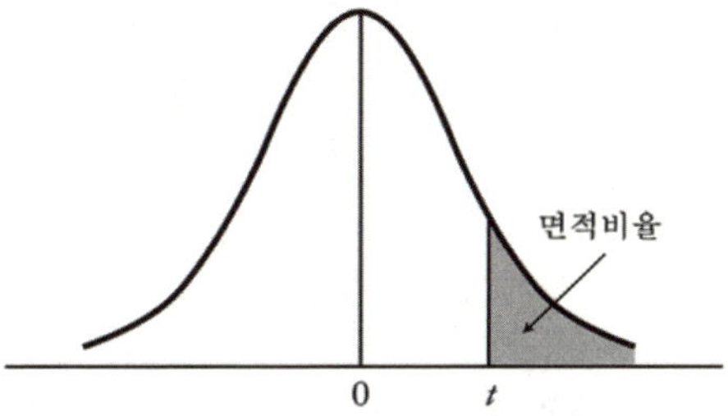

df	.25	.10	.05	.025	.01	.005
1	1.000	3.078	6.314	12.706	31.821	63.657
2	0.816	1.886	2.902	4.303	6.965	9.925
3	0.765	1.638	2.353	3.182	4.541	5.841
4	0.741	1.538	2.132	2.776	3.747	4.604
5	0.727	1.476	2.015	2.571	3.365	4.032
6	0.718	1.440	1.943	2.447	3.143	3.707
7	0.711	1.415	1.895	2.365	2.998	3.500
8	0.706	1.397	1.860	2.306	2.896	3.355
9	0.703	1.383	1.833	2.262	2.821	3.250
10	0.700	1.372	1.812	2.228	2.764	3.169
11	0.697	1.363	1.796	2.201	2.718	3.106
12	0.696	1.356	1.782	2.179	2.681	3.054
13	0.694	1.350	1.771	2.160	2.650	3.012
14	0.692	1.345	1.761	2.145	2.624	2.977
15	0.691	1.341	1.753	2.132	2.602	2.947
16	0.690	1.337	1.746	2.120	2.584	2.921
17	0.689	1.333	1.740	2.110	2.567	2.898
18	0.688	1.330	1.734	2.101	2.552	2.878
19	0.688	1.328	1.729	2.093	2.540	2.861
20	0.687	1.325	1.725	2.086	2.528	2.845
21	0.686	1.323	1.721	2.080	2.518	2.831
22	0.686	1.321	1.717	2.074	2.508	2.819
23	0.685	1.320	1.714	2.069	2.500	2.807
24	0.685	1.318	1.711	2.064	2.492	2.797
25	0.684	1.316	1.708	2.060	2.485	2.787

df	.25	.10	.05	.025	.01	.005
26	0.684	1.315	1.706	2.056	2.479	2.779
27	0.684	1.314	1.704	2.052	2.473	2.771
28	0.683	1.312	1.701	2.548	2.467	2.763
29	0.683	1.311	1.699	2.045	2.462	2.756
30	0.683	1.310	1.697	2.042	2.457	2.750
31	0.682	1.310	1.696	2.040	2.453	2.744
32	0.682	1.309	1.694	2.037	2.449	2.738
33	0.682	1.308	1.962	2.034	2.445	2.733
34	0.682	1.307	1.692	2.032	2.441	2.728
35	0.682	1.306	1.690	2.030	2.438	2.724
36	0.681	1.306	1.688	2.028	2.434	2.720
37	0.681	1.305	1.687	2.026	2.431	2.715
38	0.681	1.304	1.686	2.024	2.429	2.712
39	0.681	1.304	1.685	2.023	2.426	2.708
40	0.681	1.303	1.684	2.021	2.423	2.704
45	0.680	1.301	1.679	2.014	2.412	2.690
50	0.679	1.299	1.676	2.009	2.403	2.678
55	0.679	1.297	1.673	2.004	2.396	2.668
60	0.679	1.296	1.671	2.000	2.390	2.660
70	0.678	1.294	1.667	1.994	2.381	2.648
80	0.678	1.292	1.664	1.990	2.374	2.639
90	0.677	1.291	1.662	1.987	2.368	2.632
100	0.677	1.290	1.660	1.984	2.364	2.626
120	0.676	1.289	1.658	1.980	2.358	2.617
150	0.676	1.287	1.655	1.976	2.352	2.609
200	0.676	1.286	1.652	1.972	2.345	2.601
300	0.675	1.284	1.650	1.968	2.339	2.592
400	0.675	1.284	1.649	1.966	2.336	2.588
500	0.675	1.283	1.648	1.965	2.334	2.586
1000	0.675	1.282	1.646	1.962	2.330	2.581
∞	0.674	1.282	1.645	1.960	2.326	2.576

부록 4 *F* 분포 비율표

• 분포의 오른쪽 5%(윗줄)와 1%(아랫줄)에 해당하는 F 치

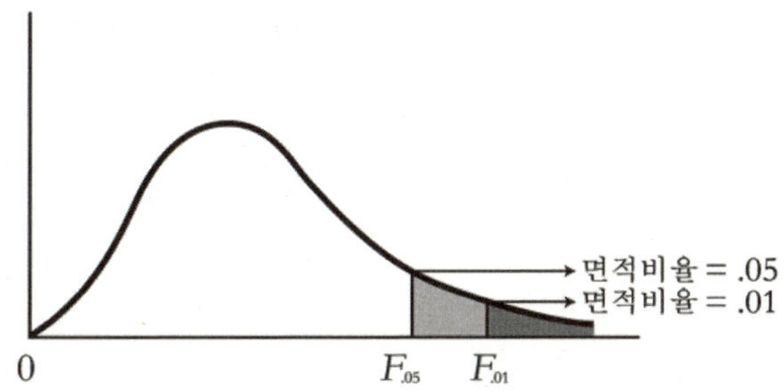

분모와 분자의 자유도가 서로 교차하는 칸의 윗줄은 α = .05수준, 아랫줄은 α = 0.01 수준에 해당하는 F값이다.

분모의 자유도 (df_2)	분자의 자유도(df_1) 1	2	3	4	5	6	7	8	9	10	11	12
1	161	200	216	225	230	234	237	239	241	242	243	244
	4,052	4,999	5,403	5,625	5,764	5,859	5,923	5,931	6,022	6,056	6,032	6,106
2	18.51	19.00	19.16	19.25	19.30	19.33	19.36	19.37	19.33	19.39	19.40	19.41
	98.49	99.00	99.17	99.25	99.30	99.33	99.34	99.36	99.33	99.40	99.41	99.42
3	10.13	9.55	9.23	9.12	9.01	8.94	8.83	8.84	8.81	8.73	8.76	8.74
	34.12	30.82	29.46	28.71	27.24	27.91	27.67	27.49	28.34	27.23	27.13	27.05
4	7.71	6.94	6.59	6.39	6.26	6.16	6.09	6.04	6.00	5.96	5.93	5.91
	21.20	18.00	16.69	15.93	15.52	15.21	14.98	14.08	14.66	14.54	14.45	14.37
5	6.61	5.79	5.41	5.19	5.05	4.95	4.83	4.82	4.73	4.74	4.70	4.63
	16.26	13.27	12.06	11.39	10.97	10.67	10.45	10.27	10.15	10.05	9.96	9.89
6	5.99	5.14	4.76	4.53	4.39	4.28	4.21	4.15	4.10	4.06	4.03	4.00
	13.74	10.92	9.78	9.15	8.75	8.47	8.25	8.10	7.93	7.87	7.79	7.72
7	5.59	4.74	4.35	4.12	3.97	3.87	3.79	3.73	3.68	3.64	3.60	3.57
	12.25	9.55	8.45	7.85	7.46	7.19	7.00	6.84	6.71	6.62	6.54	6.47
8	5.32	4.45	4.07	3.84	3.69	3.53	3.50	3.44	3.39	3.34	3.31	3.28
	11.25	8.65	7.59	7.01	6.63	6.37	6.19	6.03	5.91	5.82	5.74	5.67
9	5.21	4.26	3.86	3.63	3.48	3.37	3.29	3.23	3.18	3.13	3.10	3.07
	10.56	8.02	6.99	6.42	6.06	5.80	5.62	5.47	5.35	5.26	5.18	5.11
10	4.96	4.10	3.71	3.48	3.33	3.22	3.14	3.07	3.02	2.97	2.94	2.91
	10.04	7.46	6.55	5.99	5.64	5.39	5.21	5.06	4.95	4.85	4.78	4.71
11	4.84	3.98	3.59	3.36	3.20	3.09	3.01	2.95	2.90	2.86	2.82	2.79
	9.65	7.20	6.22	5.67	5.32	5.07	4.88	4.74	4.63	4.54	4.46	4.40
12	4.75	3.88	3.49	3.26	3.11	3.00	2.92	2.85	2.80	2.76	2.72	2.69
	9.33	6.93	5.95	5.41	5.06	4.82	4.65	4.50	4.39	4.30	4.22	4.16
13	4.67	3.80	3.41	3.18	3.02	2.92	2.84	2.77	2.72	2.67	2.63	2.60
	9.07	6.70	5.74	5.20	4.86	4.62	4.44	4.30	4.19	4.10	4.02	3.96
14	4.60	3.74	3.34	3.11	2.96	2.85	2.77	2.70	2.65	2.60	2.56	2.53
	8.86	6.51	5.56	5.03	4.69	4.46	4.28	4.14	4.03	3.94	3.86	3.80
15	4.54	3.68	3.29	3.06	2.90	2.79	2.70	2.64	2.59	2.55	2.51	2.48
	8.68	6.36	5.42	4.89	4.56	4.32	4.14	4.00	3.89	3.80	3.73	3.67
16	4.49	3.63	3.24	3.01	2.385	2.74	2.66	2.59	2.54	2.49	2.45	2.42
	8.53	6.23	5.29	4.77	4.44	4.20	4.03	3.89	3.78	3.69	3.61	3.55
17	4.45	3.59	3.20	2.96	2.81	2.70	2.62	2.55	2.50	2.45	2.41	2.38
	8.40	6.11	5.18	4.67	4.34	4.10	3.93	3.79	3.68	3.59	3.52	3.45
18	4.41	3.55	3.16	2.93	2.77	2.66	2.58	2.51	2.46	2.41	2.37	2.34
	8.28	6.01	5.09	4.58	4.25	4.01	3.85	3.71	3.60	3.51	3.44	3.37
19	4.38	3.52	3.13	2.90	2.74	2.63	2.55	2.48	2.43	2.38	2.34	2.31
	8.18	5.93	5.01	4.50	4.17	3.94	3.77	3.63	3.52	3.43	3.36	3.30
20	4.35	3.49	3.10	2.87	2.71	2.60	2.52	2.45	2.40	2.35	2.31	2.28
	8.10	5.85	4.94	4.43	4.10	3.87	3.71	3.56	3.45	3.37	3.30	3.23

분모의 자유도 (df_2)	분자의 자유도(df_1)											
	14	16	20	24	30	40	50	75	100	200	500	∞
1	245	246	248	249	250	251	252	253	253	254	254	254
	6.142	6.169	6.208	6.234	6.258	6.286	6.302	6.323	6.334	6.352	6.361	6.366
2	19.42	19.43	19.44	19.45	19.46	19.47	19.47	19.48	19.49	19.49	19.50	19.50
	99.43	99.44	99.45	99.45	99.47	99.48	99.48	99.49	99.49	99.49	99.50	99.50
3	8.71	8.69	8.66	8.64	8.62	8.60	8.53	8.57	8.56	8.54	8.54	8.53
	26.92	26.83	26.69	26.60	26.50	26.41	26.35	26.27	26.23	26.18	26.14	26.12
4	5.87	5.84	5.80	5.77	5.74	5.71	5.70	5.68	5.66	5.65	5.65	5.63
	14.24	14.15	14.02	13.93	13.83	13.74	13.69	13.61	13.57	13.52	13.48	13.46
5	4.64	4.60	4.56	4.53	4.50	4.46	4.44	4.42	4.40	4.38	4.37	4.36
	9.77	9.68	9.55	9.47	9.38	9.29	9.24	9.17	9.13	9.07	9.04	9.02
6	3.96	3.92	3.87	3.84	3.81	3.77	3.75	3.72	3.71	3.69	3.68	3.67
	7.60	7.52	7.39	7.31	7.23	7.14	7.09	7.02	6.99	6.94	6.90	6.88
7	3.52	3.49	3.44	3.41	3.38	3.34	3.32	3.29	3.28	3.25	3.24	3.23
	6.35	6.27	6.15	6.07	5.98	5.90	5.85	5.78	5.75	5.70	5.67	5.65
8	3.23	3.20	3.15	3.12	3.08	3.05	3.03	3.00	2.98	2.96	2.94	2.93
	5.56	5.48	5.36	5.28	5.20	5.11	5.06	5.00	4.95	4.91	4.88	4.86
9	3.02	2.98	2.93	2.90	2.86	2.82	2.80	2.77	2.76	2.73	2.72	2.71
	5.00	4.92	4.80	4.73	4.64	4.56	4.51	4.45	4.41	4.36	4.33	4.31
10	2.86	2.82	2.77	2.74	2.70	2.67	2.64	2.61	2.59	2.56	2.55	2.54
	4.60	4.52	4.41	4.33	4.25	4.17	4.12	4.05	4.01	3.96	3.93	3.91
11	2.74	2.70	2.65	2.61	2.57	2.53	2.50	2.47	2.45	2.42	2.41	2.40
	4.29	4.21	4.10	4.02	3.94	3.86	3.80	3.74	3.70	3.66	3.62	3.60
12	2.64	2.60	2.54	2.50	2.46	2.42	2.40	2.36	2.35	2.32	2.31	2.30
	4.05	3.98	3.86	3.78	3.70	3.61	3.56	3.49	3.46	3.41	3.38	3.36
13	2.55	2.51	2.46	2.42	2.38	2.34	2.32	2.28	2.26	2.24	2.22	2.21
	3.85	3.78	3.67	3.59	3.51	3.42	3.37	3.30	3.27	3.21	3.18	3.16
14	2.48	2.44	2.39	2.35	2.31	2.27	2.24	2.21	2.19	2.16	2.14	2.13
	3.70	3.62	3.51	4.43	3.34	3.26	3.21	3.14	3.11	3.06	3.02	3.00
15	2.43	2.39	2.33	2.29	2.25	2.21	2.18	2.15	2.12	2.10	2.08	2.07
	3.56	3.48	3.36	3.29	3.20	3.12	3.07	3.00	2.97	2.92	2.89	2.87
16	2.37	2.33	2.28	2.24	2.20	2.16	2.13	2.09	2.07	2.04	2.02	2.01
	3.45	3.37	3.25	3.18	3.10	3.01	2.96	2.89	2.86	2.80	2.77	2.75
17	2.33	2.29	2.23	2.19	2.15	2.11	2.08	2.04	2.02	1.99	1.97	1.96
	3.35	3.27	3.16	3.08	3.00	2.92	2.86	2.79	2.76	2.70	2.67	2.65
18	2.29	2.25	2.19	2.15	2.11	2.07	2.04	2.00	1.98	1.95	1.93	1.92
	8.27	3.19	3.07	3.00	2.91	2.83	2.78	2.71	2.68	2.62	2.59	2.57
19	2.26	2.21	2.15	2.11	2.07	2.02	2.00	1.96	1.94	1.91	1.90	1.48
	3.19	3.12	3.00	2.92	2.84	2.76	2.70	2.63	2.60	2.54	2.51	2.89
20	2.23	2.18	2.12	2.08	2.04	1.99	1.96	1.92	1.90	1.87	1.85	1.84
	3.13	3.05	2.94	2.86	2.77	2.69	2.63	2.56	2.53	2.47	2.44	2.42

분모의 자유도 (df_2)	분자의 자유도(df_1) 1	2	3	4	5	6	7	8	9	10	11	12
21	4.32 8.02	3.47 5.78	3.07 4.87	2.84 4.37	2.68 4.04	2.57 3.81	2.49 3.65	2.42 3.51	2.37 3.40	2.32 3.31	2.28 3.24	2.25 3.17
22	4.30 7.64	3.44 5.72	3.05 4.82	2.82 4.31	2.66 3.99	2.55 3.76	2.47 3.59	2.40 3.45	2.35 3.35	2.30 3.26	2.26 3.18	2.23 3.12
23	4.28 7.88	3.42 5.66	3.03 4.76	2.80 4.26	2.64 3.94	2.53 3.71	2.45 3.54	2.38 3.41	2.32 3.30	2.28 3.21	2.24 3.14	2.20 3.07
24	4.26 7.82	3.40 5.61	3.01 4.72	2.78 4.22	2.62 3.90	2.51 3.67	2.43 3.50	2.36 3.36	2.30 3.25	2.26 3.17	2.22 3.09	2.18 3.03
25	4.24 7.77	3.38 5.57	2.99 4.68	2.76 4.18	2.60 3.86	2.49 3.63	2.41 3.46	2.34 3.32	2.28 3.21	2.24 3.13	2.20 3.05	2.16 2.99
26	4.22 7.72	3.37 5.53	2.98 4.64	2.74 4.14	2.59 3.82	2.47 3.59	2.39 3.42	2.32 3.29	2.27 3.17	2.22 3.09	2.18 3.02	2.15 2.96
27	4.21 7.68	3.35 5.49	2.96 4.60	2.73 4.11	2.57 3.79	2.46 3.56	2.37 3.39	2.30 3.26	2.25 3.14	2.20 3.06	2.16 2.98	2.13 2.93
28	4.20 7.64	3.34 5.45	2.95 4.57	2.71 4.07	2.56 3.76	2.44 3.53	2.36 3.36	2.29 3.23	2.24 3.11	2.19 3.03	2.15 2.95	2.12 2.90
29	4.18 7.60	3.33 7.42	2.93 4.54	2.70 4.04	2.54 3.73	2.43 3.50	2.35 3.33	2.28 3.20	2.22 3.08	2.18 3.00	2.14 2.92	2.10 2.87
30	4.17 7.56	3.32 5.39	2.92 4.51	2.69 4.02	2.53 3.70	2.42 3.47	2.34 3.30	2.27 3.17	2.21 3.06	2.16 2.98	2.12 2.90	2.09 2.84
32	4.15 7.50	3.30 5.34	2.90 4.46	2.67 3.97	2.51 3.66	2.40 3.42	2.32 3.25	2.25 3.12	2.19 3.01	2.14 2.94	2.10 2.86	2.07 2.80
34	4.13 7.44	3.28 5.29	2.88 4.42	2.65 3.93	2.49 3.61	2.38 3.38	2.30 3.21	2.23 3.08	2.17 2.97	2.12 2.89	2.08 2.82	2.05 2.76
36	4.11 7.39	3.26 5.25	2.86 4.38	2.63 3.89	2.48 3.58	2.36 3.35	2.28 3.18	2.21 3.04	2.15 2.94	2.10 2.86	2.06 2.78	2.03 2.72
38	4.10 7.35	3.25 5.21	2.85 4.34	2.62 3.86	2.46 3.54	2.35 3.32	2.26 3.15	2.19 3.02	2.14 2.91	2.09 2.82	2.05 2.75	2.02 2.69
40	4.08 7.31	2.23 5.18	2.84 4.31	2.61 3.83	2.45 3.51	2.34 3.29	2.25 3.12	2.18 2.99	2.12 2.88	2.07 2.80	2.04 2.73	2.00 2.66
42	4.07 7.27	3.22 5.15	2.83 4.29	2.59 3.80	2.44 3.49	2.32 3.26	2.24 3.10	2.17 2.96	2.11 2.86	2.06 2.77	2.02 2.70	1.99 2.64
44	4.06 7.24	3.21 5.12	2.82 4.26	2.58 3.78	2.43 3.46	2.31 3.24	2.23 3.07	2.16 2.94	2.10 2.84	2.05 2.75	2.01 2.68	1.98 2.62
46	4.05 7.21	3.20 5.10	2.81 4.24	2.57 3.76	2.42 3.44	2.30 3.22	2.22 3.05	2.14 2.92	2.09 2.82	2.04 2.73	2.00 2.66	1.97 2.60
48	4.04 7.19	3.19 5.08	2.80 4.22	2.56 3.74	2.41 3.42	2.30 3.20	2.21 3.04	2.14 2.90	2.08 2.80	2.03 2.71	1.99 2.64	1.96 2.58
50	4.03 7.17	3.18 5.06	2.79 4.20	2.56 3.72	2.40 3.41	2.29 3.18	2.20 3.02	2.13 2.88	2.07 2.78	2.02 2.70	1.98 2.62	1.95 2.56

분모의 자유도 (df_2)	분자의 자유도(df_1) 14	16	20	24	30	40	50	75	100	200	500	∞
21	2.20 3.07	2.15 2.99	2.09 2.88	2.05 2.80	2.00 2.72	1.96 2.63	1.93 2.58	1.89 2.51	1.87 2.47	1.84 2.42	1.82 2.38	1.81 2.36
22	2.18 3.02	2.13 2.94	2.07 2.83	2.03 2.75	1.98 2.67	1.93 2.58	1.91 2.53	1.87 2.46	1.84 2.42	1.81 2.37	1.80 2.33	1.78 2.31
23	2.14 2.97	2.10 2.89	2.04 2.78	2.00 2.70	1.96 2.62	1.91 2.53	1.88 2.48	1.84 2.41	1.82 2.37	1.79 2.32	1.77 2.28	1.76 2.29
24	2.13 2.93	2.09 2.85	2.02 2.74	1.98 2.66	1.94 2.58	1.89 2.49	1.86 2.44	1.82 2.36	1.80 2.33	1.76 2.27	1.74 2.23	1.73 2.21
25	2.11 2.89	2.06 2.81	2.00 2.70	1.96 2.62	1.92 2.54	1.87 2.45	1.84 2.40	1.80 2.32	1.77 2.29	1.74 2.23	1.72 2.19	1.71 2.17
26	2.10 2.86	2.05 2.77	1.99 2.66	1.95 2.58	1.90 2.50	1.85 2.41	1.82 2.36	1.78 2.28	1.76 2.25	1.72 2.19	1.70 2.15	1.69 2.13
27	2.08 2.83	2.03 2.74	1.97 2.63	1.93 2.55	1.88 2.47	1.84 2.38	1.80 2.33	1.76 2.25	1.74 2.21	1.71 2.16	1.68 2.12	1.67 2.10
28	2.06 2.80	2.02 2.71	1.96 2.60	1.91 2.52	1.87 2.44	1.81 2.35	1.78 2.30	1.75 2.22	1.72 2.18	1.69 2.13	1.67 2.09	1.65 2.06
29	2.05 2.77	2.00 2.68	1.94 2.57	1.90 2.49	1.85 2.41	1.80 2.32	1.77 2.27	1.73 2.19	1.71 2.15	1.68 2.10	1.65 2.06	1.64 2.03
30	2.04 2.74	1.99 2.66	1.93 2.55	1.89 2.47	1.84 2.38	1.79 2.29	1.76 2.24	1.72 2.16	1.69 2.13	1.66 2.07	1.64 2.03	1.62 2.01
32	2.02 2.70	1.97 2.62	1.91 2.51	1.86 2.42	1.82 2.34	1.76 2.25	1.74 2.20	1.69 2.12	1.67 2.08	1.64 2.02	1.61 1.98	1.59 1.96
34	2.00 2.66	1.95 2.58	1.89 2.47	1.84 2.38	1.80 2.30	1.74 2.21	1.71 2.15	1.67 2.08	1.64 2.04	1.61 1.98	1.59 1.94	1.57 1.91
36	1.98 2.62	1.93 2.54	1.87 2.43	1.82 2.35	1.78 2.26	1.72 2.17	1.69 2.12	1.65 2.04	1.62 2.00	1.59 1.94	1.56 1.90	1.55 1.87
38	1.96 2.59	1.92 2.51	1.85 2.40	1.80 2.32	1.76 2.22	1.71 2.14	1.67 2.08	1.62 2.00	1.60 1.97	1.57 1.90	1.54 1.86	1.53 1.84
40	1.95 2.56	1.90 2.49	1.84 2.37	1.79 2.29	1.74 2.20	1.69 2.11	1.66 2.05	1.61 1.97	1.59 1.94	1.55 1.88	1.53 1.84	1.51 1.81
42	1.94 2.54	1.89 2.46	1.82 2.35	1.78 2.26	1.73 2.17	1.68 2.08	1.64 2.02	1.60 1.94	1.57 1.91	1.54 1.85	1.51 1.80	1.49 1.78
44	1.92 2.52	1.88 2.44	1.81 2.32	1.76 2.24	1.72 2.15	1.66 2.06	1.63 2.00	1.58 1.92	1.56 1.88	1.52 1.82	1.50 1.78	1.48 1.75
46	1.91 2.50	1.87 2.42	1.80 2.30	1.75 2.22	1.71 2.13	1.65 2.04	1.62 1.98	1.57 1.90	1.54 1.86	1.51 1.80	1.48 1.76	1.46 1.72
48	1.90 2.48	1.86 2.40	1.79 2.28	1.74 2.20	1.70 2.11	1.64 2.02	1.61 1.96	1.56 1.88	1.53 1.84	1.50 1.78	1.47 1.73	1.45 1.70
50	1.90 2.46	1.85 2.39	1.78 2.26	1.74 2.18	1.69 2.10	1.63 2.00	1.60 1.94	1.55 1.86	1.52 1.82	1.48 1.76	1.46 1.71	1.44 1.68

분모의 자유도 (df_2)	분자의 자유도(df_1)											
	1	2	3	4	5	6	7	8	9	10	11	12
55	4.02	3.17	2.78	2.54	2.38	2.27	2.18	2.11	2.05	2.00	1.97	1.93
	7.12	5.01	4.16	3.68	3.37	3.15	2.98	2.85	2.75	2.66	2.59	2.53
60	4.00	3.15	2.76	2.52	2.37	2.25	2.17	2.10	2.04	1.99	1.95	1.92
	7.08	4.98	4.13	3.65	3.34	3.12	2.95	2.82	2.72	2.63	2.56	2.50
65	3.99	3.14	2.75	2.51	2.36	2.24	2.15	2.08	2.02	1.98	1.94	1.90
	7.04	4.95	4.10	3.62	3.31	3.09	2.93	2.79	2.70	2.61	2.54	2.47
70	3.98	3.13	2.74	2.50	2.35	2.23	2.14	2.07	2.01	1.97	1.93	1.89
	7.01	4.92	4.08	3.60	3.29	3.07	2.91	2.77	2.67	2.59	2.51	2.45
80	3.96	3.11	2.72	2.48	2.33	2.21	2.12	2.05	1.99	1.95	1.91	1.88
	6.96	4.88	4.04	3.56	3.25	3.04	2.87	2.74	2.64	2.55	2.48	2.41
100	3.94	3.09	2.70	2.46	2.30	2.19	2.10	2.03	1.97	1.92	1.88	1.85
	6.90	4.82	3.98	3.51	3.20	2.99	2.82	2.69	2.59	2.51	2.43	2.36
125	3.92	3.07	2.68	2.44	2.29	2.17	2.08	2.01	1.95	1.90	1.86	1.83
	6.84	4.78	3.94	3.47	3.17	2.95	2.79	2.65	2.56	2.47	2.40	2.33
150	3.91	3.06	2.67	2.43	2.27	2.16	2.07	2.00	1.94	1.89	1.85	1.82
	6.81	4.75	3.91	3.44	3.14	2.92	2.76	2.62	2.53	2.44	2.37	2.30
200	3.89	3.04	2.65	2.41	2.26	2.14	2.05	1.98	1.92	1.87	1.83	1.80
	6.76	4.71	3.88	3.41	3.11	2.90	2.73	2.60	2.50	2.41	2.34	2.28
400	3.86	3.02	2.62	2.39	2.23	2.12	2.03	1.96	1.90	1.85	1.81	1.78
	6.70	4.66	3.83	3.36	3.06	2.85	2.69	2.55	2.46	2.37	2.29	2.23
1000	3.85	3.00	2.61	2.38	2.22	2.10	2.02	1.95	1.89	1.84	1.80	1.76
	6.66	4.62	3.80	3.34	3.04	2.82	2.66	2.53	2.43	2.34	2.26	2.20
∞	3.84	2.99	2.60	2.37	2.21	2.09	2.01	1.94	1.88	1.83	1.79	1.75
	6.64	4.60	3.78	3.32	3.02	2.80	2.64	2.51	2.41	2.32	2.24	2.18

분모의 자유도(df_2)	분자의 자유도(df_1)											
	14	16	20	24	30	40	50	75	100	200	500	∞
55	1.88	1.83	1.76	1.72	1.67	1.61	1.58	1.52	1.50	1.46	1.43	1.41
	2.43	2.35	2.23	2.15	2.06	1.96	1.90	1.82	1.78	1.71	1.66	1.64
60	1.86	1.81	1.75	1.70	1.65	1.59	1.56	1.50	1.48	1.44	1.41	1.39
	2.40	2.32	2.20	2.12	2.03	1.93	1.87	1.79	1.74	1.68	1.63	1.60
65	1.85	1.80	1.73	1.68	1.63	1.57	1.54	1.49	1.46	1.42	1.39	1.37
	2.37	2.30	2.18	2.09	2.00	1.90	1.84	1.76	1.71	1.64	1.60	1.56
70	1.84	1.79	1.72	1.67	1.62	1.56	1.53	1.47	1.45	1.40	1.37	1.35
	2.35	2.28	2.15	2.07	1.98	1.88	1.82	1.74	1.69	1.62	1.56	1.53
80	1.82	1.77	1.70	1.65	1.60	1.54	1.51	1.45	1.42	1.38	1.35	1.32
	2.32	2.24	2.11	2.03	1.94	1.78	1.78	1.70	1.65	1.57	1.52	1.49
100	1.79	1.75	1.68	1.63	1.57	1.51	1.48	1.42	1.39	1.34	1.30	1.28
	2.26	2.19	2.06	1.98	1.89	1.79	1.73	1.64	1.59	1.51	1.46	1.43
125	1.77	1.72	1.65	1.60	1.55	1.49	1.45	1.39	1.36	1.31	1.27	1.25
	2.23	2.15	2.03	1.94	1.85	1.75	1.68	1.59	1.54	1.46	1.40	1.37
150	1.76	1.71	1.64	1.59	1.54	1.47	1.44	1.37	1.34	1.29	1.25	1.22
	2.20	2.12	2.00	1.91	1.83	1.72	1.66	1.56	1.51	1.43	1.37	1.33
200	1.74	1.69	1.62	1.57	1.52	1.45	1.42	1.35	1.32	1.26	1.22	1.19
	2.17	2.09	1.97	1.88	1.79	1.69	1.62	1.53	1.48	1.39	1.33	1.28
400	1.72	1.67	1.60	1.54	1.49	1.42	1.38	1.32	1.28	1.22	1.16	1.13
	2.12	2.04	1.92	1.84	1.74	1.64	1.57	1.47	1.42	1.24	1.24	1.19
1000	1.70	1.65	1.58	1.53	1.47	1.41	1.36	1.30	1.26	1.19	1.13	1.08
	2.09	2.01	1.89	1.81	1.71	1.61	1.54	1.44	1.38	1.28	1.19	1.11
∞	1.69	1.64	1.57	1.52	1.46	1.40	1.35	1.28	1.24	1.17	1.11	1.00
	2.07	1.99	1.87	1.79	1.69	1.59	1.52	1.41	1.36	1.25	1.15	1.00

부록 5 연습문제 풀이

제1부 교육연구

I 교육연구의 기초

1. 교육연구란 교육 현상에 대해서 체계적이면서도 전문적인 과정과 절차에 따라 연구를 수행하는 것 이다. 교육연구의 목적은 첫째, 교육현상에 대한 기술로 교육 현상에 대해 있는 그대로를 자세히 진술하는 것이다. 둘째, 교육 현상에 대한 설명으로 특정 교육 현상에 대한 원인이나 이유를 밝히는 것이다. 셋째, 교육 현상에 대한 예측으로 미래에 일어날 어떤 교육 현상에 대해 가능한 정확하게 예언하는 것이다. 넷째, 교육 현상에 대한 통제로 특정 교육 현상이 발생하기 전에 그 원인이나 필요한 조건 등을 조작하여 그 현상의 발생 여부 등을 인위적으로 조정하는 것이다.

2. 교육연구의 특징을 살펴보면 먼저 교육연구는 교육 현상에 대한 호기심이나 문제의식에서 시작되는 것이며, 교육현상에 대한 기술・설명・예측・통제를 목적으로 수행하는 공적인 측면이 강한 탐구활동이다. 또한 규칙과 절차가 정해져 있는 전문적인 과정이며 그로 인해 충분한 사전 준비와 세심한 관찰, 그리고 자세한 기록과 체계적인 보고가 요구되는 작업이다. 교육연구는 주어진 여건과 상황을 고려하여 연구자의 능력에 따라 가능한 범위내에서 수행해야 하는 구체적인 작업이며, 창의성 및 용기가 필요한 작업이다.

3. 실험법은 결정론이나 실증주의 등을 근거로 하여 제시된 방법이라 할 수 있다. 이에 대해 살펴보면 먼저, 결정론은 인간의 행위를 포함하여 이 세상에서 일어나는 모든 일은 그것이 정해진 때와 장소에서 일어나도록 미리 정해졌다고 생각하는 입장이다. 실증주의는 철학의 방법이 과학의 방법과 다른 것이 아님을 주장하는 입장으로 과학으로 얻어지는 지식의 총체 이외에 참된 지식은 없다고 보는 관점이다.

4. 1차 자료란 원자료 라고도 하는데 어떤 사건을 직접 관찰하거나 목격한 사람이 그 사건에 대해 기술한 자료를 의미하며 이에 반해 2차 자료란 연구에 직접 참여하거나 관찰하지 않은 사람에 의해 기술된 자료를 의미한다. 1차 자료를 제외한 모든 자료는 2차 자료에 속한다.

5. 먼저, 양적 변인과 질적 변인으로 나누어 볼 수 있다. 양적 변인은 시험점수나 지능 지수와 같이 양적으로 나타낼 수 있는 변인으로 셀 수 있거나 측정할 수 있는 변인을 말하며 질적 변인은 인종이나 직업 등과 같이 질적으로 나타낼 수 있으며 상호 배타적으로 특정 항목에 포함시킬 수 있는 변인을 말한다. 질적 변인을 명명 변인과 서열변인으로 나눌 수 있는데, 명명 변인은 도시, 지역 등과 같이 이름을 붙여서 구별될 수 있는 변인이며 서열변인은 석차와 같이 순서를 정할 수 있는 변인이다. 양적 변인은 동간변인과 비율변인으로 나눌 수 있는데 동간변인은 온도, 연도등과 같이 정도, 양, 질 따위의 차이를 같은 크기나 길이, 정도로 나타낼 수 있는 변인이며, 비율 변인은 길이, 무게 등과 같이 비율로 나타낼 수 있는 변인이다.

6. 순수 연구의 일차적인 목적은 새로운 지식이나 이론을 찾기 위한 것이나, 응용 연구의 일차적인 목적은 기존의 지식이나 이론을 적용하여 현실을 개선하기 위한 것이다. 순수 연구의 예로는 석·박사 학위 논문을 작성하기 위한 실험연구나 유사실험연구를 들 수 있으며, 응용연구의 예로는 현장의 교사들에 의한 교수-학습 활동을 개선하기 위해 실시하는 실행연구를 들 수 있다.

7. 양적연구는 존재론적 측면에서 실재론과 절대주의에 바탕 하는데 반해 질적연구는 상대주의와 유명론에 기반 한다. 또한 인식론에 있어서도 전자는 객관적 지식을 중시하고 분석적 · 기계론적 사고를 사용하며 실증주의적 방법을 이용하는데 비해 후자는 주관적 지식을 중시하고 통합적 · 유기체적 사고를 사용하며 반실증주의적 방법을 이용한다. 구체적인 방법론에 있어서도 전자는 인과 관계 및 규칙성을 중시하여 가치 중립적인 기술 · 예측 · 통제의 방법을 사용하는데 반해 후자는 현상들 간의 상호관련성을 중시하여 현상에 대한 해석, 이해, 의미 규명 등의 방법론을 사용한다.

8. 횡단적 연구란 여러 연구대상을 표집하여 집단의 특성을 파악하기 위한 연구이며 종단적 연구란 동일한 연구 대상을 오랜 기간 계속 추적하면서 관찰하여 시간의 흐름에 따른 성장 · 발달이나 추이 등을 파악하기 위한 연구이다.

II 교육연구의 일반적인 절차

1. 교육연구의 일반적인 절차는 다음과 같다.
   연구 주제 선정 → 연구의 필요성 및 목적 진술 → 연구 내용을 구체적으로 진술 → 관련 선행연구들을 비판적으로 검토 → 구체적인 연구 문제나 연구 가설 진술 → 연구 대상, 방법 및 절차 진술 → 실제 연구 수행 → 연구 결과 분석 및 정리 → 최종 연구 보고서 작성

2. 연구 주제 선정 시 실제 수행할 수 있는지 하는 문제와 자신의 관심 영역인가의 문제가 중요하다. 이와 관련된 구체적인 고려점을 살펴보면 연구주제의 참신성, 학문적인 가치와 실용적인 가치의 유무, 연구자의 흥미와 지적 호기심에 부합하는지 여부, 연구에 필요한 자료 · 도구 · 시설 등의 이용 가능 여부, 행정적 협력과 지원 가능 여부, 금전적 시간적 가능 여부 등이다.

3. 연구 제목 진술 방법의 유의점은 다음과 같다. 간단명료하게 진술하되, 핵심단어를 포함시켜야 하며 가능한 부제를 원제에 포함시키되, 특별한 경우에만 부제를 붙인다. 또한 독립변인을 먼저 진술하고 종속변인을 뒤에 진술하며 실험연구나 현장연구인 경우에는 가능하면 독립변인과 종속변인을 함께 진술한다. '연구'라는 용어는 꼭 필요한 경우에만 사용하며 가능하면 가치 중립적인 진술을 하는 것이 바람직하고 또한 지나치게 길지 않아야 한다.

4. 'Ⅱ-3. 연구 문제 및 이론적 배경'참조

5. 연구 가설이란, 연구 문제를 경험과학적인 방법을 활용하여 검증 가능한 형태로 발전시킨 것으로, 주요 변인간의 관계에 대한 추론이며, 연구 문제에 대한 잠정적인 결론이라 할 수 있다. 이 연구 가설 진술 시 고려해야 할 점은 다음과 같다. 연구 가설은 구체적이고 분명하게 진술되어야 하며, 연구 문제를 해결하는데 필요한 것인지 검토해야 한다. 또한 모두 검증 가능한 것인지의 여부를 확인해야 하며 관련 연구 또는 선행 연구들의 결과에 비추어 적절하지 판단해야 하고 새로운 사실이나 관계를 설명하고 예언하는데 바람직한지를 살펴보아야 한다.

6. 전집이란 교육연구를 수행함에 있어서 연구자가 연구의 대상으로 관심을 가지는 집단 전체를 말하며 표집이란 전집의 일부분이 되는, 실제 연구를 수행하게 되는 대상들을 말한다. 즉. 표집이란 전집의 어떤 특성을 추정하기 위하여 선발된 소수의 집단을 이르는 말이다.

7. 확률적 표집 방법이란 표집치를 통하여 전집치를 추정하거나 전집의 특성에 대해 통계적인 가설검증을 하기 위해 시행되는 방법으로, 전집의 특성을 가장 잘 나타낼 것이라 추정되는 요소들을 확률·통계적으로 적절하게 표집하는 것이다. 이에 반해 비확률적 방법이란 연구자의 주관적인 판단에 따라 임의적으로 표집하는 것으로 전집치를 추정하거나 가설검증을 하기에는 부적절한 방법이다. 각각의 표집방법의 종류를 살펴보면, 확률적 표집 방법에는 단순무선 표집, 체계적 표집, 군집표집, 유층 표집, 행렬표집 등이 있고, 비확률적 표집 방법에는 판단적 표집, 임의적

표집, 포도덩굴식 표집 등이 있다.

8. 검사 도구 제작 시 고려 사항은 다음과 같다. 검사 도구는 연구의 본질적인 목적이나 취지에 적합한 것이어야 하며, 연구하고자 하는 구체적인 목표나 내용을 제대로 측정할 수 있는 도구여야 한다. 또한 측정 결과의 정확성과 일관성을 보장할 수 있는 도구여야 하며 주어진 여건과 상황에서 실행할 수 있는 적절한 도구여야 한다. 즉, 검사 도구 제작 시는 적합도, 타당도, 신뢰도, 실용도등을 고려해야 한다.

9. 검사 도구의 타당도란 검사 도구가 측정하고자 의도했던 구체적인 목표나 내용을 제대로 측정하고 있는가를 나타내는 정도를 의미한다. 그 종류에는 강조하는 측면에 따라 안면 타당도, 내용 타당도, 구인 타당도, 예언 타당도, 체제적 타당도(결과 타당도) 등으로 분류할 수 있다. 안면 타당도란 관련분야 전문가가 타당성 여부를 판단하는 것이며, 내용 타당도란 도구가 측정하고자 의도한 목표나 내용을 모두 포괄할 수 있는지를 판단하는 것이다. 구인 타당도란 특정 검사 도구가 어떤 심리적 특성을 재고 있다고 주장하는 경우에 그것이 정말로 그러한 특성을 재어 주고 있는지를 어떤 이론적인 가설을 세워서 경험적・통계적으로 검증하는 과정이다. 또한 공인 타당도는 기존 도구와의 상호 관련성을 파악하는 것이며 예언 타당도는 검사 결과가 피험자의 미래 행동이나 특성을 얼마나 잘 예언하느냐에 관한 것이고 체제적 타당도란 그 체제 전체에 교육적으로 이점이 있는가의 여부를 검토하는 것이다.

10. 신뢰도란 그 도구를 이용하여 수집한 점수가 얼마나 정확하고 일관성이 있는가 하는 정도를 파악하는 것으로 종류에는 방법과 절차에 따라 채점자간 일치도, 재검사 신뢰도, 동형검사 신뢰도, 반분 신뢰도, 크론박 알파계수 등으로 분류할 수 있다. 채점자간 일치도란 2명 이상의 채점자가 채점을 하였을 때 그 결과가 어느 정도 일치하는가를 확인하는 것이고, 재검사 신뢰도는 같은 사람들에게 동일한 도구를 사용하여 각각의 측정 결과에 일관성이 있느냐를 확인하는 방법이다. 동형검사 신뢰도란 두 개의 동형검사를 제작하여, 같은 피험자에게 거의 같은 시간에 실시하여 두 점수 사이의 상관을 통해 신뢰도를 구하는 것이며 반분신뢰도란 한 번의 검사를 실시한 후, 그 검사에 포함된 문항들을 동형검사에 가깝도록

두 부분으로 나눈 다음, 각 부분 점수들간 상관계수를 산출하는 방법이다. 크론박 알파계수란 흔히 일반화 계수 또는 문항 내적일치도 라고 하는 것으로, 한 검사에 포함된 문항들이 얼마나 서로 일치하는지의 여부를 판단하는 것이며, 실용도란 검사 전반에 관한 사항을 주변 여건에 비추어 실용적인가의 여부를 판단하는 것이다.

11. 연구의 내적 타당도란 연구를 통해서 확인한 독립변인과 종속변인간의 관계가 과연 믿을만한가를 검토하는 것으로, 연구의 진행 과정이 얼마나 타당하게 이루어졌느냐 하는 것을 보는 것이다. 이에 반해 외적 타당도란 연구의 결과를 다른 상황에서도 적용할 수 있느냐의 문제, 즉 연구의 일반화 가능성에 대해 검토하는 것으로, 전집에 대한 표집의 대표성과 관련이 되며 연구 대상으로 이용된 집단이 전집으로부터 얼마나 잘 표집 되었느냐에 따라 결정된다.

12. 설문지법의 종류에는 자유반응형, 선택형, 체크리스트형, 순위형, 평정척도형, 유목분류형이 있다.

13. 리커트형 설문지를 만드는 일반적인 절차는 다음과 같다.
측정하고자 하는 심리적인 특성 선정 → 심리적인 특성을 몇 개의 하위 영역(약 3-7개)으로 나눔 → 각 하위 영역을 몇 개의 하위 요소(약 3-7개)로 나눔 → 각 하위 요소를 측정할 수 있는 적절한 문항 개발 및 수집 → 예비검사 시행, 문항의 타당성 확인 → 최종 문항 선정, 편집

14. 의미분석법이란 개념의 심리적 의미를 분석하여 의미공간상의 위치를 표현하는 측정 방법이다. 사람에 따라 다른 의미로 쓰이는 개념의 의미를 양극점으로 대비되는 일단의 형용사를 이용하여 측정하고, 그 결과를 2차원 평면이나 3차원의 의미공간에 표시하는 방법이다.

15. 단일집단 사후검사 설계란 어떤 실험 처치를 한 개의 집단에 실시하고 사후 검사를 실시하는 형태이다. 실험 처치 결과의 비교 근거가 없기 때문에 설명력이 약하

고 피험자의 사전 상황을 관찰하지 않을 뿐 아니라 타 집단과의 비교도 하지 않는다. 다만 실험 처치 후의 피험자의 행동이 타집단에 비해 다르다는 것이 우연히 관찰되면 그것이 실험 처치의 결과라고 추리할 뿐이다.

16. 최종 보고서 작성을 위해 유의할 점은 정확성, 일관성, 간결성, 평이성 등을 들 수 있다. 정확성은 가능한 한 전달하고자 하는 내용을 정확하게 기술해야 한다는 것이며 일관성은 처음부터 끝까지 내용이나 사용하는 용어가 일관성 있고 체계적이며 논리적이어야 한다는 것을 말한다. 간결성은 필요 없는 부언이나 중첩, 또는 유사어의 반복을 피하고 전달하고자 하는 내용의 요점만 간결하게 표현하는 것이며 평이성은 내용을 이해하기 쉽도록 정확하고 간결하게 전달할 수 있는 내용이어야 한다는 것이다.

제2부 통계분석

III 기술통계

1. (1) 통계학 (2) 기술통계 (3) 추리통계 (4) 모수통계
(5) 비모수통계 (6) 전집, 전집치, 모수치
(7) 표집, 표집치, 통계치 (8) 그리스 알파벳, 영어 알파벳
(9) 빈도 (10) 빈도분포
(11) 상대적 빈도분포, 누가적 빈도분포 (12) 백분위
(13) 구분위점수 (14) 정상분포 (15) $X \sim N(\mu, \sigma^2)$
(16) 표준화 (17) 표준정상분포 (18) 표준점수, Z-점수
(19) $\dfrac{X_i - \overline{X}}{SD}$ (20) 50, 10 (21) 50, 10
(22) 편포도(왜도), 왼쪽 (23) 부적편포, 정적편포
(24) 오른쪽, 왼쪽 (25) 첨도
(26) 대표치(집중경향치) (27) 최빈치, 명명성

(28) 중앙치, 서열성

(29) 산술평균, 평균, 동간성, 비율성

(30) 편차점수

(31) 0

(32) 변산도, 분산도

2. ① 표준편차의 크기는 분포상에 있는 모든 점수의 영향을 받는다. 따라서 극단적인 점수의 영향을 크게 받는다.

② 평균과 함께 그 집단을 가장 효율적이고 경제적으로 나타낼 수 있는 수치이다. 평균을 기준으로 얻어진 편차점수의 제곱의 합은 다른 어떤 값을 기준으로 얻은 편차점수의 합보다도 항상 작거나 같다.(최소제곱법)

③ 한 집단의 모든 점수에 일정한 수를 더하거나 감하더라도 표준편차는 변하지 않고 동일하다.

④ 한 집단의 모든 점수에 상수를 곱하면 표준편차도 그 수의 절대값의 배수만큼 증가한다.

⑤ 표준편차는 정상분포와 다음과 같이 일정한 체계를 가지고 있다.

$\overline{X}-0.675SD \leq X \leq \overline{X}+0.675SD$: 전체 사례의 약 50%가 있음

$\overline{X}-1SD \leq X \leq \overline{X}+1SD$: 전체 사례의 약 68.26%가 있음

$\overline{X}-1.645SD \leq X \leq \overline{X}+1.645SD$: 전체 사례의 약 90%가 있음

$\overline{X}-1.96SD \leq X \leq \overline{X}+1.96SD$: 전체 사례의 약 95%가 있음

$\overline{X}-2.58SD \leq X \leq \overline{X}+2.58SD$: 전체 사례의 약 99%가 있음

3. ① 전집치: 연구자가 관심을 가지고 있는 연구 대상의 전체 집합, 즉 전집의 특성을 수치로 나타낸 값을 의미한다.

② 표집치: 전집에서 조사 대상으로 선택된 일부, 즉 전집의 부분집합인 표집의 특성을 수치로 나타낸 값을 의미한다.

③ 편포도: 왜도라고도 하며, 어떤 분포가 대칭성에서 벗어난 정도, 즉 비대칭성의 정도를 타나내는 값이다. 좌우대칭일 경우에는 그 값이 0이고, 우측으로 기울어진 분포(부적편포)일 경우에는 음의 값, 좌측으로 기울어진 분포(정적편포)일 경우에는 양의 값을 가지게 된다.

④ 첨도: 자료의 분포 모양의 첨예한 정도를 나타내는 값이다. 빈도분포 곡선이

위로 뾰족한가 아니면 완만한가를 나타내는 수치이다. 일반적으로 첨도가 크면 클수록 뾰족한 것을 나타내며, 자료가 정상분포일 경우에는 0이 된다.

4. 표준편차란 특정 집단 사례들의 수치들이 평균으로부터 떨어져 있는 거리를 나타내는 한 지표로, 다음과 같이 계산한다.

$$\text{표준편차}(SD) = \sqrt{\frac{\sum_{i=1}^{N}(X_i - \overline{X})^2}{N}}$$

표준편차와 정상분포는 다음과 같이 일정한 체계를 가지고 있다.

$\overline{X} - 0.675SD \leq X \leq \overline{X} + 0.675SD$: 전체 사례의 약 50%가 있음

$\overline{X} - 1SD \leq X \leq \overline{X} + 1SD$: 전체 사례의 약 68.26%가 있음

$\overline{X} - 1.645SD \leq X \leq \overline{X} + 1.645SD$: 전체 사례의 약 90%가 있음

$\overline{X} - 1.96SD \leq X \leq \overline{X} + 1.96SD$: 전체 사례의 약 95%가 있음

$\overline{X} - 2.58SD \leq X \leq \overline{X} + 2.58SD$: 전체 사례의 약 99%가 있음

5. 전체 학생수를 N, 정답자수를 R, 오답자수를 W, 추측으로 답한 사람의 수를 G, 추측으로 답한 사람 중 정답자수를 GR, 오답자수를 GW, 선택지 수를 Q라 하면,

$$N = 1000,\ R = 500,\ W = 500,\ Q = 5$$

$$GW = G \times \frac{Q-1}{Q} = G \times \frac{5-1}{5} = W = 500$$

$$\therefore\ G = 625$$

$$GR = G \times \frac{1}{Q} = 625 \times \frac{1}{5} = 125$$

$$\therefore\ (\text{추측도}) = \frac{GR}{N} = \frac{125}{1000} = 0.125\text{이다.}$$

6. (1) 45 (2) 25 (3) 60 (4) 6 (5) 10

7. $\dfrac{(60\times25)+(52\times20)+(65\times10)}{55}=58$

8. (1) 18, 16, 16 (2) 7, 5, 5 (3) 19, 19, 없음

9. (1) 6 (2) 17 (3) 19, 21 (4) 없음

10. $\dfrac{(76\times5)-(83.2\times3)}{2}=65.2$ (점)

11. $\dfrac{490+500+470+530+510+530+550+480+520+540}{10}=512$

12. $\dfrac{12+26+3+8+8+13+6+4}{8}=10$ (개월)

13. (1) 25 (2) 2.5 (3) 5 (4) 50

14. (1) 28, 84, 10.10, 102.0 (2) 17, 10, 5.10, 26.0
(3) 21, 18, 5.66, 32.0 (4) 10, 8, 2.35, 5.5

15. A 학급 4명의 점수를 x_1, x_2, x_3, x_4라 하고, B학급 6명의 점수를 x_5, x_6, x_7, x_8, x_9, x_{10} 이라 하면 A 학급의 표준편차가 3이므로

$$\frac{1}{4}\sum_{i=1}^{4}{x_i}^2-80^2=3^2$$

$$\therefore \sum_{i=1}^{4}{x_i}^2=25636$$

B 학급의 표준편차가 2이므로

$$\frac{1}{6}\sum_{i=5}^{10}{x_i}^2 - 70^2 = 2^2$$

$$\therefore \sum_{i=5}^{10}{x_i}^2 = 29424$$

$$\therefore \sum_{i=1}^{10}{x_i}^2 = \sum_{i=1}^{4}{x_i}^2 + \sum_{i=5}^{10}{x_i}^2 = 25636 + 29424 = 55060$$

두 집단의 평균은

$$\frac{(80\times4)+(70\times6)}{4+6} = 74$$

$$\therefore \text{ 표준편차} = \sqrt{\frac{1}{10}\sum_{i=1}^{10}{x_i}^2 - 74^2} = \sqrt{30}$$

16.

	X_i	$X_i - \overline{X}$	$(X_i - \overline{X})^2$
	5	-6	36
	8	-3	9
	9	-2	4
	13	2	4
	14	3	9
	17	6	36
합계	66		98

$$\overline{X} = \frac{\sum X_i}{6} = 11$$

$$SD = \sqrt{\frac{\sum(X_i - \overline{X})^2}{n}} = \sqrt{\frac{98}{6}} = \sqrt{16.3} = 4.04$$

$$SD^2 = 16.3$$

17. (1) $\dfrac{85-65}{10}=2,\quad \dfrac{60-65}{10}=-0.5$

(2) $50+(10\times 2)=70,\ 50+10\times(-0.5)=45$

(3) $\dfrac{x-60}{30}=2 \qquad \therefore\ x=120$

$\dfrac{x-60}{30}=-0.5 \qquad \therefore\ x=45$

18. 경영학과 학생의 점수를 X_i, 행정학과 학생들의 점수를 Y_i라 하자. 먼저 각 학과별 평균 $\overline{X}$, $\overline{Y}$를 구하면 다음과 같다.

$$\overline{X}=\frac{6+5+6+4+7+4+6+3+4+5}{10}=5$$

$$\overline{Y}=\frac{2+10+0+3+7+4+1+9+8+6}{10}=5$$

구해진 평균을 활용하여 편차점수와 편차점수의 제곱을 구하면 다음과 같다.

경영학과

	X_i	$X_i-\overline{X}$	$(X_i-\overline{X})^2$
	6	1	1
	5	0	0
	6	1	1
	4	-1	1
	7	2	4
	4	-1	1
	6	1	1
	3	-2	4
	4	-1	1
	5	0	0
합계	50	0	14

$\therefore\ S_X=\sqrt{\dfrac{14}{10}}=\sqrt{1.4}=1.18$

행정학과

	Y_i	$Y_i-\overline{Y}$	$(Y_i-\overline{Y})^2$
	2	-3	9
	10	5	25
	0	-5	25
	3	-2	4
	7	2	4
	4	-1	1
	1	-4	16
	9	4	16
	8	3	9
	6	1	1
합계	50	0	110

$\therefore\ S_Y=\sqrt{\dfrac{110}{10}}=\sqrt{11}=3.32$

∴ 경영학과 학생들의 점수의 표준편차는 1.4이고 행정학과 학생들의 점수의 표준편차는 11이다.

19. 평균과 표준편차가 다른 두 점수는 표준화된 점수를 통해 비교할 수 있다. 두 과목 점수의 표준점수를 구하면

$$\text{심리학: } \frac{88-74}{12}=1.17 \qquad \text{국문학: } \frac{82-76}{4}=1.5$$

∴ 국문학의 표준점수가 높으므로 국문학 수업에서 더 좋은 성적을 올렸다고 할 수 있다.

20.

$Z-$점수 :	0.53452	0.10690	1.28285	-1.28285	-0.64143
$T-$점수 :	55.35	51.07	62.83	37.17	43.59

21. (1) 33 (2) 8.75 (3) 32 (4) -0.68588
(5) 43.14 (6) 41.75 (7) 85%

22. 학생의 키를 X 라 하면, $X \sim N(164,\ 5^2)$이다.

(1) $Z=\dfrac{160-164}{5}=-0.8$, $Z=\dfrac{170-164}{5}=1.2$ 이므로

$$\begin{aligned} P(160 \leq X \leq 170) &= P(-0.8 \leq Z \leq 1.2) \\ &= P(0 \leq Z \leq 0.8)+P(0 \leq Z \leq 1.2) \\ &= 0.2881+0.3849 \\ &= 0.6730 \end{aligned}$$

따라서 키가 160cm 이상 170cm 이하에 해당하는 학생은 전체 학생의 63.7%를 차지한다.

(2) $Z = \dfrac{169-164}{5} = 1$ 이므로

$P(X \geq 169) = P(Z \geq 1) = 0.5 - P(0 \leq Z \leq 1)$

$= 0.5 - 0.3413$

$= 0.1587$

따라서 전체의 15.87%에 해당하는 학생, 즉 전체 1000명의 학생 중에서 158명의 학생의 키가 169cm 이상이다.

23. 지원자의 입사시험 점수를 X 라 하면 $X \sim N(450,\ 75^2)$이다. 합격 최저 점수를 x 라 하면,

$P(X \geq x) = \dfrac{320}{2000} = 0.16$

$P(X \geq x) = P(Z \geq \dfrac{x-450}{75}) = 0.16$

$0.5 - P(0 \leq Z \leq \dfrac{x-450}{75}) = 0.16$

$P(0 \leq Z \leq \dfrac{x-450}{75}) = 0.34$

주어진 조건에서 $P(0 \leq Z \leq 1) \simeq 0.34$이므로,

$\dfrac{x-450}{75} \simeq 1$

$x \simeq 525$

따라서 합격 최저점수는 약 525점이다.

24. 지원자의 득점을 X 라 하면 $X \sim N(600,\ 20^2)$이다. 합격자 최저점수를 x 라 하면

$P(X \geq x) = \dfrac{300}{3000} = 0.1$

$P(X \geq x) = P(Z \geq \dfrac{x-600}{20}) = 0.1$

$$0.5 - P(0 \leq Z \leq \frac{x-600}{20}) = 0.1$$

$$P(0 \leq Z \leq \frac{x-600}{20}) = 0.4$$

$Z \sim N(0,\ 1^2)$이므로,

$$P(0 \leq Z \leq 1.28) \simeq 0.4$$

$$\frac{x-600}{20} \simeq 1.28$$

$$\therefore\ x \simeq 625.6$$

따라서 합격 최저점수는 약 625.6점이다.

25. 학생의 시험점수를 X라 하면 $X \sim N(65,\ 10^2)$이다.

(1) $Z = \frac{60-65}{10} = -0.5$ 이므로

$$P(X \leq 60) = P(Z \leq -0.5) = P(Z \geq 0.5)$$
$$= 0.5 - P(0 \leq X \leq 0.5)$$
$$= 0.5 - 0.19$$
$$= 0.31$$

따라서 60점 이하를 받은 학생은 전체의 31%이다.

(2) 하위에 해당하는 점수를 x라 하면

$$P(X \leq x) = P(Z \leq \frac{x-65}{10}) = 0.2$$

$$P(0 \leq Z \leq \frac{65-x}{10}) = 0.3$$

$$\frac{65-x}{10} = 0.84$$

$$\therefore\ x = 56.6$$

따라서 56.6점 이하의 점수를 받은 사람들은 보충수업을 받아야 한다.

(3) 상위 10%에 해당하는 점수를 x라 하면

$P(X \geq x) = 0.1$

$P(Z \geq \frac{x-65}{10}) = 0.5 - P(0 \leq Z \leq \frac{x-65}{10}) = 0.1$

$P(0 \leq Z \leq \frac{x-65}{10}) = 0.4$

$\frac{x-65}{10} = 1.28$

$\therefore \ x = 77.8$

따라서 A학점을 받기 위한 최소 점수는 77.8점이다.

IV 추리통계

1. 기본 개념

1. (1) 추정 (2) 신뢰구간 (3) 원가설, 대안가설
(4) 제1종오류, α (5) 제2종오류, β (6) 통계적 검증력
(7) 확률변수 (8) 확률분포 (9) 이산확률변수, 연속확률변수
(10) 이산확률분포 (11) 연속확률분포 (12) 베르누이 시행
(13) 이항분포, $\binom{n}{r} p^r q^{1-r}$ (14) $X \sim B(n,\ p)$
(15) np, npq (16) 확률밀도함수 (17) 평균, 변량
(18) 표집오차 (19) 중앙집중한계정리(중심극한정리)

2. ① 불편파성이 있어야 한다. 즉, 특정 추정기법을 활용하여 추정한 추정치의 기대값이 실제 전집치와 일치해야 한다.
② 효율성이 있어야 한다. 즉, 추정기법들 중에서 그것을 활용해 추정한 추정치들의 변량이 작으면 작을수록 좋다.
③ 일관성이 있어야 한다. 즉, 표집의 크기가 클수록 특정 추정기법을 활용한 추정치가 실제 전집치에 더욱 가까워져야 한다.

④ 충분성이 있어야 한다. 즉, 추정기법들 중에서 그것을 활용해 추정한 추정치가 전집치에 대한 정보를 많이 주면 줄수록 좋다.

3. $X \sim N(100,\ 25^2)$

$P(X \geq 149) = P\left(Z \geq \dfrac{149-100}{25}\right) = P(Z \geq 1.96)$

$= 0.025$

$N = 1000$ 이므로, 149점 이상이 되는 사례의 수는 25개이다.

4. 전집의 크기가 표집의 크기에 비해 아주 크고 표집의 크기가 충분히 크다면(보통 30 이상) 전집분포가 정상분포가 아니라도 표집평균($\overline{X}$)의 분포는 평균이 μ이고 표준편차가 $\dfrac{\sigma}{\sqrt{n}}$(μ는 전집분포의 평균, σ는 전집분포의 표준편차, n은 표집의 크기)인 정상분포를 이루게 된다는 것이 알려져 있다. 이를 중앙집중한계정리라 한다.

5. 표집의 크기가 100으로 충분히 크다고 할 수 있으므로 전집분포의 정상성에 관계없이 표집평균 분포의 정상성을 가정할 수 있다. 전집분포에서 $\mu = 100$, $\sigma = 15$이므로, 표집평균의 분포는 다음과 같다.

$$\overline{X} \sim N\left(100,\ \frac{15^2}{100}\right)$$

이 표집분포를 이용하여 주어진 전집평균에 대한 차이 검증을 실시하면

i) H_0 : $\mu = 100$(표집의 ~평균의 ~전집의 ~평균과 ~통계적으로 ~의미있는~ 차이가 ~없다.)

H_a : $\mu \neq 100$(표집의 ~평균의 ~전집의 ~평균과 ~통계적으로 ~의미있는~ 차이가 ~있다.)

ii) $\alpha = 0.05$

iii) $Z = \dfrac{104 - 100}{15/\sqrt{100}} \simeq 2.67 > 1.96$

$\therefore$ H_0를 기각하고 H_a를 받아들인다.

따라서 이 집단의 평균은 전집의 평균과 통계적으로 유의미한 차이가 있다고 할 수 있다.

6. 전집이 정상분포를 이루고 있으므로 표집 평균 분포가 정상분포를 이룬다고 할 수 있다. 따라서 문제의 표집 평균의 분포는 $\overline{X} \sim N(\mu, \dfrac{\sigma^2}{N}) = N(150, \dfrac{24^2}{36})$ $= (150, 4^2)$이다.

(1) $P(\overline{X} \geq 154) = P(Z_{\overline{X}} \geq \dfrac{154-150}{4}) = P(Z_{\overline{X}} \geq 1) = 0.1587$

(2) $P(\overline{X} \geq 156) + P(\overline{X} \leq 144) = 1 - P(144 < \overline{X} < 156)$

$= 1 - P(\dfrac{144-150}{4} < Z_{\overline{X}} < \dfrac{156-150}{4}) = 1 - P(-1.5 < Z_{\overline{X}} < 1.5)$

$= 1 - 2P(0 < Z_{\overline{X}} < 1.5)$

$= 0.1336$

7. 전집이 정상분포를 이루므로 표집 평균의 분포가 정상분포를 이룬다고 할 수 있다.

즉, $\overline{X} \sim N(100, \dfrac{10^2}{25}) = N(100, 2^2)$이다.

상위 1%에 해당하는 평균치를 구하면

$P(Z_{\overline{X}} > 2.33) \simeq 0.01$이므로 $\dfrac{\overline{X} - 100}{2} = 2.33$

$\therefore$ $\overline{X} = 104.66$이다.

분포의 중앙 95%에 해당하는 범위를 구하면

$P(-1.96 < Z_{\overline{X}} < 1.96) \simeq 0.95$

$\therefore\ -1.96 \leqq \dfrac{\overline{X}-100}{2} \leqq 1.96$에서 $96.08 \leqq \overline{X} \leqq 103.92$

8. $\dfrac{\sigma}{\sqrt{100}}=2 \quad \therefore\ \sigma=20, \qquad \dfrac{20}{\sqrt{N'}}=1 \quad \therefore\ N'=400$

표준오차의 크기를 반으로 줄이기 위해서는 표집의 크기를 $N=400$으로 해야 한다.

9. (1) 표집의 평균이 이루는 분포는 $\overline{X} \sim N(100,\ 3.5^2)$이다.

$$P(96 < \overline{X} < 103) = P(\frac{96-100}{3.5} < Z_{\overline{X}} < \frac{103-100}{3.5})$$
$$= P(-1.14 < Z_{\overline{X}} < 0.85)$$
$$= 0.6752$$

(2) 표집의 크기를 $N=40$으로 늘리 때의 표집평균의 분포는 다음과 같다. 즉,

$$\overline{X} \sim N(100,\ \sqrt{\frac{3.5}{2}}^{\,2}) = N(100,\ 2.475^2)$$

$$P(96 < \overline{X} < 103) = P(\frac{96-100}{2.475} < Z_{\overline{X}} < \frac{103-100}{2.475})$$
$$= P(-1.61 < Z_{\overline{X}} < 1.21)$$
$$= 0.8332$$

2. χ^2 검증

1. (1) χ^2검증 (2) 분할표 (3) 기대빈도(기대치) (4) (m-1)(n-1).

2. i) H_0 : 남녀간 찬성·반대 의견에 (통계적으로) 유의미한 차이가 없다. $(P_1 = P_2)$

H_a : 남녀간 찬성·반대 의견에 (통계적으로) 유의미한 차이가 있다. $(P_1 \neq P_2)$

ii) $\alpha = 0.05$

iii) 〈표〉에 주어진 관찰빈도를 이용하여 기대 빈도를 구하면 다음과 같다.

	남자	여자	계
찬성	50	50	100
반대	50	50	100
계	100	100	200

$$\therefore \ \chi^2 = \frac{(60-50)^2}{50} + \frac{(40-50)^2}{50} + \frac{(40-50)^2}{50} + \frac{(60-50)^2}{50}$$

$$= \frac{400}{50} = 8$$

iv) $\alpha = 0.05$에서 자유도 1에서 $\chi_{\frac{\alpha}{2}}{}^2 = 3.84$이다.

$\chi^2 = 8 > 3.84$이므로 H_0를 기각하고 H_a를 받아들인다.

따라서 '남녀간의 찬성·반대 의견에는 (통계적으로) 유의미한 차이가 있다'는 결론을 내릴 수 있다.

3. i) H_0 : $P_1 = P_2$(남녀의 ~합격비율 ~간에 ~통계적으로 ~유의미한 ~차이가 ~없다.)

H_a : $P_1 \neq P_2$(남녀의 ~합격비율 ~간에 ~통계적으로 ~유의미한 ~차이가 ~있다.)

ii) $\alpha = 0.05$

(관찰빈도)

	남	녀	계
합격	20	30	50
불합격	30	20	50
계	50	50	N=100

(기대빈도)

	남	녀	계
합격	25	25	50
불합격	25	25	50
계	50	50	N=100

iii) 관찰빈도와 기대빈도를 이용하여 χ^2 값을 구하면

$$\chi^2 = \sum_{i=1}^{k} \frac{(O_i - E_i)^2}{E_i}$$

$$= \frac{(20-25)^2}{25} + \frac{(30-25)^2}{25} + \frac{(30-25)^2}{25} + \frac{(20-25)^2}{25}$$

$$= 4$$

iv) 자유도가 $1(=(2-1)\times(2-1))$일 때, 유의수준 0.05인 양방적 검증에서 원가설 기각을 위한 χ^2분포의 임계치(臨界値, critical value)는 3.84이다. 주어진 집단에서 $\chi^2 = 4 > 3.84$이므로 H_0를 기각하고 H_a를 받아들인다.

∴ 남녀간 합격률의 차이에 관한 검증 결과 $\alpha = 0.05$ 수준에서 통계적으로 유의미한 차이가 있는 것으로 나타났다.

4. i) H_0 : $P_1 = P_2$(찬성한~ 사람의 ~비율은 ~1990년~ 전후의~ 동창생들~ 간에 ~차이가 ~없다.)

H_a : $P_1 \neq P_2$(찬성한~ 사람의 ~비율은 ~1990년~ 전후의~ 동창생들~ 간에 ~차이가 ~있다.)

ii) $\alpha = 0.05$

(관찰빈도)

	1990년전	1990년후	계
찬성	36	99	135
반대	144	121	265
계	180	220	N=800

(기대빈도)

	1990년전	1990년후	계
찬성	60.75	74.25	135
반대	119.25	145.75	265
계	180	220	N=800

iii) 관찰빈도와 기대빈도를 이용하여 χ^2 값을 구하면

$$\chi^2 = \sum_{i=1}^{k} \frac{(O_i - E_i)^2}{E_i}$$

$$= \frac{(36-60.75)^2}{60.75} + \frac{(99-74.25)^2}{74.25} + \frac{(114-119.25)^2}{119.25} + \frac{(121-145.75)^2}{145.75}$$

$$= 27.67$$

iv) 자유도가 $1(=(2-1)\times(2-1))$일 때, 유의수준 0.05인 양방적 검증에서 원가설 기각을 위한 χ^2분포의 임계치는 3.84이다. 주어진 집단에서 $\chi^2 = 27.67 > 3.84$이므로 H_0를 기각하고 H_a를 받아들인다.

∴ 1990년 전후의 찬성 비율의 차이에 관한 검증 결과 $\alpha = 0.05$ 수준에서 통계적으로 유의미한 차이가 있는 것으로 나타났다.

5. i) H_0 : $P_1 = P_2 = P_3$

H_a : 영가설은 참이 아니다.

ii) $\alpha = 0.05$

(관찰빈도)

	1학년	2학년	3학년	계
영어	34	11	27	72
수학	5	30	13	48
계	39	41	40	N=120

(기대빈도)

	1학년	2학년	3학년	계
영어	23.4	24.6	24.0	72.0
수학	15.6	16.4	16.0	48.0
계	39.0	41.0	40.0	N=120.0

iii) 관찰빈도와 기대빈도를 이용하여 χ^2 값을 구하면

$$\chi^2 = \sum_{i=1}^{k} \frac{(O_i - E_i)^2}{E_i}$$

$$= \frac{(34-23.4)^2}{23.4} + \frac{(11-24.6)^2}{24.6} + \frac{(27-24.0)^2}{24.0} + \frac{(5-15.6)^2}{15.6}$$

$$+ \frac{(30-16.4)^2}{16.4} + \frac{(13-16.0)^2}{16.0}$$

$$= 31.74$$

iv) 자유도가 $2(=(2-1)\times(3-1))$일 때, 유의수준 0.05인 양방적 검증에서 원가설 기각을 위한 χ^2분포의 임계치는 5.99이다. 주어진 집단에서

$\chi^2 = 31.74 > 5.99$이므로 H_0를 기각하고 H_a를 받아들인다.

∴ 학년별 과목의 선호도 차이에 관한 χ^2검증 결과 $\alpha = 0.05$ 수준에서 통계적으로 유의미한 차이가 있는 것으로 나타났다.

6. i) H_0 : $P_A = P_B$ (두 치료요법의 치료효과에 차이가 없다.)
   H_a : $P_A \neq P_B$ (두 치료요법의 치료효과에 차이가 있다.)

   ii) $\alpha = 0.05$
   (관찰빈도)

	치료효과 있음	치료효과 없음	계
치료요법 A	16	28	44
치료요법 B	9	37	46
계	25	65	N=90

   (기대빈도)

	치료효과 있음	치료효과 없음	계
치료요법 A	12.2	31.8	44.0
치료요법 B	12.8	33.2	46.0
계	25.0	65.0	N=90.0

   iii) 관찰빈도와 기대빈도를 이용하여 χ^2 값을 구하면

$$\chi^2 = \sum_{i=1}^{k} \frac{(O_i - E_i)^2}{E_i}$$

$$= \frac{(16-12.2)^2}{12.2} + \frac{(28-31.8)^2}{31.8} + \frac{(9-12.8)^2}{12.8} + \frac{(37-33.2)^2}{33.2}$$

$$= 3.16$$

iv) 자유도가 $1(=(2-1)\times(2-1))$일 때, 유의수준 0.05인 양방적 검증에서 원가설 기각을 위한 χ^2분포의 임계치는 3.84이다. 주어진 집단에서 $\chi^2 = 3.16 < 3.84$이므로 H_0을 받아들인다.

∴ 두 치료요법 A, B의 치료효과의 차이에 관한 χ^2검증 결과 $\alpha = 0.05$ 수준에서 통계적으로 유의미한 차이가 없는 것으로 나타났다.

3. t 검증

1. (1) 사례수 (2) 30 (3) 2 (4) 독립표집, 종속표집

2. ① **independent sample t-test를 사용하는 경우**: '독립표집'인 두 집단의 평균에 관한 차이검증을 실시하는 경우에 이용된다. 예를 들어, 표집의 과정에서 아무런 연관성을 갖지 않고 상호 독립적으로 표집된 남녀 두 집단의 '성별에 따른 수학 성적 평균의 차이'를 SPSS를 이용하여 분석하고자 할 경우 independent sample t-test를 활용할 수 있다.

   ② **paired sample t-test를 사용하는 경우**: '종속표집'인 두 집단의 평균에 관한 차이검증을 실시하는 경우에 이용된다. 예를 들어, 한 집단에 대해 수학성적 평균의 사전 검사와 사후검사 간에 차이가 있는가를 알아보고자 할 경우 paired sample t-test를 활용할 수 있다.

3. i) $H_0 : \mu_1 = \mu_2$

   $H_0 : \mu_1 \neq \mu_2$

   ii) $\alpha = 0.05$

   먼저, 두 집단의 변량이 같은가를 알아보기 위해 두 집단의 동변량성 검증을 실시한다.

   변량비 즉, $\dfrac{{\sigma_1}^2}{{\sigma_2}^2}$ 는 F분포를 따른다. 즉, $\dfrac{{\sigma_1}^2}{{\sigma_2}^2} \sim F(df_1,\ df_2)$이다.

주어진 두 집단의 변량과 이용하여 F값을 계산하면, $F=\dfrac{13^2}{12^2}=\dfrac{169}{144}\simeq 1.17$ 이다.

두 집단의 사례수가 각각 15, 14이므로 분자의 자유도는 14이고 분모의 자유도는 13이다. 분자, 분포의 자유도가 각각 14, 13일 때, $\alpha=0.05$수준의 양방적 검증에서 원가설$\left(\dfrac{{\sigma_1}^2}{{\sigma_2}^2}=1,\ \text{즉}\ {\sigma_1}^2={\sigma_2}^2\right)$ 기각을 위한 F값의 임계치는 2.55이다. $F(14,\ 13)\simeq 1.17 < 2.55$이므로 원가설을 받아들일 수 있다. 즉, 두 집단의 동변량성을 가정할 수 있다.

두 집단의 동변량성을 가정할 수 있으므로 t 값의 계산을 위한 두 집단의 통합표준편차를 구하면,

$$
\begin{aligned}
\hat{\sigma}_p^{\,2} &= \frac{(15-1)\times 13^2+(14-1)\times 12^2}{15+14-2} \\
&= \frac{1872+2366}{27}=\frac{4238}{27} \\
&= 156.96
\end{aligned}
$$

$$\therefore\ \hat{\sigma}_p=\sqrt{156.96}\ \simeq\ 12.53$$

iii) $\hat{\sigma}_{\overline{X}_1-\overline{X}_2}=\sqrt{\dfrac{{\sigma_p}^2}{N_1}+\dfrac{{\sigma_p}^2}{N_2}}=\sigma_p\sqrt{\dfrac{1}{N_1}+\dfrac{1}{N_2}}$ 이므로,

$$t=\frac{(81-75)-0}{12.53\times\sqrt{\dfrac{1}{15}+\dfrac{1}{14}}}=\frac{6}{4.64}=1.29$$

이 때의 자유도는 $df = N_1 + N_2 - 2 = 15 + 14 - 2 = 27$이고, 자유도 27이고 $\alpha = 0.05$인 양방적 검증에서 원가설 기각을 위한 t 값의 임계치는 2.056이다. 구해진 t 값은 2.056보다 작으므로 원가설 H_0를 받아들인다.

∴ 교수 방법에 따른 수학 점수에 차이가 없다는 결론을 내릴 수 있다.

4. 두 집단 간 차이 점수가 주어졌으므로 차이 점수를 이용하여 단일평균에 관한 t검증을 실시한다.

i) H_0 : $\mu_1 = \mu_2$ $(\mu_D = 0)$

H_a : $\mu_1 \neq \mu_2$ $(\mu_D \neq 0)$

ii) $\alpha = 0.05$

주어진 자료에서

$$\overline{D} = \frac{8+8+10+5+(-1)}{5} = 6$$

$$\hat{\sigma}_D = \sqrt{\frac{(8-6)^2+(8-6)^2+(10-6)^2+(5-6)^2+(-1-6)^2}{5-1}}$$

$$= \sqrt{\frac{74}{4}}$$

iii) $$t = \frac{\overline{D} - \mu_D}{\frac{\sigma_D}{\sqrt{N}}} = \frac{6-0}{\frac{\sqrt{\frac{74}{4}}}{\sqrt{5}}} \simeq 3.12$$

$df = 4$이고 $\alpha = 0.05$인 양방적 검증에서 원가설 기각을 위한 t 값의 임계치는 2.776이다.

$t \simeq 3.12 > 2.776$이므로 H_0를 기각하고 H_a를 받아들인다.

따라서 학생들의 중간고사 성적과 기말고사 성적간에 차이가 있다는 결론을 내릴 수 있다.

4. 변량분석

1. (1) 자유도 (2) 변량분석(F 검증) (3) 2
   (4) 전체 제곱합 (5) 집단내 제곱합 (6) 집단간 제곱합
   (7) 전체 제곱합 (8) $N-1$, $N-j$, $j-1$ (9) 전체 자유도
   (10) 평균제곱
   (11) $\frac{\text{집단간 평균제곱}}{\text{집단내 평균제곱}} = \frac{(\text{집단간 제곱합})/(\text{집단간 자유도})}{(\text{집단내 제곱합})/(\text{집단내 자유도})}$
   (12) 사후검증, Tukey, Scheffé, Tukey, Scheffé
   (13) 일원변량분석, 다원변량분석
   (14) 주효과, 상호작용효과
   (15) 공변량분석.

2. ① **주효과**: 독립변인이 2개 이상인 변량분석에서 각 독립변인을 이루는 집단간의 차이를 주효과라고 한다.
   ② **상호작용효과**: 두 개 이상의 독립변인들이 종속변인에 영향을 미칠 때, 서로 같은 방향으로 작용하는지 여부를 확인하는 것으로 서로 다른 방향으로 영향을 미칠 경우 상호작용효과가 있다고 말한다. 예컨대, 독립변인으로 남녀집단과 교수방법 A, B가 있고, 종속변인으로 국어성적이 있다고 하자. 이 경우 남자에게는 A방법을 활용했을 때 국어성적이 더 높아졌는데 반해, 여자에게는 B방법을 활용했을 때 국어성적이 더 높아졌다면 교수방법과 남녀간에는 상호작용의 효과가 있다고 할 수 있다. 이를 그림으로 나타내면 다음 [그림 1]과 같다. 독립변인의 영향이 서로 다른 방향으로 작용하는 것과 함께, 독립변인의 영향이 서로 같은 방향으로 작용해도 그 크기가 통계적으로 의미 있는 차이가 있는 경우에는 상호작용효과가 있다고 할 수 있다. 예컨대, 교수방법 C, D가 있다고 할 경우, 두 방법 모두 남자에게 더 효과적인 방법이지만 D방법이 C방법보다 더 효과적일 경우에 교수방법과 남녀간에는 상호작용효과가 있다고 할 수 있다.

이를 그림으로 나타내면 위의 [그림 2]와 같다.

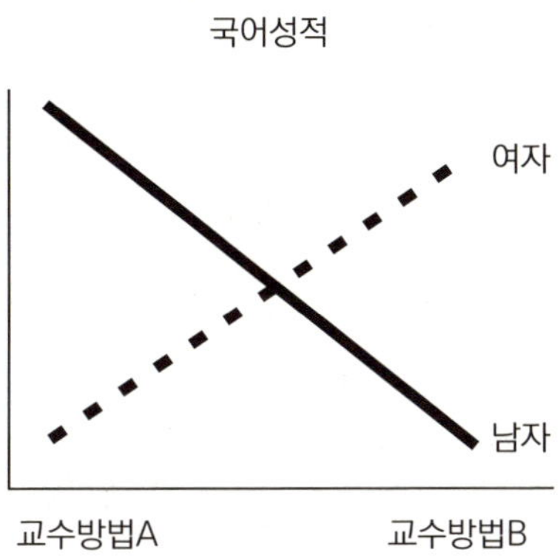

[그림 1]

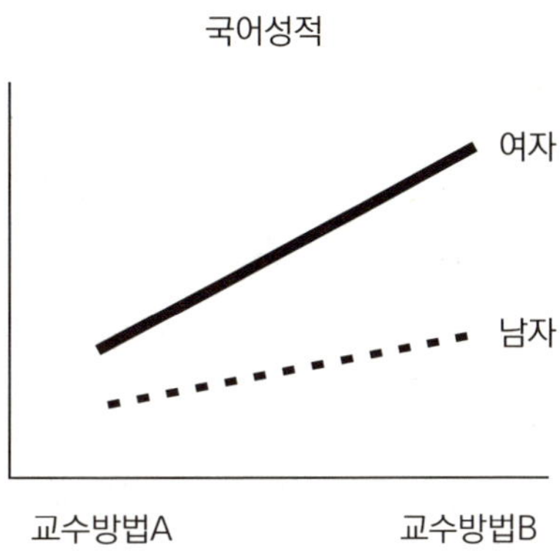

[그림 2]

3. i) H_0 : $\mu_1 = \mu_2 = \mu_3$ 이 된다.

H_A : 원가설은~사실이 ~아니다.(적어도 ~한 ~집단의 ~평균에 ~차이가~ 있다)

ii) $\alpha = 0.05$

$$TSS = (0-6)^2 + (3-6)^2 + ... + (9-6)^2 + (12-6)^2$$
$$= 36 + 9 + 0 + 9 + 0 + 9 + 0 + 9 + 36$$
$$= 108$$

$$WSS = (0-3)^2 + (3-3)^2 + (6-3)^2 + (3-6)^2$$
$$+ (6-6)^2 + (9-6)^2 + (6-9)^2 + (9-9)^2 + (12-9)^2$$
$$= 9 + 0 + 9 + 9 + 0 + 9 + 9 + 0 + 9$$
$$= 54$$

$$BSS = 3 \times \{(3-6)^2 + (6-6)^2 + (9-6)^2\}$$
$$= 3(9+0+9)$$
$$= 54$$

$$df_t = N-1 = 9-1 = 8$$
$$df_w = N-J = 9-3 = 6$$
$$df_b = J-1 = 3-1 = 2$$

집단간 제곱합과 집단내 제곱합을 각각의 자유도로 나누어주면 각각의 평균제곱을 구할 수 있다.

$$BMS = \frac{BSS}{J-1} = \frac{54}{3-1} = \frac{54}{2} = 27$$
$$WMS = \frac{WSS}{N-J} = \frac{54}{9-3} = \frac{54}{6} = 9$$

iii) $F_{(2,6)} = \frac{27}{9} = 3$

위의 사항들을 정리한 변량분석표는 다음과 같다.

변량원	제곱합	자유도	평균제곱	F값
집단간	54	2	27	3.0
집단내	54	6	9	
전체	108	8		

분자의 자유도가 2이고 분모의 자유도가 6인 경우, $\alpha = 0.05$인 양방적 검증에서 원가설 기각을 위한 F분포의 임계값은 5.14이다. 즉, $F_{0.025} = 5.14$이다. 주어진 집단에서 구해진 F값은 3으로 5.14보다 작다. 따라서 원가설 H_0를 받아들이게 된다.

∴ 문제 해결 방법에 대한 세 가지 교육적 처치 A, B, C의 효과간에는 통계적으로 유의미한 차이가 없다는 결론을 내릴 수 있다.

4. A(교수방법)의 효과에 대한 가설 검증

H_0 : $\mu_{1.} = \mu_{2.} = \mu_{3.}$ 또는 H_0 : $\alpha = 0$(α는 교수방법의 효과)

H_a : 영가설은 사실이 아니다. 또는 H_a : $\alpha \neq 0$

B(성별)의 효과에 대한 가설 검증

H_0 : $\mu_{.1} = \mu_{.2}$ 또는 H_0 : $\beta = 0$(β는 성별의 효과)

H_a : $\mu_{.1} \neq \mu_{.2}$ 또는 H_a : $\beta \neq 0$

A와 B의 상호작용 효과에 대한 가설 검증

H_0 : $\mu_{11} = \mu_{12} = \mu_{13} = \mu_{21} = \mu_{22} = \mu_{23}$ 또는 H_0 : $\alpha\beta = 0$: ($\alpha\beta$는 상호작용효과)

H_a : 영가설은 사실이 아니다. 또는 H_a : $\alpha\beta \neq 0$

$$TSS = \sum_i \sum_j \sum_k {X_{ijk}}^2 - \frac{(\sum_i \sum_j \sum_k X_{ijk})^2}{JKn}$$

$$= 1254 - \frac{30625}{3 \times 2 \times 5} = 1254 - 1020.8 = 233.2$$

$$SS_A = \sum_j kn(\overline{X}_{j.} - \overline{X})^2$$

$$= 10(6-5.84)^2 + 10(5-5.84)^2 + 10(6.5-5.84)^2$$

$$= 0.3 + 7 + 4.3 = 11.6$$

$$SS_B = \sum_k Jn(\overline{X}_{.k} - \overline{X})^2 = 15(6-5.84)^2 + 15(5.67-5.84)^2$$

$$= 0.38 + 0.43 = 0.81$$

$$
\begin{aligned}
SS_{AB} &= \sum_j \sum_k n(\overline{X}_{jk} - \overline{X}_{j.} - \overline{X}_{.k} + \overline{X})^2 \\
&= 5(4-6-6+5.84)^2 + 5(7-6-6+5.84)^2 \\
&\quad + 5(7-6.5-6+5.84)^2 + 5(8-5.67-6+5.84)^2 \\
&\quad + 5(3-5.67-5+5.84)^2 + 5(6-5.67-6.5+5.84)^2 \\
&= 23.32 + 3.53 + 0.58 + 23.54 + 16.74 + 0.54 \\
&= 68.25
\end{aligned}
$$

$$
\begin{aligned}
WSS &= SS_T - (SS_A + SS_B + SS_{AB}) \\
&= 233.2 - (11.6 + 0.81 + 68.25) \\
&= 152.54
\end{aligned}
$$

$$MS_A = \frac{SS_A}{J-1} = \frac{11.6}{2} = 6.8$$

$$MS_B = \frac{SS_B}{K-1} = \frac{0.81}{1} = 0.81$$

$$MS_{AB} = \frac{SS_{AB}}{(J-1)(K-1)} = \frac{68.25}{2} = 34.13$$

$$WMS = \frac{SS_W}{JK(n-1)} = \frac{152.54}{3 \times 2 \times (5-1)} \simeq 6.36$$

변량원	제곱합	자유도	평균제곱	F값
A 주효과	11.6	2	6.8	1.07
B 주효과	0.81	1	0.81	0.13
AB 상호작용효과	68.25	2	34.13	5.37
집단내	152.54	24	6.36	
전체	233.2	29		

1) A 주효과: 분자의 자유도가 2이고 분모의 자유도가 24일 때, $\alpha = 0.05$ 수준에서 원가설 기각을 위한 F분포의 임계치는 3.40이다. 즉, $F_{(2,\ 24)} = 3.40 > 1.07$ 이므로 A의 주효과가 없다는 원가설을 받아들이게 된다.
2) B 주효과: 분자의 자유도가 1이고 분모의 자유도가 24일 때, $\alpha = 0.05$ 수준에서 원가설 기각을 위한 F분포의 임계치는 4.26이다. 즉, $F_{(1,\ 24)} = 4.26 > 0.13$ 이므로 B의 주효과가 없다는 원가설을 받아들이게 된다.
3) 상호작용효과: 분자의 자유도가 2이고 분모의 자유도가 24일 때, $\alpha = 0.05$ 수준에서 원가설 기각을 위한 F분포의 임계치는 3.40이다. 즉, $F_{(2,\ 24)} = 3.40 < 5.37$이므로 A, B의 상호작용효과가 없다는 원가설을 기각하고 대안가설을 받아들이게 된다.

∴ 교수방법과 성별에 따른 주효과는 없다고 할 수 있고 교수방법과 성별에 따른 상호작용의 효과가 있다는 결론을 내릴 수 있다.

5. 상관분석

1. (1) 상관계수 (2) 산포도 (3) 결정계수
   (4) 동간변인, 비율변인 (5) 스피어만 서열상관계수
   (6) 이분상관계수 (7) 파이계수 (8) 부분상관계수

2. 두 변인의 직선적인 상호관련성의 정도를 나타내는 수치로, 주로 Pearson의 적률상관계수를 가리킨다. -1부터 1까지의 범위를 가지며, 양수값을 가질 때는 정적상

관계수, 음수값을 가질 때는 부적상관계수라고 한다. 정적상관계수를 가질 때에는 한 변인이 증가하면 다른 변인도 증가하는 관계를 가지고, 부적상관계수를 가질 때에는 한 변인이 증가할 때 다른 변인은 감소하는 관계를 갖는다.

Pearson의 적률상관계수는 두 변인의 측정수준이 동간성 이상일 때에만 활용할 수 있다. 두 변인의 동간성이 가정되지 않을 때에는 변인의 측정수준과 활용방식에 따라 다른 여러 가지 특수상관계수들을 활용해야 한다. 측정된 두 변인이 서열성을 가지고 있을 때 활용되는 상관계수로 Spearman의 서열상관계수가 있다. 연구자가 점수보다는 서열간 상관의 정도에 관심을 가지고 있다면 Spearman의 서열상관계수를 이용하는 것이 보다 합리적이라고 할 수 있다.

3. ① 두 변인 간에는 직선적 관계(linearity)가 있어야 한다. 직선적 관계의 정도를 나타내는 상관계수를 통해 곡선적 관계에 있는 두 변인의 관계를 파악할 경우 왜곡된 해석을 내릴 수 있다.

② 동변량성(homoscedasticity)이 있어야 한다. 동변량성이란 x축 변인의 점수 수준과 상관없이 y의 조건적 분포의 정도가 동일하다는 것을 말한다. 동변량성을 만족시키지 못하는 두 변인간의 상관계수는 의미 있는 수치가 될 수 없다.

③ 각 x점에 대한 y의 조건적 분포는 정상분포이어야 한다. 즉, x를 통해 y를 알고자 하는 경우라면 각 x점에 대한 y의 조건적 분포는 정상분포이어야 하고, y를 통해서 x를 알고자 하는 경우라면 각 y점에 대한 x의 조건적 분포가 정상분포이어야 한다.

④ 분포에 제한(절단)이 가해져서는 안 된다(no truncation). 분포상에서 중간 집단이 빠졌거나 양쪽 끝 부분에 있는 집단이 제외된 경우에 추정된 상관계수는 해석상의 오류를 발생하게 한다. 가운데 집단이 절단된 경우의 상관계수는 대체적으로 실제 관계 이상으로 높게 추정되는 경향이 있으며, 양 끝 집단이 제외된 경우, 상관계수는 실제 관계보다 지나치게 낮게 추정되는 경향이 있다.

⑤ 극단적인 점수(outliers)가 없어야 한다. 분포 상에 극단적인 점수가 존재할 경우 추정된 상관계수 는 실제적인 관계보다 높거나 낮게 나타나게 된다.

4. $\overline{X} = \dfrac{3+9+7+5+4}{5} = 5.6 \qquad \overline{Y} = \dfrac{2+7+6+4+7}{5} = 5.2$

X_i	Y_i	$X_i - \overline{X}$	$Y_i - \overline{Y}$	$(X_i - \overline{X})(Y_i - \overline{Y})$
3	2	-2.6	-3.2	8.32
9	7	3.4	1.8	6.12
7	6	1.4	0.8	1.12
5	4	-0.6	-1.2	0.72
4	7	-1.6	1.8	-2.88

$$\begin{aligned} S_X &= \frac{\sqrt{\sum_{i=1}^{N}(X_i - \overline{X})^2}}{N} \\ &= \frac{\sqrt{(-2.6)^2 + 3.4^2 + 1.4^2 + (-0.6)^2 + (-1.6)^2}}{5} \\ &= \sqrt{\frac{23.20}{5}} \\ &\simeq 2.15 \end{aligned}$$

$$\begin{aligned} S_Y &= \frac{\sqrt{\sum_{i=1}^{N}(Y_i - \overline{Y})^2}}{N} \\ &= \frac{\sqrt{(-3.2)^2 + 1.8^2 + 0.8^2 + (-1.2)^2 + 1.8^2}}{5} \\ &= \sqrt{\frac{18.80}{5}} \\ &\simeq 1.94 \end{aligned}$$

$$\sum_{i=1}^{N}(X_i-\overline{X})(Y_i-\overline{Y})=8.32+6.12+1.12+0.72+(-2.88)$$
$$=13.4$$

$$\therefore\ r_{XY}=\frac{\sum_{i=1}^{N}(X_i-\overline{X})(Y_i-\overline{Y})}{NS_XS_Y}=\frac{13.4}{5\times 2.15\times 1.94}=\frac{13.4}{20.86}$$
$$\simeq 0.64$$

5. 두 변인 X, Y의 상관계수를 r이라고 할 때, 변인 $aX+b$, $cY+d$의 상관계수를 구하여 보자. 먼저, X, Y의 상관계수가 r이므로,

$$r=\frac{\sum(X-\overline{X})(Y-\overline{Y})}{NS_XS_Y}=\frac{\sum(X-\overline{X})(Y-\overline{Y})}{N\sqrt{\frac{(X-\overline{X})^2}{N}}\sqrt{\frac{(Y-\overline{Y})^2}{N}}}$$
$$=\frac{\sum(X-\overline{X})(Y-\overline{Y})}{\sqrt{(X-\overline{X})^2}\sqrt{(Y-\overline{Y})^2}}$$

X와 Y의 평균이 $\overline{X}$, $\overline{Y}$이므로, $aX+b$와 $cY+d$의 평균은 각각 $a\overline{X}+b$와 $c\overline{Y}+d$이다. $aX+b$와 $cY+d$의 상관계수를 r'이라고 하면,

$$r'=\frac{\sum\{(aX+b)-(a\overline{X}+b)\}\{(cY+d)-(c\overline{Y}+d)\}}{\sqrt{\{(aX+b)-(a\overline{X}+b)\}^2}\sqrt{\{(cY+d)-(c\overline{Y}+d)\}^2}}$$
$$=\frac{ac}{|ac|}\frac{\sum(X-\overline{X})(Y-\overline{Y})}{\sqrt{(X-\overline{X})^2}\sqrt{(Y-\overline{Y})^2}}$$
$$=\frac{ac}{|ac|}r$$

∴ 각 점수에 더해준 값은 상관계수의 크기에 영향을 미치지 않는다. 그리고 각 점수에 특정 값을 곱해줄 경우 $ac > 0$이면 $r' = r$이고, $ac < 0$이면 $r' = -r$ 이다.

(1) 단어검사에서의 총점을 T라 하고, 오답점수를 I라 하면 $I = T - X$가 된다. 따라서 단어검사의 오답 점수와 지능검사점수의 상관계수는 $T - X$와 Y 사이의 상관계수이다. T 값은 일정하므로, T값은 상관계수의 크기에 영향을 미치지 않는다.($\because$ X에 일정한 값 T를 더해주었다.) 그리고 X에 -1을 곱해주었으므로 $ac = -1 < 0$이 되어 상관계수 $r' = -r = -0.60$이 된다.

(2) X와 $\frac{1}{10}Y$의 상관계수를 구하는 경우이므로 $ac = \frac{1}{10} > 0$이다. 따라서 상관계수는 X, Y의 상관계수와 동일하게 $r' = r = 0.60$이다.

(3) X에 더해준 값 10은 상관계수의 크기에 영향을 미치지 않는다. 따라서 상관계수의 값은 원래의 값과 동일하다.

(4) X에 더해준 값 10은 상관계수의 크기에 영향을 미치지 않는다. 그리고 Y에 나누어준 값이 2이므로 $ac = \frac{1}{2} > 0$가 되어 상관계수는 원래의 값과 동일하다.

(5) $Z_X = \frac{X - \overline{X}}{S_X}$이므로 Z_X와 Y의 $\frac{X - \overline{X}}{S_X}$와 Y의 상관계수이다.

$\frac{X - \overline{X}}{S_X} = \frac{X}{S_X} - \frac{\overline{X}}{S_X}$에서 $-\frac{\overline{X}}{S_X}$는 일정한 값이므로 상관계수의 크기에 영향을 미치지 못한다. 그리고 X에 곱해준 값이 $\frac{1}{S_X}$이고 $S_X > 0$이므로 이 때의 상관계수도 X와 Y의 상관계수와 동일하게 0.60이다.

(6) $Z_X = \frac{X - \overline{X}}{S_X} = \frac{X}{S_X} - \frac{\overline{X}}{S_X}$, $\quad T_Y = 10Z_Y + 50 = 10 \times \frac{Y - \overline{Y}}{S_Y} + 50$

$= \frac{10Y}{S_Y} - \frac{10\overline{Y}}{S_Y} + 50$이므로 Z_X와 T_Y의 상관계수는 $\frac{X}{S_X} - \frac{\overline{X}}{S_X}$와

$\frac{10Y}{S_Y} - \frac{10\overline{Y}}{S_Y} + 50$ 사이의 상관계수이다. $-\frac{\overline{X}}{S_X}$와 $-\frac{10\overline{Y}}{S_Y} + 50$는 일정한 값을 각 변인에 더해준 것이므로 상관계수의 크기에 영향을 미치지 않는다. X에 곱해준 값이 $\frac{1}{S_X}$이고, Y에 곱해준 값이 $\frac{10}{S_Y}$이다.

따라서 $ac = \frac{1}{S_X} \cdot \frac{10}{S_Y} = \frac{10}{S_X S_Y}$ 이고, $S_X > 0$, $S_Y > 0$이므로 $ac > 0$ 이 되어 상간계수는 원래의 값과 동일하게 0.60이다.

6. 초등학생보다는 대학생의 경우에 두 변인의 상관관계가 낮게 나타난다. 이것은 초등학생 집단과는 다른 대학생 집단의 특성으로 인한 현상이라고 할 수 있다. 초등학교에서 대학교로 올라가면서 점차 학력 수준이 낮은 학생들은 상급학교로의 진학을 포기하게 된다. 이러한 현상은 특히 고등학교에서 대학교로의 진학 시에 심하게 나타나게 되는데, 그 결과 대학생 집단의 수학검사점수의 분포는 점수분포의 아래쪽 부분이 잘려나간 형태를 띠게 된다. 이로 인해 수학점수 분포의 표준편차 값이 작아지게 되어 상관계수의 값도 작아지게 된다.

($\because$ $r = \sqrt{1 - \frac{S^2_{Y \cdot X}}{S^2_Y}}$ 에서 S^2_Y의 값은 커지고 $S^2_{Y \cdot X}$의 값은 변하지 않으므로 r값이 작아진다.)

7. r 값의 변화에 관하여 다음 몇 가지 경우의 사례로 나누어 생각해 볼 수 있다.
   ① 남학생의 지능검사 점수가 여학생의 지능검사 점수보다 낮은 경우
      ☞ 두 집단의 통합했을 경우 상관계수의 값은 0.50보다 커진다.
   ② 남학생의 지능검사 점수가 여학생의 지능검사 점수와 같을 경우
      ☞ 두 집단의 통합했을 경우의 상관계수 값은 매우 작아진다(0에 가까워진다).
   ③ 남학생의 지능검사 점수가 여학생의 지능검사 점수보다 높을 경우
      ☞ 이 경우는 통합된 집단의 상관계수가 음의 값을 가지게 된다.

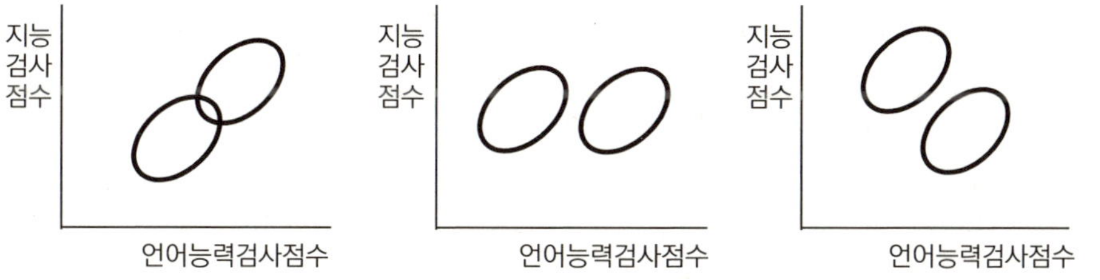

1) 남학생의 지능검사 점수가 여학생보다 낮을 때　2) 남 · 여학생의 지능검사 점수가 같을 때　3) 남학생의 지능검사 점수가 여학생보다 높을 때

8. $r^2 = 0.81 \qquad \therefore\ r = \pm 0.9$

9. i) $H_0 : \ \rho = 0$

   $H_a : \ \rho \neq 0$

   ii) $\alpha = 0.05$

   iii) $t = \dfrac{r\sqrt{N-2}}{1-r^2} = \dfrac{0.16\sqrt{75-2}}{1-0.16^2} \simeq \dfrac{1.3670}{0.9744} \simeq 1.4030$ 자유도 70에서 $t_{0.025} = 1.994$이고 자유도 80에서 $t_{0.025} = 1.990$이므로 자유도 73에서의 $t_{0.025}$는 1.994와 1.990 사이의 값을 갖는다. 위에서 구한 1.4030은 자유도 73에서의 $t_{0.025}$의 값보다 작으므로 H_0을 기각할 수 없다. ∴ 문제에서 제시된 결과는 $\rho = 0$이라는 가설과 일치한다고 할 수 있다.

10. i) $H_0 : \rho = 0.5$

   $H_a : \rho \neq 0.5$

   ii) $\alpha = 0.05$

   iii) Fisher의 $Z' = \dfrac{1}{2} ln \dfrac{1+0.53}{1-0.53} \simeq 0.590$이고, $\zeta = \dfrac{1}{2} ln \dfrac{1+0.5}{1-0.5} \simeq 0.549$이다. 따라서

   $Z = \dfrac{Z' - \zeta}{\sqrt{1/(N-3)}} = \dfrac{0.590 - 0.549}{\sqrt{1/(100-3)}} \simeq 0.360 < 1.96$이므로 H_0을 기각할 수 없다.

∴ 검사 제작자의 주장은 통계적으로 타당성이 있다는 결론을 내릴 수 있다.

11. Fisher의 $Z' = \frac{1}{2}ln\frac{1+0.73}{1-0.73} \simeq 0.93$이고 $Z_{0.005} = 2.58$이므로

$Z' - Z_{\alpha/2}\sqrt{1/(N-3)} \leqq \zeta \leqq Z' + Z_{\alpha/2}\sqrt{1/(N-3)}$ 에서

$0.93 - 2.58\sqrt{1/\ 34} \leqq \zeta \leqq 0.93 + 2.58\sqrt{1/\ 34}$ 이고

∴ $0.49 \leqq \zeta \leqq 1.37$ $0.49 \leqq \frac{1}{2}ln\frac{1+\rho}{1-\rho} \leqq 1.37$이므로

구하고자 하는 ρ의 신뢰구간은 $0.45 \leqq \rho \leqq 0.60$이다.

12. $t = \frac{r\sqrt{N-2}}{1-r^2} = \frac{r\sqrt{25-2}}{1-r^2} = \frac{r\sqrt{23}}{1-r^2} > t_{0.025}(23) = 2.069$

$2.069r^2 - r\sqrt{23} - 2.069 > 0$

∴ $r > \frac{\sqrt{23} + \sqrt{\sqrt{23}^{\,2} - 4\times 2.069\times(-2.069)}}{2\times 2.069}$ 또는

$r < \frac{\sqrt{23} - \sqrt{\sqrt{23}^{\,2} - 4\times 2.069\times(-2.069)}}{2\times 2.069}$

$r > 2.69$ 또는 $r < -0.37$이다. 상관계수의 성질에서 $-1 \leqq r \leqq 1$이므로 $\rho = 0$이라는 원가설을 기각하기 위한 r의 범위는 $-1 \leqq r < -0.37$이다.

13. i) H_0 : $\rho > 0$

H_a : $\rho \leqq 0$

ii) $\alpha = 0.05$

iii) $t = \frac{r\sqrt{N-2}}{1-r^2} = \frac{0.15\sqrt{145-2}}{1-0.15^2} \simeq 1.84$ 자유도 120에서 $t_{0.05} = 1.658$이고 자유도 150에서 $t_{0.025} = 1.655$이므로 자유도 143에서의 $t_{0.05}$는 1.658과 1.655 사이의 값을 갖는다.

따라서 위에서 구한 1.84는 자유도 143에서의 $t_{0.025}$의 값보다 크다고 할

수 있으므로 H_0을 기각하고 H_a를 받아들인다.

$\therefore\ \rho > 0$라고 할 수 있다.

6. 회귀분석

1. (1) 회귀분석
   (2) 단순회귀분석, 중다회귀분석
   (3) 회귀방정식, 회귀계수
   (4) Enter 방법, Forward 방법, Backward 방법
   (5) Stepwise 방법
   (6) Remove 방법.

2. (1) 회귀방정식(회귀직선)에 의한 예언이 의미를 가지기 위해서는 X, Y 두 변인이 사이의 직선적(피어슨) 상관관계가 의미를 가져야 한다. 그 구체적인 내용은 다음과 같다.
   ① X와 Y점수간에 직선적 관계를 가정할 수 있어야 한다.
   ② X의 일정한 점수 수준에 대한 Y점수 분포의 동변량성을 가정할 수 있어야 한다.
   ③ X의 각 점에 대한 Y의 조건적 정상분포를 가정할 수 있어야 한다.

   (2) 회귀방정식을 $\hat{Y} = aX + b$라고 하면,

$$b = r_{XY}\frac{S_Y}{S_X} = 0.50 \times \frac{0.35}{75} \simeq 0.0023$$

$$c = \overline{Y} - r_{XY}\frac{S_Y}{S_X}\overline{X} = 2.65 - 0.50 \times \frac{0.35}{75} \times 560 \simeq 1.3433$$

$\therefore$ 구하는 회귀방정식은 $\hat{Y} = 0.0023X + 1.3433$이다.

(3) A, B 학생의 적성검사 점수 485와 600을 회귀방정식에 대입하면

$\hat{Y}_A = 0.0023 \times 485 + 1.3433 = 2.4588$

$\hat{Y}_B = 0.0023 \times 600 + 1.3433 = 2.7233$

∴ 회귀방정식에 의해 예언되는 A와 B의 대학 성적은 각각 2.4588과 2.7233이다.

3. $Z_{Y'} = rZ_X = 0.60Z_X$에서

(1) $\hat{Z}_Y = 0.60 \times 2.00 = 1.20$

(2) $X = 190$에 대한 Z_X를 구하면 $Z_X = \frac{190-150}{20} = 2$이다.

$\hat{Z}_Y = 0.60Z_X$에서 $\hat{Z}_Y = 0.60 \times 2 = 1.20$이고, 이을 통해 $\hat{Y}$의 값을 구하면

$\hat{Y} = S_Y Z_Y + \overline{Y} = 10 \times 1.20 + 50 = 62$

4. (1) 주어진 회귀공식을 Z점수에 관한 공식으로 바꾸기 위해서는 X, Y의 상관계수 r을 알고 있어야 한다. 주어진 식에서 얻을 수 있는 정보는 $r\frac{S_Y}{S_X} = -0.25$과 $\overline{Y} - r\frac{S_Y}{S_X}\overline{X} = 40$이다. 하지만 이 두 가지의 정보만를 가지고는 X, Y의 상관계수 r이 얼마인가를 알아낼 수가 없다. 따라서 주어진 회귀공식을 Z점수에 관한 공식으로 바꿀 수 없다.

(2) $r\frac{S_Y}{S_X} = -0.25 < 0$이고, $\frac{S_Y}{S_X} > 0$이므로 $r > 0$이 되어야 한다. 따라서 이 경우에는 상관계수 r이 항상 양수이다.

(3) (b)에서 상관계수 r은 양수라는 결론을 얻었다. 따라서 $r \neq 0$이다.

(4) (b)로부터 r은 양수가 되어야 한다. 그러므로 $r = -0.25$가 될 수 없다.

5. $b = r\frac{S_Y}{S_X}$, $1.26 = 0.63\frac{S_Y}{S_X}$ ∴ $S_Y = 2S_X$

7. 요인분석

1. (1) 요인분석 (2) 요인부하량 (3) 공유치
   (4) 고유치 (5) 요인구조행렬 (6) 요인유형행렬
   (7) 주성분분석 (8) 베리맥스 방법

2. ① 여러 개의 변인들을 적은 수의 요인으로 줄인다. 요인분석을 통해 여러 개의 변인들을 동질적인 몇 개의 요인으로 묶어 줌으로서 변인들 내에 존재하는 상호 독립적인 차원을 발견하는데 사용할 수 있다.
   ② 변인들의 특성을 파악한다. 관련된 변인들이 묶여져 요인을 이루고, 이들 요인들은 상호 독립적인 특성을 가지게 되므로 변인들의 특성을 밝힐 수 있다.
   ③ 불필요한 변인들을 제거한다. 요인분석을 통해 요인에 포함되지 않거나 포함되더라도 중요도가 낮은 변인을 찾을 수 있으므로 불필요한 변인을 제거할 수 있다.
   ④ 측정도구의 타당성을 판정한다. 하나의 특성을 측정하기 위해 관측된 변인들은 하나의 요인으로 묶여진다. 이와 같은 요인분석의 특성을 이용하여 요인으로 묶여지지 않은 변인들을 추출함으로써 중요하지 않은 변인들을 선별해서 제거하거나 그 측정도구의 타당성을 검증하는데 이용할 수 있다.
   ⑤ 요인분석결과를 지수화하여 차후의 회구분석, 상관분석, 판별분석을 위한 분석자료로 사용할 수 있다. 회귀분석이나 판별분석을 하는 경우 변인의 수가 많으면 시간, 비용, 분석의 복잡성이 증가한다. 따라서 많은 수의 초기 변인들을 몇 개의 새로운 변인으로 줄이면서도 원래 정보의 손실을 최소화할 수 있도록 도와주는 것이 요인분석이다.

제3부 SPSS를 활용한 통계분석

V SPSS 활용의 기초

1. (1) Ⅴ-2-나-1)-가) 참조.
   (2) Ⅴ-2-나-1)-나) 참조.
   (3) Ⅴ-2-나-1)-가), Ⅴ-2-나-2)-가) 참조.
   (4) Ⅴ-2-나-2)-나) 참조.
   (5) Ⅴ-2-나-2)-다) 참조.
   (6) Ⅴ-2-나-2)-라) 참조.

2. Ⅴ-2-가. 참조

Ⅵ SPSS 활용의 실제

1. 기술통계분석 및 결과 해석

1. Analyze → Descriptive Statistics → Frequencies...의 결과

Frequencies

Statistics

수학성적

N	Valid	10
	Missing	0
Mean		71.2000
Median		73.5000
Modea		45.00(a)
Std. Deviation		20.43309
Variance		417.511
Skewness		-.068
Std. Error of Skewness		.687
Kurtosis		-1.756
Std. Error of Kurtosis		1.334
Percentiles	25	49.2500
	50	73.5000
	75	89.2500

a. Multiple modes exist. The smallest value is shown

☞ 표를 살펴보면 분석에 사용된 사례수(Valid)가 10이고, 분석에서 제외된 사례(Missing, 결측값)는 없음을 알 수 있다.

집중경향치(대표치)에 관한 사항을 살펴보면 10명의 수학 성적의 평균(Mean)은 71.2이고, 중앙치(Median)는 73.5, 최빈치(Mode)는 45임을 알 수 있다. 변산도에 관한 사항으로 표준편차(Std. Deviation)와 변량(Variance)이 표시되

어 있다. 표준편차는 대략 20.43이고 분산은 약 417.51이다.

분포의 형태를 나타내는 정보로 표에 제시된 사항은 왜도(Skewness)와 첨도(Kurtosis)이다. 왜도가 -0.068이므로 이 분포는 부적편포, 즉 오른쪽으로 기울어진 분포임을 알 수 있다. 그리고 첨도가 -1.756인 것으로 보아 이 분포는 정상분포보다 평평한 모양(가운데가 정상분포보다 아래로 내려오고 양쪽 꼬리부분이 위로 올라간 분포)의 분포임을 알 수 있다.

왜도와 첨도 아래에 표시된 왜도의 표준오차(Std. Error of Skewness)와 첨도의 표준오차(Std. Error of Kurtosis)는 이 표집의 통계량(표집의 왜도, 표집의 첨도, 표집의 크기 등의 정보)을 활용하여 이 표집이 추출된 전집으로부터 구한 왜도와 첨도의 표집분포의 표준편차를 추정한 것이다.

2. Analyze → Descriptive Statistics → Descriptives...의 결과

Descriptives

Descriptive Statistics

	N	Range	Minimum	Maximum	Mean	Std. Deviation	Variance	Skewness		Kurtosis	
	Statistic	Statistic	Statistic	Statistic	Statistic	Statistic	Statistic	Statistic	Std. Error	Statistic	Std. Error
교육통계분석론	12	65.00	32.00	97.00	66.3333	22.63277	512.242	-.150	.637	-1.442	1.232
Valid N (listwise)	12										

☞ 표의 형태가 약간 바뀌었다는 것을 빼고는 'Frequencies...' 메뉴의 분석과 동일한 분석정보를 제시하고 있다. 1번의 분석에서보다 추가된 정보는 범위(Range)와 최소값(Minimum), 최대값(Maxium)에 관한 사항이다. 범위는 최대값과 최소값의 차를 의미한다.

여러 가지 변수들의 다양하고 복잡한 기술통계량을 하나의 표상에서 요약적으로 얻어 내고자 한다면 'Frequencies...'분석보다는 'Descriptives...'분석을 활용하는 것이 좋다.

3. Analyze → Descriptive Statistics → Frequencies...의 결과

Frequencies

성씨

		Frequency	Percent	Valid Percent	Cumulative Percent
Valid	곽	1	3.3	3.3	3.3
	김	8	26.7	26.7	30.0
	박	6	20.0	20.0	50.0
	백	1	3.3	3.3	53.3
	변	1	3.3	3.3	56.7
	상	1	3.3	3.3	60.0
	이	7	23.3	23.3	83.3
	임	1	3.3	3.3	86.7
	정	2	6.7	6.7	93.3
	최	2	6.7	6.7	100.0
	Total	30	100.0	100.0	

☞ 빈도분포표는 'Descriptives...'분석을 통해서는 얻지 못하는 것이다. 'Frequencies'분석 대화상자에서 'Display frequency tables'를 체크하면 위와 같은 빈도분포표를 구할 수 있다.

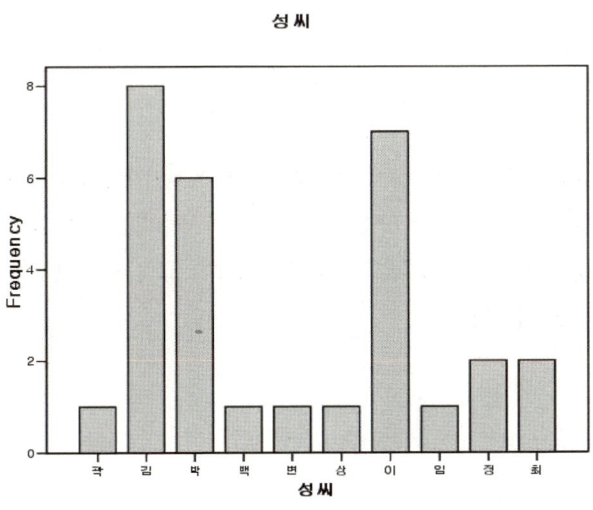

☞ 위의 막대그래프는 'Frequencies'분석 대화상자의 'Charts...'옵션에서 'Bar charts'를 선택하면 그릴 수 있다.

4. Analyze → Descriptive Statistics → Descriptives...의 결과

Descriptives

Descriptive Statistics

교육정도		N	Mean	Std. Deviation	Variance	Skewness		Kurtosis	
		Statistic	Statistic	Statistic	Statistic	Statistic	Std. Error	Statistic	Std. Error
중졸이하	TV	5	60.2000	14.77159	218.200	.435	.913	-1.739	2.000
	신문	5	26.0000	11.40175	130.000	-.405	.913	-.178	2.000
	Valid N (listwise)	5							
고졸	TV	7	46.5714	11.13339	123.952	-1.301	.794	2.245	1.587
	신문	7	43.5714	21.15701	447.619	-.018	.794	-.682	1.587
	Valid N (listwise)	7							
대졸이상	TV	8	54.2500	32.56971	1060.786	1.609	.752	3.397	1.481
	신문	8	50.6250	17.41049	303.125	.754	.752	-.745	1.481
	Valid N (listwise)	8							

☞ 'Data'의 'Spilt Files...'에서 'Compare groups'를 선택하고 '교육정도'를 나타내는 변인 선택하고 'OK'을 누른다. 그런 다음 Analyze → Descriptive Statistics → Descriptives...를 실행하게 되면 위와 같이 교육 정도에 따른 각각의 기술통계량을 구할 수 있다.

Descriptives

Descriptive Statistics

성별		N	Mean	Std. Deviation	Variance	Skewness		Kurtosis	
		Statistic	Statistic	Statistic	Statistic	Statistic	Std. Error	Statistic	Std. Error
남자	TV	9	40.3333	12.93252	167.250	-.851	.717	-1.504	1.400
	신문	9	56.1111	17.28037	298.611	-.100	.717	-1.292	1.400
	Valid N (listwise)	9							
여자	TV	11	63.4545	23.70385	561.873	1.943	.661	4.507	1.279
	신문	11	30.4545	12.54084	157.273	-.358	.661	-1.421	1.279
	Valid N (listwise)	11							

☞ 위 표는 'Data'의 'Spilt Files...'에서 'Compare groups'를 선택하고 '성별' 나타내는 변인을 선택하고 난 다음 Analyze → Descriptive Statistics → Descriptives...를 실행한 결과이다.

5. Analyze → Descriptive Statistics → Descriptives...의 결과

Descriptives

Descriptive Statistics

	N	Mean	Std. Deviation	Variance	Skewness		Kurtosis	
	Statistic	Statistic	Statistic	Statistic	Statistic	Std. Error	Statistic	Std. Error
영어 성적	80	69.2500	15.17701	230.342	-.585	.269	1.047	.532
Valid N (listwise)	80							

Descriptives

Descriptive Statistics

성별		N	Mean	Std. Deviation	Variance	Skewness		Kurtosis	
		Statistic	Statistic	Statistic	Statistic	Statistic	Std. Error	Statistic	Std. Error
여성	영어 성적	38	71.0000	17.69410	313.081	-.840	.383	1.427	.750
	Valid N (listwise)	38							
남성	영어 성적	42	67.6667	12.48544	155.886	-.326	.365	-.441	.717
	Valid N (listwise)	42							

2. 추리통계분석 및 결과 해석

1. Analyze → Descriptive Statistics → Crosstabs...의 결과

Crosstabs

선호과목 * 학년 Crosstabulation

			학년			Total
			1학년	2학년	3학년	
선호과목	영어	Count	34	11	27	72
		Expected Count	23.4	24.6	24.0	72.0
		% within 선호과목	47.2%	15.3%	37.5%	100.0%
		% within 학년	87.2%	26.8%	67.5%	60.0%
		% of Total	28.3%	9.2%	22.5%	60.0%
	수학	Count	5	30	13	48
		Expected Count	15.6	16.4	16.0	48.0
		% within 선호과목	10.4%	62.5%	27.1%	100.0%
		% within 학년	12.8%	73.2%	32.5%	40.0%
		% of Total	4.2%	25.0%	10.8%	40.0%
Total		Count	39	41	40	120
		Expected Count	39.0	41.0	40.0	120.0
		% within 선호과목	32.5%	34.2%	33.3%	100.0%
		% within 학년	100.0%	100.0%	100.0%	100.0%
		% of Total	32.5%	34.2%	33.3%	100.0%

Chi-Square Tests

	Value	df	Asymp. Sig.(2-sided)
Pearson Chi-Square	31.739(a)	2	.000
Likelihood Ratio	33.518	2	.000
Linear-by-Linear Association	3.021	1	.082
N of Valid Cases	120		

a. 0 cells (.0%) have expected count less than 5. The minimum expected count is 15.60.

☞ $\widehat{A}^2$ 검증의 유의확률이 0.000이므로 Ⓡ=0.05 수준에서 수학과 영어 과목에 대한 학년별 선호도에 차이가 없다는 원가설을 기각하고 차이가 있다는 대안가설을 받아들인다.

∴ 수학과 영어 과목에 대한 학년별 선호도에 차이가 있다.

2. Analyze → Descriptive Statistics → Crosstabs...의 결과

Crosstabs

치료요법 * 치료효과 Crosstabulation

			치료효과		Total
			치료효과 있음	치료효과 없음	
치료요법	A	Count	16	28	44
		Expected Count	12.2	31.8	44.0
		% within 치료요법	36.4%	63.6%	100.0%
		% within 치료효과	64.0%	43.1%	48.9%
		% of Total	17.8%	31.1%	48.9%
	B	Count	9	37	46
		Expected Count	12.8	33.2	46.0
		% within 치료요법	19.6%	80.4%	100.0%
		% within 치료효과	36.0%	56.9%	51.1%
		% of Total	10.0%	41.1%	51.1%
Total		Count	25	65	90
		Expected Count	25.0	65.0	90.0
		% within 치료요법	27.8%	72.2%	100.0%
		% within 치료효과	100.0%	100.0%	100.0%
		% of Total	27.8%	72.2%	100.0%

Chi-Square Tests

	Value	df	Asymp. Sig. (2-sided)
Pearson Chi-Square	3.163(b)	1	.075
Continuity Correction(a)	2.381	1	.123
Likelihood Ratio	3.192	1	.074
Fisher's Exact Test			
Linear-by-Linear Association	3.128	1	.077
N of Valid Cases	90		

a. Computed only for a 2x2 table

b. 0 cells (.0%) have expected count less than 5. The minimum expected count is 12.22.

☞ $\widehat{A}^2$ 검증의 유의확률이 0.075이므로 Ⓡ=0.05 수준에서 두 치료방법의 효과에 차이가 없다는 원가설을 받아들인다.

∴ 정신요법 A, B의 치료효과 간에 차이가 없다.

3. Analyze → Descriptive Statistics → Crosstabs...의 결과

Crosstabs

좋아하는 독서물 * 성별 Crosstabulation

			성별		Total
			남	여	
좋아하는 독서물	모험	Count	73	12	85
		Expected Count	44.9	40.1	85.0
		% within 성별	32.6%	6.0%	20.0%
	문학소설	Count	60	56	116
		Expected Count	61.3	54.7	116.0
		% within 성별	26.8%	28.0%	27.4%
	과학소설	Count	39	10	49
		Expected Count	25.9	23.1	49.0
		% within 성별	17.4%	5.0%	11.6%
	시사	Count	22	25	47
		Expected Count	24.8	22.2	47.0
		% within 성별	9.8%	12.5%	11.1%
	예술	Count	15	80	95
		Expected Count	50.2	44.8	95.0
		% within 성별	6.7%	40.0%	22.4%
	기타	Count	15	17	32
		Expected Count	16.9	15.1	32.0
		% within 성별	6.7%	8.5%	7.5%
Total		Count	224	200	424
		Expected Count	224.0	200.0	424.0
		% within 성별	100.0%	100.0%	100.0%

Chi-Square Tests

	Value	df	Asymp. Sig. (2-sided)
Pearson Chi-Square	104.845(a)	5	.000
Likelihood Ratio	114.891	5	.000
Linear-by-Linear Association	61.506	1	.000
N of Valid Cases	424		

a. 0 cells (.0%) have expected count less than 5. The minimum expected count is 15.09.

☞ $\widehat{A}^2$ 검증의 유의확률이 0.000이므로 Ⓡ=0.05 수준에서 성별에 따른 독서성향에 차이가 없다는 원가설을 기각하고 대안가설을 받아들인다.

∴ 성별에 따른 독서성향에 차이가 있다.

4. Analyze → Compare Means → One-Sample T Test...의 결과

T-Test

One-Sample Test

	Test Value = 65					
	t	df	Sig. (2-tailed)	Mean Difference	95% Confidence Interval of the Difference	
					Lower	Upper
몸무게 증가량	-3.833	11	.003	-4.25000	-6.6902	-1.8098

☞ T검증의 유의확률이 0.003이므로 Ⓡ=0.05 수준에서 몸무게 증가량의 평균이 65g이라는 원가설을 기각한다.

∴ 새로 개발된 특수 영양식의 효과가 있다.

5. Analyze → Compare Means → Independent-Samples T Test...의 결과

T-Test

Independent Samples Test

		Levene's Test for Equality of Variances		t-test for Equality of Means						
		F	Sig.	t	df	Sig. (2-tailed)	Mean Difference	Std. Error Difference	95% Confidence Interval of the Difference	
									Lower	Upper
단어수	Equal variances assumed	.112	.742	-.966	18	.347	-4.70000	4.86769	-14.92665	5.52665
	Equal variances not assumed			-.966	17.909	.347	-4.70000	4.86769	-14.93039	5.53039

☞ T검증의 유의확률이 0.742이므로 ⓐ=0.05 수준에서 2세 아동과 3세 아동의 어휘수 차이가 없다는 원가설을 받아들인다.

∴ 2세 아동과 3세 아동의 어휘수에 차이가 없다.

6. Analyze → Compare Means → Paired-Samples T Test...의 결과

T-Test

Paired Samples Test

		Paired Differences					t	df	Sig. (2-tailed)
		Mean	Std. Deviation	Std. Error Mean	95% Confidence Interval of the Difference				
					Lower	Upper			
Pair 1	교수법A - 교수법B	-.30000	1.56702	.49554	-1.42098	.82098	-.605	9	.560

☞ T검증의 유의확률이 0.560이므로 ⓐ=0.05 수준에서 두 교수법의 효과에 차이가 없다는 원가설을 받아들인다.

∴ 교수법 A와 교수법 B의 효과에 차이가 없다.

7. Analyze → Compare Means → One-Way ANOVA...의 결과

Oneway

ANOVA

추리력점수

	Sum of Squares	df	Mean Square	F	Sig.
Between Groups	160.067	2	80.033	2.580	.094
Within Groups	837.400	27	31.015		
Total	997.467	29			

☞ 일원변량분석(One-Way ANOVA) 결과 유의확률이 0.94이므로 세 집단의 추리력 점수 평균에 유의미한 차이가 없다.

8. Analyze → Compare Means → One-Way ANOVA...의 결과

Oneway

ANOVA

점수

	Sum of Squares	df	Mean Square	F	Sig.
Between Groups	241.367	3	80.456	11.333	.000
Within Groups	113.583	16	7.099		
Total	354.950	19			

☞ 유의확률이 0.000으로 집단간에 유의미한 평균 차이가 있다고 할 수 있다.

Post Hoc Tests

Multiple Comparisons

Dependent Variable: 점수

Scheffe

(I) 집단	(J) 집단	Mean Difference (I-J)	Std. Error	Sig.	95% Confidence Interval	
					Lower Bound	Upper Bound
집단A	집단B	4.650	1.787	.121	-.92	10.22
	집단C	-1.917	1.720	.745	-7.28	3.44
	집단D	6.450(*)	1.787	.020	.88	12.02
집단B	집단A	-4.650	1.787	.121	-10.22	.92
	집단C	-6.567(*)	1.613	.008	-11.60	-1.54
	집단D	1.800	1.685	.769	-3.45	7.05
집단C	집단A	1.917	1.720	.745	-3.44	7.28
	집단B	6.567(*)	1.613	.008	1.54	11.60
	집단D	8.367(*)	1.613	.001	3.34	13.40
집단D	집단A	-6.450(*)	1.787	.020	-12.02	-.88
	집단B	-1.800	1.685	.769	-7.05	3.45
	집단C	-8.367(*)	1.613	.001	-13.40	-3.34

* The mean difference is significant at the .05 level.

☞ 집단A와 집단D, 집단B와 집단C, 집단C와 집단D 간에 통계적으로 유의마한 평균의 차이가 존재한다.

Homogeneous Subsets

점수

Scheffe

집단	N	Subset for alpha = .05		
		1	2	3
집단D	5	8.80		
집단B	5	10.60	10.60	
집단A	4		15.25	15.25
집단C	6			17.17
Sig.		.774	.098	.739

Means for groups in homogeneous subsets are displayed.
a. Uses Harmonic Mean Sample Size = 4.898.
b. The group sizes are unequal. The harmonic mean of the group sizes is used. Type I error levels are not guaranteed.

☞ 위 표는 집단간 평균의 차이를 바탕으로 하위집단 분류한 것이다.

9. Analyze → General Linear Model → Univariate...의 결과

Univariate Analysis of Variance

Tests of Between-Subjects Effects

Dependent Variable: 점수향상도

Source	Type III Sum of Squares	df	Mean Square	F	Sig.
Corrected Model	115.556(a)	11	10.505	2.409	.035
Intercept	641.778	1	641.778	147.159	.000
지역	100.389	2	50.194	11.510	.000
프로그램	4.667	3	1.556	.357	.785
지역 * 프로그램	10.500	6	1.750	.401	.871
Error	104.667	24	4.361		
Total	862.000	36			
Corrected Total	220.222	35			

a. R Squared = .525 (Adjusted R Squared = .307)

☞ 지역에 대한 유의확률이 0.000으로 유의미한 차이가 있다고 할 수 있다.

☞ 프로그램에 대한 유의확률은 0.785로 집단간에 유의미한 평균의 차이가 있다고 할 수 없다.

☞ 지역에 따른 집단간 평균의 차이가 있다는 결과가 나왔으므로 지역에 따른 사후검증을 실시한다.

Post Hoc Tests

지역

Multiple Comparisons

Dependent Variable: 점수향상도

Scheffe

(I) 지역	(J) 지역	Mean Difference (I-J)	Std. Error	Sig.	95% Confidence Interval	
					Lower Bound	Upper Bound
서울	부산	2.2500(*)	.85256	.047	.0259	4.4741
	대구	4.0833(*)	.85256	.000	1.8592	6.3075
부산	서울	-2.2500(*)	.85256	.047	-4.4741	-.0259
	대구	1.8333	.85256	.121	-.3908	4.0575
대구	서울	-4.0833(*)	.85256	.000	-6.3075	-1.8592
	부산	-1.8333	.85256	.121	-4.0575	.3908

Based on observed means.

*. The mean difference is significant at the .05 level.

☞ 서울과 부산의 집단간 평균의 차이검증 결과 유의확률이 0.047로 집단간에 유의미한 평균 차이가 있다고 할 수 있다.

☞ 부산과 대구의 집단간 평균의 차이검증 결과 유의확률이 0.121로 집단간에 유의미한 평균 차이가 있다고 할 수 없다.

☞ 대구와 서울의 집단간 평균의 차이검증 결과 유의확률이 0.000으로 집단간에 유의미한 평균 차이가 있다고 할 수 있다.

Homogeneous Subsets

점수향상도

Scheffe

지역	N	Subset	
		1	2
대구	12	2.2500	
부산	12	4.0833	
서울	12		6.3333
Sig.		.121	1.000

Means for groups in homogeneous subsets are displayed.
Based on Type III Sum of Squares
The error term is Mean Square(Error) = 4.361.
a Uses Harmonic Mean Sample Size = 12.000.
b Alpha = .05.

☞ 사후검증을 통한 평균에 따른 집단의 분류 결과 대구와 부산을 하나의 집단으로, 서울을 다른 하나의 집단으로 묶을 수 있다.

Profile Plots

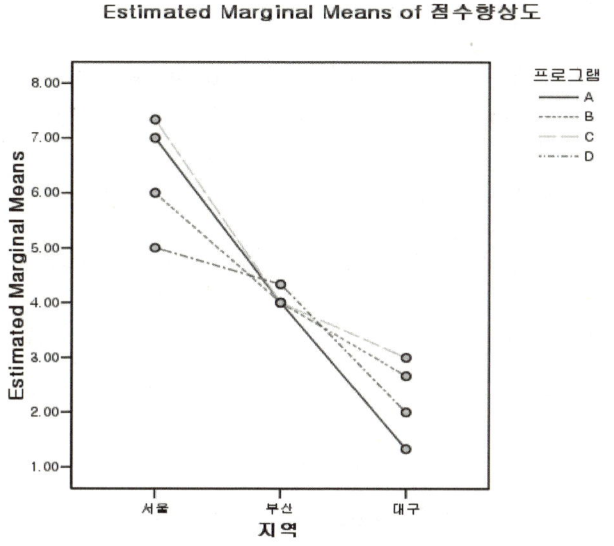

☞ 지역과 프로그램에 따른 점수향상도를 보여주는 그림이다. 이원변량분석에서는 이와 같은 그림을 통해 상호작용의 효과가 나타나는가를 쉽게 확인할 수 있다. 이 그림을 통해 지역과 프로그램의 상호작용효과는 나타나지 않는다는 것을 알 수 있다.

10. Analyze → General Linear Model → Univariate...의 결과

Univariate Analysis of Variance

Descriptive Statistics

Dependent Variable: 사후검사

집단	Mean	Std. Deviation	N
통제집단	4.0000	1.22474	5
실험집단	4.8000	1.64317	5
Total	4.4000	1.42984	10

☞ 검증통계량인 사후검사점수에 대한 간단한 기술통계치(평균, 표준편차, 사례수)를 보여주고 있다.

Levene's Test of Equality of Error Variances(a)

Dependent Variable: 사후검사

F	df1	df2	Sig.
1.237	1	8	.298

Tests the null hypothesis that the error variance of the dependent variable is equal across groups.

a. Design: Intercept+사전검사+집단

☞ Levene의 동변량성 검증 결과 통제집단과 실험집단의 변량 간에 차이가 없다는 것을 알 수 있다.

Tests of Between-Subjects Effects

Dependent Variable: 사후검사

Source	Type III Sum of Squares	df	Mean Square	F	Sig.
Corrected Model	10.713(a)	2	5.356	4.877	.047
Intercept	20.476	1	20.476	18.645	.003
사전검사	9.112	1	9.112	8.298	.024
집단	2.328	1	2.328	2.120	.189
Error	7.687	7	1.098		
Total	212.000	10			
Corrected Total	18.400	9			

a. R Squared = .582 (Adjusted R Squared = .463)

☞ 사전검사점수를 공변량으로 하는 공변량분석표이다. 표에서 사전검사에 따른 평균의 차이는 통계적으로 유의하다는 것(유의확률(sig.)이 0.024)을 알 수 있고, 사전검사점수를 통제하였을 때의 집단에 따른 평균의 차이는 유의하지 않은 것(유의확률이 0.189)으로 나타난다.

Estimated Marginal Means

집단

Estimates

Dependent Variable: 사후검사

집단	Mean	Std. Error	95% Confidence Interval	
			Lower Bound	Upper Bound
통제집단	3.916(a)	.470	2.805	5.026
실험집단	4.884(a)	.470	3.774	5.995

a. Covariates appearing in the model are evaluated at the following values: 사전검사 = 1.9000.

☞ 사전검사점수(공변량)의 차이를 통계적으로 통제하였을 때 조정된 사후검사점수의 평균(교정평균)이 얼마인가를 보여준다. 위에서 제시되었던 통제되지 않은 상태에서의 평균과 비교해 보면 차이가 있다는 것을 알 수 있다.

11. Analyze → Compare Means → One-Way ANOVA...의 결과

Oneway

ANOVA

차이점수

	Sum of Squares	df	Mean Square	F	Sig.
Between Groups	291.733	2	145.867	11.669	.002
Within Groups	150.000	12	12.500		
Total	441.733	14			

☞ 사전검사와 사후검사의 차이점수 평균에 대한 일원변량분석결과 집단간 차이가 유의미한 것(유의확률이 0.002)으로 나타난다.

Post Hoc Tests

Multiple Comparisons

Dependent Variable: 차이점수

Scheffe

(I) 집단	(J) 집단	Mean Difference (I-J)	Std. Error	Sig.	95% Confidence Interval	
					Lower Bound	Upper Bound
집단1	집단2	-5.2000	2.2361	.107	-11.4332	1.0332
	집단3	-10.8000(*)	2.2361	.002	-17.0332	-4.5668
집단2	집단1	5.2000	2.2361	.107	-1.0332	11.4332
	집단3	-5.6000	2.2361	.080	-11.8332	.6332
집단3	집단1	10.8000(*)	2.2361	.002	4.5668	17.0332
	집단2	5.6000	2.2361	.080	-.6332	11.8332

* The mean difference is significant at the .05 level.

☞ 사후검증결과 집단1과 집단2, 집단1과 집단3의 평균간에 유의미한 차이가 나타난다는 것을 알 수 있다.

Homogeneous Subsets

차이점수

Scheffe

집단	N	Subset for alpha = .05	
		1	2
집단1	5	3.2000	
집단2	5	8.4000	8.4000
집단3	5		14.0000
Sig.		.107	.080

Means for groups in homogeneous subsets are displayed.
a. Uses Harmonic Mean Sample Size = 5.000.

☞ 평균에 따라 집단을 분류한 결과 두 개의 집단이 생성됨을 알 수 있다. 집단1과 2를 한 집단으로 그리고 집단3을 다른 한 집단으로 하여 두 집단으로 분류할 경우에 제1종 오류가 발생할 확률은 0.107이고, 집단 2와 3을 한 집단으로, 그리고 집단1을 다른 한 집단으로 설정할 경우에 제1종 오류가 발생할 확률은 0.080이다.

12. Analyze → Correlate → Bivariate...의 결과

Correlations

Correlations

		광고료	총판매액
광고료	Pearson Correlation	1.000	.936**
	Sig. (2-tailed)	.	.000
	N	30	30
총판매액	Pearson Correlation	.936**	1.000
	Sig. (2-tailed)	.000	.
	N	30	30

** Correlation is significant at the 0.01 level (2-tailed).

☞ 광고료와 총판매액 간의 상관계수는 0.936으로 나타난다. 이러한 표집의 상관계수를 이용하여 전집의 상관관계에 대한 상관분석을 실시한 결과 두 변인 간에는 유의도 0.01 수준에서 유의미한 상관관계($\frac{1}{2} \neq 0$)가 있다는 결론을 내릴 수 있다.

Graph

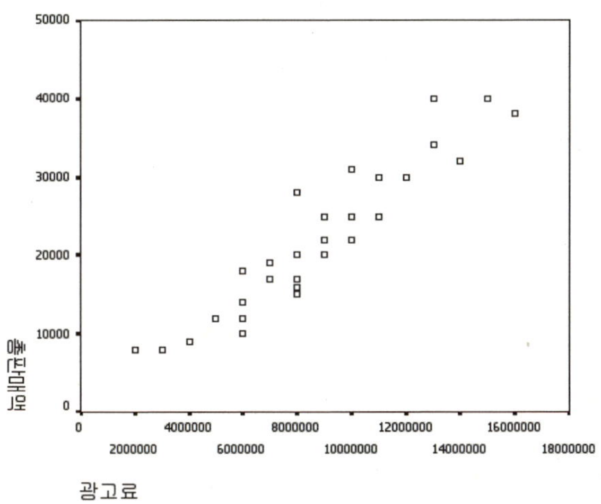

☞ 총판매액과 광고료의 사이의 상관관계를 대략적으로 보여주는 산포도이다. 그림을 통해 두 변인의 상관관계가 매우 높다는 것을 짐작할 수 있다.

13. Analyze → Correlate → Bivariate...의 결과

Correlations

Correlations

		대입성적	중간성적
대입성적	Pearson Correlation Sig. (2-tailed) N	1.000 . 20	.839** .000 20
중간성적	Pearson Correlation Sig. (2-tailed) N	.839** .000 20	1.000 . 20

** Correlation is significant at the 0.01 level (2-tailed).

☞ 대학입학성적과 대학중간고사성적 간의 상관계수는 0.839로 나타난다. 이러한 표집의 상관계수를 이용하여 전집의 상관관계에 대한 상관분석을 실시한 결과 두 변인 간에는 유의도 0.01 수준에서 유의미한 상관관계($\frac{1}{2} \neq 0$)가 있다는 결론을 내릴 수 있다.

Graph

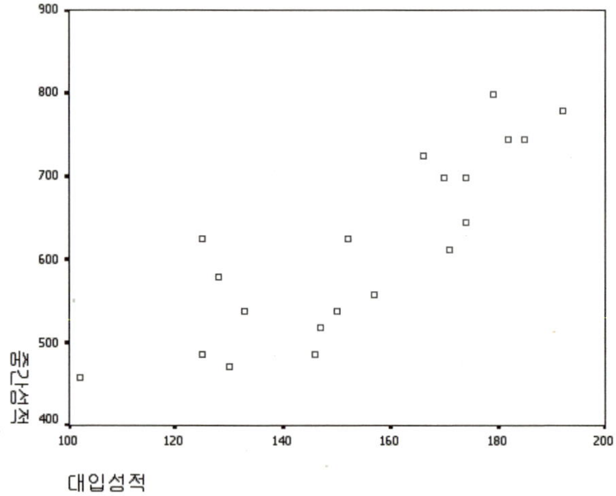

☞ 대학입학성적과 대학중간고사성적 간의 산포도이다. 이를 통해 두 변인간의 상관관계가 매우 높다는 것을 알 수 있다.

14. Analyze → Correlate → Bivariate...의 결과

Correlations

Correlations

		악력	신장	체중	원반던지기 거리
악력	Pearson Correlation	1.000	.530*	.846**	.748**
	Sig. (2-tailed)	.	.042	.000	.001
	N	15	15	15	15
신장	Pearson Correlation	.530*	1.000	.694**	.685**
	Sig. (2-tailed)	.042	.	.004	.005
	N	15	15	15	15
체중	Pearson Correlation	.846**	.694**	1.000	.788**
	Sig. (2-tailed)	.000	.004	.	.000
	N	15	15	15	15
원반던지기 거리	Pearson Correlation	.748**	.685**	.788**	1.000
	Sig. (2-tailed)	.001	.005	.000	.
	N	15	15	15	15

* Correlation is significant at the 0.05 level (2-tailed).

** Correlation is significant at the 0.01 level (2-tailed).

☞ 악력, 신장, 체중과 원반던지기 거리에 대한 상관분석 결과 악력과 원반던지기 거리, 신장과 원반던지기 거리, 체중과 원반던지기 거리 모두 유의도 0.01 수준에서 유의미한 상관관계($\frac{1}{2} \neq 0$)가 있다는 결론을 내릴 수 있다.

☞ 악력, 신장, 체중과 원반던지기 거리와의 상관관계를 구해본 결과 악력과 원반던지기 거리와의 상관계수는 0.748로 악력은 원반던지기 거리의 변량을 약 55.9% 설명한다고 할 수 있다. 신장과 원반던지기 거리와의 상관계수는 0.685로 신장은 원반던지기 거리의 변량을 약 46.9%를 설명한다. 체중과 원반던지기 거리와의 상관계수는 0.788로 체중은 원반던지기 거리의 변량을 약 62.1%를 설명한다.

따라서 세 변인 중에서 악력이 원반던지기 거리를 가장 잘 설명하는 변인이라고 할 수 있다.

15. Analyze → Regression → Linear...의 결과

Regression

Model Summary

Model	R[a]	R Square	Adjusted R Square	Std. Error of the Estimate
1	.936	.876	.872	3361.7737

a. Predictors: (Constant), 광고료

☞ 광고료와 총판매액 간의 상관관계를 요약적으로 제시해 주고 있는 표이다. 표에서 두 변인 간의 상관계수는 0.936이다. 그리고 결정계수(χ^2)는 0.876으로 광고료가 총판매액 변량의 87.6%를 설명한다는 정보를 알 수 있다.

ANOVA[b]

Model		Sum of Squares	df	Mean Square	F	Sig.
1	Regression	2.2E+09	1	2244257364	198.580	.000a
	Residual	3.2E+08	28	11301522.7		
	Total	2.6E+09	29			

a. Predictors: (Constant), 광고료

b. Dependent Variable: 총판매액

☞ 위 표에서는 선형회귀분석모형이 광고료와 총판매액의 관계를 분석하는데 적합한 모형인가를 분석하고 있다.(잔차분석) 위 표에서 알 수 있듯이 광고료에 의해 설명되는 총판매액의 변량과 설명되지 않는 변량의 비가 198.580(F값)으로 매우 크게 나타나고, 이는 해당 회귀분석모형으로 종속변인을 잘 설명할 수 있다는 것을 의미한다.(유의확률이 0.000) 따라서 해당 회귀모형이 두 변인 간의 분석에 적합한 모형이라는 결론을 내릴 수 있다.

Coefficients[a]

Model		Unstandardized Coefficients		Standardized Coefficients	t	Sig.
		B	Std. Error	Beta		
1	(Constant)	-675.268	1715.562		-.394	.697
	광고료	2.585E-03	.000	.936	14.092	.000

a. Dependent Variable: 총판매액

☞ 위 표에서는 광고료와 총판매액간의 관계를 표현하는 회귀방정식의 회귀계수를 구해주고 있다.

위 표를 통해 두 변인 간에 다음과 같은 관계식을 만들 수 있다.

(총판매액) = $2.585 \times 10^{-3} \times$(광고료) $= 675.268$ 상수와 계수값을 선형회귀분석모형이 광고료와 총판매액의 관계를 분석하는데 적합한 모형인가를 분석하고 있다.(잔차분석) 위 표에서 알 수 있듯이 광고료에 의해 설명되는 총판매액의 변량과 설명되지 않는 변량의 비가 198.580(F값)으로 매우 크게 나타나고, 이는 해당 회귀분석모형으로 종속변인을 잘 설명할 수 있다는 것을 의미한다.(유의확률이 0.000) 따라서 해당 회귀모형이 두 변인 간의 분석에 적합한 모형이라는 결론을 내릴 수 있다.

16. Analyze → Regression → Linear...의 결과

Regression

Model Summary

Model	R	R Square	Adjusted R Square	Std. Error of the Estimate
1	.788[a]	.621	.592	2.58101

a. Predictors: (Constant), 체중

☞ Model Summary에서는 세 독립변인(악력, 신장, 체중)과 종속변인(원반던지기 거리) 간의 상관관계를 요약적으로 제시해 주고 있다. 중다상관계수 R은 세 독립변인에 의해 추정되는 종속변인의 추정치($\hat{Y}$)와 종속변인의 관찰치 간의 상관계수를 의미한다. 중다상관계수의 제곱인 R^2(R Square, 결정계수)는 세 독립변인에 의해 설명되는 종속변인의 변량비율을 의미한다. 따라서 악력, 신장, 체중은 원반던지기 거리 변량의 62.1%를 설명한다고 할 수 있다. 교정된 R^2(Adjusted R Square) 값은 사례수가 충분하지 않을 경우에 활용되는 교정된 결정계수이다. 교정된 결정계수의 값은 0.592로 결정계수의 값보다 약간 작게 나타난다. 사례수가 충분히 크다면 결정계수와 교정된 결정계수의 차이는 없어지게 된다. 예언의표준오차(Std. Error of the Estimate)는 세 독립변인에 의해 추정되는 종속변인의 추정치와 종속변인의 관찰치의 차를 제곱하여 사례수로 나누어준 값이다. 이 값은 결정계수를 설명하는데 있어 활용되는 값이다.

ANOVA[b]

Model		Sum of Squares	df	Mean Square	F	Sig.
1	Regression	141.799	1	141.799	21.286	.000[a]
	Residual	86.601	13	6.662		
	Total	228.400	14			

a. Predictors: (Constant), 체중

b. Dependent Variable: 원반던지기 거리

☞ 단순회귀분석에서와 마찬가지로 선형회귀분석모형이 해당 자료의 독립변인과 종속변인의 관계를 분석하는데 타당한 모형인가에 관한 검증결과를 제시하고 있다. 유의확률값이 0.000으로 유의수준인 Ⓡ=0.05보다 낮게 나타나므로 모형이 자료분석에 적합하다는 결론을 내릴 수 있다.

Coefficients[a]

Model		Unstandardized Coefficients		Standardized Coefficients	t	Sig.
		B	Std. Error	Beta		
1	(Constant)	9.596	3.660		2.622	.021
	체중	.350	.076	.788	4.614	.000

a. Dependent Variable: 원반던지기 거리

Excluded Variables[b]

Model		Beta In	t	Sig.	Partial Correlation	Collinearity Statistics
						Tolerance
1	악력	.285[a]	.882	.395	.247	.284
	신장	.267[a]	1.139	.277	.312	.518

a. Predictors in the Model: (Constant), 체중
b. Dependent Variable: 원반던지기 거리

☞ 표를 통해 알 수 있듯이 원반던지기 거리를 추정하기 위한 회귀방정식에 활용되고 있는 독립변인은 체중변인 하나뿐이다. 회귀방정식은 다음과 같다.

(원반던지기 거리) = 0.350 × (체중) + 9.596

위 회귀방정식에서의 상수와 계수의 유의도 검증결과 유의확률이 각각 0.021과 0.000으로 유의수준인 0.05보다 낮으므로 전집에서도 통계적으로 유의미한 값임을 알 수 있다.

제외된 2개의 변인인 악력과 신장은 문제 14에서 모두 원반던지기 거리와 높은 상관관계를 가지고 있다는 것을 알 수 있다. 이처럼 높은 상관관계를 가지고 있음에도 불구하고 이들이 회귀분석과정에서 제외된 이유는 다중공선성(collinearity)의 문제 때문이다. 악력과 신장은 원반던지기 거리와도 높은 상관관계를 가지지만 체중과도 매우 높은 상관관계를 가지고 있다. 따라서 원반던지기 거리를 체중, 악력, 신장이 각각 설명하는 부분들 중에 상당부분은 서로 겹쳐져 있다는 것이 된다. 이러한 것을 확인하기 위해서는 부분상관계수를 확인하여야 한다. 악력과 원반던지기 거리, 신장과 원반던지기 거리의 부분상

관계수(Partial Correlation)을 보면 0.247과 0.312로 상관계수에 비해 매우 낮게 나타남을 알 수 있다. 이것은 악력과 신장이 설명하는 원반던지기 거리의 변량부분 중에서 많은 부분이 이미 체중에 의해 설명되는 부분이라는 것을 의미한다. 따라서 이 두 변인은 분석과정에서 제외되게 된 것이다. 이러한 정보는 공차한계(Tolerance)를 통해서도 확인할 수 있다. 공차한계의 값이 0에 가까울수록 독립변인들 간의 다중공선성이 높고 1에 가까울수록 낮다. 위 표에서 악력의 공차한계는 0.284로 매우 작은 값을 보이고 있고, 신장의 공차한계도 0.518로 비교적 작은 값을 나타내고 있다. 이를 통해 이들 두 독립변인은 다중공선성과 관련한 문제점을 지니고 있다는 것을 알 수 있다.

17. Analyze → Data Reduction → Facotr...의 결과

Factor Analysis

Descriptive Statistics

	Mean	Std. Deviation	Analysis N
우악력	48.0000	5.1698	12
좌악력	48.5833	4.8516	12
앞으로굽히기	19.6667	3.7009	12
윗몸일으키기	36.2500	2.3789	12
점프	53.5833	4.9075	12
턱걸이	20.1667	5.6219	12
100m달리기	13.8000	.4612	12

☞ 분석 대상 변인들에 대한 간단한 기술통계량을 제시하고 있다. 표에서 알 수 있듯이 평균과 표준편차, 각 변인들의 사례수에 관한 정보가 표시되어 있다.

Correlation Matrix

		우악력	좌악력	앞으로 굽히기	윗몸일으키기	점프	턱걸이	100m달리기
Correlation	우악력	1.000	.739	-.423	-.074	-.097	-.066	-.290
	좌악력	.739	1.000	-.525	-.211	.145	-.164	-.386
	앞으로 굽히기	-.423	-.525	1.000	-.093	-.234	.239	.522
	윗몸일으키기	-.074	-.211	-.093	1.000	.306	.112	-.257
	점프	-.097	.145	-.234	.306	1.000	.668	-.253
	턱걸이	-.066	-.164	.239	.112	.668	1.000	-.028
	100m달리기	-.290	-.386	.522	-.257	-.253	-.028	1.000

☞ 변인들 간의 상관계수행렬을 나타낸 표이다. 이 표를 통해 어떤 변인들 간에 밀접한 관련성이 있는가를 파악할 수 있다. 따라서 요인의 수가 몇 개나 되는가 하는 정도의 정보는 이 표를 통해서도 대략적으로 알아낼 수가 있다.
표에서 우악력은 좌악력과 높은 양의 상관관계를 보이고 있고, 앞으로 굽히기는 100m 달리기와 높은 양의 상관관계를 보이고 있으며, 윗몸일으키기와 점프, 턱걸이가 양의 상관관계를 보이고 있다. 이 정보를 통해 요인의 수가 대략 3개 정도 될 것이라는 짐작을 해 볼 수가 있다.

Communalities

	Initial	Extraction
우악력	1.000	.716
좌악력	1.000	.869
앞으로 굽히기	1.000	.714
윗몸일으키기	1.000	.759
점프	1.000	.868
턱걸이	1.000	.908
100m달리기	1.000	.664

Extraction Method: Principal Component Analysis.

☞ 위 표는 각 변인에 대한 공유치(Communality) 정보를 제시하고 있다. 표를 통해 추출된 요인들이 우악력의 변량(variance) 중에서 71.6%를 설명하고 있고, 좌악력의 변량을 86.9%, 앞으로 굽히기의 변량을 71.4%, 윗몸일으키기의 변량을 75.9%, 86.8%, 점프의 변량을 90.8%, 100m달리기의 변량을 66.4% 설명하고 있음을 알 수 있다.

☞ 요인추출방법(Extraction)으로 주성분분석(Principal Component Analysis)가 사용되었음이 표시되어 있다.

Total Variance Explained

	Initial Eigenvalues			Extraction Sums of Squared Loadings			Rotation Sums of Squared Loadings		
Component	Total	% of Variance	Cumulative %	Total	% of Variance	Cumulative %	Total	% of Variance	Cumulative %
1	2.514	35.909	35.909	2.514	35.909	35.909	2.399	34.271	34.271
2	1.884	26.919	62.828	1.884	26.919	62.828	1.673	23.896	58.167
3	1.101	15.723	78.551	1.101	15.723	78.551	1.427	20.384	78.551
4	.645	9.221	87.772						
5	.503	7.191	94.963						
6	.299	4.275	99.238						
7	5.331E-02	.762	100.000						

Extraction Method: Principal Component Analysis.

☞ 주성분분석을 통해 추출된 요인1의 고유치(Eigenvalues)는 2.514이고(이 말은 요인1에 의해 변인 7개 중 2.514개가 설명될 수 있다는 의미이다), 요인1에 의해 설명되는 7개의 변인의 변량비율은 35.4%이다. 같은 방식으로 표를 해석하면 요인1과 요인2, 요인3 만이 1개 변인 이상을 설명하고 있으며 이 세 요인이 요인분석에서 추출되는 요인이라고 할 수 있다. 이 3개의 요인에 설명되는 7개 변인의 총변량은 78.55%이다.

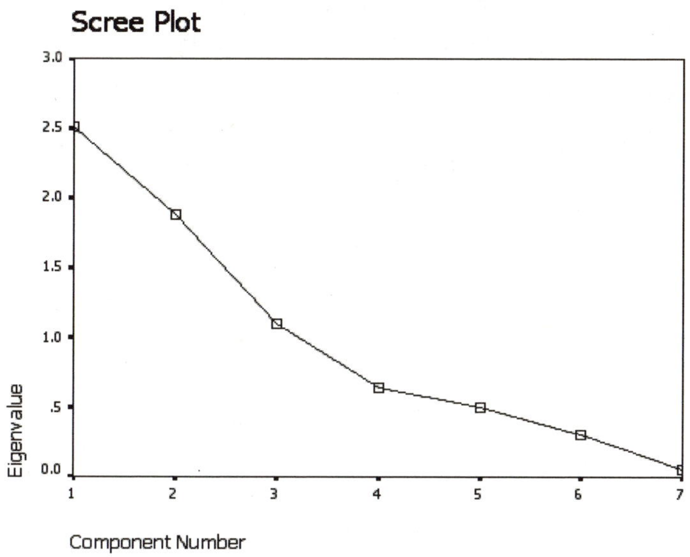

☞ 스크리 도표는 위의 표를 그림으로 나타내 주고 있다. 이 그래프는 요인1이 설명하는 변인의 수가 약 2.5개, 요인2가 설명하는 변인의 수가 약 1.7개, 요인3이 설명하는 변인이 약 1.1개임을 보여준다. 나머지 4개의 요인은 설명하는 변인의 개수가 1개보다 적으므로 요인으로서의 의미가 없다.

Component Matrix[a]

	Component		
	1	2	3
좌악력	.859	-.182	.314
앞으로굽히기	-.807	-3.442E-02	.249
우악력	.766	-.238	.270
100m달리기	-.685	-.301	.323
점프	.218	.879	.218
턱걸이	-.141	.787	.519
윗몸일으키기	4.239E-02	.558	-.668

Extraction Method: Principal Component Analysis.
a. 3 components extracted.

☞ 요인적재행렬을 나타내는 표이다. 대부분의 이러한 요인적재행렬만으로는 요인에 대한 설명이 어렵기 때문에 요인회전을 실시한다. 다음 표는 회전된 요인적재행렬을 나타낸다.

Rotated Component Matrixa

	Component		
	1	2	3
좌악력	.929	2.170E-02	7.519E-02
우악력	.839	-5.051E-02	9.618E-02
턱걸이	-.138	.939	8.155E-02
점프	.109	.868	-.321
윗몸일으키기	-.231	.130	-.830
100m달리기	-.513	-.101	.625
앞으로굽히기	-.695	8.675E-02	.472

Extraction Method: Principal Component Analysis.
Rotation Method: Varimax with Kaiser Normalization.
a. Rotation converged in 5 iterations.

☞ 베리맥스 회전에 의해 회전된 후의 요인적재행렬을 나타내는 표이다. 표에서 각각의 변인이 어떠한 방식으로 3개의 요인으로 묶일 수 있는가를 쉽게 알 수 있다. 표를 통해 좌악력과 우악력이 하나의 요인으로 턱걸이와 점프가 제2의 요인으로 마지막으로 100m달리기와 앞으로 굽히기가 제3의 요인으로 묶일 수 있음을 알 수 있다.

찾아보기

◉ 주제 ◉

| 나 |

| 다 |

| 라 |

| 마 |

▌바▐

▌사▐

| 아 |

| 자 |

ㅣ차ㅣ

| 카 |

| 타 |

| 파 |

| 하 |

| 기타 |

I A~Z I

◉ 인명 ◉

저자 소개

백순근 (白淳根 : Baek, Sun-Geun) (E-mail: dr100@snu.ac.kr)

〈학력 및 경력〉

- (현) 서울대학교 사범대학 교육학과 교수
- 한국교육개발원 원장
- 한국교육평가학회 회장
- 서울대학교 입학본부 본부장
- OECD CERI(교육연구혁신센터) 운영위원
- UNESCO 한국위원회 운영위원
- 대통령직속 미래기획위원회 위원
- 한국학술단체총연합회 사무총장
- 한국교육과정평가원 연구위원, 교육평가연구조정위원
- 한국교육개발원 부연구위원
- 미국 버클리대(UC Berkeley) 특별연구원
- 서울대 교육연구소 연구원
- 미국 버클리대(UC Berkeley) 대학원 교육학과 졸업(교육측정・평가전공, Ph.D.)
- 서울대 대학원 교육학과 졸업(교육측정・평가 전공, 석사)
- 서울대 사범대학 교육학과 졸업(학사)

〈주요 저서〉

- 선생님, 어디계세요?(교육과학사, 2011)(공저)
- 예비교사를 위한 교육평가(학지사, 2010)(공저)
- 세계화와 교육(교육과학사, 2009)(공저)
- 白교수의 百가지 교육이야기(교육과학사, 2009)
- 교육측정의 이론과 실제(교육과학사, 2007)(편저)
- 일제강점기의 교육평가(교육과학사, 2003)
- 교과교육평가의 이론과 실제(원미사, 2003)(공저)
- 문항반응이론의 이론과 실제(서현사, 2003)(공역)
- 유아연구 및 평가(한국방송통신대학출판부, 2003)(공저)
- 수행평가: 이론적 측면(교육과학사, 2002)
- 수행평가의 원리(교육과학사, 2000)
- 고등학교 각 교과별 수행평가의 이론과 실제(총 10권)(교육진흥연구회, 1999)(공저)
- 국가 교육과정에 근거한 평가 기준 및 도구(총 6권)(교육진흥연구회, 1999)(공저)
- 열린교육의 이론과 교수 방법(한국방송통신대학교출판부, 1999)(공저)
- 중학교의 각 교과별 수행평가의 이론과 실제(원미사, 1998)(편저)
- 컴퓨터를 이용한 개별적응검사(원미사, 1998)(공저)
- 국가 교육평가 정책수립 방안 연구(한국교육개발원, 1997)(공저)
- 초등학교의 새로운 평가제도에 따른 수행평가의 이론과 실제(대한교과서주식회사, 1996)(공저)
- 학교생활기록부 도입에 따른 성취수준평가의 이론과 실제(교학사, 1996)(공저) 등 다수

수정판

학위논문 작성을 위한 **교육연구 및 통계분석**

2004년 8월 25일 1판 1쇄 발행
2012년 2월 25일 1판 5쇄 발행
2018년 8월 10일 수정판 1쇄 인쇄
2018년 8월 15일 수정판 1쇄 발행

지은이 : 백 순 근
펴낸이 : 한 정 주
펴낸곳 : 교육과학사

경기도 파주시 광인사길 71
전화 (031)955-6956~8/팩스 (031)955-6037
Home-page : www.kyoyookbook.co.kr
E-mail : kyoyook@chol.com
등록 : 1970년 5월 18일 제2-73호

정가 24,000원
ISBN 978-89-254-1294-8